논쟁으로 읽는 한국사
2

논쟁으로 읽는 한국사 2
— 근현대

초판 8쇄 발행	2022년 2월 28일
초판 1쇄 발행	2009년 9월 24일

엮은이	『역사비평』 편집위원회
펴낸이	정순구
책임편집	정윤경
기획편집	조수정, 조원식
마케팅	황주영

출력	블루엔
용지	한서지업사
인쇄	한영문화사
제본	한영제책사

펴낸곳	(주) 역사비평사
등록	제300-2007-139호 (2007. 9. 20)
주소	10497 경기도 고양시 덕양구 화중로 100(비전타워 21) 506호
전화	02-741-6123~5
팩스	02-741-6126
홈페이지	www.yukbi.com
이메일	yukbi88@naver.com

한국어판 출판권 ⓒ 역사비평사 2009
ISBN 978-89-7696-532-5 03910 / 978-89-7696-534-9 03910 (세트)

이 도서의 국립중앙도서관 출판시도서목록(CIP)은 e-CIP 홈페이지(http://www.nl.go.kr/ecip)에서
이용하실 수 있습니다.(CIP 제어번호 : CIP2009002867)

책값은 표지 뒷면에 표시되어 있습니다.
잘못 만들어진 책은 구입하신 서점에서 바꾸어 드립니다.

논쟁으로 읽는 한국사

근현대 2

『역사비평』 편집위원회 엮음

역사비평사

개정판을 내며

'논쟁'은 '운동'이자 '흐름'입니다. 자칫 고정불변의 주어진 실체로 인식될 수 있는 먼 과거의 역사상도 역사가들의 고민과 치열한 연구를 통해 그 생명을 얻고 다시 새로운 면모로 주목받곤 합니다. 그리고 역사가들의 또 다른 시선에 의해 새로운 의미를 부여받고, 부정되거나 재조명됩니다. '논쟁'을 통해 역사를 들여다볼 때 과거는 입체적이 되고, 우리들 자신의 현실에 대한 노련한 조언자가 되어주기도 합니다. 그리하여 역사는 흥미와 교훈을 두텁게 입습니다.

『논쟁으로 읽는 한국사』 1, 2권은 각각 『한국 전근대사의 주요 쟁점』(2002)과 『논쟁으로 본 한국사회 100년』(2000)을 초판으로 하는 책입니다. 말하자면 '개정판'인 셈입니다. 두 권의 책은 역사가 고정불변의 주어진 실체가 아니라는 사실, 때로는 새로운 사료의 발견으로 풍부해지고, 때로는 치열한 관점의 충돌로 벼려지는, 움직이고 성장하는 그 무엇이자 그 자체로 또 하나의 '역사'라는 사실을 말해주었습니다.

두 권의 책이 출간된 지가 어언 10여 년 전이지만, 아직까지도 많은 독자들이 새롭게 이 책에 흥미를 보여주고 계십니다. 대학에 입학하여 이런저런 주제로 짤막한 소논문을 작성해야 하는 학생들, 역사학의 특정 시대나 분야로 관심을 좁히기보다는 다양한 주제에 접근할 길을 찾고 있는 인문 독자들, '논쟁'이라는 독특한 프리즘을 통해 과거 역사상만이 아니라 그 역사를 추구하고 고민해온 '역사가들의 역사'를 읽고 싶은 독자들까지, 목적은 다양합니다.

그 성원에 힘입어, 비록 지난 10여 년 사이에 나온 최근의 연구성과를 반영하지 못하는 아쉬움을 안고서라도, 이 책들을 좀 더 보기 편한 방식으로 다듬어 독자들께 다시 소개해야겠다는 생각을 했습니다. 전근대편과 근현대편을 하나의 타이틀 아래 1, 2권으로 묶고, 장정과 본문 디자인을 좀 더 읽기 편한 스타일로 바꾸고, 쉽고 깔끔한 문장으로 제목과 본문을 다듬었습니다.

새롭게 단장하고 독자를 만나기 위해 다시 서점에 나서는 이 두 권의 책이, 사라진 논쟁의 풍경을 환기할 수 있으면 좋겠습니다. 연구자들이 자신의 모든 것을 걸고 하나의 '진실'을 주장할 때, 그들은 늘 깨지기 위해 그렇게 몸을 던지는 것이라고 생각합니다. 더 날카로운 진실, 더 인간적인 진실을 찾아나가는 것이야말로 학문의 길일 것입니다. 그 길의 어느 시점에서 지나온 논쟁의 흔적을 정리하고 새롭게 펼쳐질 길에 대한 기대감을 품어볼 수 있는 것은 독자들의 기쁨일 것입니다.

—역사비평사 편집부 올림

초판 서문

 어느 시대, 어느 사회를 막론하고 '어떤 노선을 택할 것인가'라는 심각한 문제를 비롯하여 갖가지 문제를 둘러싼 이견과 논쟁이 있게 마련이다. 이해관계와 입장에 따라 생각과 노선이 다른 것은 필연적이고, 그래서 논쟁은 불가피한 것이다. 한국 근현대 역사도 마찬가지였다. 논쟁이 존립하고 세간의 화제가 되었던 것은 그만큼 그 의미가 중차대하다는 것이고, 또 쉽게 합의를 도출하기 어렵다는 것이다.

 최근의 논쟁들은 여와 야, 체제와 반체제, 민족과 반민족, 통일과 반통일, 좌와 우, 진보와 보수, 독재와 민주, 자본과 노동 등 기존의 대립구도에 구애되지 않는다. 새로운 노선, 운동, 전선들의 등장이 예고되고 있다. 새롭게 등장한 패러다임이 바람직한 것인가는 별 문제로 하고, 논쟁이 공개적·전면적으로 전개되고 있다는 점은 일단 바람직한 현상이라고 평가할 수 있을 것이다.

 극도로 억압적인 체제 아래서 이견의 존립조차 부정당했던 것이 엄연한 현실이었다. 지난 세기는 합리성과 건전한 상식이 통하지 않는 시기였다. 그런 점에서 논쟁이 만개한 시기는 가능성이 있는 시기였고, 격동의 시기였고, 민족과 국가의 운명을 좌우했던 시기였다. 봉건 이데올로기, 식민 이데올로기,

극우 반공-분단 이데올로기에 대한 공공연한 저항이 이루어지고 다양한 모색이 시도되었던 시기, 즉 논쟁이 존립할 수 있었던 가능성의 시기였다. 공개적인 비판을 통해 자기정당성을 검증하고 자기 약점을 보완하지 않는 체제와 이데올로기는 경쟁력이 없다. 식민체제, 유신체제, 유일체제가 그런 체제였고 치안유지법, 국가보안법, 수령교시제 등이 그 제도적 장치였다.

『논쟁으로 읽는 한국사』는 지난 20세기의 논쟁들을 간단하게 개관해보는 책이다. 그동안 지난 논쟁들을 정리하려는 시도가 없었던 것은 아니다. 『한국논쟁사』(1976), 『80년대 사회운동 논쟁』(1989), 『한국사회구성체 논쟁』(1989~1992) 등이 대표적인 예이다. 하지만 이 책들은 모두 논쟁과 관련된 글들을 모으거나, 특정 시기의 특정 논쟁만을 정리한 형태였다. 그런 면에서 형식상으로만 따지면 이 책은 20세기 한국 근현대사 관련 논쟁들에 대한 최초의 종합적인 정리라고 할 수 있을 것이다.

당시 사람들이 고민하고 논란을 벌였던 문제들, 즉 논쟁들을 반추해보면서 장차 우리가 갈 길을 모색해보는 것도 의미가 있을 것이다. 지난 세기의 과제들 중 시대성을 상실하거나 이미 해결된 것도 있지만, 주요과제들은 여전히 미해결 상태로 우리들에게 남아 있다. 그런 점에서 지난 세기의 논쟁사 정리는 새로운 진로를 고민하면서 한 번쯤 거쳐야 할 과정일 것이다. 또한 우리는 과거 논쟁들을 통해 당시 사람들의 고민과 시대성격을 살필 수 있다. 지난 세기의 논쟁사를 통해 지난 세기의 역사 또한 간명하게 살필 수 있다.

이런 의도로 이 책은 지난 세기의 논쟁들을 추려보았다. 많은 논쟁들 가운데 역사적 의미가 크다고 생각되는 것을 우선 골랐다. 논쟁들은 대규모로 전개되어 역사의 방향을 크게 규정하기도 했고, 소수 개인들 사이에서 전개되어 조그만 파문으로 그치기도 했다. 그 가운데 전자를 우선 선별했다. 시기별로 배열하고,

각 시기 내에서 관련 있는 성격의 논쟁들을 모아 배치했다. 글을 집필할 때는 논쟁에 대한 객관적 이해를 위해 논쟁구도를 분명히 하고 핵심논지를 요약소개했다. 또 가능한 한 필자의 평가와 주관을 배제하고자 했다.

지난 논쟁들을 정리하면서 아쉬운 점은 논쟁다운 논쟁이 적었다는 점이다. 논쟁은 차이점을 분명히 하고 그 차이를 확인하는 데 머물지 않고 통일로 나아가는 과정이어야 한다. '분리로부터 통일로'라는 말은 지당하다. 그런데 어떤 논쟁들은 상대와 자신을 구별짓는 데 급급한 나머지 차이점만 강조하는 차원에 머물렀다. 이성과 논리를 떠나 감정으로 비화되고, 결국 서로를 적대하게 되어 분열을 위한 논쟁으로 귀결된 경우도 적지 않았다. 또한 궁극적으로는 자신의 합리성과 정당성을 실천적으로 증명해야 하는데, 대부분의 논쟁은 이런 실천과 검증의 과정이 없었다. 시대의 유행에 따른 즉흥적인 논쟁, 자기를 구별짓는 차원에 그친 분열을 위한 논쟁, 논리보다는 감정과 편가름이 앞서는 논쟁, 실천과 책임을 수반하지 않는 말뿐인 논쟁 등은 지양해야 할 것이다.

소위 4·19세대, 6·3세대, 386세대들이 시간이 지난 뒤 정치판 등 활동의 장에서 그 시절의 고민과 주장의 연장선상에서 활동하고 있는지 의문스러운 것이 현실이다. 오랫동안, 아니 평생 수미일관하게 자기주장을 펼치고 그것을 실천적으로 증명해 보이는 옹고집의 논객과 활동가가 더욱 귀해 보인다. 논쟁다운 논쟁을 고대한다.

이 책을 묶으면서 아쉽게 느껴진 점이 또 있다. 우선 좀 더 신중하게 해당 주제를 선별하고 체계를 잡지 못한 점이다. 현상적으로는 세간의 주목도 받지 못하고 논쟁구도도 불분명하지만 그럼에도 주목해야 할 논쟁의 단초들을 충분히 발굴하지 못했다. 필자선정이 여의치 않아 중요한 논쟁임에도 누락된 것도 있다. 특히 북한에서 벌어진 논쟁들을 풍부하게 담지 못한 점이 마음에 걸린다.

 이런 약점도 있지만, 처음으로 지난 세기 논쟁들을 일괄적으로 모아보았다는 점을 자위하고 싶다. 짧은 시간 내에 한국 근현대사 관련 논쟁들을 정리하여 책으로 발간하는 것은 불가능한 일이라는 근거 있는 우려를 타개해준 필자들에게, 진심으로 감사의 말을 전하고 싶다. 필자들은 착종되어 있는 이면의 논쟁들을 정리하기 위해 오래된 자료들을 구태여 뒤적이는 번거로운 수고를 기꺼이 감내해주었다.

 이 책이 앞으로 우리의 진로모색과 논쟁다운 논쟁의 지평을 여는 데 밑거름이 될 것을 기대해본다. 부족한 점들에 대한 독자들의 질책과 고견을 바란다.

—임대식

차례

논쟁으로 읽는 한국사 2 _ 근현대

개정판을 내며 • 4 / 초판 서문 • 6

일제강점기

개화사상과 근대국가 건설론 • 14
단발과 근대성 • 22
대한제국의 역사적 평가 • 31
을사조약은 성립되었는가 • 40
개신교와 전통사상의 충돌 • 48
김윤식 사회장 파동 • 56
물산장려운동과 민족주의·사회주의 • 64
임시정부 개조론과 창조론 • 71
이승만의 독립운동 • 79
이광수의 「민족개조론」에 나타난 민족성 • 86
사회주의세력의 통일전선운동과 정우회 선언 • 94
프로문학 논쟁 • 105
만주 지역 민족유일당 결성론 • 115
국제공산당의 일국일당 원칙이 미친 파장 • 123
재일조선인의 민족해방운동 • 134
만주 동포의 국적과 정체성 • 143
1930년대 조선학 논쟁 • 153
일제강점기 단군 논쟁 • 160
서양의학의 도입과 한의학의 과학성 논쟁 • 169
신사참배와 우상숭배 • 177

해방 ~ 1960년대

우익의 반탁 주장과 좌익의 '모스크바 삼상회의 결정' 지지 • 186
국대안 파동 • 194
토지개혁과 농지개혁 • 203
해방 직후 좌우익의 민족문학 논쟁 • 210
한국전쟁기 도강파와 잔류파 • 222

북한에서의 노동조합 독자성 • 230
북한의 농업협동화와 중공업 우선노선 • 236
북한 문학계의 도식주의 논쟁 • 243
북한의 조선 근세사 시기구분 • 251
정비석의 『자유부인』을 둘러싼 논쟁 • 259
이승만과 한글간소화 파동 • 268
1950년대 비구와 대처승의 갈등 • 277
평화통일론과 진보당 사건 • 285
국가보안법 개정파동 • 292
경제개발계획을 둘러싼 공방 • 300
4월혁명과 통일논의 • 308
한일회담 반대파동 • 316
문학에서의 순수와 참여 • 324
베트남 파병 • 332
중산층과 중소기업 • 342
고속도로와 지역불균등발전 • 350

1970년대 이후

'한국적 민주주의'와 유신체제 • 358
1970년대 청년문화론 • 366
입시제도와 평준화 논쟁 • 374
유신정권의 국정 국사교과서 비판 • 383
역사 연구에서의 '현재성' • 392
민중과 민중사학 • 399
김일성 가짜설 • 407
6월항쟁 시기 NL—CA 논쟁 • 415
1987년 대통령선거 논쟁 • 424
교원노조 결성을 둘러싼 공방 • 432
노동운동과 제3자개입금지 조항 • 439
노동자의 정치참여 논쟁 • 447
보안감호처분 • 456
사형제도 존폐 논쟁 • 464
박정희 신드롬 • 472

참고문헌 • 480

일제강점기

개화사상과 근대국가 건설론

19세기 후반 조선사회는 봉건적 사회모순을 해결하지 못한 채 제국주의 열강에 문호를 개방했다. 서구열강을 비롯 청국, 일본은 제국주의적 침략책동을 강화했다. 국권의 위기가 심화된 것이다. 이를 극복하고자 여러 계급의 개혁운동이 전개되었다. 초기에는 일본을 매개로 한 서구문명 수용 여부를 놓고 견해가 대립되었지만, 1880년대 후반 이후 조선왕조국가를 근대국가로 개편하는 문제, 즉 대내외적 국가주권의 확정 여부를 초점으로 논전이 전개되었다.

1860~70년대 서구문명 수용 논쟁: 척사론과 개국론

서구문명 수용을 둘러싼 대립은 1860년대 대원군 정권 시기 쇄국정책을 둘러싼 논의에서 시작되었다. 척사론斥邪論은 정권 내에서만이 아니라 재야 노론老論 유생들에 의해 제기되었다. 기정진奇正鎭은 서양과의 교류뿐 아니라 양물洋物 자체를 철저하게 금지해야 한다고 했다. 이항로李恒老는 주전설主戰說을 내세워 양적洋賊과의 화해를 주장하는 논자들을 강하게 비판했다. 그는 서양이 중화中華나 소화小華(조선)를 침범하는 것은 사邪가 정正을 이기고 신臣이 군君을

능멸하고 땅이 하늘에 항거하는 것이라고 했다(『화서집』 권10, 「존중화 하」). 그는 전통적 화이관華夷觀에 의거했기 때문에 여전히 중국 중심으로 계서적으로 편성되는 차별적 국제관계를 당연한 것으로 생각했다. 이런 논리는 김평묵金平默에게 이어져 '존화양이尊華攘夷'의 논리로 나아갔다. 척사론은 단지 주자 성리학이라는 학적·도덕적 입장에서만 주장된 것은 아니었다. 이들은 서양과의 교류에 따른 경제침탈을 크게 우려했다. 이항로의 주장처럼, 유한한 농산품과 서양 공산품의 교역이라는 불평등한 무역관계는 국내 생산기반의 몰락과 농민층의 분화를 가져올 것이기 때문이었다. 이들의 척사위정론斥邪爲政論은 대원군 정권의 척화론斥和論과는 또 다른 보수적 내수외양책이었다.

한편 문호개방을 적극 고려하면서 국가 자강책을 강구하자는 주장도 제기되었다. 박규수朴珪壽는 1870년대에 자주적 개국통상론을 주장했다. 오경석吳慶錫·유홍기劉鴻基 등은 당시 청의 양무사상가인 위원魏源의 『해국도지海國圖志』 등으로부터 영향을 받았다. 이들은 해방론海防論을 적극적으로 받아들여 서양과의 수교를 주장했다. 이후 개항통상론은 1876년 당시 일본 운요호雲揚號 사건 처리를 둘러싸고 문호개방 논쟁이 일어났을 때 채택가능한 방안으로 부각되었다. 물론 이때도 개항 반대론이 제기되었다. 최익현崔益鉉은 일본은 원래 양적의 앞잡이이고 서양과 같다는 왜양일체론倭洋一體論을 주장했다. 그러나 당시 민씨 척족정부는 전격적으로 일본과 조일수호조규를 체결한 뒤 1880년 6월 2차 수신사 김홍집金弘集이 가져온 『조선책략朝鮮策略』과 『이언易言』을 받아들였다. 이어 정부는 청국의 양무운동과 일본의 메이지明治유신 이후 근대화정책을 조사했고, 1881년 조사시찰단朝士視察團은 일본의 근대화 실상을 담은 공식보고서를 제출했다.

이렇게 분위기가 크게 바뀌는 가운데 조선왕조국가의 개방책을 둘러싼 논쟁이 일어났다. 1881년 2월 척사운동은 『조선책략』에 나타난 외교정책을 비판했다. 척사론은 미국·청국·일본 등 주변 국가와의 교섭확대와 동맹을 주장하는 논리에 반대하면서 러시아·미국·일본이 모두 같은 오랑캐라는 입장을 재확인하고, 유입된 서양 상품과 서적을 소각하고 신설된 정부기관 통리기무아문統理機務衙門을 혁파하라고 했다. 반면 개화를 주장하는 상소도 있었다. 곽기락郭基洛·윤선학 같은 논자들은 삼강오륜이 천부의 변함없는 이치로서 도道이며, 선박·농기계와 같이 편민이국便民利國을 위한 것은 기器라고 규정했다. 이른바 '도기분리道器分離'와 '서기수용西器受容'을 주장한 것이다. 물론 문호개방 찬성론자들은 기본적으로 '동도서기론東道西器論'의 입장을 취했으므로 서양 정치제도의 수용으로까지 나아가지는 못했고, 서양 선진기술을 수용하는 데 머물렀다.

1880년대 국제적 지위 논쟁: 독립론과 속방론

1880년대 초 조선 정부는 청국의 후원 아래 외국세력을 끌어들여 세력균형 속에서 독립을 지키려 했다. 이에 미국을 비롯해 영국·프랑스·독일·러시아 등 서구 여러 나라와 수호통상조약을 체결했다. 1882년 임오군란 이후 청은 조선을 자국의 속방屬邦으로 간주하고 강력하게 종주권宗主權을 요구했다. 조선은 구미열강과 형식적으로는 평등한 외교관계를 수립하면서도 청의 정치적 간섭을 감수하고 경제이권을 침탈당하는 양절체제兩截體制를 강요받고 있었다.

당시 국제질서의 준거 틀로 소개된 것은 '만국공법萬國公法'이었다. 만국공법은 단순히 조약과 통상 문제에 그치지 않았다. 특히 조선왕조국가의 국제적 지위뿐만 아니라 내정에서의 권한도 종래와 다르게 규정됨을 의미했다. 당시 김옥균金玉均·홍영식洪英植·서광범徐光範·박영효朴泳孝 등 개화파는 이전의 개항통상론이나 서기수용론의 차원을 넘어 청으로부터의 독립과 서구적 근대개혁을 추진했다. 그것이 1884년 갑신정변이었다.

당시 현안은 조선왕조국가가 청의 속방인가 혹은 증공국贈貢國으로서 독립국가인가 여부였다. 원세개袁世凱는 1886년 '조선대국론朝鮮大局論'에서 조선을 부용지국附庸之國으로 간주했다. 이는 속방, 속번屬藩, 번복藩服 등의 용어와 상통하는데, 조선이 비록 내정에서는 자주국이지만 외교관계에서는 중국의 보호를 받는 예속관계라는 것이었다. 하지만 1888년 2월 데니(O. N. Denny: 德尼)는 『청한론淸韓論』에서 번속·속방·속국까지 조공국朝貢國(tributary state)으로 규정할 수 있으므로 조선국가의 주권은 전혀 손상당하는 게 아니라고 했다.

유길준兪吉濬도 「국권」이라는 글에서 국권의 두 가지 측면을 설명했다. 하나는 '내용주권內用主權'으로 일체의 정치와 법령이 그 나라의 전장典章으로부터 나오는 것이며, 다른 하나는 '외용주권外用主權'으로 각국 간에 독립과 평등의 예로서 외국과 교섭한다고 했다(『유길준전서』 IV, 「국권」). 만국공법이 규정한 '내공법內公法'과 '외공법外公法'을 재해석한 것이었다. 실제로 만국공법은 소국들의 국가적 지위를 자주지국과 반주지국(保護國), 병번(屬邦) 등으로 구분하고, 반드시 서구열강의 국제적 공인을 받아야 한다고 했다(『만국공법』 권1, 제5절 「주권분내외」). 유길준은 만국공법의 국제질서관 자체를 부정하지는 않았지만, 약소국 조선의 위상을 더 정확히 이해하려고 했다. 그는 조선이 독립국가도 속국도 아닌 이상, 타국의 보호를 받는 수호국守護國, 공물을 바치는 증공국의 주권 문제에 관심을 기울였다. 유길준은 비록 증공국이라도 독립자주국 같이 외국과의 교섭이나 국내 자주권에 전혀 관여 받지 않는다는 점을 밝혔다. 이어 그의 문제의식은 내적으로 국가의 자주권을 어떻게 관철시킬 것인가 하는 것, 곧 근대국가로서의 국체와 정체수립 문제로 옮겨갔다.

대한제국 국체 논쟁: 군민공치론과 황제권 강화론

유길준은 『서유견문西遊見聞』에서 조선왕조의 국체인 군주권을 변경할 수 없음을 인정했다(『서유견문』 제5편, 「정부의 시초」). 하지만 현존의 국망 위기를 극복하기 위해서는 어떻게든 전제군주권에 의한 정치체제를 변통해야 하며, 그 대안으로 서구의 정치체제를 도입해야 한다고 했다. 그는 각국의 정부형태를 5가지로 나누어 전제군주제와 압제정, 귀족정, 군민공치, 그리고 공화정으로 규정했다. 그중에서도 "군민君民이 공치共治하는 것", 특히 영국식 입헌정치를 가장 이상적인 형태로 간주했다. 군민공치란 원래 서구의 입헌군주제를 번안한 것이었지만, 그에게는 독특한 의미를 가지고 있었다. 유길준은 서구 근대국가처럼 입법·행정·사법 3권분립으로 견제와 균형을 이루어야 한다고 했지만, 대의민주주의적 의회제도의 도입이나 입헌정치의 중요성은 부정적으로 평가했다. 그래서 급속한 근대개혁을 위해서는 강력한 정치적 권한을 행사하는 개혁관료집단이 필요하다는 점을 강조했다.

1894년 갑오개혁기에는 실제로 김홍집·유길준 등 개혁관료들이 현존 조선왕조의 국가질서를 크게 변경하는 개혁을 시도했다. 개혁관료들의 정치적 주도권을 둘러싼 논쟁이 거듭되는 가운데, 내각관제의 법제규정과 운영방식에서 나타났듯이 군주권과 민중의 여론이 배제되는 결과가 초래되었다. 또한 갑오정권은 일본이 개입해서 수립된 정권이라는 약점이 있었다. 근대적 개혁이 추진될수록 일본에 대한 의존성이 심화되었다. 결국 1895년 8월 왕후 민씨 시해사건이 일어났다. 갑오정권은 이를 반전시키기 위해 1895년 말 칭제건원稱帝建元을 통해 '대조선제국'으로 국체변경을 시도했지만, 성과를 거두지 못했다.

이후 1897년 5월 전직 관료와 유생 및 개신유학 계통의 지식인들은 새로이 칭제상소운동을 벌였다. 특히 정교鄭喬는 조선의 독자적인 정통론적 역사인식에 근거하여 단순한 칭제가 아닌 황제즉위로 나아가야 한다고 주장했다. 이들은 황제 없이는 독립도 없다고 하면서 일반인의 인식을 고취시켰다. 하지만 독립협회 측의 윤치호尹致昊 등은 칭제는 이름뿐이라고 비판했다. 최익현·유인석柳麟錫 등 위정척사 계열 유생들은 군주전제를 옹호하면서도 중화사상과 주자학적 명분론에 의거해 칭제를 반대했다. 8월 정부관인 중 농상공부협판 권재형權在衡은 만국공법 조항을 들어, 자주국은 스스로 존호를 세우고 만국과 함께 '평행지권平行之權'을 행사할 수 있다는 점을 강조했다(『비서원일기』 건양 2년 8월 29일). 이런 여론공세 속에서 10월에 대한제국이 정식출범했다. 대한제국은 대외적으로 국가주권 확보를 만방에 과시하고 러·일 양국 간 중립의지를 표명하는 한편, 대내적으로 군주권의 제한론을 배격하면서 황제권 강화를 추구했다.

　이에 대해 독립협회도 전제황권의 공고화를 통해 개혁입법을 추진하는 한편, 중추원을 개편하여 의회적 기능을 갖게 하고 의정부를 견제하는 기구로 만들고자 했다. 독립협회는 황제권 아래 의결권과 행정권을 분립시키되, 민권을 정치적으로 반영하면서 궁극적으로 황제권을 강화하고자 했다. 하지만 대한제국은 이런 독립협회의 운동을 용납하지 않았으며, 만민공동회나 박영효 등의 권력장악운동을 철저하게 탄압했다. 결국 1899년 8월 대한제국은 '대한국국제大韓國國制'를 반포했다. 입법·사법·행정의 3권을 모두 군주에게 집중시켜 전제군주권을 성문법적으로 확립한 것이다. 이제 황제는 근대개혁을 주도하는 주체로 규정되었으며, 광무양전사업光武量田事業을 비롯한 일련의 대내외적 개혁사업을 추진할 수 있었다. 그러나 국체에는 대한제국 국민으로서 신민들이 갖는 권리에 대한 명문화된 규정이 없었다. 또한 대한제국은 공법에 의거해 독립국가로서의 외교관계를 천명했을 뿐, 경제적 차원의 독립국가를 확보하기 위해 불평등조약을 개정하기 위한 대책을 추진하지 않았다.

1905년 이후 보호국의 위상과 입헌군주제 논쟁

1904년 2월 일본은 러일전쟁을 일으켜 대한제국을 무력으로 점령하고 정치적 지배기반 구축에 착수했다. 일본은 표면적으로 동양평화와 한국의 독립 보전을 내세웠지만, 「한일의정서」를 체결하여 보호국의 틀을 만들려고 했다. 1905년 10월에는 고종의 비준을 받지 못했는데도 강제로 '을사늑약'을 체결하여 한국정부의 외교권을 박탈하고 통감부를 설치함으로써 내정의 자주권도 강탈했다. 이제 대한제국은 독립국가의 위상을 국제적으로 상실하게 되었다.

당시 조약의 불법성을 지적하는 논의는 상소운동이나 외교교섭, 무력 의병항쟁까지 다양하게 전개되었다. 문명개화론자들을 비롯한 대부분의 지식인들은 통감 치하의 보호정치를 곧바로 식민지로 이해하지 않았다. 그들은 일본의 보호 아래 개명진보가 가능하다고 믿었던 것 같다. 그들도 근대개혁이라는 명분하에 입헌의 필요성과 정치체제 변혁을 거론하기는 했다. 당시 헌정연구회나 대한협회는 국가유기체설에 기반한 입헌군주제를 지향하고 있었다. 문제는 이들의 주장이 개인의 권리, 시민과 부르주아의 이해에 기초한다기보다는 국가주권, 혹은 군주권을 우선시한다는 점이었다(유치형, 『헌법』 1~4편). 이런 논리는 위정척사론자들도 마찬가지였다. 유인석은 『우주문답宇宙問答』에서 제국주의 열강의 중국침략을 비판하면서도 국가정치체제로서는 입헌군주제나 공화제를 인정하지 않았으며, 전제군주권의 강화를 주장했다. 이들은 대한제국의 실권이 현실적으로 통감을 매개로 일본천황과 제국주의에 가 있는데도 고종이나 순종을 대상으로 군주권을 강화하자고 주장하고 있었다. 이는 허구화된 대한제국의 허상을 좇는 것이었다. 결국 일제의 보호정치를 극복할 근대 국민국가상을 제기하지 못한 상황에서, 완전한 식민지라는 병합의 길이 점차 가시화되고 있었다.

19세기 중반 이후 20세기 초까지 한국사회는 자주독립국가를 쟁취하지 못한 채 일본 제국주의의 식민지로 전락해 있었다. 당시 국제질서와 국체·정체 인식의 근본 문제를 지적하지 않을 수 없다. 당시 논자들은 만국공법의 제국주의적 논리를 구체적으로 이해하지 못했으며, 속국과 보호국, 중공국의 차이를 준별하지 못했다. 또한 국체 논의에서도 입헌군주제와 공화제를 채택 가능한 제도로 간주하지 못하고, 대부분 군주제만 유효하다고 생각했다. 최근의 연구에서는 조선왕조적 입장에서 제기된 황제권 강화 논리를 민권을 보장하는 개혁논리로 취급하는 민국民國체제 이념이 주장되기도 했다. 하지만 여기에서도 근대 국가주권을 확립하려는 국민국가 입헌 논의의 중요성은 주목받지 못했다. 무엇보다도 근대국가 건설을 위한 전제조건으로서 민중들의 정치경제적 지위 보장, 특히 정치참여가 필수불가결하다는 시각이 간과되었던 것이다. 이런 시각을 확립할 수 있을 때에야 일제의 식민지 근대화론을 비판함과 동시에, 1919년 3·1운동을 계기로 한국사회가 이제 '입헌공화국'이라는 근대 국민국가 단계로 진전했다는 사실을 올바르게 평가할 수 있을 것이다.

왕현종

연세대학교 원주교정 역사문화학과 교수로 재직 중이다. 한국 근대사를 전공했다. 대표논저로 『한국 근대국가의 형성과 갑오개혁』, 『청일전쟁기 한중일 삼국의 상호전략』(공저), 『이대로 주저앉을 수는 없다』(공저) 등이 있다.

단발과 근대성

단발령 공포의 배경

1895년 11월 15일(음력), 개화파 정부는 이틀 뒤 17일을 기해 건양建陽 연호를 사용하여 양력을 도입하고(1896. 1. 1) 단발령을 시행한다고 발표했다.

메이지유신 이후 일본은 서구열강이 강요한 불평등조약체제를 극복하고 자본주의적 발전을 이루기 위해 대륙침략 또는 조선침략을 구상했다. 1876년 강화도조약을 강요한 이후 일본은 청나라를 중심으로 한 동아시아 국제질서를 변화시키려 했다. 일본은 청나라의 영향에서 조선을 분리시키려 했고, 이를 둘러싼 청·일 양국의 대립은 1894년 청일전쟁으로 발전했다. 청일전쟁은 일본의 승리로 끝났고, 일본은 동아시아 국제질서 재편을 주도하게 되었다.

일본이 주도하는 동아시아 국제질서 재편은 곧 조선침략으로 이어졌다. 일본은 조선에 '내정개혁'을 강요했다. 그리고 자신의 조선침략과 내정개혁 강요를 "청나라로부터 조선을 자주독립"시키는 것, 근대화를 돕는 것으로 미화했다.

청일전쟁에서 승리한 뒤 일본의 내정간섭이 더욱 노골화된 1895년 초부터 소위 2차 갑오개혁이 시작되었다. 1894년 12월 12일의 「홍범 14조」 공포 이후 별 문제없이 '개혁'이 추진되었다. 특히 1895년 3월 23일의 시모노세키조약을 통해 청나라와 조선의 속국관계가 완전히 청산되면서, 개혁은 더욱 순조롭게 진행될 수 있었다. 그러나 조선을 청나라에서 분리시키고 1894년 6월 일본군의 경복궁 점령과 동시에 민씨 정권을 붕괴시켜 청나라와 연결되어 있던 민영준 일파를 제거하는 데는 성공했지만, 민비를 중심으로 한 일련의 정치세력들은 러시아·미국 등과 다시 손잡게 되었다. 러시아는 3국간섭을 주도해 일본으로 하여금 조선에서의 권리를 포기하도록 만들었다. 일본은 다시금 등장해 친러배일정책을 추진하는 민비 중심의 정치세력을 제거하지 않을 수 없었고, 끝내 민비를 시해하는 만행을 저질렀다.

그러나 미국·러시아의 외교관들은 민비 시해의 주범이 일본인임을 목격자들을 통해 알게 되고, 그 사실을 거론하기 시작했다. 일본은 더욱 궁지에 몰렸으며, 어떻게든 을미사변을 수습해야 했다. 을미사변의 범인들을 재판·처벌하고 왕후의 복위와 국장國葬을 추진했다. 하지만 을미사변을 객관적으로 공정하게 처리하는 척했을 뿐, 실제 범인은 밝혀지지도 않았고 처벌받지도 않았다. 오히려 왕후 시해사건 가담자들이 무죄가 되었다. 한편 개화파 정부는 자주독립 사업과 개혁정치를 추진해나갔다. 그것은 1896년 1월부터 건양 연호 사용, 양력 사용으로 구체화되었고, 단발령으로 상징화되었다.

단발령 공포와 강제단발 시행

단발령은 1895년 11월 15일 조칙과 내부고시를 통해 공포되었다. 단발령이 공포되는 날 새벽, 고종과 태자는 농상공부대신 정병하鄭秉夏와 내부대신 유길준

두 사람에 의해 강제로 머리를 깎였다. 모범을 보인다는 이유에서였다. 다음 날인 11월 16일에는 관료들이 머리를 깎았고, 양력으로 1월 1일이 되는 17일부터 서울에서는 경무사 허진(許璡)의 지휘 아래 순검들이 거리에서 강제로 사람들의 상투를 잘라냈다. 각 관찰부에 상투 자르는 관리(剃頭官)를 파견하여 날을 정해 머리 깎을 것을 독촉했고, 경무관과 순검들로 하여금 강제로 머리를 깎게 했다. 1월 11일에는 양력 사용, 연호 사용, 복색제도 개혁, 단발 등에 관한 조칙이 다시 내려졌다.

11월 15일의 조칙에서 고종은 "짐이 머리카락을 잘라 신민에게 모범을 보이니 너희들은 짐의 뜻을 받들어 만국과 함께 병립하는 대업을 이루게 하라"고 했다. 같은 날 유길준은 내부고시를 통해 고종이 대분발하여 단발에 관한 조칙을 내렸다는 것, 위생에 이롭고 일을 함에 편리하기 위해 표준을 보인다는 것, 국가와 백성의 부강을 도모하고 정치개혁을 도모하기 위해 솔선하여 시행한다는 것을 밝혔다. 단발과 함께 망건도 폐지했다. 1월 11일의 조칙에서는, 상투와 망건은 원래 우리에게 없던 것으로 고유의 것이라고 할 수 없는데 일하기에 불편하고 양생하기에 불리하며 배와 차가 왕래하는 오늘날 홀로 쇄국하던 구습을 지킬 수는 없다, 백성이 부강하고 군대가 강하지 않으면 선왕의 종사를 지키기 어렵다, 선왕의 제도를 변경하지 않고도 종사를 지키는 길이 있다고 하는 주장은 천하의 대세를 모르는 것이다, 복색을 바꾸고 단발함은 "백성의 이목을 일신케 하여 구습을 버리고 짐의 유신하는 정치에 복종케 하는 것"이라고 했다. 결론적으로 머리카락과 구습을 함께 잘라낼 것을 요구했던 것이다.

단발을 강제하는 측이 내세운 논리는 편리함, 위생적임, 구습을 버리고 새로운 시대임을 자각시킴, 다른 나라들과 동등하게 되기 위함, 개혁을 위한 마음가짐(다짐) 등이었다. 상투는 두통을 일으키고, 망건은 머리를 속박하니 폐지해야 한다고 했다. "말총으로 엮은 그물을 머리에 동이지 아니하고 남에게 잡혀 끄어들이기 쉬운 상투를 없애고 세계 인민들과 같이 머리부터 우선 자유롭게 하라"는 것이었다.

단발반대 상소와 의병봉기

강제단발은 교통요지에서 길을 막아 사람들의 통행을 중지시키고 서울 성안의 생필품 공급을 중지시켰으며 상업유통을 방해했다. 심지어 외국과의 교역도 영향을 받았다. 그런 가운데 전국 각지에 단발반대 상소청이 만들어졌다. 단발령이 내려지자 1895년 11월 16일 학부대신 이도재李道宰가 제일 먼저 단발령반대 상소를 올렸다. 일주일 뒤인 1896년 1월 7일(음력 11월 23일)에는 김병시金炳始가 단발령 취소를 요구하는 상소를 올렸다. 1896년 1월 13일에 예안에서 강릉, 평창, 정선 등지 향교로 통문이 보내졌던 것으로 보아, 이 시기 영남과 강원도 지역에 단발반대 상소청이 군 단위로 설치되었던 것으로 보인다.

단발반대 상소와 통문 등이 나돌자 개화파 정부는 즉각적인 조치를 취했지만, 각 지역에서 단발반대 의병이 봉기하는 것을 막을 수 없었다. 1896년 1월 4일 최익현이 포천에서 거사를 시도한 것을 시작으로, 춘천·제천·여주·이천·광주(경기도)·홍주·안동·진주 등 널리 알려진 의병봉기 지역 외에도 경기 동북부 지역(이 지역 의병봉기는 최익현의 영향으로 보인다)의 포천·영평·마전·연천·가평 등지와 강원도 철원·낭천(현 화천)·양구·금화·금성·회양·평강 등지, 함경도 전지역(당시 함경도는 함흥관찰부, 갑산관찰부, 경성관찰부 등으로 되어 있었다), 영동 9군을 관할하는 강릉부,

호남 나주 등지에서 단발반대 의병이 봉기했다. 단발반대 의병은 단발거부에 머물지 않고 단발령을 강행하는 관리, 특히 경찰관리를 공격하여 단발령을 중지시키려 했다. 심지어 단발한 사람들까지 공격했다.

이도재는 단발에 대해 "단군, 기자 이래로 머리를 땋던 풍속이 높게 상투 트는 풍속으로 변했고 머리카락을 아끼는 것을 큰일로 여겼습니다. 이제 만약 하루아침에 깎아버린다면 4천 년 동안 굳어진 풍습을 변화시키기 어렵고 억만 백성의 흉흉해하는 심정을 헤아릴 수 없을 것이니 어찌 격동시켜 변란의 계기를 만들지 않는다고 믿을 수 있겠습니까"라고 했다.

김병시는 단발이 고종의 뜻이 아니라는 것, 춘추의 의리에 어긋난다는 것, 기자의 팔조금법八條禁法 이후 성인의 훌륭한 법속과 선왕의 훌륭한 제도를 버리는 일이라는 것, 조정의 신하들에게 널리 묻지 않았다는 것, '몸과 머리터럭과 피부는 부모에게서 받은 것으로 감히 훼손하거나 손상할 수 없다'는 공자의 가르침에 어긋난다는 것 등의 이유를 들어 단발령의 취소를 요구했다.

1895년 11월 29일의 예안 통문에서는 군부의 머리카락에 감히 칼을 대어 깎고 온나라에 단발령을 내렸는데 그 옳지 못한 명령(단발령)에 복종할 수 없다는 것, 머리털은 부모에게 받은 것이니 죽음이 두려워 머리를 깎을 수 없다는 것, 머리를 한번 깎게 되면 선왕의 백성이 모두 오랑캐가 되고 성인의 옛 나라가 짐승의 나라가 되고 말 것이니 차마 그렇게 할 수 없다는 것 등이 이야기되었다.

의병 측의 격문과 상소를 통해 단발반대자들이 단발을 어떻게 생각하고 있었는지 정리해보면 다음과 같다. 먼저 이들은 고종과 태자의 강제단발이 을미사변 못지않은 변괴라고 생각했다. 또 상투 자르기를 일본화하는 것, 국가의 명맥을 끊는 것으로 보았다. 문명이 변해 야만이 되고, 사람이 변해

오랑캐나 짐승이 되는 것으로 보았다. 성인의 전통(왕도정치), 도학의 명맥, 역대 선왕의 예절과 문물이 하루아침에 무너지는 것, 천지가 번복되고 천하가 깜깜해지는 것으로 보았다.

이들은 국모의 원수를 갚고 국왕의 치욕을 씻는 일도 물론 중요하지만 중화와 오랑캐의 구분이 임금과 신하의 의보다 더 중하다고 보았기 때문에, 부모의 유체를 보전하고 선왕의 법복을 지키는 것이 제일 급선무라고 생각했다. 그들은 목을 끊을망정 머리카락을 끊을 수는 없었고, 몸은 삭아도 이름을 삭일 수는 없었다. 나라치고 망하지 않는 나라는 없기에 머리를 깎고 나라를 보존하는 것보다 차라리 머리를 보존하고 나라가 망하는 것이 더 낫고, 사람치고 죽지 않는 사람은 없으니 머리를 깎고 사는 것보다 차라리 머리를 보존하고 죽는 것이 더 낫다고 생각했던 것이다. 실제로 많은 사람들이 상투를 잘리고 자결했다. 결국 이들에게는 머리카락을 지키는 것이 중화예의의 문명을 지키는 것이었다.

단발령 취소

1896년 2월 11일 러시아공사관으로 이어함으로써 고종은 위험한 고비를 넘기게 되었고, 친일 김홍집 내각이 붕괴되었으며, 의병참여세력의 일부인 친러 개화파가 집권했다. 따라서 단발령 역시 취소될 법했으나, 친러 개화파 정부 역시 단발령을 즉각 취소하지는 않았다. 단발령에 관한 친러 개화파 정부의 공식조치는 2월 18일 내부대신 훈시를 통해 "단발하는 건은 편리함을 좇으라"고 하면서 의병해산을 권유한 것이었다.

그러나 의병들은 "편리한 대로 따르라"는 새 정부의 지시에 만족하지 않고,

칙령을 내려 단발령을 취소하기를 요구했다. 칙령에 의한 단발령 취소는 단발반대를 위해 봉기한 의병들의 정당성을 인정하는 것이었고, 일종의 사면조치였다. 단발반대 의병이 정당하다면, 머리 깎기를 주장한 괴수는 사형에 처하고 도당은 귀양을 보내야 한다고 요구했다.

단발에 관한 한 친러 개화파 정부 역시 친일 개화파와 별로 다를 게 없었다. 친일 개화파 정부 시절이었던 1896년 1월 22일에도, 당시 내각은 영남 선비들에게 단발령은 원래 억지로 머리를 깎으라는 것이 아니라 스스로 깨닫고 시행하는 것이라는 지시를 내린 바 있었던 것이다. 뿐만 아니라 1896년 2월 11일 춘천 의병해산 조칙에서 춘천 의병의 봉기원인을 단발령이 아닌 8월 20일의 변(을미사변)으로 규정함으로써, 을미사변을 복수하려는 의병에 대해서만 사면조치를 내리고 단발반대 의병에 대해서는 공식 사면조치를 내리지 않았다. 이런 상황이었기 때문에 아관파천 이후에도 단발반대 의병은 계속 활동할 수밖에 없었고, 의병 측은 단발령을 공식 취소하라고 요구했던 것이다.

최익현은 1896년 2월 20일 의병을 선유하는 선유대원으로 임명되었는데, 2월 25일 상소를 올려 의병해산의 부당함, 왕후의 죽음에 대한 복수, 단발령 취소 등 세 가지를 말하면서 선유에 나서지 않겠다고 했다. 이후 단발반대 의병들은 여러 차례 단발령 취소를 요구하는 상소를 올렸다.

그러나 최익현 등 의병 측의 줄기찬 요구에도 단발령을 취소하지 않았던 것은, 아관파천 이후 새로 집권한 친러 개화파 정권 역시 단발 문제를 상당히 긍정적으로 생각하고 있었기 때문이었다.

1895년 11월 15일의 단발령이 조칙으로 취소된 것은 1897년 8월 12일이었다. 이는 대한제국 출범 직전이었는데, 단발령의 취소와 함께 유인석·노응규(盧應奎) 등 단발반대 의병세력에 대한 사면이 동시에 이루어졌다.

단발령의 역사적 성격

단발령은 1894년 6월 21일 일본군의 경복궁 침입 이후 조선에 대한 내정간섭의 결정체였으며, 고종의 왕권이 위기에 처했음을 나타내는 상징적 사건이었다. 따라서 단발을 긍정적으로 보든 부정적으로 보든, 단발 자체에 대해서보다는 정권유지와 관련해서 단발 문제를 거론할 수밖에 없었다.

'단발은 편리하고 위생적'이라는 논리에는 상당한 근거가 있었다. 그러나 이는 정상적인 개혁 과정에서 장점을 부각시키면서 시행되지 못했다. 을미사변으로 민심이 극히 흉흉해진 가운데 집권세력이 점차 불리해지자, 그런 상황을 역전시키기 위해 취해진 무모한 시도였다. 을미사변도 무마하고 근대개혁도 추진할 수 있다면 친일 개화파는 정권 안정을 가져올 수 있을 것이었고, 일본은 '민비살해'라는 국제적 범죄를 감출 수 있었다. 그리고 고종의 왕권은 갈수록 무력화될 것이었다.

단발반대 의병들은 대개 '복수보형復讐保形'을 표방했다. '복수'는 왕후시해에 대한 복수를 의미했고 '보형'은 단발령에 반대하여 머리를 깎지 않고 형체를 보존한다는 것이었다. 따라서 목숨을 걸고 머리카락을 지킨 것은 일본침략에 대해 목숨을 걸고 저항한 근대 민족주의운동으로 평가되기도 한다.

그러나 그들이 지키려 했던 것은 중화문명이었고, 소중화였으며, 개혁으로 무너진 성리학적 질서였다. 이 점과 관련하여 의병들이 명과 청나라 연호를 사용했다는 사실을 주목해야 한다. 이들은 1880년대 이미 무너져버린 중화체제를 계속 고집하여 중국에 의존하려 했으며, 근대사회의 발전에 따라 무너져버린 성리학적 질서를 다시 일으켜 세우려 했던 보수반동적인 흐름이었다.

단발령에 이르러 정세는 두 정치세력의 무력대결로 발전할 수밖에 없었는데,

보수반동적 저항을 불러일으키고 그 보수반동적 흐름이 '국가'와 '민족'을 명분으로 침략에 대한 저항이라는 정당성을 획득할 수 있게 만든 것은 분명 대외의존적 정권이 가질 수밖에 없는 한계였다. 더구나 갑오농민군이라는 혁신세력을 무력으로 토벌한 것은 '개혁'의 지지기반을 스스로 상실함과 동시에 필연적으로 보수반동세력의 저항을 불러올 수밖에 없었다.

이상찬

서울대학교 국사학과 교수로 재직 중이다. 한국 근대사를 전공했다. 대표논저로 『일본의 본질을 다시 묻는다』(공저), 『농민전쟁 100년의 인식과 쟁점』(공저) 등이 있다.

대한제국의 역사적 평가

이제까지 대한제국의 역사적 위치에 대해서는 세 가지 접근태도가 있었다. 첫째는 식민지화의 책임이 대한제국 또는 광무 정권으로 표현되는 당대 권력에게 있었다는 태도이다. 둘째는 1894~95년의 갑오농민전쟁과 갑오개혁의 실패로 식민지화는 이미 돌이킬 수 없는 현실이 되었고, 대한제국은 그 이후 10년 정도 지속된 외세의 세력균형 위에 위태롭게 서 있던 정권이자 체제일 뿐이라는 태도이다. 셋째는 대한제국 수립은 식민지화의 위기에 처하여 지배계급이 시도한 최후의 근대화개혁의 일환이었지만, 러일전쟁을 계기로 한 일제의 침략·강압에 의해 좌절되었다고 보는 태도이다.

대한제국 당시의 평가

대한제국에 대한 평가는 당대에도 있었다. 『매천야록梅泉野錄』(황현黃玹)의 당대에 대한 평가는 자못 냉소적이며, 『대한계년사大韓季年史』(정교)의 평가 역시 극도로 비판적이다. 그러나 이들의 평가는 대한제국 내 반체제적 집단의 정서를 보여주는 정도였다. 역사적 실체로서 대한제국을 본격적으로 평가한 것은 일본인들이었고, 그들의 평가는 대개 아래와 같았다.

> 조선 초기까지 비교적 정비된 사회체제와 문화를 구축하고 있던 조선왕조는 중기 이후 사화士禍, 당쟁 등의 내분을 거듭하면서 정체된 상태를 벗어나지 못했고, 서세동점 西勢東漸의 위기를 맞이해서도 청국淸國에 기대어 잔명殘命을 보존하려는 면모를 보였을 뿐이다. 일본이 청국세력을 몰아내고 조선을 독립시켜주는 한편으로 선의의 충고와 조력을 제공했음에도, 조선은 그를 거부하고 다시 러시아세력을 끌어들이는 등 사대주의적 구태를 답습했다. 비정秕政은 계속되었고, 민생은 도탄에 빠졌으며, 러시아의 야욕은 갈수록 노골화되어 결국 일본은 전쟁을 통해 동양평화의 항구적 기틀을 다지는 수단을 택하지 않을 수 없었다. 이후에도 일본은 선의善意로써 조선이 독립의 내실을 다질 수 있도록 각종 지원을 아끼지 않았으나, 이미 쇠미한 나라를 되살릴 수 있는 길은 어디에도 없었으니 양국의 합병은 불가피했다.

일본인들이 보기에 조선은 원래 독립할 가능성이 없는 나라였고, 대한제국 역시 그 연장에 불과했다. 대한제국의 의의는 오히려 일본에게 선의의 원조를 받아 진행되었던 갑오개혁을 붕괴시킨 데서 찾아야 하며, 그것은 한국의 자주독립을 지킬 수 있는 유일하고도 최종적인 기회를 스스로 포기한 것이었다. 이 평가는 지금까지도 대한제국에 대한 대중적 인식의 기조를 이루고 있다.

광무개혁·대한제국 논쟁

역설적이지만, 이런 대한제국관은 반일민족주의 역사학의 대표주자라 할 수 있는 신용하愼鏞廈에 의해 체계화되었다. 신용하는 대한제국을 친러 수구파 정권이 만든 반동적 체제로 규정하고, 대한제국기에 설사 개혁적 조치가 취해졌다 해도 그것은 독립협회와 정부가 비교적 협조관계에 있던 1897년 말에서 1898년 초까지의 극히 짧은 시기에 이루어진 일일 뿐이라고 단언했다. 즉 상공업부문에서는 '재야 개혁파의 신산업운동'으로, 교육부문에서는 민중과 개혁가들의 '신교육운동'으로 일정한 진전이 있었지만, 정부는 이들 운동을 방해만 했을 뿐이라는 것이다. 그리하여 "대한제국은 1898년 3월을 전환점으로 국제 세력균형이 잘 형성된 절호의 기회를 획득했으니 이제는 언젠가 국제 세력균형이 깨어져도 독립을 지킬 수 있도록 대개혁을 단행할 필요가 있었으며, 이 개혁은 갑오경장의 부정적 측면인 타율성을 교정하고 갑오경장의 긍정적 측면은 한 걸음 더 전진시키는 개혁이어야" 했음에도, 오히려 개혁운동을 탄압해버린 데 대한제국 멸망의 근본적 이유가 있었고, 이 반동성이 대한제국의 본질이라고 보았다(신용하, 1978).

김용섭金容燮은 이와 반대로 대한제국기의 개혁론이 소농경제의 안정을 목표로 제기되었던 조선 후기 이래의 개혁론을 계승하긴 했지만 시기적 조건에 의해 이미 근대적 변혁사상으로 전환하고 있었으며, 나아가 이런 사상이 권력주체들에게 수용됨으로써 광무개혁이 진행되었다고 보았다(김용섭, 1975). 그런데 김용섭의 광무개혁론은 대단히 제한적이며 조심스럽다. 중세사회 해체의 근간은 토지개혁에 있되, 그 개혁은 어디까지나 이를 필요로 하는 세력에 의해 쟁취되어야 했다. 그런 점에서 한국 근대사의 주체는 광무 정권 담당자들이 아니라 농민이었다. 그렇지만 농민적 입장에서 또는 농민의 처지를 안쓰럽게 여기는 입장에서 제기된 토지개혁론이 권력주체들에게 수용되고 실현되었다면, 그것 또한 개혁에 다름 아니다. 그는 조선 후기 이래 '지배층을 중심으로 하는 위로부터의 개혁'노선이 분명히 존재했고, 그것은 개항 후 조선왕조의 근대화정책으로 계승되었으며, 갑오개혁 이후에는 지주층 중심의 근대화방안이 개혁의 마스터플랜으로 자리잡았다고 보았다(김용섭, 1988). 그와 같은 마스터플랜은 봉건지주층과의 타협 아래 그들의 자본을 근대사회의 형성에 원용하려는 입장에서 만들어진 것이었고, 그 마스터플랜을 입안한 자들은 바로 실학파, 개화파의 후예들이었으며, 그들의 이념이 광무개혁의 이념기반이 된 것이었다(김용섭, 1984).

그런데 김용섭의 광무개혁론의 맹점은 주체의 불분명성에 있었다. 도대체 누가 개혁을 입안하고 추진했던가? 이와 관련된 실증 연구들은 오히려 광무년간 고위관료들의 성향이 대개 보수적·반동적이었음을 입증했을 뿐이다(나애자, 1994; 진덕규, 1983·1984; 송병기, 1976). 이 지점에서 송병기宋炳基는 독특한 주장을 펼쳤다. "광무 정권의 주요 담당자들은 보수적·반개혁적이었지만, 광무년간에 개혁은 추진되었다. 그 주체는 다름 아닌 고종이었다"(송병기, 1976). 그러나 당시 고종에 대한 이런 평가는 너무 파격적이었다.

강만길姜萬吉은 김용섭과 신용하 모두에게서 문제를 발견했다. 그는 대한제국에 접근하는 기본입장을 '식민지화의 원인규명'에 두고, 정체성론과 외인론 모두를 배격한다는 전제 아래 식민지로 전락한 이유는 바로 '대한제국 자체'에 있었다고 보았다(강만길, 1978). 그것은 다름 아닌 군주권 배격의 불철저함, 즉 민권사상의 결여였다. 그는 독립협회가 진정으로 민권적 정치사상을 가졌던 것이 아니라 "중세적 정치세력에게 모든 권력을 빼앗아 황제에게 집중시키고 독립협회 중심의 근대적 정치세력과 황제권이 결합하여 새로운 권력구조를 형성하려는" 제한된 민권사상을 가졌던 점이 문제였다고 했다. 김용섭의 광무정권주도 개혁론이나 신용하의 독립협회주도 개혁론이 모두 문제가 있다고 보았던 것이다.

한편 진덕규陳德奎는 대한제국의 권력구조를 분석하여 그것이 전통적인 '절대군주시대'로의 환원을 지향한 일종의 '시대반동적 권력구조'였다고 단언했다. 이 견해는 한국 근대화를 향한 최후의 시도가 좌절된 뒤 등장한 반동권력이 곧 대한제국이며, 그런 점에서 식민지화의 책임은 바로 대한제국 자체에 있다는 강만길의 입론을 정당화하는 것이었다(진덕규, 1983).

그러나 1970년대 말~80년대 초의 광무개혁·대한제국 논쟁은 더 이상 진전을 보지 못한 채 끝나고 말았다. 대한제국 문제가 다시 쟁점으로 부각된 것은 90년대 중반 이후였다. 이 시기의 몇몇 연구성과들은 그동안 '통설화'되어 있던 대한제국관에 의문을 던졌다.

통설화된 대한제국관에 대한 의문들

개혁주체 문제에 대해서는 대한제국이 위로부터의 근대화에 관심을 지닌 계급·계층이라 할 수 있는 재지지주=양반 유생층과 주요 도시의 특권 상인층을 기반으로 한 국가라는 주장이 제기되고 있으나(나애자, 1994 외), 개혁 추진세력에 대해서는 아직 불명확한 점이 많다. 다만 광무개혁을 긍정하는 논자들은 암묵적으로 그 정점에 고종이 있었음에 동의하고 있다. 고종과 관료제의 상대적으로 비공개된 부문(궁내부 또는 군부)에 속한 관료들을 중심으로 개혁 추진세력이 형성되었고, 그들은 비공개적인 만큼 취약했지만, 개혁을 위한 고종의 인적 기반으로서는 손색이 없었다는 것이다(서영희, 1998). 이에 대해서는 공식적인 절차와 방법을 통한 개혁, 즉 제도적 개혁을 불가능하게 하는 치명적 결함이 있었다는 비판도 제기되고 있다. 한편 궁내부 관료들이 신분적으로는 구래의 특권 양반계급과 일정한 또는 현격한 거리를 지닌 인물들이었음도 주목되고 있으며, 고종 개인의 성향에 대한 관심도 새롭게 고조되고 있다.

개혁 목표가 식민지화의 위기를 극복하고 국권을 유지하는 것이었다는 데는 별로 이론의 여지가 없다. 다만 국권의 실체에 대해서는 심각한 의견대립이 있다. 그것이 중세적 왕권 또는 전제황권과 동일시되었는지, 아니면 근대적 국민국가의 주권과 동일한 것이었는지는 쟁점이 될 수 있다.

현재 부각되는 중요한 쟁점 중 하나는 광무개혁의 이념과 방법이다. '구본신참舊本新參'이 진보적 혹은 근대적 개혁을 위한 이념적 기반이 될 수 있었는가? '동도서기東道西器'의 '도'와 '기'는 각각 어떤 범주로 설정되어야 하는가? 혹자는 '도'와 '기'를 철저히 분리된 것으로 인식하여 이를 봉건적 사회질서의 틀을 유지하는 데 중점을 둔 사고로 평가하기도 하고, 혹자는 '도'와 '기'가 상호 관련을 맺으면서 동도서기론 자체가 근대화를 위한 이념적 바탕이 될 수 있었다고 주장하기도 한다(주진오, 1996).

개혁 내용에 대해서는 광무년간 정치체제 개편의 의미와 관련하여 약간의 문제제기가 이루어지고 있다. 광무년간 조금이나마 개혁이 이루어졌다고 할 수 있는 것은 교육과 경제부문뿐이었다는 것은 1970년대 말의 논쟁에서 이미 합의된 바였다. 최근에는 광무 정권의 정치적 '반동'조차 개혁과 관련하여 이해해야 한다는 견해가 제기되고 있다. 이는 '근대'관이 본질적으로 변화하고 있는 현상과도 관련된다. 즉 '자주적' 근대와 '식민지적' 근대 사이에 만리장성을 쌓을 필요는 없다는 태도이다(양상현, 1996; 전우용, 1997).

마지막으로 개혁의 결과 또는 영향과 관련된 논쟁이 있다. 구체적으로 일본이 한국을 보호국화한 뒤 추진한 제반 정책 또는 '개혁'이 광무개혁과 맺는 관계에 관한 것이다. 토지조사사업을 둘러싼 논의는 이 문제의 핵심을 이룬다. 토지조사사업이 광무 양전지계사업의 성과를 일부 '흡수'하면서도 그 계급적 지지의 방향을 뒤바꾼 것인가? 아니면 토지조사사업과 양전지계사업의 계급적 성격에는 아무 차이도 없는가? 그것도 아니면 토지조사사업과 양전지계사업은 애당초 무관한 것이었는가? 같은 맥락에서 일제의 '조선회사령朝鮮會社令'은 대한제국 시기의 회사정책과 어떤 관계를 갖고 있는가? 그 형식과 내용에서 보이는 유사성과 그 계급적·민족적 지지방향의 왜곡은 어떤 관계 속에서 진행되고 있었는가?(한국역사연구회 토지대장연구반, 1994; 전우용, 1997)

또 하나 광무개혁의 추진주체 또는 세력기반의 추후 행태 문제가 있다. 통감부 시기부터 일제 초기에 걸쳐 대한제국의 주요 지지기반이었던 계급·계층은 어떤 태도를 보였는가? 민중이 일제의 억압과 수탈에 신음하면서 궐기하던 시기에 그들은 자연스럽게 일본 제국주의에 경도되어갔는가, 아니면 적극적으로 저항했는가? 혹자는 고종의 '독립운동'을 이야기하고(이태진 등, 1995), 혹자는 고종과 왕족 일당의 매국적·자포자기적 행태를 비난한다(강만길, 1999).

논의의 진전을 위해

근래의 대한제국 논의는 '대한제국론'이라고 부르기에는 지나치게 무절제하게 진행되고 있는 감이 있다. '무절제'라고 하는 것은 입장과 이론, 그리고 방법이 뒤섞여 있다는 의미이다. 논의의 진전을 위해서는 가닥을 잡을 필요가 있다. 우선 시대인식, 과제인식에서 출발하자.

조선 후기 이래 한국사의 과제는 기본적으로 '반봉건·반제'로 설정되었다. 그 과제인식을 고수한다면 대한제국과 광무개혁의 평가기준도 일차적으로 그에 연동될 수밖에 없다. 대한제국이 '자주적 근대'를 지향했는가 아닌가? 지향했더라도 그 방법과 절차에 정당성을 부여할 수 있는가 없는가? 설사

정당했다 해도 더 나은 대안이 있었던 것은 아닌가? 더 근본적으로 '자주적 근대'라는 과제인식은 본래 정당한 것이었는가?

다음은 주체인식의 문제이다. 농민전쟁이 실패하고 갑오개혁이 좌절된 1890년대 말의 시점에 현실적으로 개혁을 원하고, 또 개혁을 담당할 만한 세력이 남아 있었는가? 개항 이래 개혁운동의 두 축을 형성해온 농민층과 개화파를 빼놓고 개혁을 운위할 수 있는가? 농민과 민중의 요구를 반영하지 않는 개혁도 있는가? 농민전쟁의 패배와 동시에 실낱같이 남아 있던 가능성은 사실상 완전히 소멸된 것 아닌가? 아니면 이때까지도 일본의 메이지유신 같은 개혁이 추진될 수 있는 주객관적 조건이 형성되어 있었고, 그 단서가 마련되고 있었는가?(梶村秀樹, 1983). 직접적으로 고종과 그 측근들에게서 '개혁성'을 찾을 수 있는가?

마지막으로 방법의 문제이다. 제도와 법률적 장치가 결여된 개혁이 가능한가? 대중적 지지를 확보할 기제가 결여된 개혁이 지속성을 얻을 수 있는가? 무엇보다도 불철저한 외세인식, 불충분한 현실인식을 토대로 한 개혁이 현실성이 있는 것인가?

최근 대한제국과 광무개혁의 역사적 의의를 인정하려는 견해가 적지 않게 나오고 있음에도, 그에 대한 평가는 대체로 냉소적이다. 그것이 '근왕勤王사학'이라는 비난을 받을 소지는 곳곳에 널려 있다. 또 1970년대 이래 30여 년간 어렵게 부각시켜온 '민중적 근대'와 동떨어진 근대상을 제시하고 있는 점도 문제로 지적될 수 있다.

하지만 '근대'에 대한 전면적 재검토가 전제된다면, 그리하여 '식민지 근대'와 '자주적 근대' 사이에 만리장성을 쌓을 이유가 없음이 확인된다면, 자본주의 근대화는 언제나 어느 곳에서나 수탈과 착취와 반동, 그리고 처벌과 학대를 동반했음을 고려한다면, 대한제국과 광무개혁을 더도 덜도 아닌 '외세의 침략 앞에서 국권(=君權)을 지키기 위해 지배계급의 주도로 마지막으로 시도되었던 근대화개혁, 또 그 과정과 결과 성립한 국가체제'로 규정할 수도 있을 것이다.

전우용

현재 서울대학교병원 병원사연구실 교수로 재직 중이다. 한국 근대사를 전공했다. 『사진과 함께 보는 한국 근현대 의료문화사』(공저), 『서울은 깊다—서울의 시공간에 대한 인문학적 탐사』 등이 있다.

을사조약은 성립되었는가

1905년 11월 17일 일본은 대한제국의 보호국화를 내용으로 하는 을사조약을 강요했다. 을사조약은 대한제국의 외교사무, 외국에서 한국의 이익과 신민의 보호업무, 한국과 외국의 조약체결 및 실행 등의 임무를 일본 정부(외무성)가 맡고, 서울에 통감을 두며, 개항장 및 필요하다고 인정하는 곳에 이사관을 둔다는 것이 주요 내용이다. 한국의 외교권을 빼앗음으로써 한국에 대한 보호국화, 부분적인 직접통치를 구상한 것이다.

을사조약의 성격과 합법성 여부

1876년 조일수호조규 이후 일본 자본주의는 조선의 자원과 곡물을 가져가고 조선에 자본제 상품을 내다팔아 급성장할 수 있었다. 일본 자본주의는 보다 안정적인 발전을 위해 조선의 사회구조를 개편하려 했고, 궁극적으로 조선을 직접통치하고자 했다. 1890년대 중반 일본은 이미 조선을 속국으로 만들기로 결정하고 청나라와 전쟁까지 치렀다. 그러나 청국과의 전쟁에서는 이겼지만 조선인의 반발과 서구열강의 견제 때문에 조선의 속국화에는 성공하지 못했다.

일본은 중국 의화단 사건에 개입하면서 제국주의국가 대열에 들어가게 되었고, 제국주의 열강으로부터 조선에서의 독점적 권리를 인정받기에 이르렀다. 다만 조선을 속국화할 때는 반드시 조선의 동의를 받아야 한다는 조건이 뒤따랐다.

뒤이은 러일전쟁에서의 승리로 일본은 만주와 조선에서 이해관계가 부딪치던 러시아와의 갈등도 말끔히 해소했다. 러일전쟁을 마무리하는 과정에서 일본은 조선에 대해 보다 독점적인 권리를 가지려 했고, 이제 그것은 아무런 방해를 받지 않게 되었다. 일본은 조선의 보호국화정책을 추진했고, 급기야 을사조약을 강요하기에 이르렀다. 1904년 2월 한일의정서를 통해 대한제국의 내정간섭이 가능하게 된 뒤, 고문정치 단계를 거쳐 또 한 단계 식민지화를 진전시키려는 것이었다.

을사조약은 1905년 11월 18일 새벽 한일 양국 정부가 조인했고, 12월 26일 대한제국 관보에 공포되었다고 알려져 있다. 이를 근거로 일본은 조약이 성립되었다고 서구열강에 통고했고, 그에 따라 미국을 시작으로 서구열강들은 서울에서 공사관을 철수시켰다. 또 일본은 각국에 주재해 있던 한국 공사관을 강제로 철수시켰다. 1906년 1월 서울에 통감부가 설치되었고, 각 지방 도청소재지에는 이사청이 설치되었다. 3월에는 외부가 폐지되어 의정부의 외사국이 되었다. 3월 초대 통감으로 부임한 이토 히로부미伊藤博文는 '시정개선협의회'를 통해 대한제국 정부대신들을 지휘·감독했다. 을사조약에 의해 실질적인 식민통치가 시작되었던 것이다.

당시 조약체결 과정에 다소 문제가 있긴 했지만, 일본과 서구열강의 입장에서 보면 조선과의 협의절차가 있었다는 사실이 중요할 뿐 조선의 실제 동의 여부는 그다지 중요하지 않았다. 지금까지도 일본은 국제법적으로 조약에 하자가 있었다고 보지 않는다. 얼핏 보면 조약안에 우리 측이 도장을 찍은 결과가 되었고, 무엇보다 대한제국 관보를 통해 공포되었으며, 이를 근거로 통감부가 설치되는 등 실제로 역사가 진행되었기 때문에 을사조약이 효력을 발생했다는 사실을 지극히 당연하게 생각해왔던 것이다.

고종의 부인

을사조약이 강제되었다고 알려지자 1905년 11월 20일 장지연은 『황성신문皇城新聞』에 유명한 논설 「시일야방성대곡是日也放聲大哭」을 실어 일제침략을 규탄했다. 이를 시발로 『대한매일신보大韓每日申報』 등 언론은 조약무효를 주장하며 반대운동을 유도했다. 전·현직 관리 및 유력 유생들은 조약파기를 요구하는 상소를 올렸고, 민영환閔泳煥 등 애국지사들은 자결로 항거했다. 상인들은 철시로, 학생들은 동맹휴학으로 조약반대운동에 동참했다. 을사5적의 암살시도도 있었고, 일제와의 직접 항전을 통한 주권회복을 목표로 의병운동도 전개되었다.

각계각층에서 전국민적 을사조약 반대운동이 전개되었다. 그것이 가능했던 이유는 국왕 고종이 적극적으로 을사조약을 부인했기 때문이었다. 고종은 1905년 11월 26일 미국인 헐버트Homer Bezaleel Hulbert에게 보낸 비밀친서에서 을사조약에 대해 "짐은 총칼의 위협과 강요 아래 최근 한일 양국 간에 체결된 소위 보호조약이 무효임을 선언한다. 짐은 이에 동의한 적도 없고, 금후에도 결코 아니할 것이다"라며 조약무효를 선언했고, 비준을 거부했다.

1906년 1월 29일 고종은 영국 『트리뷴Tribune』지의 더글러스 스토리Douglas Storey 기자에게 을사조약을 전면부인하는 친서를 주었고, 스토리 기자는 고종이 조약체결에 동의하지 않았다는 사실을 즉시 보도하면서 1906년 12월 6일자 『트리뷴』지에 친서 전문을 게재했다. 친서에서 고종은 일본이 조약을 제안했을 때부터 찬성하지 않았고 비준한 적도 없다는 것, 일본 측이 마음대로 공포한 것이며 고종은 반대했다는 것, 외교권을 양여한 사실이 없으며 통감부 설치 역시 허락한 적이 없다는 것, 고종이 열강에 의한 5년간의 공동보호를 원하고 있었다는 것 등을 밝혔다.

1906년 여름 제2회 만국평화회의가 헤이그에서 열릴 것이라고 알려지자, 고종은 1906년 6월 미국인 헐버트를 '특별위원'으로 임명하여 일본을 만국공판소에 제소하게 하고, 미국과 유럽의 9개국 원수에게 친서를 보냈다. 9개국에 보내는 이 친서에서 고종은 다음의 세 가지를 주장했다.

첫째, 만국공법에 위배되는 강제체결의 증거 세 가지, 즉 ① 정부대신이 위협을 받았다는 것, ② 정부가 조인하는 것을 고종이 허가하지 않았다는 것, ③ 정부회의라고 하지만 일본인들이 정부대신을 강제로 가두고 한 회의라는 것 등을 들어 을사조약이 무효임을 선언하고 있다. 둘째, 고종 자신은 조약을 응낙한 적이 없고 앞으로도 응낙하지 않을 것이므로 고종이 조약을 응낙했다고 일본이 아무리 떠들어대도 결코 믿지 말라고 당부했다. 셋째, 한국은 당당한 독립국이므로 이전처럼 공사관을 즉시 다시 설치해달라고 했다.

그러나 1906년 여름에 열리기로 되어 있던 만국평화회의는 연기되었고, 만국공판소에 제소하려던 고종의 계획은 이듬해 1907년 6월에야 실현될 수 있었다. 고종은 이상설李相卨, 이준李儁, 이위종李瑋鍾 세 사람의 특사를 헤이그로 보내 1년 전에 시도했던 '만국공판소에의 제소'를 다시 시도했으나 이 또한 실패하고 말았다. 이것이 유명한 헤이그 밀사 사건이다.

을사조약이 강요된 이후부터 1907년 6월 헤이그 평화회의까지 고종은 끊임없이 을사조약이 성립되지 않았음을 주장했고, 마침내 헤이그 사건이 빌미가 되어 고종은 왕위에서 강제로 쫓겨났다.

프랑시스 레이의 을사조약 무효론

프랑스 국제법학자인 프랑시스 레이Francis Rey는 1906년 「대한제국의 국제법적 지위」라는 논문에서 '을사조약은 완전히 무효'라고 주장했다. 한국 정부 측 동의표시의 결함과 일본 측이 한국에 대해 확약했던 보장의무 위반이라는 두 가지 하자 때문에 효력을 갖지 못한다는 것이었다.

레이는 을사조약이 일본과 같은 문명국으로서는 부끄러운 정신적·육체적 폭력으로 한국 정부를 강요해 체결되었다고 보았다. 조약의 서명은 일본 군대의 압력 아래서 대한제국 황제와 대신들로부터 얻었을 뿐이며, 대신회의는 이틀 동안 저항하다 체념하고 조약에 서명했지만, 황제는 즉시 강대국, 특히 워싱턴에 대표를 보내 가해진 강박에 대해 맹렬히 이의를 제기했다고 했다. 전권대사에게 행사된 폭력을 감안할 때 한국 정부 측이 자유로운 의사로 동의한 것이라고 볼 수 없고, 따라서 을사조약은 효력을 가질 수 없다고 보았다.

또한 '일본의 보장의무 위반'은 일본이 「한일의정서」에서 한국의 독립을 보장했음에도 을사조약에서 보호관계를 설정함으로써 약속을 지키지 않았다는 것이었다. 1894년 이래 4개의 국제조약에서 일본은 한국 독립이 대외정책의 기초로서 지나해支那海 세력균형에 필수불가결하다고 간주했고, 같은 선상에서 1904년 2월의 「한일의정서」 역시 한국 독립을 보장했음에도, 을사조약에서 독립 포기를 초래하는 보호관계를 설정한 것은 절대적 모순이라고 했다.

레이는 피보호국의 동의라는 형식을 갖추기 위해 조약이라는 허울로 은폐하고 있지만, 을사조약은 분명 강대국(문명국)에 의한 약소국의 '권리침해'이며 일본의 정치적 과오로서, 폭력을 행사하여 타민족에게 그가 배척하는 체제를 강요했다고 결론지었다.

을사조약은 성립하지 않았다

고종이 강제로 쫓겨날 때 일본은 고종에게 1905년 11월 17일에 체결한 한일신조약에 옥새를 찍어 이를 추인하면 왕위를 지킬 수 있다고 했다. 여기서 우리는 몇 가지 사실을 알 수 있다. 적어도 1907년 7월까지 을사조약이 비준되지 않았고, 일본 역시 그 사실을 잘 알고 있었으며, 을사조약 비준거부와 외교권 회복투쟁이 고종퇴위의 직접적 계기가 되었다는 사실이 그것이다.

조약을 강요받은 1905년 11월 이후 왕위에서 쫓겨나는 1907년 7월까지 2년여에 걸쳐 고종은 여러 차례 조약을 부정하고 외교권 회복을 시도했다. 만약 고종이 을사조약을 비준했다면 그러고서도 2년여에 걸쳐 계속적으로 조약을 부인할 수 있었을까? 강대국 일본이 고종의 어새가 찍힌 비준서를 내놓지 않은 이유는 무엇일까? 일본이 비준서만 제시한다면 고종의 거부와 저항은 간단히 해결될 수 있었다. 그러나 고종이 을사조약을 비준하지 않았으므로 비준서는 애초부터 없었다. 일본은 고종을 제거함으로써 을사조약의 불법성을 감추려 했던 것이다.

을사조약은 또한 조인조차 되지 않았다. 우리 측 외부대신이 도장을 찍은 사실이 없기 때문이다. 일본의 위협 때문에 조약에 찬성을 표시하기는 했지만, 직접 도장을 찍지는 않았다. 이토의 명령으로 일본 공사관의 한국어 통역관이었던 마에다前間恭作와 외부 보조원이었던 누노沼野 두 사람이 외부대신의 직인을 훔쳐내 찍었을 뿐이다. 일본 측이 우리 측 외부대신의 직인을 훔쳐서 찍은 것이므로 을사조약은 조인되었다고 볼 수 없다. 조약체결을 위해 양국 대표가 전권을 위임받았다는 기록(위임장)도 현재까지 발견되지 않고 있다.

을사조약처럼 주권을 양여하는 중요한 조약의 경우, 위임·조인·비준의 과정을 거쳐 조약이 체결되어야 한다. 어느 한 과정만 빠져도 조약은 성립되지 않는 것인데, 을사조약은 위임·조인·비준의 어느 과정도 거치지 않았다. 말하자면 을사조약은 일본이 강요한 '안'에 불과한 것으로, 조인·공포된 을사조약은 일본에 의해 조작·위조된 것이었다.

 을사조약이 하나의 안에 불과하고, 한일 양국의 합의를 거치지 않은 것이었다는 사실은 조약 원본을 보면 더욱 확실해진다. 을사조약은 을사조약, 을사5조약, 을사늑약, 한일협상조약, 2차 한일협약 등 여러 이름으로 불리고 있다. 그런데 정작 공식명칭(조약 원본의 제목)은 없다. 현재 한국과 일본 두 나라가 가지고 있는 을사조약 원본을 보면, 첫 페이지 첫 줄이 글씨를 쓰지 않은 빈칸으로 남아 있다. 제목을 달지 못한 것이다. 조약에 제목을 붙이지 못했다는 것은 결국 한일 두 나라가 조약의 등급과 성격, 내용 등에 대해 상당히 다른 의견을 갖고 있었음을 단적으로 드러내준다.

 어떻게 이런 일이 일어날 수 있었을까? 보호국화는 한국 정부의 동의 여부와 관계없이 일본의 의사에 따라 진행되었다. 일본이 열강에게 통고하면 열강은 이것을 묵인하도록 되어 있었다. 조약이 국제법상 합법이냐 아니냐에 초점이 있는 것이 아니었다. 조약이 문자 그대로 국제법상 합법적으로 체결된다면 조선의 의사를 최대한 반영하게 되는 것인데, 그럴 경우 조선에 대한 침략은 사실상 불가능해진다.

 어쨌거나 을사조약이 무효라는 1906년 레이의 주장이 국제법학계에 그대로 받아들여졌다는 점에 주목할 필요가 있다. 미국의 국제법학회는 1935년에 조약법을 정리·공포하면서, 강박 아래 체결된 어떤 조약도 무효라는 대표적 사례의 하나로 을사조약을 들었다. 다시 1963년에는 유엔 국제법위원회가 총회에 제출하는 보고서에서 "국가 대표에게 가한 개인적 강압" 아래 체결되었기 때문에 무효가 되는 국제조약의 4개 사례 중 하나로 을사조약을 예시했다.

지금 한국에는 이런 사실조차 제대로 알려져 있지 않은 실정이지만, 을사조약은 대표에게 가해진 강박에 의해 체결된 것이므로 유효·무효를 따질 단계가 아니다. 을사조약은 성립되지 않았기 때문에 효력을 발생할 수가 없었다. 일본은 자신들이 지닌 자료를 통해 을사조약이 성립되지 않았다는 사실을 누구보다도 더 잘 알고 있다. 바람직한 한일관계의 미래를 위해서 일본은 이 문제를 사실에 입각해 처리해야 한다.

1965년의 한일기본조약 제2조에는 병합조약과 그 직전의 일련의 조약은 "이미 무효"라고 규정되어 있다. '이미'의 시점에 대해서는 1948년 8월 15일 대한민국 정부 수립 이후 효력이 소멸된 것으로 해석한다. 1900년대 한일 간의 조약들이 일단 성립했다는 것과 성립 이후 일정기간 유효했다는 것을 강조하고 있는 것이다. 이제 일본은 "일정기간 유효, 1948년 8월 15일 이후 무효"라는 입장을 취소하고, 성립하지 않은, 따라서 존재하지도 않았던 을사조약을 근거로 한 조선지배가 국제법상 불법강점이었다는 사실을 솔직하게 인정하면서 불법강점에 대해 사과하고 배상해야 할 것이다.

이상찬

서울대학교 국사학과 교수로 재직 중이다. 한국 근대사를 전공했다. 대표논저로 『일본의 본질을 다시 묻는다』(공저), 『농민전쟁 100년의 인식과 쟁점』(공저) 등이 있다.

개신교와 전통사상의 충돌

'토착화'라는 개념에는 식물의 메타포가 들어 있다. 어떤 식물의 종자가 땅에 뿌리내리고 자라는 과정과 연관시켜 뭔가 설명하려는 태도를 이 개념에서 볼 수 있다. 씨앗은 본래 불변의 성질이고, 땅을 빌려 자리잡는 것일 뿐이라는 의미가 '토착화'라는 용어 속에 함축되어 있다. 그래서 '개신교의 토착화'를 말할 때, 이는 어디나 존재하는 개신교의 종자가 다른 곳에 옮겨와 뿌리내리고 정착하는 과정을 말한다. 언제 어디서나 변함없는 개신교가 한국이라는 땅에 옮겨오는 과정을 흔히 '개신교의 토착화'라고 말한다. 그러나 우리가 '토착화'라는 개념을 쓸 때 암암리에 상정하듯이, 씨앗은 정말 언제나 변함없는 것일까. 한국 개신교는 미국이나 영국, 캐나다, 오스트레일리아의 개신교와 아무런 중요한 차이가 없다고 봐야 할까. 지금 우리가 여러 가지 이유로 '토착화'라는 개념을 그대로 사용한다면 반드시 이런 질문을 던져봐야 할 것이다.

1920년대 기독교 토착화 논쟁의 의미

이 글에서는 개신교가 전래된 이후 한국사회에 정착하면서 제기된 논쟁적 문제를 1920년대까지 살피려고 한다. 1920년대까지 시기를 한정지은 이유는 1920년대에 이르면 한편으로 개신교가 한국사회에서 일정한 권위를 행사하게 되며, 다른 한편으로는 개신교 안팎으로 점차 새로운 문제들이 등장하면서 새로운 '토착화'의 모델을 준비하게 되기 때문이다.

통상적 의미의 개신교 토착화 논쟁은 1960년대 효율적 선교를 위해 개신교 신학자 사이에서 이루어진 논쟁을 가리킨다. 1963년 유동식柳東植, 윤성범尹聖範은 개신교 선교에서 한국의 전통사상과 전통문화의 중요성을 충분히 인식해야 한다는 토착화론을 주장했다. 이에 맞서 박봉랑, 전경연은 개신교 신앙의 '절대성과 순수성'을 내세우며 반론을 전개하여 논쟁이 붙었다. 논쟁을 통해 개신교 신학자 사이의 신앙적 입장차이가 분명히 드러났다. 이로 인해 개신교 내의 갈등도 생겨났는데, 그 신앙갈등은 지금도 지속되고 있다.

1960년대의 논쟁과 비교해볼 때, 1920년대까지 개신교 토착화와 연관된 논의는 여러 측면에서 성격이 다르다. 우선, 단기간 동안 찬반 입장이 명확하게 드러난 1960년대 논쟁과 달리 1920년대 초까지 토착화를 둘러싼 논의는 논의주체가 그리 명확치 못하고 기간도 길었다. 또 주로 개신교가 전통문화 및 사상에 적대적 태도를 취하면서 빚어진 갈등을 소재로 했다. 따라서 이 글에서 상식적 의미의 논쟁을 기대한다면 실망할 것이다. 다만 개신교가 정착하는 과정에서 생겨난 논쟁적 문제들을 살피면서 개신교와 한국사회가 어떤 상호관계를 맺어나갔는지는 어느 정도 파악할 수 있을 것이다.

한글판 『바이블』과 개신교식 신조어

1885년 언더우드Horace Grant Underwood와 아펜젤러Henry Gerhard Appenzeller

의 입국으로 개신교의 공식 선교활동은 시작되었다(알렌이 이미 국내에 들어와 있었지만 선교사로서 활동하지는 못하고 있었다). 하지만 선교사들의 공식활동이 시작되기 전부터 이미 조선 사람들은 만주와 일본을 통해 『바이블Bible』을 접했고, 개신교로 개종한 이들도 생겨났다. 이 초기 신자들을 중심으로 『바이블』 중에서 신약의 번역이 만주에서는 1877년부터 1886년 사이에, 그리고 일본에서는 1883~87년 사이에 이루어졌다. 나중에 선교사 중심으로 행해진 『바이블』 번역은 이 초기 번역본을 개정하면서 만들어졌다. 1900년에 신약이 번역되고, 1910년에는 구약이 우리말로 간행되었다. 한글판 『바이블』의 등장은 개신교가 한국사회에 정착하는 데 획기적인 계기를 마련해주었다. 신자들은 유교 경전에 권위를 부여하던 태도를 『바이블』에 적용하기 시작했고, 신앙생활은 『바이블』을 중심으로 전개되었다. 한국 초기 개신교의 특징 중 하나인 적극적 사경회査經會활동은 신자들의 『바이블』 공부가 얼마나 중요했는지 보여준다. 또한 『바이블』의 유일신은 한국 신자들에게 '하나님'으로 불리게 되어 숫자 표시인 '하나'에 존칭어 '님'을 붙이는 한국어 문법에는 없는 말이 등장했다. '하느님'이 '하늘'을 높여 부르는 말이라고 할 때, 신자들은 자연숭배의 위험성을 감지하여 이를 피하려 한 것으로 보인다. 뿐만 아니라 『바이블』에 나타난 죽음에 대한 관점과 전통적 죽음관의 갈등도 볼 수 있다. '돌아가시다'라는 표현은 '죽다'의 존칭어로 사용되어왔는데, 『바이블』 한글판에서는 '죽으시다'라는 새로운 말을 만들어 썼다. '돌아가다'라는 말에 함축되어 있는 '회귀성'에 거북함을 느낀 신자들이 여태까지 없던 '죽다'의 존칭 표현을 만든 것이다. 이렇게 새로운 표현법이 나타나게 되었다는 것은, 개신교가 한국사회에 적응해나가면서 다른 한편으로 독특한 개신교 신앙관을 끈질기게 관철하는 모습을 보여준다. 하지만 자신의 신앙관을 관철해나가는 과정에서 개신교는 고정불변인 채로 남아 있었던 것이 아니라, 한국의 사회·문화적 맥락과 복합적으로 상호작용관계를 맺으면서 스스로 변화하게 된다.

기독교 토착화의 양상

개신교는 한국사회에서 자기 세력을 확장하기 위해 여러 가지 선교전략을 구사했다. 의료와 교육사업을 통해 한국 '근대화'에 기여하는 모습을 보여줌으로써 사람들의 경계심을 누그러뜨려 개신교 선교의 기반을 마련하려는 간접선교방식이 그 하나이다. 다른 한편 개신교는 다른 종교와의 차별성을 강력하게 주장하면서 자신의 정체성을 내세웠다. 따라서 개신교는 한국의 전통사상과 관습에 대해 가차 없이 비난을 퍼부었으며 '근대문명'으로서의 자신과 대조적인 '야만'을 성토했다. 가톨릭이 '우상숭배'와 '정교일치'의 잘못을 저지르고 있다고 비난한 것도 개신교의 이런 차별화전략에서 비롯된 것이었다. 전통사상과 관습에 대한 개신교의 비난은 여러 '야만'의 수준을 상정하면서 이루어지는 것이 보통이었다. 불교와 유교 등 상당히 세련된 사상과 제도를 구비하고 있는 경우와 무속과 민간신앙처럼 정교한 제도적 기반이 결여되어 있는 경우에 개신교의 공격목표는 다르게 설정되었다. 무속과 민간신앙에 대한 개신교의 공격은 '악마숭배'나 '우상숭배' 또는 미신척결의 이름 아래 단호하고 꾸준하게 시행되었다. 이에 대해서는 반발이나 저항도 거의 없었기 때문에 '악마'척결을 정당화하는 데는 논리가 필요 없었다. 반면 불교와 유교를 비난할 때, 개신교는 자기주장을 뒷받침하는 논리를 마련해야 했다. 비난받는 쪽의 반박이 예상되었기 때문이다.

최병헌崔炳憲(1858~1927)은 다른 종교와 개신교를 비교하고 개신교가 우월하다는 점을 제시하여 개신교 정당화 논리를 마련한 대표적 인물이다. 1907년 『신학월보新學月報』에 발표한 「성산聖山 유람기」에서 유교·불교·선교를 개신교와 비교했고(이 글은 1912년에 『성산명경』으로 간행), 1910년의 「사교고략四敎考略」에서는 유교·이슬람교·힌두교·불교를, 1922년 『만종일련萬宗一臠』에서는 한국의 여러 신종교를 망라한 동서양의 무수한 종교를 거론하면서 개신교의 우월성을 주장했다. 그러나 최병헌은 다른 종교가 지니고 있는 긍정적 측면을 무시하고 개신교만의 배타적 절대성을 옹호한 것은 아니었다. 다만 다른 종교에 부분적으로 들어 있는 긍정적 측면이 개신교 안에 모두 들어 있음을 강조하는 방식으로 논지를 펴나갔다. 이런 입장을 취할 경우, 개신교와 타종교가 극단적인 적대관계를 맺을 필요는 없어진다. 1960년대 유동식과 윤성범의 토착화 신학은 이런 최병헌의 신학노선을 이어받아 전개되었다고 볼 수 있다.

반면 개신교의 절대적 우월성을 의심하지 않는 집단도 있었다. 이들은 『바이블』의 한 자 한 자가 모두 성령에 의해 쓰였기 때문에 오류가 있을 수 없다는 축자영감설逐字靈感說에 기반해 타종교를 전면 배제했다. 이른바 '정통신학'의 입장이라고 자칭했던 이들은 타종교에 대해 정복자적 자세를 견지하고, 정치적·사회적 문제에 관여하지 않는 '오직 신앙만'의 관점을 취했다. 대부분의 선교사들은 이런 입장을 지니고 있었고, 점차 보수신앙 일변도의 이 노선이 헤게모니를 장악하면서 한국 개신교 신앙의 주류를 이루게 되었다.

하지만 상당수 초기 신자들의 개신교 입교는 선교사들이 기대하듯 '순수한' 신앙 때문에 이루어진 것이 아니었다. 일반민중들은 한말 혼란기에 피신처를 구하기 위해 교회를 찾았으며, 양반 엘리트들은 위기에 빠진 나라를 구하기 위한 방편으로, 혹은 근대문명을 달성하기 위한 수단으로 개신교에 의지했다. 선교사들이 보기에 이런 입장은 '순수'신앙을 훼손하는 것이었기에 용납될 수 없었다. 또한 상당수의 선교사들은 서양인으로서 아시아인에 대한 우월감과 경멸감을 지니고 있었다. 많은 한국인 신자들은 자신을 하인처럼 부리는 선교사들의 고압적 태도에 강한 반발심을 느꼈다. 더구나 구국운동을 교회를 해치는 행위로 규정하고 금지하는 선교사들의 태도는 신도들로 하여금 선교사들을 친일분자로 여기게 했다. 선교사와 일반신자들 사이의 갈등은 점차 증폭되었다.

1903년부터 시작되어 1907년에 절정에 이른 대부흥운동에서 서로의 증오심을 참회하면서 갈등은 어느 정도 완화되었다. 그러나 1910년 선교사의 전횡에 반발하여 생겨난 '대한예수교 자유교회', 축자영감설의 선교사 지배체제에 대항하여 1918년에 만들어진 '조선기독교회', 1923년 반反선교사적 자치선언을 하며 결성된 '조선자치교회'의 예들은 선교사와 신자의 갈등이 지속되었음을 보여준다. 그럼에도 선교사 위주의 지배체제가 계속 강고하게 유지되고 정교분리의 명분을 내세워 교회 내의 민족운동을 탄압하자, 많은 신자들이 교회로부터 이탈했다.

1920년대 후반에는 선교사 중심의 보수신앙체제와 다른 신앙노선이 보다 명료하게 등장하기 시작했다. 1927년 김교신金敎臣은 『성서조선聖書朝鮮』을 창간하고, 선교사풍과 다른 조선식 개신교를 만들어내려 노력했다. 그는 창간사에서 "『성서조선』아 너는 소위 기독신자보다도 조선 혼을 소지한 조선 사람에게 가라"라고 말했다. 다음은 그 8년 뒤 창간 당시를 회고하며 한 말이다.

> 조선의 기독교가 전래한 지 약 반세기에 이르렀으나 아직까지는 선진 구미 선교사의 유풍遺風을 모방하는 지경을 벗어나지 못하였음을 유감으로 알아, 순수한 조선산 기독교를 해설하고자 하여 『성서조선』을 발간한 것이다. (이덕주·조이재 엮음, 『한국 그리스도인들의 신앙고백』, 한들, 1997, 93쪽)

개신교 내에서 독특한 신앙세계를 구축한 인물로는 이용도李龍道를 빼놓을 수 없다. 1928년 새벽기도 중 신비체험을 한 뒤 불같이 부흥운동을 전개한 이용도는, 기존 교회를 가차 없이 비판하고 독자적 신비주의신앙을 주장하여 기존 교단으로부터 축출당했다. 그는 그리스도의 십자가 고난과 조선 민족의 고난을 일치시켜, 고통을 겪으면서 이루어지는 그리스도와의 신비적 합일을 주장했다. 또한 서양의 기독교와 다른 동양적 기독교를 추구했다.

> 서양의 기독교는 동적, 동양의 기독교는 정적. 서양은 물-현세적-형식-외적, 동양은 영-말세적-신비-내적. 서양인은 외적의 것을 더 찾았다. 이제 신비적인 것을 동양인이 찾아야겠다. (유동식, 『한국감리교회 사상사』, 전망사, 1993, 229쪽에서 재인용)

그는 신비주의 신앙으로 선교사 위주의 서양 개신교를 극복하려 했으며, 동양적인 무無와 공空사상을 빌려 자신의 신앙을 이렇게 표현하기도 했다.

> 주께서 나를 위하여 무無가 되어졌사오니 내가 주를 위하여 무가 됨은 마땅한 일이니이다. (유동식, 『한국감리교회 사상사』, 전망사, 1993, 230쪽에서 재인용)

기성 교단은 그리스도와 신도의 관계를 부부의 합일적 사랑으로 표현했던 그를 용납할 수 없었다. '이단'으로 몰려 쫓겨난 이용도와 동료들은 나중에 '예수교회'를 조직하여 독자적으로 활동하게 된다. 1930년대에는 이들 외에도 형식화된 기성 교단에서 벗어나 나름의 신앙을 활성화하고자 했던 많은 개신교 집단이 생겨났다.

개신교 내부의 종교운동과 토착화사업

1919년의 3·1운동은 당시 개신교를 지배하던 탈정치의 '순수'신앙노선 아래서도 개신교도들의 마음속에 얼마나 민족독립의 열망이 크게 내재되어 있었는지 보여주는 사건이다. 물론 많은 개신교 지도자가 천도교와의 협력 및 정치운동이라는 이유로 참여를 거부했지만, 적지 않은 신도들이 3·1운동에 적극 가담했다. 특히 보수신앙의 요람인 서북 지방은 운동의 핵심 중 하나였다. 아무리 선교사들이 개신교의 절대성과 '순수성'을 외쳐댄다 해도, 이 땅의 개신교는 선교사의 관점에서 볼 때 결코 '순수'할 수 없었다.

1920년대에 개신교는 여러 새로운 도전에 직면하게 되었다. 하나는 여태까지 동일시되었던 개신교와 서구문명의 관계를 점차 분리해서 생각하게 되었다는 것이다. 근대문명을 위해 개신교가 반드시 요청되는 건 아니라는 인식이 강해졌다. 이 시기에는 근대과학과 종교의 관계를 논하는 글이 부쩍 많이 나타난다. 개신교는 근대과학과의 관계에 대해 보다 명확한 입장을 표명해야 했다.

다른 하나는 점점 영향력이 커지고 있던 사회주의의 종교비판에 대응해야 했다는 것이다. 또한 앞서 살펴본 대로 개신교 내부에서 일어난 새로운 종교운동에도 융통성 있게 대처해야 했다. 1930년대 말 일제가 신사참배를 강요해올 때까지, 한국 개신교는 안팎의 도전에 다양한 반응을 보이면서 한국사회에 단단히 뿌리박는 작업을 하고 있었다.

장석만

현재 서울대학교 의과대학 위촉연구원으로 재직 중이다. 한국 종교를 전공했다. 대표논저로 『한국 근대성 연구의 길을 묻다』(공저), 『한국의 교양을 읽는다』(공저), 『종교 다시 읽기』(공저) 등이 있다.

김윤식 사회장 파동

1920년대 초반 식민지 조선에서는 3·1운동의 혁명적 열기가 점차 가라앉으면서 운동의 활성화를 위한 조직화 문제가 제기되었다. 사회주의자들 중심으로 몇 개의 공산주의 그룹이 비밀결사형태로 조직되었고, 민족주의자들도 문화운동론에 입각한 실력양성운동과 정치세력화 문제에 주의를 집중시켰다. 이들은 조직규모와 운동경험의 상이함 때문에 각각 분산적으로 존재하면서 독자적 활동을 전개했다. 1921년 후반 대중운동의 전국적 확산 움직임과 함께 워싱턴회의의 전개, 총독정치의 상대적 안정이라는 국내외적 상황변화가 사회주의자들과 민족주의자들 모두에게 활동공간을 넓히기 위한 노력을 요구하고 있었던 것이다. 이런 배경에서 1922년 1~2월에 걸쳐 전개된 '김윤식 사회장' 찬반 논쟁은 민족해방운동에서 독자적인 정치세력으로 활동을 전개하는 사회주의세력과 민족주의세력이 최초로 정면충돌했던 사건이었다.

동아일보사 중심의 사회장 추진

1922년 1월 21일 운양雲養 김윤식金允植이 88세를 일기로 세상을 떠났다.

이에 『동아일보』는 즉각 김윤식을 "우리 민족과 사회의 원로"이자 "조선의 문장"으로 평가하면서 일련의 사설들(「운양 선생의 장거長逝를 도탄하노라: 조선의 문장文章, 사회의 원로」 1922. 1. 23; 「운양 선생 장송葬送에 대하야: 감격하는 사회가 필요」 1922. 1. 26; 「실지에 취하라: 철저하라」 1922. 1. 27; 「정치가의 결핍: 실지적 총명이 필요」 1922. 1. 30; 「인물비판의 표준」 1922. 1. 31)을 통해 그의 죽음에 애도를 표했다. 또한 조선경제회와 유민회維民會 회장이던 박영효朴泳孝도 『동아일보』와의 인터뷰에서 김윤식을 "청렴정직한 대문장"이자 "덕망과 인격이 당세 제일인"이라 평가하면서 그에 대한 추모를 강조했다.

1월 24일 언론계·교육계·종교계·법조계 등 주요인물들이 모임을 가지고 김윤식 사회장을 결정했고, 이를 주관하기 위해 '김윤식사회장위원회'가 조직되었다. 박영효와 이용직李容稙을 위원장과 부위원장으로 추대한 김윤식사회장위원회는 사회장 관련 사무 일체를 관장할 실행위원 10명과 그를 선정하기 위한 전형위원 5명, 그리고 7개 부서의 위원장 및 위원 등으로 집행부를 구성하고, 장례위원 87명의 명단을 발표했다.

김윤식사회장위원회 집행부는 송진우宋鎭禹·김성수金性洙·이상협李相協·김동성金東成 등 동아일보사 주도세력과 이 시기 정치단체 조직을 준비하고 있던 박영효·유진태俞鎭泰·최진崔鎭·이범승李範昇·이상재李商在 등 '민우회民友會 주도세력'을 중심으로 조선인산업대회·경성상공회의소·조선경제회·유민회 등에 참여하고 있던 부르주아지들과 자치론을 주장했던 자들까지 두루 포함하여 구성되었다. 즉 참정권론자들과 내정독립론자들을 제외한 민족주의세력을 거의 전부 포괄하는 방대한 구성이었다. 여기에 장덕수張德秀와 오상근吳祥根을 중심으로 하는 국내 상해파 일부가 적극 참여했다.

'김윤식 사회장'에 대한 동아일보사의 지원은 적극적이었다. 이는 워싱턴회의가 "일·영·미 3대국이 서로 충돌 없이 영원히 평화의 복리를 향수享受"하기 위한 절차적 행위이며, 일본이 이미 세계 3대 강국의 하나가 된 상황에서 조선의 독립은 당분간 절망적"일 수밖에 없으므로, 조선인들은 "교육, 산업과 같은 문화적 시설에 열중하여 실력양성에 진력"(조선총독부 경무국, 『조선치안상황』, 1922)하는 길밖에 없다는 김동성(동아일보사 조사부장)의 현실인식에 동아일보사 주도세력이 전적으로 공감하고 있었기 때문이었다.

이들은 1922년 1~2월 『동아일보』 사설을 통해 일제의 틀 안에서 문화향상, 경제발전, 권리신장 등 실력양성을 통한 문화운동을 전개할 것을 공공연히 표방했다. 또한 이 시기 '대동단결'과 함께 "정치는 인생생활의 전부를 지배하며, 정치를 떠난 문화의 발달과 민중의 문화적 향상은 불가능하다. 그러므로 문화운동자와 함께 정치운동자가 동일히 필요하며, 이제 위대한 정치가적 인물이 조선사회에 필요하다"라는 주장을 천명했다. 이는 조선의 독립이 당분간 불가능하다는 인식 아래 일제의 틀 안에서 정치운동의 가능성을 열어놓기 위한 것이었다.

박영효를 중심으로 하는 민우회 주도세력들도 정치세력화 문제에 매우 큰 관심을 갖고 있었다. 이들은 이미 1922년 1월 4일 조선경제회 신년 연회에서 장래의 정치운동에 이바지하기 위한 온건한 정치적 색채의 단체 조직을 협의했고, 조선경제회의 유지와 유민회 회원, 기타 종교관계자를 규합하여 조선민족의 의지를 대표하는 기관으로 민우회를 조직하기 위해 활동하고 있었다.

조선 독립이 불가능하다는 인식 아래 조선인의 정치적 권리를 신장·확보하기 위한 활동의 일환으로 민족주의세력의 정치세력화에 관심을 갖고 있었던 동아일보사 주도세력들과 민우회 주도세력들은 '김윤식 사회장'을 그 하나의 계기로 이용하려 했던 것이다.

장덕수를 중심으로 하는 국내 상해파 일부도 자신들의 혁명론과 당시 현실인식에 입각하여 '김윤식 사회장'에 적극 참여했다. 민족혁명을 수행한 다음 공산주의혁명으로 이행해야 한다는 입장을 견지한 이들은, 이 시기 조선을 "아직 혁명을 위한 시기가 성숙하지 않았으므로 문화계몽운동에 의해서 경제생활의 수준을 향상시키고 민족의 잠재력을 키워야" 할 상황으로 파악했다. 따라서 민족혁명 단계로 설정된 조선현실에서 민족주의세력과의 통일전선은 매우 중요한 문제였고, 이들이 그 대상으로 설정한 것이 김윤식사회장위원회에 포괄된 민족주의세력이었다.

사회장 반대가 불거지다

그러나 1월 27일부터 '김윤식 사회장'에 대한 반대의 목소리가 표면화되기 시작했다. 장례위원으로 선정된 몇몇 인사들이 자신들은 김윤식사회장위원회와 무관하다는 취소문을 신문지상에 게재했고, 몇몇 인사는 김윤식사회장반대회의 집행위원으로서 사회장 반대운동을 주도하고 나선 것이다.

'김윤식 사회장'에 반대하는 세력들은 1월 27~28일 양일간 회집하여 '김윤식사회장반대회'를 조직했는데, 반대회를 주도한 것은 당시 국내에서 활동하고 있던 사회혁명당(서울파)·조선공산당·이르쿠츠크파 서울뷰로·재일본조선인공산주의 그룹 등 네 개 공산주의 그룹이었다. 이날 모임에서는 「선언」과 7개항의 「결의문」을 통해 김윤식이 사회장을 치를 만한 자격이 있는 인물인가 하는 점과 동아일보사가 본인 의사와 무관하게 장례위원을 발표하는 등 사회의 대표자로 행세하려 한다는 점을 지적했다.

김윤식사회장반대회는 1월 30일과 2월 1일 두 차례에 걸쳐 반대운동 대강연회를 개최했다. 제1차 대강연회에서는 '고 김윤식씨 사회장에 대하야 반대하노라'는 제목으로 강연이 있었고, 제2차 대강연회에서는 사회장 그 자체에 대한 찬반보다 사회장을 발기한 자들, 특히 동아일보사에 대한 집중적인 비판이 전개되었다. 그 결과 "귀족계급·자본계급과 기타 간악한 지식매매자계급과 결탁하야 민중의 의사에서 출出하지 안이한 하등의 사회적 이유가 없는 고 김윤식 사회장이란 것을 전단적專斷的으로 결정"한 동아일보사의 사장(송진우—필자)·주간(장덕수—필자)·편집장(편집국장 이상협—필자)에 대한 인책사직이 실현될 때까지 『동아일보』 구독을 거절하겠다는 것을 내용으로 하는 「동아일보비매동맹회 결의문」이 발표되었고, 동아일보비매동맹회가 조직되었다. 이들은 동아일보사 주도세력을 중심으로 한 사회장 주도세력들이 김윤식의 죽음을 이용해 자신들의 지위를 세상에 드러내고, 그것을 바탕으로 '자치운동'을 전개하려는 것 아니냐는 의구심을 갖고 있었다.

계속된 반대로 여론이 악화되자 김윤식사회장위원회는 2월 1일 임시협의회를 열어 사회장 중지를 결정했다. 그러나 김윤식사회장반대회는 공세의 고삐를 늦추지 않았다. 2월 2일과 3일에 조선공산당의 김한金翰·원우관元友觀과 재일본 조선인공산주의 그룹의 김약수金若水·정태신鄭泰信 등이 연서한 '재동경신인동맹在東京新人同盟' 명의의 「민중의 격檄: 소위 김윤식사회장이란 유령輩의 참칭 사회장을 매장하라」라는 글과 김한의 「고 김윤식 씨 사회장 반대에 즈음하여 이 글을 일반민중에게 보낸다」라는 글이 각각 『매일신보』와 『조선일보』 지상에 잇달아 발표되었다.

이들은 동아일보사 주도세력을 중심으로 하는 사회장 추진세력들을 모두 '민중의 적'으로 규정하고 이들과의 계급투쟁을 선언했다. 이는 워싱턴회의에 대한 기대감 상실이라는 상황변화 속에서 민족주의세력의 결집을 통한 정치세력화를 도모하고자 동아일보사 주도세력과 민우회 주도세력이 전개한 '김윤식 사회장'에 대해 공산주의 그룹들이 연합전선을 통해 격렬하게 대응한 것이다. 또한 사회장에 참여하고 있던 장덕수 중심의 국내 상해파 일부를 '사회개량가'로 지칭하면서 이들에 대한 적극적인 투쟁을 선언했다.

이런 기조는 2월 4일 『조선일보』에 게재된 「전선로동자 제씨에 격함」이라는 '동우회선언同友會宣言'에서 더욱 분명하게 표출되었다. '사회혁명당(서울파)'의 김사국金思國과 '재일본조선인공산주의 그룹'의 김약수·정태신 등 12인이 서명한 이 선언은 동우회가 "이제 고학생 및 노동자의 구제기관이란 기치를 버리고 직접행동을 위한 투쟁기관"으로 성격을 변경했음을 천명했다. 자신들의 조직을 계급투쟁의 실행기관으로 천명함으로써, 바야흐로 조선에서 공개적으로 자본가계급과의 계급투쟁이 가시화되었음을 다시 한 번 주지시킨 것이다. 이로써 김윤식 사회장 반대운동을 통해 연합전선 형성이라는 경험을 공유한 공산주의 그룹들 가운데 국내에서 활동하고 있던 사회혁명당(서울파)과 조선공산당은 조직통합을 통해 '조선공산당(중립당)'이라는 새로운 공산주의 그룹을 조직했다.

사회장 반대 그룹 내부의 분화

장덕수를 중심으로 하는 국내 상해파 일부는 조선에서는 아직 혁명을 위한 시기가 미성숙했다고 평가하고, 민족주의세력과의 통일전선에 주력했다. 이들이 일제의 틀 안에서 정치세력화를 기도했던 동아일보사 주도세력과 민우회 주도세력의 주도로 참정권론자와 내정독립론자를 제외한 민족주의세력 거의 전부를 포괄하고 있던 김윤식사회장위원회에 결합되었던 것도 이런 인식에 기반한 것이었다.

또한 장덕수는 『동아일보』 2월 12일자 사설 「학생 제군에게 고하노라 (중): 동맹휴교의 악습, 사회운동의 폐풍弊風」에서 "학생의 스트라이크와 사회운동 참여에 반대"했고, 3월 15일자 사설 「인민의 삼대공권三大公權을 논하노라」에서는 자유권·적극공권積極公權·참정권을 일본헌법의 토대 위에서 요구함으로써 다른 공산주의 그룹으로부터 "조선혁명운동의 범위를 최소한의 타협적 요구"로 제한했다는 비판을 받았다.

이런 장덕수의 행동과 견해는 다른 공산주의 그룹들의 비판을 받았을 뿐 아니라 국내 상해파 내부에조차 이를 비판하고 조직적 분리를 감행하는 그룹을 태동시켰다. 국내 상해파를 탈퇴한 김명식金明植이 중심이 되어 유진희兪鎭熙·신일용辛日鎔·이혁로李赫魯·이성태李星泰·정백鄭栢 등 일군의 사회주의자들과 함께 '신생활사 그룹'을 형성한 것이다. 이들은 장덕수 중심의 국내 상해파 일부가 통일전선의 대상으로 김윤식사회장위원회를 설정하고 그에 참여한 것에 비해, 박희도朴熙道·김원벽金元璧·이승준李承駿 등 대부분 독립운동과 관련되어 옥고를 치르고 출옥한 민족주의자들을 통일전선의 대상으로 설정하고 이들과의 결합을 통해 신생활사를 조직했다.

김명식은 「사회장은 하何?」(『신생활新生活』 1, 1922. 3)라는 글을 통해 민족주의세력과의 무원칙한 결합으로 보이는 김윤식 사회장 자체에 반대했다. 또한 사회장 반대운동을 주도했던 세력들의 운동양태에 대해서도 매우 비판적이었다. 그는 『동아일보』와 사회장을 주도했던 세력들을 분리하여 사고하면서, 사회장을 주도했던 세력들과 그들이 사회장을 주도한 의도는 반대하지만 그 과정에서 논란이 된 조선인기관으로서의 『동아일보』에 대해서는 그것을 이용해야 한다는 견해를 피력했다.

'평민문화의 건설'을 모토로 『신생활』을 발행한 신생활사 그룹은 "만국의 무산계급은 단결하라"라는 기치 아래 신사상의 권위·반역자의 선구이자 "자본주의·군국주의를 옹호하며 지지하려는 일체의 문화를 배척"하는 '신흥계급의 전위'로 자처하면서, 이후 독자적인 활동을 전개했다.

주지하듯 '김윤식 사회장' 찬반 논쟁은 한국 민족해방운동에서 독자적 정치세력으로 활동을 전개하던 사회주의세력과 민족주의세력이 최초로 정면충돌하는 계기가 되었다는 점에서 매우 주목되는 사건이다. 특히 이 사건은 공산주의 그룹들 사이에 존재하던 운동론과 대응방식의 차이를 가시화하여 사회주의세력이 국내 상해파·신생활사 그룹·중립당으로 재편되는 계기가 되었다.

박종린

역사문제연구소 연구실장으로, 이화여자대학교에서 강사로 활동하고 있다. 한국 근대사를 전공했다. 대표논저로『반전으로 본 동아시아: 사상, 운동, 문화적 실천』(공저), 『역사 속의 미래사회주의』(공저) 등이 있다.

물산장려운동과 민족주의·사회주의

일제하 민족해방운동은 여러 형태로 진행되었다. 그것은 부르주아 민족운동과 사회주의운동으로 대별되며, 대중운동, 문화운동, 무장투쟁 등의 형태로 전개되었다. 1920년대 초 국내에서 가장 강력한 조류로 부상한 것은 문화운동이었다. 문화운동이란 정치·경제·사회·문화 등 인간생활의 모든 측면을 향상시킴으로써 장차 도래할 신사회의 토대를 건설하자는 운동이었다. 열강의 지지를 통해 독립을 획득하고자 했던 3·1운동이 실패로 귀결되자 민족의 실력이 뒷받침되어야 독립을 획득할 수 있다는 논리가 설득력을 갖게 되었으며, 그것이 문화운동이라는 형태로 제창되었던 것이다. 1923년 전반기에 전국을 뜨겁게 달구었던 물산장려운동은 문화운동의 최고봉이었다.

한일 간 관세철폐로 촉발된 물산장려운동

물산장려운동이란 조선인의 생산품(土産)을 사용하여 조선인의 산업을 진흥시키자는 경제적 자립운동이었다. 토산애용론이나 산업진흥론은 일찍부터 제기되었다. 하지만 그것이 대대적으로 실행에 옮겨지기 시작한 건 1922년 가을,

한일 간에 관세가 곧 철폐되리라는 소식이 전해지면서부터였다. 한일 간 관세가 철폐되면 가뜩이나 취약한 조선인 산업이 큰 타격을 입을 것은 분명했다. 조선인 산업에 대한 일제의 보호를 기대할 수 없게 된 이상, 자구책을 강구할 필요가 있었다.

조선인 경제계와 민족운동계는 조선인 산업의 몰락이 민족의 파멸로 이어질 것이라는 위기의식을 고조시키면서 물산장려, 자급자작, 소비절약의 절박성을 제창했다. 1923년 11월 『동아일보』는 「생활적 의의를 철저히 하라」, 「생활난의 규호매呼」, 「경제적 도태」, 「경제적 자위」 등의 사설을 통해 조선인이 총단결하여 절박한 경제 문제를 해결하자고 호소했다. 여기에 발맞추어 조선청년회연합회는 물산장려에 관한 표어를 공모하여 대중의 관심을 집중시키는 한편, 물산장려를 선전하는 순회강연에 나섰다. 이런 준비작업을 거쳐 1923년 1월 서울에서 '조선물산장려회'가 창립되었다.

조선물산장려회는 "우리의 쓰는 모든 물건을, 집과 땅과 또 몸뚱이까지 팔아서 남의 손의 공급을 받으면서도, 그래도 우리가 여전히 우리 강산에 몸을, 집을 지켜 살아갈 수가 있을까? (…) 부자와 빈자를 물론하고 우리가 우리 손에 산업의 권리, 생활의 제1조건을 장악하지 아니하면 우리는 도저히 우리의 생명, 인격, 사회의 발전을 기대하지 못할지니 (…) 첫째, 조선 사람은 조선 사람이 지은 것을 사 쓰고, 둘째, 조선 사람은 단결하여 그 쓰는 물건을 스스로 제작하여 공급"함으로써 민족의 파멸을 막아야 한다고 호소했다(「조선물산장려회취지서」, 『동아일보』 1923. 1. 27). 이런 물산장려운동의 취지는 민족적 위기의식과 자의식을 동시에 자극함으로써 폭넓은 공감대를 형성했다. "내 살림 내 것으로"라는 단순명료한 슬로건 아래 물산장려운동은 순식간에 들불처럼 확산되었다.

물산장려운동에는 여러 정치세력이 동참했다. 부르주아 민족주의세력 가운데 물산장려운동을 반대한 것은 대종교청년회 정도였다. 그 외는 대부분 물산장려운동을 지지했다. 사회주의세력 가운데 물산장려운동에 조직적으로 개입한 것은 상해파 내 장덕수 그룹(상해파 우익)이었다. 이들을 제외한 다른 공산주의 그룹은 물산장려운동을 지지하지 않았다. 일본에서 활동하던 상해파 역시 물산장려운동에 비판적이었다.

이와 같이 물산장려운동에 임하는 각 정치세력의 태도가 달랐고, 물산장려운동에 참여한 정치세력 역시 다양했기 때문에, 물산장려운동을 둘러싼 논의는 매우 복잡한 양상을 띠었다. 물산장려운동 지지자들 사이에서는 운동의 실행방법을 둘러싸고 갖가지 견해가 제기되었다. 그러나 물산장려운동 지지자들의 견해차이는 논쟁형태로 표출되지 않았다. 그 이유는 두 가지였다. 첫째, 운동 자체가 물산장려의 필요성을 선전하는 단계에서 더 나아가지 못하고 불과 수개월 만에 사그라졌기 때문이었다. 둘째, 물산장려운동을 비판하는 견해가 일찍부터 제기됨으로써 내부논의를 진척시킬 여유가 없었기 때문이었다.

물산장려운동을 둘러싼 논쟁은 공산주의 그룹 성원들을 중심으로 전개되었다. 이들은 물산장려 논의가 시작될 때부터 이에 대해 어떤 태도를 취할 것인지를 놓고 논전을 벌였다. 물밑에서 진행되던 논전은 1923년 2월부터 신문·잡지를 통해 공개적으로 진행되었다.

그들의 논전은 1922년 초부터 국내 공산주의 그룹 사이에서 전개된 정치노선 투쟁의 연장선상에 있었다. 당시 상해파는 혁명의 위기가 성숙되지 않았으므로 문화운동을 통해 민중을 계몽하고 생산력을 향상시키면서 사회혁명의 주객관적 조건을 준비해야 한다고 주장했다. 상해파의 정치노선은 다른 공산주의 그룹으로부터 혹독한 비판을 받았을 뿐 아니라, 상해파를 분열시키기에 이르렀다. 상해파 내 장덕수 그룹(상해파 우익)이 물산장려운동에 적극적으로 개입한 것은 기존의 정치노선을 고수한 결과였다. 이들의 물산장려 지지론은 『동아일보』 사설, 나경석羅景錫이 집필한 여러 논설을 통해 개진되었다.

다른 공산주의 그룹은 무산계급이 정치혁명을 통해 권력을 획득해야만 사회혁명을 성취할 수 있으므로, 문화운동세력과의 관계를 단절하고 계급투쟁에 주력해야 한다고 주장했다. 그들은 무산계급이 권력을 획득해야 신사회에 조응하는 경제와 문화를 발전시킬 수 있다고 보았기 때문에, 물산장려를 통한 산업진흥론에 동조할 수 없었다.

이런 맥락에서 물산장려 비판론을 개진한 이들은 이성태李星泰, 주종건朱鍾建, 박형병朴衡秉, 장적파張赤波(장일환) 등이었다. 주종건과 장적파는 일본에서 활동하던 상해파 성원이었다. 장적파와 박형병은 물산장려 논쟁을 거치면서 서울파에 가담했다. 이성태는 상해파 좌익을 중심으로 형성된 신생활파였다.

토산애용과 산업진흥

물산장려운동은 토산애용과 산업진흥(=생산증식)의 두 측면을 포괄했지만, 조선인의 생산을 증식시킨다는 것이 궁극적인 목표였다. 토산애용은 조선인 산업을 발전시키기 위한 수단이었다. 그런데 당시 조선인의 생산기반은 대단히 취약해서, 조선인의 소비를 온전히 감당할 수 있는 상태가 아니었다. 이런 상황이 단기간에 극복되지 않으면 토산애용의 실행은 곧 벽에 부딪칠 터였다. 물산장려운동 내부에 토산애용을 강조하는 경향과 생산증식을 강조하는 경향이 나뉘었던 것은 그 때문이었다(윤영남, 「자멸인가 도생圖生인가」, 『동아일보』 1923. 4. 26). 강조점의 차이는 있었지만 토산애용론과 생산증식론은 별개로 존립할 수 없는 물산장려운동을 구성하는 두 측면이자 하나의 논리였다.

조선인의 생산을 증식하는 방법과 관련해서, 물산장려운동 지지자들은 대개 자본주의적 산업발전을 전망했다. 특히 조선인 중소생산업자들이 산업조합을 구성해서 우세한 일본인 산업자본과 맞서야 한다는 견해가 폭넓은 지지를 받았다(토산운동은 여하히 지속할까〈전5회〉」, 『동아일보』 1923. 2. 18~2. 23; 김기전, 「농민운동 국산운동이 발흥하기까지」, 『개벽』 32, 1923. 2; 선우전, 「산업조합에 대하여〈전14회〉」, 『동아일보』 1923. 2. 22~3. 13; 한중전, 「산업조합 경영의 기초관념을 논함」, 『개벽』 33, 1923. 3).

그러나 일부 논자들은 자작자급적 수공업과 가내공업을 진흥시켜야 한다고 주장했다(설태희, 「자작자급의 인이 되어라」, 『동명』 14, 1922. 12. 23; 오촌=설태희, 「물산장려에 관하여〈전9회〉」, 『동아일보』 1923. 3. 4~3. 12; 옥관빈, 「수공업진흥책에 대하여〈전3회〉」, 『조선일보』 1923. 3. 16~3. 18). 예를 들어 설태희薛泰熙는 자본주의적 기계제를 극력 반대하면서 "물레를 돌리고 베틀을 펴놓으라"고 호소했다. 설태희의 극단적인 수공업진흥론은 근대물질문명과 자본주의에 대한 강한 혐오감, 공산주의에 대한 소박한 이해, 대동주의大同主義 이상향에 대한 동경을 바탕에 깔고 있었다.

나경석은 식민지 토착산업이 계속 발전할 가능성을 부정했다. 그럼에도 나경석이 물산장려운동을 지지한 이유와 근거는 다음과 같다. 첫째, 생산력의 발전은 인간의 일상생활과 사회진화에 절대적으로 필요하다. 사회혁명을 성취하기 위해서는 그에 상응하는 생산력이 요구되므로 조선인의 산업기관을 발달시켜야 한다. 둘째, 조선인은 유산·무산을 막론하고 식민지 민족으로서의 공통된 이해관계를 가졌으므로, 전민족이 일치단결하여 면사免死운동으로서 물산장려운동을 전개할 필요가 있다. 셋째, 물산장려운동은 무산계급의 응급생활책이 될 수 있다. 민족해방을 달성하기까지 무산계급은 계급전쟁을 개시하기보다 모든 기회를 활용하여 삶을 계속하면서 무산계급의 단결을 도모해야 한다(나공민=나경석, 「물산장려와 사회문제〈전7회〉」, 『동아일보』 1923. 2. 24~3. 2; 나공민, 「사회문제와 물산장려〈전4회〉」, 『동아일보』 1923. 4. 26~29). 맑스주의 경제학자인 이순탁 李順鐸도 나경석과 같은 이유로 물산장려운동을 지지했다(이순탁, 「사회주의자가 본 물산장려운동」, 『동아일보』 1923. 3. 30).

물산장려를 비판한 사회주의자들은 물산장려 지지론에 대해 다음과 같은 반론을 제기했다. 첫째, 물산장려운동으로 조선인 산업이 발전한다 해도 무산계급의 생활향상을 도모할 수 없다. 조선인 자본가는 외래 자본가 이상으로 무산계급을 착취하고 소비자로서의 무산자는 품질이 조악한 토산품을 고가高價로 구매하기 때문에 무산계급의 피착취 분량이 오히려 증가한다. 계급투쟁을 통해 자본주의적 착취관계를 철폐하는 것만이 무산계급의 유일한 면사책免死策이다. 둘째, 무산계급이 정치혁명을 통해 권력을 장악하면 사회혁명에 조응하는 생산력을 급속하게 발전시킬 수 있다(이성태, 「중산계급의 이기적 운동」, 『동아일보』 1923. 3. 20; 주종건, 「무산계급과 물산장려〈전12회〉」, 『동아일보』 1923. 4. 6~17; 장적파, 「나공민군의 미망적 도전에 답함〈전13회〉」, 『조선일보』 1923. 4. 24~5. 5; 박형병, 「조선물산장려를 대변하려는 나공민군에게 고함〈전18회〉」, 『조선일보』 1923. 6. 1~19).

비판론자들은 민족해방운동 단계에서 유산계급과 무산계급의 정치적 이해가 일치한다는 나경석의 견해에도 동의하지 않았다. 이성태·박형병·장적파는 일본인이건 조선인이건 자본가는 모두 무산자의 적이며, 유산계급과 무산계급의 일치협력은 있을 수 없다고 반박했다. 한편 주종건은 "무산대중과 양립치 못할 객체"를 명확하게 식별해야 한다고 주장했다. "비교적 이해관계가 공통한 입각지에서, '공동의 객체'(일본제국주의—인용자)를 명백히 식별하는 동시에 또 비교적 이해의 공통하다는 자체(조선민족—인용자) 내에도 '공동의 객체'와 전연 동일한 의미의 '객체'가 있음을 선명히 관념치 않으면 안 된다"는 것이었다.

그동안 물산장려 논쟁은 '민족주의와 사회주의의 이데올로기적 충돌'로 이해되어왔다. 이는 사실과 다르다. 논쟁을 주도한 사람들은 공산주의 그룹 성원이거나 맑스주의 경제학자였다. 논쟁의 논점은 물산장려운동 자체에 제한되지 않고 사회주의혁명론 전반에 걸쳐 형성되었다. 물산장려 논쟁은 사회주의 운동 내부의 이론전이자 정치노선투쟁의 성격을 지녔다.

물산장려 논쟁을 거치면서 조선혁명론은 이론적으로 정교해지고 구체화되었다. 특히 과학적 사회주의, 사회혁명과 정치혁명의 관계, 민족 문제, 조선사회의 특수성, 민족통일전선에 대한 이해가 깊어졌다. 그에 따라 각 공산주의 그룹은 정치노선을 재정립했으며, 각 그룹의 정치노선은 상호접근하게 되었다. 1924년에 접어들면서 공산주의 그룹 사이에서 통일논의가 고조되었던 것은 정치노선상 불일치를 상당부분 해소할 수 있었기 때문이었다.

이애숙

친일반민족행위자 재산조사위원회 조사팀장으로 재직 중이다. 한국근현대사를 전공했다. 대표논저로 『일제하 수리조합의 설립과 운영』, 『일제하 지식인의 파시즘체제 인식과 대응』(공저) 등이 있다.

임시정부 개조론과 창조론

상해에서 수립된 대한민국 임시정부(이하 임정)는 1920년 이후 독립운동노선의 차이와 내부분열 때문에 국내외 독립운동세력들이 임정을 떠나면서 더 이상 독립운동의 최고기관으로 자기 역할을 할 수 없게 되었다. 그에 따라 자연히 국내외에서 독립운동계를 새롭게 통일·강화할 필요성이 생겨났고, 그것은 1921년 이후 국민대표회 소집론으로 이어졌다.

노선차이와 내부분열

1921년 2월 상해에서 박은식朴殷植·원세훈元世勳·왕삼덕王三德 등 14인이 "전국민의 의사에 의한 통일적 강고한 정부조직"과 "최량의 독립운동방침 수립"을 목적으로 「우리 동포에게 고함」을 발표했다. 이를 계기로, 국민대표회 소집론이 제기된 뒤 북경·간도 등지에서도 이를 지지·촉구하는 움직임이 계속 이어졌다. 임정의 외교독립론에 반대하며 최대의 반임정세력을 형성했던 박용만朴容萬·신채호申采浩 등 북경파는 북경에서 1921년 4월 군사통일회의를 열어 임시의정원과 임시정부에 대한 불신임안을 가결하고 국민대표회 소집을 요구했고, 5월

6일에는 만주의 독립운동단체들도 액목현額穆縣에서 회의를 열어 위임통치를 청원한 이승만李承晚의 퇴거와 임정개조를 요구했다. 이와 함께 1921년 5월 12일 상해에서도 안창호安昌浩와 여운형呂運亨을 중심으로 국민대표회 소집을 요구하는 연설회가 개최되면서 국민대표회 소집론은 움직일 수 없는 독립운동계의 대세가 되었다.

1921년 2월 이후 제기된 국민대표회 소집론의 밑바닥에는 공통적으로 현재의 임정이 더 이상 독립운동의 최고기관으로서 자기 역할을 할 수 없다는 비판의식이 깔려 있었다. 대체로 다음 세 가지가 근거로 지적되었다. 첫째, 임정이 조직될 당시 각 방면의 여러 의견을 구하지 않고 소수의 사람들이 마음대로 결정하여 성립되었다는 자체 한계였다. 둘째, 임정의 직위와 제도가 '실제' 독립운동에 적합하게 조직되지 못하여 스스로 불필요한 내부분열만 낳았다는 것이었다. 셋째, 국제연맹의 위임통치를 주장한 이승만은 임시대통령으로서 부적합하다는 것이었다.

국민대표회 소집론이 제기된 이래 해외 독립운동계는 이를 지지하는 지지파와 이를 반대하고 임정의 현상유지를 고집하는 정부옹호파로 나뉘어 1923년 1월 국민대표회가 정식으로 열리기까지 회의소집의 적법·부적법 문제를 두고 논쟁을 벌였다. 이승만을 지지하는 임정 내 기호파가 주축이 된 정부옹호파는 국민대표회를 '정부붕괴운동'으로 몰아가며 거세게 반대했다. 이들의 반대에도 불구하고 개조파와 창조파로 구성된 지지파들의 노력으로 국민대표회는 1923년 1월 3일부터 상해에서 정식으로 열리게 되었다. 국민대표회에 참가의사를 밝힌 지역 및 단체는 135개였으며, 대표는 158명이었다. 그러나 회기 동안 자격심사를 받아 대표로 확정된 인원은 125명이었다.

1923년 1월 3일부터 시작된 국민대표회는 그해 6월 7일 폐회되기까지 정식회의에 앞서 필요한 절차를 협의하기 위한 임시회의(1. 3~1. 30), 시국 문제와 군사·재정·노동 등 독립운동의 주요 대방침이 논의된 정식회의(1. 31~5. 15), 시국 문제로 개조파가 탈퇴한 뒤 개조·창조·정부 측의 대표들이 가졌던 비밀회의였던 삼방회의(5. 16~6. 7) 시기로 구분할 수 있다. 주지하듯이 국민대표회는 1923년 6월 7일 개조파들이 탈퇴한 가운데 39명의 창조파 대표들만 참석하여 새 헌법을 제정하고 위원제정부인 '한韓'을 조직함으로써 사실상 결렬되고 말았다.

최대쟁점은 임정의 존폐

국민대표회가 결렬된 최대쟁점은 임정 개조를 주장한 개조파와 임정을 부인하고 신기관의 건설을 주장한 창조파의 분열·대립이었다. 여기서는 국민대표회를 주도했던 개조·창조 양파의 구성과 이들이 분열·대립하게 된 쟁점을 중심으로 살펴보자.

먼저 개조파의 경우, 민족주의 진영에서는 상해를 중심으로 임정 내외에서 활동하던 안창호를 비롯한 서북파와 기호파 일부, 서로군정서·한족회 등 서간도의 독립군단체가, 사회주의 진영에서는 윤자영尹滋瑛·김철수金綴洙 등 이동휘李東輝의 상해파 고려공산당 잔여세력이 중심을 이루었다. 반면 창조파의 경우는, 민족주의 진영에서는 북경을 중심으로 활동했던 반임정세력인 박용만·신숙申肅 등의 북경파가, 사회주의 진영에서는 상해파와 대립했던 김만겸金萬謙 등의 이르쿠츠크파 고려공산당세력이 참여했다. 그러나 이르쿠츠크파 고려공산당 출신인 여운형이 개조파의 주된 논객이 되었듯이, 개인의 독립운동노선에 따라 자신이 속했던 정파와 다른 입장을 취하는 독립운동가도 있었다. 개조·창조 양파에 참여한 각 정파의 독립운동노선을 보면, 준비론을 취했던 안창호의 서북파를 제외하면 대체로 독립전쟁론을 주장하고 있었다.

이와 같이 이념과 독립운동노선을 달리했던 각 정파와 독립운동가들이 개조·창조파로 양립하게 된 가장 중요한 요인은, 이념보다는 분열된 독립운동계를 통일시키기 위한 최고 독립운동기관을 어떻게 건설할 것인가 하는 문제였다. 당시 시국 문제로 인식된 이 문제에서 최대쟁점은 곧 최고기관의 건설 문제였다. 이는 임정을 어떻게 평가·처리하는가의 문제로 귀결되었기 때문에 국민대표회 기간 동안 개조·창조 양파의 최대쟁점은 임정에 대한 평가 문제, 즉 '임정의 존폐 문제'였다.

개조파는 임정을 인정하고 개조하자고 주장한 반면, 창조파는 임정을 폐기하고 새로운 기관을 건설하자고 주장했다. 먼저 창조파가 임정을 부인하고 신기관의 건설을 주장하게 된 배경에는, 국민대표회가 결렬된 뒤 창조파가 선포한 선언문에서 밝혔듯이 '상해 임정은 3·1운동 이후 국내외 각지에 세워진 정부 가운데 하나일 뿐'이라는 문제의식이 깔려 있었다. 창조파의 이런 문제의식은 1922년 12월 국민대표회가 개최되기 직전 『독립신문』의 「국민대표회의 목표」라는 글에서도 확인할 수 있다. 이 글은 "3·1운동 후 국내외에서 많은 최고기관이 나왔으나 그 가운데 일시의 사세로 지금 있는 임시정부가 대표적 행위를 취하여왔다"고 상해 임정을 비판했다.

창조파가 상해 임정을 일개 독립운동단체로 사실상 '격하'시켰던 근거는, 임정이 상해의 한 구석에 있다는 '지역적 제한성'이었다. 국민대표회가 열리기 전인 1922년 8월 12일자 『독립신문』의 「국민대표회에 대하여 (중)」란 글에서 이름을 밝히지 않은 KB생은 "상해가 천하의 중심이오 상해에 모인 인물이 천하의 일을 좌左하면 좌하고 우右하면 우할 터이니 상해안만 타협되면 서북간도도 아령俄領도 이를 따를 것이라는" 상해만능주의와 "다른 지역의 단체를 말하지 않고 상해 정부"만 거론하는 이른바 '상해관'을 집중적으로 비판했다. 창조파가 임정을 부정하는 근저에는 지역적으로나 민족구성에서 독립운동의 최고기관으로서 그 대표성을 인정할 수 없다는 강렬한 비판의식이 깔려 있었다.

그러나 임정 개조를 주장하는 개조파의 문제의식은 창조파와 완전히 달랐다. 개조파 역시 임정의 대표성에 한계가 있음을 인정했지만, 그 한계를 보는 관점에서 창조파와 인식을 달리했다. 먼저 안창호는 1921년 5월 상해에서 열린 연설회에서 창조파가 제기한 '상해만능주의'·'상해관'이라는 임정의 인적·지역적 제한성에 대해, 임정이 수립될 "그때에는 시기의 절박으로 그렇게 된 것"이라고 주장했고, 1923년 3월 8일 회의에서 대한애국부인회 대표 김마리아金瑪利亞는 "혁명시에 불가면不可免의 일"이었다고 주장했다. 즉 개조파는 창조파가 임정의 근본적 문제로 인식했던 '인적·지역적 제한성'을 단지 정부 수립이라는 시기적 절박성에 따른 불가피한 일시적인 일로 인식했던 것이다.

임정의 제한성에 대한 개조·창조 양파의 인식차이는 자연히 임정의 지난 역할을 평가하는 데도 반영되었다. '새섭'이라는 필명으로 1922년 7월 8일자 『독립신문』에 게재된 「분열의 원인과 통일의 방략」이란 글은 "지난 4년 동안 정부 각원 1명도 위험을 무릅쓰고 간도와 노령 등지에 있는 동지와 독립군을 위하여 한 번도 순회한 일이 없고 안전지대에서 사소한 감정을 가지고 밤낮으로 알력에 세월을 허송했다"고 하면서 상해 임정 무용론을 주장했다. 또한 북간도의 구국단 대표는 1922년 10월 21일자 『독립신문』에서 "상해는 외교나 선전에 적당한 지대이지 우리가 유일하게 여기는 군사행동할 지대는 못"된다고 하면서, 독립전쟁론의 입장에서 임정의 외교독립론을 비판했다.

이런 창조파의 임정 평가에 대해 안창호는 1921년 5월 21일 상해에서 열린 연설회에서 미국 등 기타 열강이 "아직 우리 정부와 의정원을 정식으로 승인은 하지 아니했으나 현존한 우리의 의정원과 임시정부를 인정"하고 있다는 점에서, 임시의정원 의원 문시환文時煥은 1923년 3월 4일의 회의에서 "5년간 내외가 공인共認하고 다수 국민이 추대하던 기성 정부"라는 점에서, 또한 3월 8일 회의에서 김마리아는 "수만의 유혈로 성립되어 다수 인민이 복종하고 5년의 역사를 가진 정부"라는 이유로 임정을 인정하고 개조해야 한다고 주장했다.

그런데 개조파가 임정을 인정한 주장의 밑바탕에는 더 중요한 이유가 있었다. 그것은 이른바 임정의 법통 문제였다. 임정 법통론은 상해에 설치된 임정이 개조작업을 통해 독립운동의 주체이자 중심인 국내에서 조직된 한성 정부의 인사들을 자신의 각원으로 수용함으로써 명실상부한 독립운동의 최고기관으로 확립되었다는 인식에 근거를 둔 것이었다. 이에 대해 KB생은 1922년 12월 31일 『독립신문』의 「국민대표회의 목표」에서 "의연히 미몽迷夢에서 깨어나지 못하고 이른바 기관 법통 문제에 몰두하는" 것이라고 비판하면서, 한 뼘의 땅도 회복하지 못한 상태에서 법통 논쟁 같은 진부한 문제에 허송세월하지 말고 하루라도 속히 독립운동의 방침을 수립하자고 역설했다.

개조파는 이런 임정에 대한 문제의식과 평가를 바탕으로 임정개조를 주장했다. 개조파의 임정개조안은 국민대표회 정식회의가 열린 3월 이후 시국 문제로 창조파와 대립했을 때 안창호의 제의로 구체화되었다. 그것은 첫째, 임시의정원에서 헌법을 개정하여 국민대표회의로 하여금 헌법 및 조직제도 등을 변경할 권리를 전임케 하고, 둘째, 의정원에서 국민대표회 소집론의 한 원인이었던 임시대통령 이승만을 탄핵한다는 것이었다. 즉 개조파는 이승만을 탄핵하고 국민대표회를 통해 새로운 내각을 구성하자고 주장했다. 그러나 개조파의 이런 계획은 1927년 4월에 열린 임시의정원에서 임정의 현상유지를 고집하는 정부옹호파의 극렬한 반대에 부딪혀 좌절되었다.

반면 임정을 부정하는 창조파는 국내외 독립운동단체와 지역 대표들이 모인 국민대표회를 통해 새로운 최고기관을 조직해야 한다고 주장했다. 그들은 국민대표회에서 헌법을 제정하여 임정을 해체하고 '위원제정부'를 새로 건설해야 한다고 보았다. 또 1923년 1월 10일 이청천李靑天이 『독립신문』에서 일제와 싸울 수 있는 최적지로서 '아령'을 지적했듯이, 민족해방을 독립전쟁 중심으로 진행해야 한다는 구상을 가졌던 창조파는 군사기관의 소련, 즉 시베리아 이전을 주장했다.

이처럼 임정 존폐 문제를 두고 개조파와 창조파가 대립하는 가운데 1923년 5월 16일 개조파가 끝까지 임정의 개조를 주의主義로 하지 않는다면 타협하지 않겠다고 하며 국민대표회를 탈퇴함으로써 국민대표회는 사실상 좌절되고 말았다. 이후 개조파·창조파·정부 측의 국무총리 노백린盧伯麟이 참여한 비밀회의인 삼방회의가 세 차례 열렸지만 역시 아무 성과 없이 결렬되었고, 국민대표회에 남은 창조파가 새 헌법을 제정해 '한'이라는 위원제정부를 조직하고 6월 7일 국민대표회를 폐회하면서 결국 국민대표회는 좌절되고 말았다.

민족유일당운동의 출발

이상과 같이 "전국민의 의사에 의한 통일적 강고한 정부의 조직"과 "최량의 독립운동방침의 수립"을 목적으로 1923년 1월 3일부터 6월 7일까지 상해에서 열린 국민대표회는 아무런 성과를 거두지 못한 채 결렬되고 말았다. 회의 기간 내내 최대쟁점이었던 임정 존폐 문제를 두고, 임정 법통론과 현실론에 바탕하여 임정 인정과 부분적 개조를 주장한 개조파와, 임정의 지역적·인적 제한성과 법통론의 무용성을 바탕으로 임정을 부인하고 신기관의 건설을 주장한 창조파의 대립이 주된 요인이었다. 하지만 그밖에도 임정의 현상유지를 고집한 이승만 등 기호파 중심의 정부옹호파의 반대와 독립운동노선의 차이 등도 원인이 되었다.

국민대표회는 비록 좌절되었지만, 그럼에도 이후 독립운동의 발전에 여러 가지 의미 있는 영향을 미쳤다. 먼저 국민대표회는 민족독립을 위한 '민족적 대단결'의 필요성을 다시 한 번 확인했고, 이를 위해 임정 법통론이나 법리론 같은 명분에 얽매이기보다는 독립운동의 실제 근거와 경험을 중시하는 경향이 강화되었다. 그리고 국민대표회 기간에 상해 임정에 전면적인 비판이 가해지고 그 한계가 지적되면서 이후 독립운동의 최고기관에 대한 새로운 대안으로 '정부형태' 대신 '당적 형태'를 모색하는 중요한 계기가 되었다. 이는 1920년대 중반 이후 독립운동계 내부의 이념적 분화와 더불어, 이를 바탕으로 독립운동의 최고기관으로서 민족 단일당을 건설하고자 했던 민족유일당운동의 출발점이 되었다.

윤대원

서울대 규장각 한국학연구원 HK사업단 연구교수로 재직 중이다. 한국 근대사를 전공했다. 대표논저로 『함께 보는 한국 근현대사』(공저), 『한국 현대사 강의』(공저) 등이 있다.

이승만의 독립운동

1905년 8월 만30세의 청년 이승만은 미국 뉴욕 롱아일랜드 오이스터베이의 여름백악관에서 시어도어 루스벨트Theodore Roosevelt 대통령과 만났다. 불과 30분의 짧은 만남이었고, 몰락의 운명에 빠진 대한제국을 구원하라는 민영환과 한규설韓圭卨의 밀명도 완수하지 못했지만, 이 만남은 이후 이승만의 행로를 결정지었다. 1945년 해방될 때까지 40여 년간, 이승만의 외교노선 혹은 대미청원외교의 한길은 변함없이 지속되었다.

이승만이 활동했던 제1차, 제2차 세계대전 사이는 제국주의의 시대, 식민주의의 시대였다. 식민지 분할외교와 전시외교, 전후 식민지 재분할외교만이 존재했다. 이승만의 외교는 국제적 무력충돌의 사후처리를 위해 개최된 국제회의에서 시도되었다. 러일전쟁, 제1차 세계대전, 만주사변, 제2차 세계대전 및 태평양전쟁 전후에 이승만의 외교활동이 펼쳐졌다. 달의 인력이 밀물과 썰물을 만들어내듯, 이런 전쟁의 발발은 재미한인사회의 독립운동을 고조시켰으며, 전쟁 특수를 만들어 이들의 경제상황 호전과 독립운동 지원을 가능케 했다. 그러나 전후에 강화회의가 개최되고 평화시대가 도래하면서 이승만의 외교도 한인들의 독립운동 열기도, 전쟁 특수도 모두 썰물처럼 사라졌다.

시기와 청원내용에 따라 이승만의 외교노선은 다양한 변화양상을 보였다. 이승만 외교는 두 가지 측면을 지녔는데, 대내적으로는 독립운동가로서 미주한인지배를 정당화하는 측면, 대외적으로는 한국 문제에 대한 점진주의적 관심과 온정을 불러일으키는 측면이 그것이다. 이승만의 외교활동은 크게 네 시기, 네 차례에 걸쳐 시도되었다.

대미외교와 위임통치 청원

이승만의 처녀외교는 러일전쟁 직후인 1904~05년의 대미청원외교였다. 이승만은 고종이나 대한제국 정부가 아닌 민영환과 한규설의 개인 사절이었고, 한미우호조약의 상호방위조문을 실행에 옮기라고 청원했다. 그러나 포츠머스 조약을 눈앞에 둔 미국은 가쓰라-태프트조약으로 이미 일본의 조선지배권을 인정한 상태였기 때문에 대한제국의 연명을 위한 이승만의 첫 번째 대미청원외교는 실패로 돌아갔다.

이후 1919년 3·1운동 발발 이전까지 이승만은 적극적 독립운동과는 무관했으며 어떤 '외교'나 '외교독립노선'도 시도하지 않았다. 이 시기 이승만을 묘사할 수 있는 단어들은 온건한 종교교육자, 친미·반러주의자, 교육우선주의자, 기독교 전도사 등이다. 그의 일생을 지배한 기독교교육운동, 개량주의, 실력양성노선 등이 이 시기 이승만의 노선이었다. 1910년대 하와이에서 이승만은 대일무력투쟁을 주장하는 박용만과의 대결에서 승리했다. 당시 일본 경찰자료의 분류에 따르면, 이승만은 박용만 등 무단파武斷派에 대비되는 문치파文治派였다. 박용만은 호놀룰루 항에 기항한 일본군함 이즈모호出雲號를 폭파함으로써 미일 우호관계를 깨뜨리려는 테러리스트로 FBI에 밀고되기까지 했다. 이승만은 기독교와 교육을 통해 점진적으로 실력을 양성해야 한다고 주장하며, 제1차 세계대전의 승전국인 일본을 향한 무력투쟁은 불가하다고 단정지었다. 그 이승만이 외교를 시도한 시점은 제1차 세계대전 종료 직후인 1918~19년이었고, 공교롭게도 당시 그는 하와이 내에서 정치적 위기에 처해 있었다.

이승만의 두 번째 외교는 위임통치 청원이었고, 이때 그의 외교노선과 활동을 둘러싸고 최대의 논란이 벌어졌다. 정한경鄭翰景·민찬호閔贊鎬와 함께 파리강화회의에 파견될 대한인국민회 대표로 선출된 이승만은, 파리강화회의 참석이 불가능해지자 정한경과 함께 1919년 3월 윌슨Thomas Woodrow Wilson 미 대통령에게 한국에 대한 국제연맹의 위임통치를 청원했다.

후에 이승만 측은 위임통치 청원에 대해 이렇게 주장했다. "내지에서 독립운동이 일어나기 전에 모든 한인들은 다 잠자는 모양이라. 홀로 나서서 세상 사람에게 대하여 한인들도 독립을 원한다는 사실을 알려주려 하매 조선을 일본 관할에서 빼어내서 몇 해 안에 완전 독립을 회복할 담보로 국제연맹회에 위임하자 한 것이 그때 세계 형편에 적당히 될 줄로 생각하고 서명한 것"(민찬호·안현경·이종관, 1998)이며, 위임통치안은 윌슨 대통령의 수중에 들어갔을 뿐 파리평화회의에는 제출되지 않아 한국 문제에 아무런 영향이 없었고, 그것도 3·1운동 직전인 2월 25일의 일이라는 것(정한경, 1998)이었다. 이승만 측의 주장을 정리하면, ① 위임통치 청원은 3·1운동 이전의 정세로는 타당한 것이었고, ② 위임통치 청원에 대해 대한인국민회 총회장인 안창호와 임원회의 사전인가장을 받았으며, ③ 위임통치 청원이 문제가 된 것은 박용만 일파의 정치적 공격에서 비롯된 것이고, ④ 3·1운동 이전에 위임통치 청원이 이루어졌다는 것으로 요약된다.

위임통치 청원에 대한 이승만의 의도가 선의에서 비롯된 것이었다는 평가도 있지만, 이것이 과연 독립운동의 범주에 속하는 것인지 여부는 당대부터 논란이 분분했다. 특히 문제가 된 것은 이런 위임통치 청원을 제출한 이승만이 상해 임시정부의 대통령이 되었다는 점과, 그가 단 한 번도 위임통치 문제에 대해 공개적으로 사과하거나 이를 철회하지 않았다는 점이었다. 이승만은 평범한 지식인이나 교육자가 아니라 독립운동의 최고 지도부인 임시정부 대통령이었고, 문제는 그에게 적용될 판단기준이었다.

또한 3·1운동 이전에만 위임통치 청원이 있었다는 주장은 진실과 배치된다. 미주에 국내의 3·1운동 소식이 전해진 것이 3월 9일이었는데, 이승만은 3월 16일 기자회견을 통해 「한국위임통치청원서」를 공개하여 신문에 보도케 했으며, 정한경은 3월 20일 『뉴욕타임지』에 위임통치안을 기고하고, 나아가 『아시아Asia』 5월호에 자치설을 발표하기까지 했다(방선주, 1989).

정치적 위기에 처한 이승만을 구원한 것은 3·1운동과 상해 임시정부였다. 민족자결주의를 내세운 미국 대통령 윌슨과 친밀하다던 이승만은 대통령에 추대되었고, 상해 임시정부에서는 무력투쟁론보다 외교협상론이 우세를 보이고 있었다. 그러나 북경에서 군사운동을 주장하던 신채호와 박용만 등은 국제연맹 위임통치 청원 사실을 폭로하며 대통령 이승만을 공격했다. 이들의 비판은 이승만의 대통령 자격과 위임통치 청원이라는 표면적 사실뿐만 아니라, 본질적으로는 임시정부가 지향하고 있던 청원·호소외교노선의 환상성을 겨냥한 것이었다. 파리평화회의, 윌슨의 민족자결주의, 외교대통령 이승만에게 기대를 걸고 있던 상해 임시정부는 시작부터 곤경에 처했다.

1921년 이승만은 5개월가량 체류했던 상해를 떠나 미주로 돌아갔다. 그는 1921년 10월부터 1922년 2월까지 개최된 워싱턴군축회의를 계기로 다시 한 번 외교를 시도했다. 구미위원부 위원장 이승만은 임시정부의 대표단장으로 한국 문제의 상정 혹은 대표단의 발언기회를 청원했지만, 이 요청은 묵살되었다.

이 회의를 기점으로 독립운동에서 파리강화회의와 워싱턴군축회의 등 강대국 청원외교에 대한 기대가 종막을 고했다. 극동에서는 소련이 주도한 극동피압박민족대회가 개최되었고 임정의 방향을 둘러싼 국민대표회가 전개되었다.

구미위원부와 반소·반공 선전

이승만 외교의 가장 큰 성과는 개인정치기관인 구미위원부의 유지였다고 할 수 있다. 3·1운동 이후 독립자금 청재권請財權 획득을 목표로 설립된 구미위원부는 임정의 법적 승인을 받지 않은 기관으로, 재미한인의 재정을 크게 소모했다. 구미위원부의 외교적 최대성과는 실패한 워싱턴회의 참가시도였으며, 그 최후는 임정의 해체지시(1925)에 반발하며 반임정운동을 펼친 것이었다.

이후 제2차 세계대전까지 이승만의 외교는 침묵을 지켜야 했다. 그가 돌출적으로 세 번째 외교를 시도한 것은 1931년 만주사변을 계기로 국제연맹이 리튼 조사단을 만주에 파견한 뒤였다. 이승만은 급한 외교적 임무를 내세워 1931년 11월 하와이를 떠났는데, 그것이 그가 몇 해 동안 공들였던 동지식산회사가 파산한 직후였다. 임시정부 전권대사 이승만은 1933년 스위스 제네바로 건너가 국제연맹에 한국 독립을 탄원하고, 소련의 경제적 도움을 얻고자 모스크바를 방문하기도 했다. 소련의 출국명령에 따라 쫓겨난 이후 이승만은 반소적인 입장을 굳혔다. 이승만과 소련의 접촉은 그의 필요에 따라 간헐적으로 시도되곤 했다. 개화기에 반러적인 태도로 일관했던 이승만은 1920~21년경 당시 적십자 총재 이희경李喜儆을 통해 소련과 접촉을 시도하기도 했고, 미주 본토에서는 이승만의 측근들이 노동사회개진당을 만들어 제2차 인터내셔널과 접촉하기도 했다. 이승만은 자신이 필요하다면 이념을 불문했다. 1935년 1월에야 하와이로 귀환한 이승만은 1939년 재차 구미위원부 부활을 위해 워싱턴으로 향했다.

그의 네 번째 외교는 태평양전쟁 발발과 함께 본격화되었다. 임시정부 주미외교위원부 위원장이 된 이승만은 1942~45년까지 두 가지 청원외교를 벌였다. 그 첫 번째는 임시정부 승인이었고, 두 번째는 무기대여법(Lend Lease)에 따른 무기대여 청원이었다. 그런데 1943년에 이르러 미국이나 연합국이 결코 임정을 승인하지도, 무기를 대여해주지도 않을 것임이 분명해졌다. 그럼에도 이승만은 계속해서 이 두 가지를 목표로 내세우고 외교를 전개했다. 이를 둘러싼 당시의 쟁점은 세 가지였다.

첫째, 미국이나 연합국이 임정을 승인할 가망성이 없는 현실 속에서 외교노선을 포기하고 모든 힘을 군사투쟁으로 모아야 한다는 주장이 있었다. 그러나 전장은 극동에 있었고, 재미한인에게 가능한 것은 군사투쟁 후원금을 내는 일뿐이었다.

둘째, 이승만의 외교를 비판하며 그를 대체하려는 목표로 적어도 4개 이상의 워싱턴 주재 한인 외교기관이 생겨났다. 중한민중동맹단·조선민족혁명당 미주총지부의 한길수, 한국사정사의 김용중金庸中, 고려경제사의 유일한柳一漢, 재미한족연합위원회 워싱턴사무소의 전경무田耕武 등이 이승만과 각축을 벌였는데, 이는 이승만 외교를 둘러싼 논란으로 재미한인사회가 분열되었음을 보여준다. 현실적으로는 아무 전망이나 성과가 없음이 분명했지만, 그럼에도 재미한인사회에서 가장 손쉬웠던 독립운동 방략은 외교노선이었다.

마지막으로 가장 큰 논란은 이승만의 반소·반공 선전을 둘러싼 갈등이었다. 해방 직전 이승만의 마지막 외교무대는 유엔 조직을 위한 1945년 4~5월의 샌프란시스코회담이었다. 임시정부 대표단장으로 연합국의 승인을 청원하러 온 이승만은, 얄타회담(1945. 2)에서 미국이 소련에게 전후 한국의 지배권을 팔아먹었다는 소위 '얄타밀약설'을 주장하면서 반소·반공 선전을 펼쳤다. 미·소 정부당국의 공식부인에도 불구하고 얄타밀약설을 끈질기게 주장한 이승만의 근거는, 소련당국과 친밀하다고 자칭하는 신문기자가 작성한 기사뿐이었다. 심지어 이승만은 미 국무부 관리들과 중국국민당의 외교정책을 비난하기까지 했다. 결국 연합국의 임정승인을 요청하기 위해 이승만이 벌였던 외교는 허위보도에 근거한 소련·미국·중국 비판과 반소·반공 선전이었다.

결론적으로 이승만의 외교와 관련된 가장 큰 논란은 그의 외교노선과 활동이 과연 독립운동의 일환으로 인정될 수 있는가 하는 점과, 인정된다면 독립운동사에서 어떤 비중을 차지하느냐 하는 점일 것이다. 번번이 이승만 외교의 동기·과정·결과에 대한 많은 논쟁이 있었음에도, 이승만은 40여 년간 동일한 방식의 외교를 지속했다. 그가 외교에 나선 1919년과 1942년을 계기로 재미한인사회는 분열되고 임시정부는 어려움을 겪었다. 물론 그 책임이 모두 이승만의 몫은 아니겠지만, 이승만의 개인적 명망성을 제고시켰던 외교의 긍정적 결과는 지금까지도 분명치 않다.

정병준

현재 이화여자대학교 사학전공 교수로 재직 중이다. 한국 현대사를 전공했다. 대표논저로 『전쟁과 동북아의 국제질서』(공저), 『한국전쟁: 38선 충돌과 전쟁의 형성』, 『우남 이승만 연구: 한국 근대국가의 형성과 우파의 길』 등이 있다.

이광수의 「민족개조론」에 나타난 민족성

　모든 사상과 이론은 시대를 반영한다. 즉 시대의 거울인 것이다. 이광수李光洙의 「민족개조론」과 그를 둘러싼 논쟁도 마찬가지로 시대적 산물로서 시대인식의 편차에서 비롯되었다. 특히 3·1운동 이후의 상황을 어떻게 보는가, 민족운동의 주체는 누구인가, 운동의 지향점을 어디에 둘 것인가 하는 문제들을 내포하는 논쟁이었다.

'문화통치'와 민족개량의 결합

　이광수는 2년간의 짧은 상해 망명생활 끝에 1921년 3월 귀국했다. 아니 그의 귀국은 '귀순'이라 해야 옳을 것이다. 이는 그의 애인 허영숙許英肅이 조선총독부 경무국 고등계 미와三輪 경부의 신원보증으로 상해에 도착한 점과, 그가 부형父兄처럼 따르던 도산島山 안창호가 귀국은 "적에게 항서降書를 제납提納함이니 절대불가"라 하며 적극 말렸음에도 귀국을 단행한 사실에서 드러난다. 특히 귀국 이후 그가 어떤 형벌도 받지 않은 사실이 이를 증명한다.
　물론 허영숙의 간곡한 설득이 직접적 요인이었지만, 사실 그의 귀순은 이미 예비되어 있었다. 「2·8독립선언서」를 가슴에 품고 상해로 건너갈 때의 불타는 열정이 식어버린 것이다. 또한 파리강화회의 이후 신제국주의질서의 고착화 과정에서, 그는 더 이상 민족 독립을 바랄 수 없는 상황이라고 인식하게 되었다. 게다가 그가 몸담고 있던 상해 임정에서 이승만·이동휘·안창호 등 3거두의 독립운동 방략과 신국가건설 이념차이로 내부갈등이 표면화되면서, 이광수는 심한 무력감과 좌절감에 사로잡혔다. 그러던 중 일제의 사주를 받은 허영숙이 상해로 건너와 귀국을 권유하자 순순히 따르게 된 것이다. 물론 '사랑이라는 이름으로' 철저히 포장한 채. 비록 귀순은 했지만, 이광수는 선각자로서의 자부심이 대단했다. 그리고 귀순의 뒷배를 봐준 일제에게 확실한 충성심을 보여줄 필요도 있었다.

그 무렵 국내의 지주·자본가계급은 사이토(齋藤實) 총독의 이른바 '문화정치'에 넘어가 개량화되면서 친일적 편향을 보이기 시작했다. 여기에 반제 이념으로 사회주의가 수용되고 노동자·농민운동이 대두하면서 지주·자본가계급의 동요가 심화되고 있었다. 이들에게는 자신들의 이해를 대변해줄 논리가 필요했다. 격화되어가는 민중운동과 그 이념을 왜곡하고, 지주·자본가계급의 민족운동 주도권을 관철해줄 논리가 필요했던 것이다. 이광수의 「민족개조론」은 바로 이런 시대적 배경 속에서 나왔다.

민족성은 곧 민족의 도덕성

「민족개조론」(『개벽』 1922년 5월호)은 다음과 같은 체제로 구성되었다. 우선 서론으로 '변언(弁言)'이 있다. 첫째 장인 상편에는 '민족개조의 의의'·'역사상으로 본 민족개조운동'·'갑신 이래의 조선의 개조운동'이, 둘째 장인 중편에는

'민족개조는 도덕적일 것'·'민족성의 개조는 가능한가'·'민족성의 개조는 얼마나 한 시간을 요할가' 등이 기술되어 있다. 셋째 장인 하편에는 '개조의 내용'·'개조의 방법'이 제시되어 있으며, 마지막에 '결론'이 있다. 즉 변언과 상·중·하편의 본론, 그리고 결론으로 크게 삼분된다.

먼저 변언에서는 "이 글의 내용인 민족개조의 사상과 계획은 재외동포 중에서 발생한 것으로서 내 것과 일치하여 마침내 내 일생의 목적을 이루게 된 것"이라고 했다. 그럼으로써 마치 「민족개조론」이 재외동포의 사상, 즉 그가 추종하던 도산 안창호의 사상인 것 같은 냄새를 풍기고 있다.

본론에 들어가서, 이광수는 민족개조란 "민족의 생활의 진로의 방향변환, 즉 그 목적과 계획의 근본적이오 조직적인 변경"이라 했다. 민족개조가 민족진로의 근본적 방향전환, 즉 정치운동(민족해방운동)에서 문화운동(민족개조운동)으로의 전환임을 암시하고 있는 것이다. 나아가 민족개조운동이 정치성을 배제한 단체운동이 되어야 한다는 당위성을 확보하기 위해 '역사상으로 본 민족개조운동'에서 외국의 사례를, '갑신 이래의 조선의 개조운동'에서 조선의 사례를 들고 있다.

예컨대 고대 그리스에서 소크라테스·플라톤에 의한 민족개조운동은 그것이 "단체사업이란 것을 깨닫지 못한 점" 때문에 실패했고, "조선에서 민족개조운동의 첫 소리"였던 독립협회의 운동은 첫째 단결이 공고하지 못하고, 둘째 정치적 색채를 가졌고, 셋째 인물이 없었기 때문에 실패했다고 보았다. 따라서 역사상 단체에 의한 진정한 민족개조운동은 한말 청년학우회의 운동뿐이라고 규정한다. 왜냐하면 그것은 "첫째 그 회에서는 회원을 극히 신중히 선택하여 단결의 제1의를 지켰고, 둘째 기본금의 적립을 실행했고, 셋째 덕德·체體·지知의 동맹수련을 중요한 목적으로 세워 그중에는 덕육德育을 고조했고, 넷째 정치적 색채를 일체一切로 따지 아니하여 순전히 교육에 의한 민족개조를 목적으로 했고, 맨 나중으로 한번 작정한 규칙을 엄정히 지키었기" 때문이라고 했다.

둘째 장의 '민족개조는 도덕적일 것'에서는 "민족개조라 함은 민족성 개조라는 뜻"이라고 하면서, 민족개조가 바로 민족성 개조임을 명확히 하고 있다. 특히 "민족성은 극히 단순한 한둘의 근본도덕으로 결정되는 것"이라고 하여 민족성을 민족의 도덕성으로 이해했다. 그런 인식을 바탕으로 그는 민족쇠퇴의 근본원인을 민족의 도덕성, "곧 허위, 비사회적 이기심, 나타懶惰(게으름), 무신無信, 겁나怯懦(비겁함), 사회성의 결핍"에서 찾고 있다. 그 결과 조선 민족의 쇠퇴는 일본 제국주의의 침략과 식민지지배라는 본질적 문제가 아니라 민족성, 즉 민족 도덕성의 결함에 원인이 있는 것이 되고 말았다.

그러면 민족성 개조에는 얼마의 시간이 필요한 것일까. '민족성의 개조는 얼마나 한 시간을 요할가'에서 이광수는 "이는 50년, 100년, 200년의 영구한 사업이외다. 이 사업에는 끝이 있을 것이 아니라, 조선 민족으로 하여금 영원히 새롭게 영원히 젊게 하기 위하여 영원한 개조사업을 영원히 계속할 것"이라고 했다. 조선 민족을 식민통치 밑에서 영원히 민족개조운동이나 하다 말 민족으로 치부하고 있는 것이다.

마지막 장에서는 민족개조의 내용과 개조의 방법을 구체적으로 제시했다. 그런데 민족성을 민족 도덕성으로 이해했기 때문에, 개조내용은 그 도덕적 결함을 개조하는 것일 수밖에 없었다. 따라서 민족개조의 내용은 허위와 무신을 극복하는 무실務實, 나타와 겁나를 극복하는 역행力行, 그리고 비사회적 이기심과 사회성의 결핍을 극복하는 사회봉사심의 함양이라고 했다. 민족개조의 방법으로는 개조동맹에 의한 방안을 제기하고 있다. 그것은 개조동맹을 결성함으로써 첫째, 개조하자는 뜻을 가진 자들이 서로 자격刺激이 되고 보익輔益이 되어 그 실현된 모범이 더욱 뚜렷하고 유력하게 되며, 둘째 개조운동의 생명을 영속케 하고, 셋째 거액의 금전과 다수의 인재를 모으는 데 편리하여 개조사업을 경영하기에 유리하기 때문이라고 했다.

결론에서는 열악한 민족성으로 인해 "민족의 장래는 쇠퇴 또 쇠퇴"하게 되어 있다고 하면서, 그 구제의 길은 오직 민족개조운동에 있을 뿐임을 거듭 강조했다. 그러면서 민족개조운동은 "아무 정치적 색채가 있을 리가 만무하고 또 있어서는 안 될 것"이라면서 정치성의 배제를 다시 한 번 역설했다.

쏟아지는 민족개조론 비판

「민족개조론」은 발표되자마자 3·1운동으로 민족의식이 한층 고양되어 있던 청년 지식인층의 거센 반발을 불러일으켰다. 일부 청년들은 「민족개조론」을 실었던 개벽사를 습격하여 기물을 파괴하기도 하고, 이광수와 개벽사 사장인 최린崔麟의 집에 쳐들어가 폭행하기도 했다.

실력행사 외에도 당시 동경 유학생 최원순崔元淳(이후 『동아일보』 기자를 거쳐 1927년 2월 신간회 결성에 참여)은 『동아일보』 지면을 통해 이광수를 논박했다(「이춘원에게 問하노라—민족개조론을 읽고」, 1922년 6월 3~4일자). 최원순은 이광수가 조선 민족의 쇠퇴원인으로 제시한 "허위·비사회적 이기심·나타·무신·겁나·사회성의 결핍" 등 민족성 결함은 그의 주관적 판단에 불과한 것으로 객관적 토대가 없다고 보았다. 아울러 이광수가 민족성의 판단근거로 인용한 르봉Gustave Le Bon 박사의 학설을 자세히 소개하면서, 그 오류를 지적했다. 즉 르봉 박사는 "① 다른 민족과 구별되는 특징적인 것, ② 유전적인 것, ③ 그 민족의 공통적인 것"을 민족성으로 보았는데, 이광수는 민족의 도덕성만으로 민족성을 이해했다는 것이다. 최원순은 이를 통해 민족개조론의 논리적 토대를 깨뜨렸다.

신상우(신생활사 필진으로 참여하고 있던 사회주의자 신백우申伯雨임)는 「춘원의 민족개조론을 독하고 그 일단을 논함」(『신생활』 1922년 6월호)이라는 글로 이광수를 논박했다. 그의 비판론은 역사주의적 관점에 서 있었다. 그는 '조선 민족의 도덕생활'·'조선 민족의 국가생활'·'조선 민족의 문화생활' 등 풍부한 역사적 사례를 들어가면서 이광수가 말한 열악한 민족성론을 비판하고, "조선 역사는 문화생활의 원조적 역사요 불후의 역사"라고 역설했다. 그는 조선 민족의 유구한 역사와 고유한 문화를 근거로 이광수가 제시한 열악한 민족성론을 반박했다.

이외에 김명식金明植·주종건·최팔용崔八鏞·신일용 등 사회주의 계열의 인사들은 유물사관에 입각하여 이광수를 논박했는데, 이들의 반론은 주로 "조선에 있어서의 최우선 과제는 민족적 도덕상 결함의 개조가 아니라 외재적 조건(식민지지배)의 개조"라는 논리로 모아졌다. 특히 신일용(신생활사 필진으로 참여하고 있던 사회주의자로 이후 화요회와 『조선일보』 기자로 활동)은 「춘원의 민족개조론을 평함」(『신생활』 1922년 7월호)이라는 글로 이광수를 비판했다. 그는 "오늘날 우리가 쇠퇴 기아에서 빈사하게 된 원인은 우리 민족의 생리적 불구나 정신상 결함—열악한 민족성에—있지 아니한 것을 간파하는 동시에, 오직 그 원인이 정복과 착취의 사실에 있음을 단언한다"고 하면서 이광수가 말한 민족 쇠퇴의 원인론을 반박했다. 즉 조선 민족의 쇠퇴원인은 민족성의 결함이 아니라 일본 제국주의의 침략과 수탈에 있다고 본 것이다. 나아가 그는 "우리에게 어떠한 외래의 간섭과 폭력의 강박만 제거한다 하면 자유발전도 난사難事가 아니며 진보향상도 용이"하다고 했다. 조선 민족의 발전을 위해서는 외래의 간섭과 강박의 제거, 즉 일제의 식민지지배로부터의 해방이 무엇보다 중요하다는 논리였다. 한 걸음 더 나아가 신일용은 "정복에서 번민하다가 그 해방을 절규하는 운동보다 더 거룩한

운동이 어디 있으며," 또 "제도의 개혁이 따라야 행복과 번영을 상상할 수 있다"고 강조했다.

이들 사회주의자들은 이광수가 정치성을 배제한 민족개조운동을 당시의 조건에 맞는 민족운동으로 주장한 것과는 달리, 제국주의 식민지지배와 그 제도를 타파하기 위한 민족해방운동·사회변혁운동이야말로 민족의 행복과 번영을 약속하는 가장 지고한 민족운동이라고 인식하고 있었다.

'우향우'의 전진

이광수의 「민족개조론」은 당시 청년 지식인과 사회주의자들의 신랄한 비판을 받았다. 그렇지만 반제 이념으로 수용되기 시작한 사회주의사상과 노동자·농민운동의 협공을 받아 계급적 위기감을 느끼고 있던 지주·자본가에게 그것은 마치 양떼를 모는 목동의 '피리' 소리 같았다. 「민족개조론」은 지주·자본가계급으로 하여금 개량주의적 민족운동의 길로 치닫게 하는 방향타方向舵 구실을 한 것이다. 그 결과 물산장려운동과 민립대학 건립운동 등 정치성이 탈색된 개량주의적 민족운동이 본격 전개되었다.

하지만 그 계급적 본질을 꿰뚫어본 사회주의자들의 비판이 제기되면서 민족운동의 좌우분화가 가속화되었다. 그 간격은 이광수가 1924년 벽두에 『동아일보』에 발표한 「민족적 경륜」으로 더욱 벌어졌다. 여기서 그는 "조선 내에서 허許하는 범위 내에서 일대 정치적 결사를 조직"할 것을 주창함으로써 자치운동의 깃발을 높이 들었다.

이는 친일화·매판화되어가던 지주·자본가계급의 이해를 대변한 것으로서, 「민족개조론」에서 제기한 민족해방운동의 포기를 더욱 노골화한 것이었다.

따라서 이때에 이르면 사회주의세력은 말할 것도 없고, 민족주의 내부조차도 분화하면서 타협적 세력과 비타협적 세력으로 나뉘게 된다. 그리고 그 파열음이 더욱 증폭되면서 민족 내부의 갈등도 심화되었다. 그 중심에는 이광수의 「민족개조론」이나 「민족적 경륜」 등 민족개량주의 논리가 있었다.

김용달

국민대학교 국사학과 교수로 재직 중이다. 한국 근대사를 전공했다. 대표논저로 『한국 독립운동의 인물과 노선』, 『일제의 농업정책과 조선농회』 등이 있다.

사회주의세력의 통일전선운동과
정우회 선언

1926년 말~1928년 초반 조선 사회주의운동세력은 일본 제국주의에 반대하는 모든 투쟁역량을 한곳에 모아 반일민족통일전선을 형성하기 위한 논쟁을 격렬하게 전개했다. 「정우회 선언」을 계기로 일반대중에게까지 확산된 이 시기 대중적 정치투쟁 논의를 흔히 '방향전환 논쟁'이라 부른다. 이 논쟁의 중심에는 민족통일전선체를 대표하는 신간회가 자리하고 있었기 때문에 우리나라 근현대 민족해방운동 논쟁사에서도 중요한 위치를 차지하고 있다.

통일전선의 요구와 신간회 결성

1926년 들어 조선 사회주의운동세력은 단일한 조선공산당을 결성하고 일본 제국주의에 반대하는 모든 투쟁역량을 한곳에 모아 민족통일전선을 형성하는 데 집중하기 시작했다.

조선공산당(화요파)을 비롯해 고려공산동맹(서울파), 까엔당(북풍파), 스파르타쿠스당(조선로동당파) 등의 공산주의 그룹들은 조선공산당 통일을 위한 다양한 논의를 주고받았다. 1926년 3월에는 각파 공산주의 그룹의 통일세력이 레닌주의동맹을 결성했다. 그해 6월 조선공산당 제2차 검거사건이 발생했고, 이는 오히려 당 통일운동을 가속화시키는 계기가 되었다. 레닌주의동맹의 노력으로 1926년 8월 고려공산청년회와 서울파 고려공산청년동맹의 합동이 이루어졌고, 1926년 11월에는 고려공산동맹 소장파(서울계 신파)의 조선공산당 입당이 행해졌다. 일반적으로 그것을 '통일'조선공산당이라 불렀다.

비타협적 민족주의세력들 사이에서도 사회주의세력과 공동전선을 펼칠 필요성이 고조되었고, 실질적으로 민흥회와 신간회 결성 움직임이 나타났다. 이들은 1927년 2월 일체의 기회주의를 배격하면서 신간회로 결합했고, 사회주의자들의 적극적인 참여로 전국 각지에 신간회 지회가 결성되었다. 자치운동세력들은 조선총독부 및 일본 정치가들은 물론이고 조선 사회주의자들과의 정치운동 전개를 모색하고 있었다.

그런 중에 사회주의적 정치투쟁을 대중적으로 전개하는 문제를 놓고 사회주의자들 사이에서 진지한 논의가 전개되었다. 코민테른의 조선 문제에 관한 1926년 3월의 결정은 이를 더욱 가속시켰다. 1926년 후반 '민족혁명당' 조직에 대해 각 공산주의 그룹은 합법과 비합법, 단체와 개인 본위의 '단일(유일) 민족전선'의 형태를 둘러싸고 대립했다. 이후 조선공산당 레닌주의동맹 그룹과 고려공산동맹 노장파 사이에는 민족통일전선에 대한 맹렬한 이론투쟁이 전개되었고, 이는 조선을 둘러싼 국제혁명운동의 좌우편향에 영향을 받았다.

정우회 선언과 전진회 검토문

1926년 11월 15일 조선공산당 레닌주의동맹 그룹은(ML파) 정우회를 통해 조선혁명운동의 대강을 담은 선언서를 발표했다. 이것이 바로 방향전환 논쟁을 직접 촉발시킨 「정우회 선언」이다. 그 주도세력은 1926년 중반 이후 레닌주의동맹 그룹에 합류한 안광천安光泉 중심의 일월회계였다. 그들은 당시 '분리-결합론'에 기초해 야마카와山川均의 방향전환론을 비판하며 일본공산당을 장악한 후쿠모토福本의 이론투쟁에 많은 영향을 받았다.

「정우회 선언」의 핵심은 분열된 사회주의세력을 단일한 조선공산당으로 통일하고, 조합주의적 경제투쟁에 국한된 과거의 사회주의운동을 사회주의적(프롤레타리아) 정치투쟁으로 방향전환해서 보다 계급적·대중적으로 전개하자는 것이었다. 조선혁명의 반제 부르주아 민주주의혁명 단계를 인정한 ML파는 대두하는 민족주의세력의 정치운동에 주목하면서, 타락하지 않는 한 그들과 일시적 제휴를 맺을 것, 이를 위해 '타협과 투쟁', '개량과 혁명'을 분리대립시키지 않도록 이론투쟁을 전개할 것을 주장했다.

ML파 정치운동방침의 대강은 1926년 12월 6일의 조선공산당 제2차 대회에서 결정되었다. 그들은 민족운동을 혁명적 독립운동과 합법적·민족적 정치운동으로 구분했다. ML파는 혁명적 독립운동의 비밀기관과 연맹을 체결, 만주를 근거지로 무장투쟁을 준비하고자 했다. 동시에 공산당원이 그 안에서 지도하고, 합법적인 민족적 정치운동의 경우 이를 이끌어갈 단일한 민족주의자 정당을 만들고(개인 단위, 지부제), 만일 두 세력으로 분리되면 각각에 프락치를 두어 가장 우세하고 활동 가능한 쪽에 힘을 쏟는다는 방침을 세웠다. 그리고 친일파 같은 타락한 민족주의자는 그들의 책략을 민중에게 폭로하여 몰아낸다는 입장이었다.

서울청년회와 전진회를 통해 조선혁명운동을 이끌던 고려공산동맹 노장파(서울 구파)는 1926년 12월 15일 「전진회 검토문──정우회 선언에 대하여」를 발표하여「정우회 선언」을 반박했다. 그들은 정우회의 정치투쟁으로의 방향전환은 합법적인 민족주의 정치운동, 특히 자치운동으로 귀결될 개량주의적 우경론이라고 규정했다. 서울 구파는 조선의 현상황에서 사회주의 정치운동은 시기상조이며, 또한 비공개 민족주의 정치투쟁이 아닌 공개적인 반제국주의적 민족주의 정치운동은 불가능하다고 주장했다. 물론 그들도 반제국주의와 민주주의라는 공동의 이해관계를 갖는 프롤레타리아운동과 민족주의운동이 일시적 동맹을 맺어야 한다는 것은 인정하고 있었다.

서울 구파는 이미 1926년 중반 반일민족혁명역량을 집중하여 정치투쟁을 전개하기 위해 조선사회단체중앙협의회와 민흥회를 발기한 적이 있었기 때문에, 정치투쟁으로 방향전환할 시기가 도래했다는 정우회의 주장을 인정할 수 없었다. 그들은 '좌익적 민족주의단체'의 결성을 원조하겠다고 주장하면서 비타협적 민족운동 지지자들은 맑스주의 깃발 아래로 모이라고 촉구했다.

사상단체 해체논리

조선 사회주의운동사에서 사상단체의 출현은 공산주의 그룹(공산주의 비밀결사)의 탄생과 깊은 관계를 갖는다. 방향전환 논쟁 이전부터 사회주의자들은 합법적 영역에서 일본 제국주의와 부르주아지에 맞서 투쟁하는 정당의 성격을 사상단체에 부여했다. 조선공산당 강달영姜達永 중앙(화요파)은 사상단체 정우회를 통해 정치투쟁과 프롤레타리아계급의 단결을 선전하고자 했다. 화요파 공산주의자인 배성룡裵成龍은「신흥 정치운동의 성질─전적 운동과 부분적 운동의 분야」(1926. 8)에서 사상단체는 사회주의 정치운동을 위한 프롤레타리아계급정당의 기능을 갖는 기관이라고 규정했다. 그는 과거 조선에서 전개된 적이 없는 프롤레타리아 정치운동의 대중적 전개를 사상단체를 통해 강구하고자 했다. 고려공산동맹도 조선 프롤레타리아계급의 전체혁명을 지도하는 '합법적인 투쟁전위단'으로 사상단체를 인정했다.

ML파의 안광천(필명: 순앙)은 「사상단체에 대한 나의 편견」(1926. 11)에서 프롤레타리아 정치운동을 위한 기관과 민족정당이 결성되면 사상단체는 해체되어야 한다는 주장을 구체적으로 제기했다. 사상단체는 프롤레타리아가 정당을 조직해서 정치투쟁을 전개하기 전까지만 존재하는 것으로 인식했던 것이다. 이런 견지에서 ML파는 일월회(1926. 11)와 정우회(1927. 2)를 해체했다.

ML파는 1926년 12월 조선공산당 제2차 대회에서 혁명적 부르주아와 합법적인 단일민족당을 조직하고 사상단체를 해체하며 그 안에서 활동하던 사회주의적 지도자들을 민족당에 가입시키되, 공산당의 직접적인 지도 아래 활동할 것을 결정했다. 이후 ML파의 최익한崔益翰은 「사상단체 해체론」(1927. 4)에서 사상단체의 정당적 성격을 완전히 부정함과 동시에, 전진회나 정우회 등은 파벌주의단체로서 맑스주의단체가 아니라고 규정했다. 그리고 정치투쟁기에 접어든 만큼 대중운동으로 들어가기 위해서, 그리고 운동을 모든 전선으로 확대하기 위해서 사상단체를 해체한다는 논리를 전개했다.

서울 구파는 1926년 2월 이래 「전진회 검토문」에 이르기까지 조선사상동맹, 즉 사상단체의 전국적 통제기관을 설치한다는 방침을 가지고 있었다. 그를 통해 프롤레타리아계급의 사상을 순화하고 프롤레타리아계급의 해방운동에서 그들의 실제적 이익을 위한 투쟁을 전개한다는 입장이었다. 사상단체 해체를 반대한 독고독은 「사상단체 해체시비」(1927. 3)에서 일제의 폭압통치 아래 있는 조선에서는 합법적 프롤레타리아정당의 출현이 불가능하므로 사상단체를 존속시켜 그것으로 프롤레타리아의 '질적 순화운동'을 전개할 필요가 있다고 주장했다. 이런 주장에 대해 ML파는 정치투쟁을 부인하는 것이라고 비난했다.

당시 사상단체 해체를 둘러싼 논쟁은 크게 세 가지 유형으로 전개되었다는 것이 일반적 견해다. ① 사상단체를 해체하고 무산정당적 조직을 건설하자는 안, ② 사상단체를 해체하고 민족단일당적 조직을 결성하자는 안, ③ 민족정당적 조직 외에 단일 사상단체를 조직해서 무산정당적 역할을 병행시키자는 안이 그것이다. 그중 두 번째와 세 번째 유형이 크게 대립하고 있었으며, ML파의 한림韓林은 「단일민족당 결성에 관하여」(1927. 4)에서 세 번째 유형을 '양당론'으로 규정했다.

조선사회단체중앙협의회 상설·비상설 논쟁

조선사회단체중앙협의회 상설·비상설 논쟁은 1926년 2월 서울 구파가 전진회를 통해 중앙협의회에 대한 구체적인 계획을 발표한 직후 시작되었다. 조선공산당 강달영 중앙은 같은 해 6월 조선노농총동맹, 정우회, 『대중신문』 등을 통해 중앙협의회 상설론은 반대하지만 사회주의운동전선의 통일을 위해 참가하기로 결정한 바 있었다.

서울 구파가 중앙협의회를 상설기관으로 하려는 이유는, 분열된 프롤레타리아 대중단체를 통일하고 반일혁명역량을 집중하여 정치투쟁으로 결속하는 데 있었다. 그들은 혁명적 사회주의자에게 인정받으면서 대중에게 명망이 있는 대중단체의 지도적 인물, 즉 개인 단위의 '통일적 민족혁명당' 조직방침을 가지고 있었으며, 1926년 7월 그 준비조직으로 민흥회를 발기했다. 서울 구파는 민흥회도 중앙협의회에 가맹케 하여 중앙협의회로 하여금 조선 사회단체운동 전반에 관한 정책과 전술을 통일시킬 '평의적' 기능을 갖는 '민족유일전선'의 합법기관 역할을 하게 한다는 입장이었다.

서울 구파가 중앙협의회에 평의회적 기능을 부여하려 했음은 솔뫼의 「중앙협의회상설론의 재음미」(1927. 7)에서 잘 드러난다. 그는 러시아의 소비에트soviet와 독일혁명기 레테Räte의 기능을 염두에 두면서 공산당-평의회-대중단체의 유기적 결합을 통한 조선혁명운동의 조직과 지도를 상정했다. 이때 민족정당과는 사안에 따라 협동 또는 투쟁을 전개한다는 입장이었다.

ML파는 중앙협의회 상설론을 합법적 무산정당과 단일민족당을 대립시키려는 '양당론'이라고 규정했다. 그들은 1927년 5월 중앙협의회에서 조선공산당 제2차 대회의 결의에 따라 중앙협의회 비상설론을 관철시켰다. 최익한은 조선민족운동은 사회주의운동의 일부분이므로 '민족단일정당'으로 집중해야 한다고 주장했다. 이후 그들은 신간회를 단일민족정당의 매개체→민족협동전선당의 매개체→민족협동전선의 매개체 등으로 규정했다. 신간회의 성격은 당적 조직에서 협동전선으로 변화했다. 이때 민족협동전선의 매개체란 조선 민족운동에서 공산당의 지도권을 인정하면서 민족 각 계급계층이 당면한 공동의 요구와 투쟁조건을 위해 민족적으로 협동투쟁하는 기관임을 의미했다.

ML파의 최익한은 중앙협의회 대신 전민족적 견지에서 전국적 총기관인 노총, 청총, 형평사, 근우회, 기타 종교단체까지 망라한 '민족적 전국단체협의회'를 조직하여 민족협동전선당의 보조기관으로 하자고 주장했다. 이에 대해 서울 구파의 이영李英-김영만金榮萬 그룹은(이들은 1927년 5월을 전후하여 조선공산당에 가입했다) 1927년 12월 상해파 공산주의자들과 함께 조선공산당 제3차 대회를 열고 신간회 조직방침을 변경했다. 그들은 '민족단일전선당'의 매개형태인 신간회의 조직방침을 변경하여 개인 가맹과 단체 가입을 병행할 것을 주장했다. 이와 관련하여 상해파의 김만규金萬圭(본명: 김규열金圭烈)는 「전민족적 단일당의 조직과 그 임무에 대하여」(1928. 1)에서 ML파의 '민족적 전국단체협의회' 조직방침에 반대했다. 그는 노총·농총·청총·근우회 등 각 계급계층의 총기관을 신간회에 가입케 하고, 그 내부에 각 계급계층의 부서를 설치하며 각 도 및 시·군의 기관도 동일한 형태를 취할 것을 주장했다.

프롤레타리아 헤게모니 전취 찬반 논쟁

1927년 중반 이후 식민지 조선을 둘러싼 국제혁명정세, 특히 중국과 일본의 혁명운동에 커다란 변화가 나타났다. 중국에서는 1927년 4월 장제스蔣介石의 쿠데타, 1927년 7월 왕징웨이汪精衛의 반동화와 함께 중국공산당 천두슈陳獨秀의 우경화에 이은 취추바이瞿秋白의 좌경화양상이 나타났다. 일본 사회주의운동은 후쿠모토주의가 코민테른에서 섹트주의로 규정받으면서 청산 움직임이 강하게 일어나기 시작했다. 이런 정황은 곧 조선혁명운동에 영향을 미쳤다.

국내에는 1927년 7월경 코민테른방침에 따른 새로운 당대회 개최, 합법적 민족혁명단체를 토대로 한 민족단일당 건설 등을 내용으로 하는 코민테른의 「조선 문제 결정」이 전달되었다. 이는 조선공산당 내에서 ML파와 서울 구파 이영 그룹의 분열을 촉진시켰다. 한편 신간회의 민족주의 좌파들은 독자세력화를 꾀하면서 신간회 내의 공산주의자 명부를 작성했고, 민족주의 우파를 비롯한 개량주의자, 자치운동자들이 신간회로 들어오기 시작했다.

이때 ML파의 안광천(필명: 노정환)은 「신간회와 그에 대한 임무」(1927. 11)에서 맑스주의자가 신간회 내 헤게모니를 전취해야 한다는 입장을 밝혔다. 이것은 코민테른이 채택한 1927년 4월의 조선 문제 테제와 같은 해 5월과 7월의 중국혁명에 관한 테제에 기초한 것으로, 조선혁명운동 과정에서 민족부르주아지 탈락의 필연성과 빈농을 중심으로 한 노농동맹의 필요성을 고려한 것이었다.

이어 12월의 「'계급 표치 철거'자의 「당면의 제문제」 동경 장일성 씨를 박함」(GH생), 1928년 2월 제3차 당대회에서 채택한 「국제공산당에 보고하기 위한 국내정세」, 안광천이 기초한 것으로 알려진 「민족해방운동에 관한 논강」 등은, 프롤레타리아가 조선 민족해방운동의 지도자임과, 모든 민족해방운동 조직에서 맑스주의자의 직접적 지도를 인정했다. 레닌주의동맹 그룹은 신간회를 조선의 혁명적 각 계급계층의 '특수한 동맹체'로 규정하면서 프롤레타리아의 정치적 독립성을 가지고 부르주아 및 인텔리겐치아의 편견과 잘못에 대한 폭로투쟁을 전개해야 한다고 주장했다.

이에 대해 조선공산당의 이영-김영만 그룹(서울·상해파)은 ML파를 후쿠모토-트로츠키파로 규정했다. 그들은 조선에서는 프롤레타리아운동이 민족운동의 한 부분이라고 인식했다. 따라서 프롤레타리아계급이 독자적으로 정치투쟁에 진출할 만큼 발전하지 못한 조선 현실에서 민족운동의 헤게모니를 전취하자는 것은 민족역량을 분산시키고 조직을 분열시키는 반동분자의 좌익소아병이자 극좌적 주장이라고 비난했다.

이와 같은 민족운동에서 프롤레타리아 헤게모니 전취에 대한 반대론은 홍양명洪陽明의 「조선 운동의 특질」과 서울·상해파 조선공산당 일본부 소속 신간회 동경지회원들의 성명서 「전민족적 단일전선 파괴음모에 관해 전조선 민중에게 소함―통일전선을 착란시키려는 신파벌괴의 정체를 폭로하고 신간회 동경지회 임시대회 소집을 요구함」 등을 통해 적극적으로 개진되었다.

서울·상해파 조선공산당의 기관지 성격을 갖는 『조선운동』의 「발기선언」에서는, '특수 조선'에서는 오직 소부르주아 중심의 민족운동만이 가능하므로 프롤레타리아 독자성은 존재할 수 없다고 주장했다. 심지어 장일성張日星(본명:

신일용)의 경우, 1927년 11월에서 1928년 2월에 걸쳐 「민족 문제」, 「당면의 제문제」, 「인식 착란자의 당면 제문제 비판—GH생의 무지를 조함」 등을 통해 신간회를 '단일(유일)전선'으로 규정하고, 민족적 단일전선에서 "무산계급적이란 표식을 철거하자", "운동으로서 무산계급적 운동이나 사회운동이란 것을 지하실로 몰아넣자"고 주장했다. 그는 식민지 자본주의가 발달하지 못한 조선의 경우 프롤레타리아계급이 독자의 계급으로 결정되지 못하고 민족적 단일전선을 통해 혁명적 정치투쟁을 전개할 수밖에 없는 상태에서 프롤레타리아 헤게모니를 주장하는 것은 볼셰비키 전술을 적 앞에 폭로하여 단일전선을 파괴할 가능성이 있다고 판단했다.

ML파는 프롤레타리아 헤게모니를 부정하는 일련의 주장들을 '청산론', '소부르주아 사회주의', '신형민족주의'로 규정했다. 이와 달리 왕태초는 「조선운동의 현단계의 서론—아울러 모든 신형 민족주의를 일축함」(1928)에서 신간회 내 헤게모니 전취론을 좌익소아병—전투적 청산주의로, '식민지 특수성'과 '민족'에만 몰두하며 조선 민족운동의 프롤레타리아 헤게모니를 부정하는 이론을 우익소아병—타락한 청산주의로 규정하기도 했다. 그는 조선 민족운동의 헤게모니가 프롤레타리아계급에게 있어야 함은 옳지만 프롤레타리아계급이 헤게모니를 전취하는 과정에 있을 뿐인 지금 시점에 "모든 피압박계급의 민족적 공동행동의 블록이자 모든 반제국주의계급이 다른 동맹자와 함께 투쟁하는 장소에 불과한 신간회에서 헤게모니 전취를 주장하는 것은 무의미할 뿐만 아니라 불가능"하다고 주장했다.

이런 일련의 방향전환 논쟁들은 1928년 12월 코민테른의 조선 문제에 관한 테제가 발표되는 시기를 전후해서 새롭게 변화된 정세에 맞추어 전면적으로 재검토되었다.

1926~28년 사회주의자들의 방향전환 논쟁은 조선혁명운동에서 민족통일전선을 어떻게 조직하고 싸울 것인지를 놓고 전개된 이론투쟁이었다. 이론투쟁의 이면에는 분파적 대립과 과거 조선 사회주의운동에 대한 긍정과 부정의 극단적인 입장이 내재되어 있었다. 방향전환 논쟁이 민족통일전선의 이론적 수준을 높이는 데 기여한 것은 사실이다. 그러나 당시 사회주의자들은 조선의 구체적 현실분석에 기초하기보다 레닌과 스탈린의 혁명론, 후쿠모토주의, 코민테른의 테제 등에 얽매임으로써 방향전환 논쟁을 공식화·관념화시켰으며, 더욱이 분파적 대립으로 인해 올바른 민족통일전선의 이론적 정립을 곤란하게 만들었다.

박철하

숭실대학교 강사로 재직 중이다. 한국 근대사를 전공했다. 대표논저로 『통일 지향 우리민족해방운동사』(공저), 『한국 사회주의운동 인명사전』(공저) 등이 있다.

프로문학 논쟁

민족문학론의 단초가 되는 프로문학계와 비프로문학계의 논쟁은 프로문학이 발생한 1925년부터 1930년대 초반까지 지속되었지만, 그것이 우리 문학계에 미친 파장은 8·15 직후의 민족문학론까지 이어지기 때문에 어느 한 시기에 국한하지 않고 근대 문학사 전체의 흐름에서 살펴볼 필요가 있다.

흔히 프로문학계와 비프로문학계의 논쟁을 사회주의와 민족주의의 대립으로 이해하려는 경향이 있는데, 이는 대단히 불완전한 것이다. 물론 당시 논쟁의 일부에 사회주의와 민족주의의 이념적 대립이 큰 영향을 미친 것은 사실이지만, 그렇다고 당시 논쟁구도를 이것으로 환원시킬 경우 이 논쟁이 우리 문학사에서 갖는 의미를 편협하게 만들 뿐만 아니라 그 진정한 의미를 파악할 수 없게 된다. 때문에 이 논쟁을 조명할 때는 그 핵심을 제대로 끄집어낼 필요가 있는데, 그것은 조선적 특수성의 문제라고 생각한다.

프로문학의 대두, 논쟁 3파전

논쟁이 처음 시작된 것은 카프조직이 아직 결성되지 못한 상태에서 프로문학을 주장하는 논의가 서서히 나오기 시작하던 1925년 초이다.『개벽』잡지사는 여러 문인들에게 계급문학을 어떻게 생각하느냐는 설문을 보냈는데, 여기에 대해 프로문학을 주장하던 김기진金基鎭, 박영희朴英熙 외에 이광수, 염상섭廉想涉 등이 답변했고, 그 과정에서 프로문학과 비프로문학은 대립적 견해를 보였다. 그리하여 이 설문은 본격적인 논쟁을 예고하는 성격을 갖게 되었는데, 흥미로운 것은 이때부터 논쟁이 단순히 민족주의와 사회주의의 대립이라는 구도로 진행된 것이 아니었다는 점이다. 프로문학을 강력하게 지지하던 김기진과 박영희는 비록 관념적인 것으로 채색되기는 했지만 사회주의의 입장을 가지고 있었고, 프로문학을 반대하던 이광수는 비록 타협적 성격이기는 하지만 민족주의의 입장을 가지고 있었다. 또 프로문학을 반대하지도, 당시의 프로문학 논의에 동조하지도 않았던 염상섭의 경우, 당시의 이데올로기적 지형에서 사회주의와 민족주의 그 어디에도 속하지 않았다. 염상섭은 현실의 역사적 필연성에 기초하여 나온 프로문학이라면 정당하고 옹호되어야 한다고 말했는데, 이는 당시 프로문학을 조선적 현실에 기초하지 못한 것으로 본다는 의미였다. 그는 민족주의나 사회주의 어디에도 속하지 않았다. 이런 점에서 볼 때 프로문학과 비프로문학 사이의 논쟁은 민족주의와 사회주의의 대립이라는 단순한 구도가 아닌 훨씬 복합적인 이념적 지평 속에서 진행되고 있었고, 그 핵심은 조선적 특수성의 이해였다.

설문을 계기로 프로문학과 비프로문학의 논쟁은 한층 격화된 양상을 보이기 시작했는데, 논자들은 크게 세 갈래로 나뉘었다. 첫째는 프로문학계로서, 김기진·박영희 등처럼 식민지 지배국가의 억압민족과 피식민지국가의 피억압민족의 차이를 인식하지 못하고 프롤레타리아 국제주의의 미명하에 모든 민족적인 것을 부르주아적인 것으로 규정해버린 이들이었다. 둘째는 비프로문학계로서,

이광수·최남선崔南善·김억金億 등처럼 '조선혼'을 이야기하면서 민족을 현실면에서 관찰하고 이해하기보다 초역사적이고 추상적인 관념의 차원에서 보려고 했던 이들이다. 당시에는 이를 국민문학론이라고 불렀다. 셋째는 비프로문학계로서, 염상섭·양주동梁柱東 등처럼 조선적 특수성을 인식하려 하면서 앞선 두 경향에 비판적으로 접근한 이들이었다. 이 세 경향은 서로 비판의 칼날을 예리하게 들이대면서 논쟁을 한층 확대시켰다.

그런데 논쟁이 시작될 무렵에는 이 세 경향이 서로 치열하게 주장을 펼쳤지만, 시간이 흐르면서 비프로문학계 중 두 번째의 경향, 즉 이광수·최남선·김억 등 국민문학계는 사라지고 나머지 두 경향만 논쟁을 계속 해나갔다. 이광수는 「중용과 철저」(『동아일보』 1926. 1. 1~3)에서, 최남선은 「조선국민문학으로서의 시조」(『조선문단』 1926년 5월호)에서, 김억은 「예술의 독립적 가치」(『동아일보』 1926. 1. 1~3)에서 자기주장을 내세웠지만 이후 지속적으로 펼쳐나가지는 못했다. 이렇게 된 것은 우선 이들의 논의가 당시 삶의 구체적 현실과 무관하게 이루어지고 있었고, 그 이론적 기반이 허약하여 다른 논자들과 실질적인 논쟁을 할 수 없었기 때문이었다. 이들에 대해 다른 논자들이 부분적으로만 반응을 보였을 뿐 그 이상이 아니었던 것 역시 이와 떼어놓고 생각하기 어렵다. 둘째로는 1927년에 신간회가 결성되면서 이들 타협적 민족주의자의 영향력이 급속하게 떨어지고 적극성을 상실했기 때문이었다.

이렇게 되면서 논쟁구도는 프로문학계와 비프로문학계 중에서 국민문학계를 제외한 논자들의 대립으로 발전했다. 3파전에서 양자의 논전으로 바뀐 것이다. 양자의 논쟁은 1926년 초 염상섭의 프로문학계 비판으로 시작되었다. 염상섭은 「계급문학을 논하여 소위 신경향파에 여함」(『조선일보』 1926. 1. 22~2. 2)에서 박영희의 「신경향파의 문학과 그 문단적 지위」(『개벽』 1925년 12월호)를 비판했다.

이 글은 얼핏 프로문학을 비판하는 것처럼 보이지만, 실제로는 박영희 식의 프로문학을 비판한 것이지 프로문학 그 자체를 비판한 것은 아니었다. 프로문학이 어떻게 되어야 한다는 생각을 나름대로 가지고 있었던 염상섭으로서는 박영희 식의 프로문학관, 즉 현실의 구체성에 입각하지 못했을 뿐만 아니라 문학을 도구로 생각하는 경향이 미성숙하다고 판단되어 비판했던 것이다. 특히 계급의식을 고취한다며 살인·방화·파괴 등을 작품에 그려내는 신경향파 문학에 대한 비판의 강도를 더하여, 이런 것은 결코 신경향의 문학이 아닐뿐더러 진정한 프로문학도 아니라고 비판했다.

염상섭의 비판에 대해 박영희는 「신흥예술의 이론적 근거를 논하여 염상섭 군의 무지를 박함」(『조선일보』 1926. 2. 3~19)을 통해 반박했고, 염상섭이 다시 이를 반박했다.

염상섭과 양주동, 유사성과 차별성

염상섭이 박영희와 논쟁을 주고받을 무렵 사회운동에 중요한 변화가 일어났다. 신간회가 창립되면서 민족 문제에 일정한 관심을 가지고 있던 사회주의자와 비타협적 민족주의자 사이에 협동전선이 구축된 것이다. 이는 그동안 민족 문제만 나오면 무조건 부르주아적이라고 일소에 붙이던 사람들과 계급 문제의 심각성을 도외시하던 민족주의자들에 의해 극도로 대립되던 민족운동전선에 심각한 변화를 가져다주었다. 그리하여 프로문학과 비프로문학의 대립도 또 다른 국면을 맞게 되었다. 그런데 프로문학계는 여전히 민족 문제에 둔감했기 때문에 이 새로운 변화의 의미를 제대로 읽어내는 것이 쉽지 않았다. 오히려 임화林和와 김두용金斗鎔 등 카프 도쿄지부로부터 신간회 해소논의가 나올 정도였으니, 당시 카프 내부 프로문학론자들의 지향을 짐작할 수 있다. 이런 민족운동의 새로운 국면은 염상섭·양주동 같은 논자들에게 새 지평을 열어주었고, 이들은 이전과 다른 자신감으로 논지를 펼쳐나갔다. 그중 가장 지속적으로 자기주장을 펼친 사람으로 염상섭을 들 수 있다.

염상섭은 「민족사회운동의 유심적 고찰」(『조선일보』 1927. 1. 1~15)과 「조선문단의 현재와 장래」(『신민』 1927년 1월호)에서 민족운동과 사회운동이 나뉘어 있는 것이 결코 타당치 않다고 주장하면서, 문학계도 이제 프로문학과 비프로문학의 분열을 넘어 새로운 차원을 지향해야 한다고 주장했다. 프로문학은 민족문제에 대한 무지를 스스로 비판해야 하고 계급 문제에 소홀했던 국민문학론은 편협함을 넘어서야 한다고 말했다. 그가 이렇게 주장할 수 있었던 것은, 이전부터 그가 민족을 초역사화시키는 민족주의에 대해 비판적이었고, 동시에 민족문제를 단순히 정신상의 문제로만 보고 물질적 현실과는 무관한 것이라고 무시하면서 무조건 부르주아적인 것으로 간주하던 당시의 관념적 사회주의에 대해서도 비판적이었기 때문이었다. 바로 이 지점에서 염상섭은 민족문학론을 생각했던 것으로 보인다. 물론 이런 염상섭의 논지는 사회주의자인 홍기문洪起文과 프로문학가인 김기진으로부터 비판받았지만, 8·15 직후 민족문학론으로 수렴되는 것을 고려할 때 대단히 중요한 이론적 논의였던 셈이다.

여기서 염상섭과 더불어 논의해야 할 이가 양주동이다. 양주동은 1926년에 이광수 비판을 통해 국민문학론의 관념성을 이야기한 바 있었다. 이후 그는 프로문학에 대해서도 간헐적으로 비판하면서 새로운 길을 모색했는데, 이 시기에 이르러 절충론을 내놓는다. 「정묘평론단총관」(『동아일보』 1928. 1. 1~18)에서 "민족주의와 사회주의가 현금 그 정당한 의미에서 일치협력할 수 있음과 같이 우리의 전적 목표를 위하여는 이 양파의 문학이 병행와조倂行瓦助할 수 있으리라 믿는 점에서 염씨의 설을 지지한다"고 말한 것으로 보건대, 양주동 역시 프로문학과 국민문학의 협동을 요구하고 있음을 알 수 있다.

그러나 여기서 놓쳐서는 안 될 문제는 염상섭의 논지와 양주동의 그것이 얼핏 비슷한 것 같지만 매우 다르다는 점이다. 양주동은 프로문학과 국민문학의 병행을 주장하는 것이지 결코 이 둘 모두를 지양한 새로운 문학 이념을 추구하는 것은 아니었다. 그럴 수밖에 없는 것이, 그는 민족주의와 사회주의는 나름대로 자기 타당성을 갖는다고 믿었고, 국민문학론과 프로문학론을 이 두 이념의 문학적 표현으로 보았던 까닭에, 둘 사이의 병행과 협조를 생각할 수는 있지만 이 둘을 함께 넘어서는 문학 이념을 생각하는 데까지 나아가지는 못했다. 그런 점에서 양주동은 철저하게 절충론자였다.

염상섭은 전혀 달랐다. 그는 국민문학론이 민족주의에 기초를 두고 있는 만큼 민족주의의 문제점이 그 속에 고스란히 들어 있다고 보았다. 민족주의는 민족을 초역사적으로 보려 할 뿐 아니라 자민족 중심주의에 노출되어 있기 때문에 제국주의와 별반 다르지 않고, 프로문학은 민족 문제를 몰각하는 관념적 사회주의자들의 지향에 기초해 있는 만큼 그 역시 현실의 필연성에 입각해 있지 않다는 것이었다. 따라서 그에게는 이 둘의 단순 절충이나 병행이 아니라 둘을 지양한 새로운 문학 이념의 도출이 중요했다.

또한 양주동에게서는 민족주의와 민족의식의 구분이 불명확하지만, 염상섭에게서는 민족주의와 민족의식이 아주 다르다. 양주동은 가끔 자기 이론의 추상성을 벗어나면서 염상섭의 글이 갖는 의미를 발견하기도 하여 그를 지지하는 경우가 있지만, 염상섭이 양주동의 의견을 받아들인 경우가 없는 것은 바로 이런 맥락 때문이다.

이 시기에 염상섭의 논지와 비슷한 견해를 표명한 이는 정노풍鄭蘆風이었다.

그는 대표적인 글 「조선 문학 건설의 이론적 기초」(『조선일보』 1929. 10. 23~11. 10)에서 '민족의식'이 어떤 과정을 통해 나오게 되는지 다면적으로 탐구하여 프로문학과 국민문학의 대립을 넘어설 수 있는 지반을 마련하려 했다. 그가 내세운 것은 결국 '계급적 민족의식'이었는데, 이는 민족의식이 식민지 조선에서는 계급의식의 형태로 드러날 수밖에 없음을 의미했다. 그는 "외래 사회사상에 황홀된 문인 중에 민족의식을 거부하여 왈 환상이라고" 하는 이들, "민족의식에 기울어진 문인 중에 혹은 계급의식을 인식하지 못하거나 오해하여 청고한 문인의 가히 회고할 배 아니라"고 폄하하는 이들, "민족의식과 계급의식을 대립한 양개로 이해하여 합력 악수"해야 한다고 주장하는 이들 모두를 비판했다. 첫 번째 비판은 프로문학을 향한 것이었고, 두 번째 비판은 국민문학에 대한 것이었으며, 세 번째 비판은 양주동 식 절충론을 겨냥한 것이었다. 이처럼 정노풍은 나름대로 민족과 민족의식을 역사적으로 탐구하고, 이를 토대로 기존의 대립과 이를 절충적으로 해결하려 하는 경향 모두에 대해 대단히 날카로운 비판을 가하고 있어 이채를 띤다. 정노풍의 견해는 앞서 본 염상섭의 그것과 대단히 유사한데, 실제로 염상섭은 「문단 10년」(『별건곤』 1930년 1월호)에서 정노풍의 논지가 자신과 같을 뿐만 아니라 자신이 미처 다루지 못했던 것까지 해명하고 있다면서 공감을 보낸 바 있었다.

신간회 결성을 전후한 염상섭의 이런 문학론에 대해 프로문학계도 비판을 제기했다. 그중 대표적인 것을 들자면, 김기진이 염상섭의 「조선 문단의 현재와 장래」(『신민』 1927년 1월호)를 두고 쓴 「문예시평—문단상 조선주의」(『조선지광』 1927년 2월호)이다. 김기진은 염상섭뿐만 아니라 양주동·김억 등을 '조선주의'라고 비판했지만, 이는 염상섭과 그 외 논자들의 미세한 차이를 무시하고 뭉뚱그려 비판한 것이기 때문에 제대로 과녁을 향했다고 볼 수 없다. 염상섭과 조선주의자라고 비판받은 다른 논자들 사이에 존재하는 일정한 차이를 보지 못한 것은 당시 프로문학가로서 김기진의 안목이 얼마나 편협했는지를 잘 보여준다. 이에 대해 염상섭은 「작금의 무산문학」(『동아일보』 1927. 5. 6~8)에서 반박했고, 이후 다시 김기진과 리얼리즘 문제를 둘러싸고 논쟁을 주고받았지만, 근본적으로 틀이 바뀐 것은 아니고 단지 그 다루는 대상의 소재가 바뀐 것뿐이었다.

프로문학의 자기반성과 민족문학론

신간회 결성 이후 염상섭의 문학론이 그 강도를 더하고 현실성을 강화했던 반면, 프로문학 쪽의 비판은 오히려 강도가 약해졌다. 당시 프로문학 내부에서는 그나마 일각에 존재했던 민족 문제에 대한 인식이나 조선적 특수성에 대한 인식이 1928년 12월테제의 영향으로 인해 자취를 감추고 말았다. 더 나아가 신간회 해소를 주도하는 상황에까지 이르게 되어, 이런 문제의식이 싹틀 수 있는 최소한의 지반도 상실되었다. 때문에 생산적 대화가 힘들었고, 이후 논쟁의 형태로나마 아예 이루어지지 않는 상황이 벌어졌다.

신간회 해소 이후 염상섭은 큰 실망감에 젖어들었다. 일제 파시즘이 강화되고 그토록 기대를 품었던 협동전선의 전망마저 사라지자, 더 이상 자신의 지향을 지탱하기 어려워졌다. 카프와의 대화도 끊어진 상황에서, 그는 이와 관련한 글을 발표하지 않게 되었다. 이후 염상섭이 자신의 생각을 구체화해서 다시 글쓰기를 재개한 것은 8·15 직후였다. 그 무렵 염상섭은 이전 논의의 연장선에서 민족문학론을 내세웠는데, 이는 과거 프로문학론자들의 자기반성과 맞물려 힘을 얻게 되었다.

일제하 프로문학가들은 1930년대에 이르러 다양한 자기반성을 시작했다.

가장 의미 있는 것은 바로 민족 문제와 조선적 특수성에 대한 그동안의 무지를 반성한 것이었다. 그중 안함광安含光은 매우 특이한 존재로, 당시 카프 내에서 한창 분분하던 '사회주의 리얼리즘' 논쟁 시기에 조선적 특수성 문제를 내걸면서 이를 반대할 정도로 카프 내에서 상대적으로 민족 문제나 조선적 특수성의 문제에 관심을 두었다. 이로 인해 같은 카프 비평가였던 임화로부터 조선주의를 옹호하는 멘셰비키라고 비판받았지만, 그는 굴하지 않고 조선적 특수성을 고찰했다. 8·15 이후 그가 프로문학론 대신 민족문학론의 이론적 기초를 마련한 것 역시 일제하의 이런 지향과 무관한 것이 아니었다. 임화는 중일전쟁 이전까지도 관념적 국제주의에 매몰되어 있었기에 '민족'을 대단히 부정적으로 바라보았다. 그는 1938년 이후 이식문학론을 내세우면서 그로부터 조선적 특수성을 새롭게 인식하기 시작한다. 물론 그의 이식문학론은 과거의 관념적 프롤레타리아 국제주의에서 벗어나 조선적 특수성을 읽게 되는 과정에서 도출된 것이었지만, 그 이론적 기반은 '아시아적 생산양식론'이라는 점에서 또 다른 관념성을 노정하는 아쉬움을 남겼다(그러나 과거에 비해서는 일층 나아간 것이라 할 수 있다). 임화도 8·15 직후 민족문학론을 내세웠는데, 그 역시 조선적 특수성을 인식하려 했던 일제하의 이론적 도정과 떼어놓고 생각할 수 없다.

 이렇게 볼 때 과거 프로문학 논자들은 조선적 특수성에 대한 자신의 무지를 반성하면서 민족문학론에 다다랐고, 염상섭은 과거 프로문학과 국민문학을 지양하고 새로운 문학론을 추구하려던 노력의 연장선에서 민족문학론을 내걸었기에 일찍이 볼 수 없었던 행복한 결합을 할 수 있었다. 8·15 이후 남북에서 이루어졌던 이런 민족문학론의 햇살이 냉전적 분단구조로 말미암아 상당기간 한반도에서 사라졌던 것은 우리 근대 문학사에 매우 불행한 일이었다. 하지만 프로문학과 비프로문학으로 나뉘어 대립했던 일제하 우리 문학이 8·15 이후 민족문학론으로 통합될 수 있었던 것은 이런 치열한 논쟁이 있었기에 가능했다. 이 점을 고려할 때, 이 논쟁이 우리 근대 문학사에서 갖는 의미를 다시 한 번 확인할 수 있을 것이다.

김재용

원광대학교 한국어문학과 교수로 재직 중이다. 문학비평(국문학)을 전공했다. 대표논저로 『해방 전후 우리 문학의 길찾기』(공저), 『이태준 문학의 재인식』(공저), 『근대 문학, 갈림길에 선 작가들』(공저) 등이 있다.

만주 지역 민족유일당 결성론

 강고한 일본 제국주의와 싸워 독립을 쟁취하기 위해서는 광범위한 항일역량을 한데 모아야 했던 것이 식민지 조선의 객관적 상황이었다. 민족운동가들도 항일대중을 효과적으로 동원하여 투쟁할 조직체(지도부)를 세워 어려운 상황을 돌파하려고 노력했다. 3·1운동의 영향으로 수립된 상해 임시정부나 임시정부의 문제점을 극복하기 위해 1923년에 소집된 국민대표회는 그 대표적인 보기이다.

1920년대의 역사적 조건

 1926년부터 시작된 민족유일당 결성운동도 주체역량을 결집해 효과적인 항일투쟁을 전개하려는 민족운동가들의 의식과 활동이 응축된 결과였다. 1926년 7월 대동단결의 역량을 바탕하여 '유력한 일대 혁명당'을 결성하자는 안창호의 연설을 계기로, 상해·남경 등 중국 관내 지역에서 유일당촉성회운동이 일어났다. 안창호는 이듬해 2월 길림吉林에서 「조선 민족운동의 장래」라는 제목으로 한인사회에 민족유일당의 결성을 촉구하는 강연을 했다. 당시 만주 지역의 민족운동은 1925년 조선총독부와 봉천군벌 사이에 체결된 미쓰야협정

三矢協定으로 인해 무장투쟁을 중심으로 한 항일활동에 커다란 제약을 받고 있었다. 이에 1926년 들어 참의부·정의부·신민부의 3부와 조선공산당 만주총국은 정당형태의 전민족적 항일조직체를 결성해야 한다는 의사를 공공연하게 제기했다. 당연히 안창호의 제안은 재만한인 민족운동가들 사이에 촉매제가 되었다. 국내에서도 1926년 10월경 이념이 다른 정치세력의 연합을 모색하는 움직임이 구체화되었다. 1927년 2월에 결성된 신간회는 그 결과물이었다. 1927년 5월경부터 지방의 사회주의자들이 적극 참가한 가운데 전국 각지에서 신간회 지회 결성 움직임이 활발하게 일어났다. 비슷한 시기에 대중단체에서는 집회를 개최할 때마다 '민족유일당운동 지지에 관한 건'이라는 안건을 상정하고 공개적인 여론을 모아나갔다.

이처럼 민족유일당 결성운동은 중국 관내와 만주, 그리고 국내에서 구체적 조건에 따라 다양한 모습으로 촉발되었지만 비슷한 시기에 서로를 의식하면서 전개되었다. 그 원동력의 근본은 월등한 무력을 가진 일제라는 객관적 실체에 대응해야 하는 우리 민족의 현실을 절감하고 있던 민족운동가들의 인식과 노력에서 찾아야 할 것이다. 하지만 국공합작國共合作과 북벌北伐로 상징되는 중국의 정세변화가 국내외에서 민족유일당 결성운동을 동시에 표출시킨 상황적 계기가 되었던 것도 사실이다.

1924년 중국국민당과 중국공산당은 제1차 국공합작을 체결했다. 장제스가 이끄는 국민혁명군은 1926년 7월 광주廣州에서부터 북벌을 시작했다. 반제·반봉건 성격을 띤 북벌에서 국민혁명군은 승승장구했다. 1927년 4월 남경 정부를 수립하고, 친일적인 북경 정부를 위협했다. 국민혁명군이 북진을 계속한다면 일제는 그동안 만주에서 누려왔던 특수권익과 대륙진출계획에 커다란 타격을 입게 될 것이었다. 여기서 일제와 중국국민당 정부 사이에 긴장관계가 조성되는 것은 불을 보듯 뻔한 일이었다.

　민족운동가들은 전통적으로, 장차 일제와 대립하는 국가 간 대결을 중심으로 동아시아에서 긴장이 조성되고, 더 나아가 한반도 주변에서 국제전쟁이 일어날 것이라는 전망을 지니고 있었다. 그런데 중국혁명의 경과는 점점 이 전망과 일치해갔다. 1907년에 결성된 신민회新民會 등은 한반도 주변에서 전쟁이 일어나면 이를 기회로 일제와 결정적 승부를 벌인다는 '대외정세 활용론'에 따라 무장투쟁을 벌일 방침이었다. 당연히 민족혁명을 지도할 민족유일당은 광범위한 항일대중에 기반하고 있으면서도 무장투쟁을 수행할 수 있는 비밀결사체여야 했다. 한편 1차 국공합작은 조선인 민족운동가들에게 이념이 다른 두 정치세력이 '정부'가 아닌 '정당'의 형태로 결집해야 한다는 실천적 예시를 보여주었다. 전통적 인식과 현실의 시사가 동시에 가장 선명하게 보여준 길을 따라간 것이 바로 만주 지역의 민족유일당 결성운동이었다.

통일전선을 어떻게 전개할 것인가

　만주에서는 1927년 4월에 민족유일당 결성을 위한 활동방법을 연구·준비하는 기구로 시사연구회時事研究會가 결성되었다. 그런데 바로 그 무렵 장제스가 쿠데타를 일으켜 국공합작을 와해시켰다. 이에 장제스를 응원하고 조선공산당을 반대하던 일부 사람들은 독립을 목적으로 하는 유일당에 사회주의자를 받아들이지 말자는 반공론을 제기하기도 했다. 그렇지만 만주 지역 민족운동을 사실상 이끌고 있던 민족주의운동 계열의 정의부와 사회주의운동 계열의 조선공산당 만주총국은 흔들리지 않았다.

　1927년 8월 정의부 제4회 중앙의회는 자치기관과 혁명(독립)을 임무로 하는 기관을 결성하기로 결의했다. 정의부는 기관지 『전위前衛』(1928년 신년호)를 통해, 우리 혁명은 중국혁명이 아니며 조선의 산업구조 때문에 독자적 능력이 없는 자본가와 소자산계급 대신 전체 인구의 '94%'를 차지하는 노농계급을 중심으로 유일당을 건설하여 이를 극복해야 한다고 주장했다. 조선공산당 중앙위원회도 1927년 6월 만주총국의 건의를 받아들여 신간회 간도지회를 조직하지 않고 우선 만주 지역만의 민족유일당을 결성하기로 결정했다. 이때까지 만주 지역 민족유일당 결성운동에서 이념의 차이는 그다지 문제가 되지 않았다. 오히려 사회주의자들 내부에서 통일전선을 어떻게 전개할 것인가를 놓고 심각한 노선투쟁이 있었다.

상해 콤그룹은 신간회 본부가 결성됨에 따라 조선인들이 가장 밀집해 있고 사실상 조선인사회라고도 할 수 있는 동만주 지방에 지회를 결성해 국내와 보조를 맞추어야 한다고 주장했다. 그들은 동만주를 조선의 연장으로 보았다. 그에 따르면 만주에서 결성된 청년·노동·농민단체도 국내의 조선청년총동맹과 조선노농총동맹 등에 바로 가입하는 것이 된다. 1926년까지 만주 지역 사회주의자들의 일반적 인식이었던 이런 견해를 '조선연장주의'라고 한다.

이에 대해 조선공산당의 실권을 장악하고 있었던 ML그룹은, 비합법운동이 불가능한 국내와 달리 일본영사관의 만주 지역 관할권이 협소하고 재만한인에 대한 봉천군벌의 통치정책도 지방에 따라 불일치하기 때문에 공개적인 민족단체를 결성하여 주목받을 필요가 없으며, 국내와 달리 3부라는 민족단체가 있으므로 신간회 간도지회를 설치할 필요가 없다면서 반대했다.

이런 ML그룹의 주장에는 상해 콤그룹과 근본적으로 다른 인식과 전략이 있었다. ML그룹은 국내는 일제의 완전한 식민지이지만 만주는 그렇지 않다고 보고, 좁게는 동만주 지방, 넓게는 만주 지역이 조선의 연장이라는 상해 콤그룹의 주장에 동의하지 않았다. 만주 지역 사회주의자들 사이의 전통적인 전략인식에 변화를 꾀한 ML그룹의 주장을 '수정된 조선연장주의'라고 한다. ML그룹은 해외의 민족유일당조직과 신간회를 매개로 발전하는 국내의 민족유일당이 별개 조직인 것처럼 결성되어 협력적인 관계를 유지한다는 운영전략을 지니고 있었다. 그럴 경우 만주 지역 청년·노동·농민단체는 국내의 조선청년총동맹과 조선노농총동맹 등에 직접 가입하지 않고 그들만의 통일된 조직을 결성하는 것이 된다. 재중국한인청년동맹은 이 논리에 의거해 1928년 5월에 결성되었다.

사회주의자들 내부에서 ML그룹의 주장은 점차 대세를 차지하게 되었다. 상해 콤그룹의 주장은 정의부를 비롯한 민족주의운동단체에서도 환영받지 못했다. 때문에 국내와 달리 시사연구회를 중심으로 1928년 5월 전민족유일당 조직촉성회가 열릴 때까지도 사회주의자와 민족주의자, 사회주의자 내부에서 주목할 만한 상호견제나 논쟁은 일어나지 않았다. 가령 1927년 2월 신간회가 결성될 당시 조선공산당이 신간회에 참가하지 않았던 것이나, 1927년 4월 조선사회단체중앙협의회의 상설·비상설 논쟁, 조선공산당 내부에서 신간회의 위상이 민족단일당→민족협동전선당의 매개형태→민족협동전선의 매개형태로 변해가는 것과 같은 현상이 만주에서는 보이지 않았다.

조직촉성회는 만주 지역에서 민족유일당을 주비籌備하는 조직으로 재만운동단체협의회의 집행위원을 선출했다. 하지만 이후 ML그룹의 영향을 받던 동만청년총동맹 등 7개 단체는 재만운동단체협의회가 중앙집권적 성격이 아니기 때문에 민족유일당을 조직할 수 없다는 이유를 들어 조직촉성회에서 탈퇴했다.

1927년 10월 '제1차 간도공산당 탄압사건'을 계기로 재만한인 사회주의운동의 주도권은 ML그룹이 지니게 되었다. 민족유일당 결성운동의 양대 세력의 한 축을 이루고 있던 그들이 조직촉성회에서 탈퇴한다는 것은 만주 지역에서 민족유일당 결성운동이 실패했음을 의미했다. 실제 ML그룹은 조직촉성회를 탈퇴한 뒤 민족유일당촉성회조직동맹을 결성하고 길림에 본부를 두었다.

촉성회파와 협의회파의 분열

정의부와의 주도권경쟁에서 밀린 결과였지만, ML그룹이 탈퇴한 이유가 꼭 이것만은 아니었다. 여기에는 재만한인 민족운동에 대한 ML그룹의 조직운영전략도 밀접하게 연관되어 있었다. ML그룹은 중앙집권적 성격의 민족유일당 준비조직인 전만민족당촉성회全滿民族黨促成會를 결성하면서 고려혁명당 같은 '작은 정당'을 모두 해산시키는 것을 구상했다. 동시에 3부를 해산하고 전만민족당촉성회의 외곽에 새로운 합법적 자치기관을 세울 생각이었다. 이때 1928년 4월에 결성된 한교문제대책강구회韓僑問題對策講究會를 매개기관으로 봉천군벌의 한인에 관한 사무를 대신 집행하는 등 정식으로 인정받는 자치조직을 세우려고 했다. 사실 한교문제대책강구회는 1928년 5월의 조직촉성회에서 상설기관화하기로 모두 동의했던 조직이었다. 하지만 이렇게 되면 조선공산당 만주총국만 남게 되는데, 그것은 곧 ML그룹이 운동의 주도권을 장악한다는 것을 의미했다. 정의부 등 민족주의자들로서는 정치적 영향력을 유지할 수 있는 조직기반을 스스로 내놓는 것이었다. ML그룹과 경쟁관계에 있던 화요회 그룹이나 상해 콤그룹도 사정은 마찬가지였다.

여기에 대립했던 세력이 정의부 내의 다수파를 중심으로 형성된 협의회파였다. 이들은 대부분의 해외운동가들이 기존의 소규모 단체에 의거해 운동하고 있는데, 단체를 떠나 민족유일당이 존재하는 것은 불가능하다고 보았다. 협의회파는 민족유일당의 주비조직인 재만운동단체협의회를 발판으로 민족유일당을 결성하되, 기존의 자치단체를 해산시키지 않고 이를 매개로 통일된 새로운 자치기관을 결성하자는 입장이었다. 그들은 재만운동단체협의회를 통해 소규모 단체를 연결하면서 대중적인 정치투쟁을 지도하고, 그 과정에서 우수한 이들을 민족유일당의 준비조직인 민족유일당조직동맹원으로 선발한다는 구상을 가지고 있었다. 민족유일당조직동맹은 1929년 1월에 결성되었다.

촉성회파와 협의회파의 분열로 나타난 민족유일당 결성운동의 좌절은 재만한인 민족운동이 이념대결로 가는 고비였다. 1929년 들어 재만한인 민족운동에서는 이념이 다른 세력 간에 경쟁이 격화되면서 서로를 죽이는 사건이 일어났다. 1929년 10월에 정의부의 무장대가 ML그룹 청년들을 살해한 '남만참변'이나 1930년 1월 화요회 그룹 조직원이 김좌진金佐鎭을 살해한 것이 대표적인 예이다.

1990년대 초반까지도 민족유일당 결성운동을 분석한 연구들은 협의회파를 민족 진영, 촉성회파를 공산 진영으로 구분했다. 그리고 정의부를 중심으로 1928년 8월 3부통합이 시도되었던 것으로 파악했다. 그러면서 분열의 책임을 촉성회파, 곧 사회주의자들에게서 찾았다. 사회주의자들의 반민족성을 부각시키는 좋은 소재였던 것이다. 하지만 이런 이데올로기적 접근법은 역사적 사실과 맞지 않는다. 협의회파에는 정의부 내의 다수파 이외에 민족주의운동세력으로 신민부의 민정파, 참의부의 심용준沈龍俊파가 가담했으며, 사회주의운동세력으로 상해 콤그룹과 서울청년회 구파, 화요회 그룹이 참가했다. 촉성회파에는 사회주의운동세력 가운데 유일하게 ML그룹만 있었으며, 여기에 김동삼金東三이 이끄는 정의부의 소수파, 신민부의 김좌진이 이끄는 군정파, 참의부의 김소하金筱廈파가 가담했다. 즉 민족주의운동과 사회주의운동 내부의 경쟁적 견제 때문에 복잡한 구도가 형성되었던 것이다.

물론 주도권을 장악하려는 두 세력의 경쟁으로 분열이 일어났던 것도 중요한 요인이었지만, 그것만은 아니었다. 만주 지역의 기존 항일단체를 어떻게 처리하며, 어떤 경로를 거쳐 민족유일당을 결성할 것인가에 대해서도 중요한 견해차이가 있었다. 여기에 선행연구가 전혀 주목하지 못한 점이 하나 있다. 민족유일당 결성과 연관되는 문제로서, 3부를 어떻게 처리하면서 합법적 자치기관을 새로 결성할 것인가의 문제가 바로 그것이다. ML그룹과 대립했던 정의부도 새로운 합법적 자치기관을 결성하는 것을 원칙적으로 반대하지는 않았다. 정의부의 어법을 빌리면, 자치기관과 혁명(독립)기관을 구분하여 결성하는 것은 민족운동가들 사이에 이미 정착되어 있었다. 문제는 즉각적인 해체 여부였다.

1927~28년 만주 지역의 민족유일당 결성운동은 새로운 자치기관과 혁명(독립)기관을 결성하기 위한 활동의 일환으로서, 중국 관내와 국내의 동향까지 염두에 둔 활동이었다. 운동 과정에서 도출된 쟁점은 만주 지역의 전체 민족운동을 지도하며 재만한인사회를 이끌어갈 새로운 조직을 어떻게 재조직할 것인가에 대한 운영전략의 차이에서 파생되었다. 논쟁의 쟁점은 불과 몇 년 전에 있었던 국민대표회와는 달리 상해 임시정부가 아니었다. 민족유일당 결성운동이 성공한다는 것은 임시정부를 대체하는 새로운 민족 지도부가 탄생하는 것을 의미했기 때문이었다. 민족유일당 결성운동은 이념과 지향, 기반이 다른 항일세력이 하나가 되기 위해서는 무엇을 어떻게 해야 하는가를 시사해준다.

신주백

연세대학교 국학연구원 HK연구교수로 재직 중이다. 한국 현대사를 전공했다. 대표논저로『분단의 두 얼굴: 테마로 읽는 독일과 한반도 비교사』(공저),『역사 속의 한일관계』(공저),『1920~30년대 중국 지역 민족운동사』,『1930년대 국내 민족운동사』등이 있다.

국제공산당의 일국일당 원칙이 미친 파장

1929년에서 1930년 중반 사이, 만주 지역 한인 공산주의자들 사이에서는 중국공산당에 가입하는 일대 방향전환이 이루어졌다. 기존의 한인 공산주의자들에게는 만주 지역을 조선혁명의 근거지이자 조선혁명의 연장으로 보는 '조선연장주의'가 있었다. 그런데 이 방향전환은 이제 만주 지역이 조선을 지원하는 지역이 아니라 '중국혁명에 직접 참여'하고 '조선 독립과 혁명을 간접지원'하는 '이중의 사명'을 실현하는 지역으로 자리매김되는 것을 의미했다. 이런 방향전환에는 코민테른의 '일국일당' 원칙 강조, 만주 지역의 객관적 정세변화와 중국공산당(중공당)의 만주특수론 폐기, 조선 공산주의운동의 내적 변화 등의 요인이 상호연결되어 작용했다.

코민테른의 일국일당 원칙

한인 공산주의자들이 중공당에 가입하는 것은 일국일당 원칙의 만주 적용과 관련된 문제였다. 코민테른 정치서기국은 1928년 12월 「조선공산당 당내정세에 관한 코민테른집행위원회의 결의」를 통해 조선공산당(조공)의 지부승인을 취소하고 일국일당 원칙을 준수하며 이를 위반하는 사람은 강력처벌하기로 했다. 코민테른이 이런 결정을 내린 배경에는 코민테른 제6차대회 이후 국제공산주의운동이 계급 대 계급전술로 좌경화되었던 흐름이 있었다. 코민테른 제6차대회의 「국제 형세에 대한 보고」와 「공산국제강령」은, 세계정세가 "제국주의국가의 생산력 발전과 시장축소 간의 대항이 급격히 증가하여 제국주의 간 전쟁의 시기가 임박"해가는 '제3시기'에 진입했고, "제국주의는 피할 수 없는 혁명과 멸망에 직면"해 있다는 인식을 가지고 "공산국제가 노력하는 최종목적은 공산주의세계로 자본주의 세계를 대체"하는 것임을 분명히 했다. 또한 코민테른은 제45차 회의에서 보고된 「국제 형세와 공산국제의 임무」에서도 "세계 자본주의체제의 총위기가 식민지와 반식민지국가의 기의起義와 혁명 중에서 선명히 나타나고 있다"고 했으며, 특히 중국혁명을 제국주의 간의 모순과 식민지와의 모순의 '약한 고리'로 인식하여 이를 세계혁명의 일환으로 중요시했다. 또한 소련에서는 스탈린의 '일국사회주의'이론이 정착됐고 이런 입장에서 코민테른도 국제공산주의운동을 지도하는 소련을 제국주의로부터 옹호하는 것이 '국제공산주의자의 임무'이며 "국제 프롤레타리아의 계급적 이익에 부응하는 것"임을 강조했다. 이런 코민테른의 노선과 인식은 중국혁명의 좌경화에 영향을 미쳤을 뿐 아니라, 만주 지역을 '소련을 보위하는 한편 중국혁명의 요충지 역할을 하는 곳'으로 파악하게 했다. 그리하여 만주의 한인 공산주의운동에도 일국일당 원칙을 적용해, 이들로 하여금 국제공산주의운동의 일부로서 국제적 임무에 따라 실천할 것을 요구한 것이다.

또 한 가지, 코민테른은 기존의 조선공산당을 '소부르주아 지식계급운동'으로 부정하면서 파벌집단으로 인식했다. 조공지부 승인취소, 조공 재조직 지시와 함께 만주와 일본의 한인 공산주의자에게 일국일당 원칙을 제시했던 것 역시 코민테른의 파벌관과 연관된다. 중공당 가입 당시 중공당이 한인 공산주의자들을 파벌집단으로 인식했던 것도 이런 코민테른의 파벌관과 파벌에 대한 적대적 투쟁방침이 영향을 미쳤기 때문이었다.

객관적 정세의 변화와 만주특수론 폐기

원래 중공당은 만주특수론에 입각하여 반제·반봉건운동을 지도했다. 만주특수론이란 중국 국내의 혁명운동이 만주에 파급되지 않는다는 것인데, 이는 만주의 특수한 상황에 의거한 것이었다. 그러나 1929년 들어 중공당은 만주특수론을 폐기하게 된다. 그 이유는 만주의 객관적 정세변화와 중공당의 좌경화에 있었다. 내용을 자세히 살피면 다음과 같다. 첫째, 1928년 7월 봉천의 대표적 군벌인 장쉐량張學良이 국민당 지지로 방향을 선회하자, 만주 역시 중국 본토의 군사분쟁에 휘말리면서 공산당과 국민당의 대립구도가 자리잡기 시작했다. 둘째, 장쉐량도 항일 반공정책을 실행했으며 중동 철도사건을 일으켜 소련세력을 구축하려 했다. 이에 중공당은 군벌을 반대하고 소련을 무장으로 옹호하는 것이 자신의 임무라고 주장했으며, 한인 공산주의에 대해서도 '국제적 임무'를 강조했다. 셋째, 세계공황의 영향으로 만주 지역 농업공황과 농민분해현상이 더욱 가속화됨으로써 농민 문제가 중심현안으로 등장했다. 넷째, 국제공산주의운동의 좌경적 분위기의 영향으로 중공당도 좌경적인 리리싼李立三노선을 지도노선으로 채택했다. 만주의 특수성이 무시되고 좌경적 영향 아래 운동의 일관성만 강조되는 획일적 분위기가 조성되는 과정이었다.

중공당이 만주특수론을 폐기하고 만주가 중국혁명의 범위에 편입될 경우, 한인들의 중공당 가입은 중요한 문제였다. 원래 중국공산당 만주성위원회(만주성위)는 하얼빈·대련·심양(봉천) 등 도시 지역에 약간의 세력을 가졌을 뿐, 만주의 넓은 농촌지구에서는 농민운동을 거의 가지고 있지 못했다. 따라서 만주성위가 도시에서 농촌으로, 노동운동에서 농민운동으로 활동을 전환시키기 위해서는 한인 농민에 기반했던 한인 공산주의운동을 주목하지 않을 수 없었다. 또한 절대다수가 빈농의 처지에 있는 한인사회를 기반으로 한 한인 공산주의운동에서도 반제적 과제뿐만 아니라 격화되는 만주 지역의 계급모순을 타파하기 위한 반봉건 과제가 중시되면서 중국혁명에 참여할 필요성이 제기되었다.

일국일당 원칙에 대한 논쟁

코민테른의 지시가 전달된 뒤 조선공산주의운동의 각파는 각기 다른 동향을 보이고 있었다. 먼저 화요파가 그 지시에 가장 충실했다. 1929년 3월 장시우張時雨는 소련 해삼위(블라디보스토크)에서 김단야金丹冶로부터 결정을 전달받고는 동만 지방으로 돌아와 한별, 김창일金昌一, 김훈金勳 등에게 이를 전달하고 길림에서 남만도 확대회의를 열었다. 이 회의에서는 일국일당 원칙에 따라 중공당에 가입, 중국혁명에 직접 참가하여 조선혁명을 원조하고, 조공재건 문제는 조선에서 해결할 것이라 믿고 참여하지 않기로 결정했다. 화요파 안에서도 만주총국 책임비서인 김찬金燦 등은 마지막까지 "선인공산당을 지지하고 조선혁명 직접 참가, 중국혁명 원조라는 구호 아래 진행되지 않으면 조선공산당의 강령·주의에 위반된다"고 주장했지만, 이는 개인의견으로 치부되어 받아들여지지 않았다. ML파에서는 한빈韓斌이 1929년 4월 재중한인청년동맹대표회의에서 12월테제를 전달하며 국제 형세 등을 보고하고 청년들을 단결시켜 토지혁명을 진행하자고 결의했으나, 일국일당 문제는 제기되지 않았다. 또한 5~6월에는 조선으로 사람을 파견하여 재건활동을 계속하는 등 조공의 지부승인취소에도 아랑곳하지 않고 여전히 4차 공산당의 전통을 계승한 것으로 활동해 일국일당 원칙 자체를 무시했다. 재건설파는 원래 상해계 조직과 서울청년회 구파가 민족유일당협의회 계열에서 함께 활동하다가 이동휘와 김규열로부터 코민테른의 방침을 전달받은 뒤인 1929년 6월에 '조선공산당재건설준비위원회'로 합동한 조직이다. 이들은 조공을 계승했다는 ML파의 주장과 과거 조공의 활동을 전면부정하고 12월테제에 입각하여 당을 재건하고자 했다. 또한 이들 역시 일국일당 원칙을 무시하고 1929년 9월 만주부를 설치하면서 조선연장주의를 고수했다.

이상의 3파는 1929년 7월 길림청년동맹대회에서 서로의 차이를 드러내기도 했다. 회의를 주최한 재건파는 "국제공산당의 12월테제에 따라 조공활동을 전면적으로 부정하고 조공의 재건을 위해 힘을 모아야 한다"고 했으며, ML파의 재중한인청년동맹 책임비서 김만선金萬先은 만주에서 토지혁명을 진행하며 청년들의 단결을 더욱 강화하여 무장투쟁을 전개해야 한다고 주장했다. 이에 대해 화요파는 "조선족 농민의 대다수가 중국인 지주의 소작농"인 상황에서는 "민족 문제를 고려"해야 한다면서 "중·조 농민이 단합하여 투쟁"해야 하며 만주의 조선 공산주의자들은 중공당에 가입해야 토지 문제를 철저히 해결할 수 있다고 주장했다. 따라서 이들은 만주에서의 조공재건활동에 반대했다. 위의 논쟁에서 보듯이, 화요파를 제외한 한인 공산주의자들은 1929년 중반까지 일국일당방침을 수용하기보다 조공재건활동에 치중하는 모습이었다.

중공당 가입방법을 둘러싼 논쟁

중공당은 만주특수론 폐기에 따라 중국 관내에서 활동하던 한인 중공당원

홍남표洪南杓·최용건崔庸健을 화요파에, 오성륜吳成崙·진공목陳公木·마천목馬天穆 등을 ML파에 파견했다. ML파가 1929년 9월에 확대위원회를 통해 갑작스럽게 중공당에 가입하기로 결정한 배경에는 재중한인청년동맹의 원책임자인 김만선이 밀려나고 마천목이 위원장으로, 오성륜과 진공목이 만주총국 간부로 선출되는 등 이들이 영향력을 가지게 된 상황이 있었다.

ML파의 이런 변화로 1929년 후반기부터 재건설파를 제외한 한인 공산주의자들은 재건운동보다 일국일당 원칙을 수용하는 추세를 보이게 된다. 이는 코민테른의 노선과 중공당에서 만주특수론이 폐기되는 외부적 조건에 영향 받은 것도 있지만, 한인 공산주의자들의 내적인 변화, 즉 실천과 의식의 변화와도 관련이 있었다. 실천상에서 한인 공산주의자들은 1928년 말부터 소비에트혁명 노선을 채택했다. 과거의 투쟁이 주요하게는 반제의 임무에 입각해 있고 자치운동 등 합법의 테두리를 벗어나기 힘들었다면, 소비에트혁명노선을 채택하면서는 토지혁명, 지주 타도, 봉건군벌 타도 등 계급적 구호들이 과감하게 제시되었다. 그러나 이런 운동의 발전에 따른 요구들은 '민족별 조직'에 의한 조선인의 독자적인 투쟁으로는 획득하기 어려운 것이었다. 또한 인식에서도 변화가 동반되었는데, 우선 ML파 만주총국 해체선언에서 당시의 의식을 볼 수 있다.

그것은 첫째 만주의 노동자·농민은 "조선인이라는 조건 때문에 비참한 처지에 처해 있는 것이 아니라 그들 자신이 노동자·농민이라는 처지 때문"이며, "중국인 노동자·농민과 함께 똑같이 당하고 있는 불행"이라는 것이었다. 둘째, "재만조선인 노동자대중 스스로가 간악한 자본가적, 봉건적 압박과 착취로부터 해방되는 데는 다만 '조선 독립'만 가지고서는 불가능하다는 것을 명료히 알게 되었다"는 것이었다. 셋째, "중국에서 토지혁명의 승리를 통해서만이 자신을 해방할 수 있다"는 필연성을 알게 되었다. 넷째, "중국혁명에 직접적으로 참가"할 것을 주장하고 "조선연장론을 반대"했으나, 그것은 "관념적이었으며 또 조선연장론에 대한 반대도 '조선공산당운동의 특수지대로서 만주'라는 규정에서 출발한 것이지 중국 공산주의운동의 일환으로서 자기 조직을 가지는 일에 각성하지 못하고 있었다"는 것이었다.

이런 한인 공산주의자들의 실천과 의식상의 변화는 농업공황으로 더욱 어려운 처지에 처한 재만한인의 특수성에 주목하고 중국혁명에 참여해야만 자신의 해방을 가져올 수 있다는 것을 깨달아가는 과정이었으며, 과거의 조선연장주의가 부정되고 "중국혁명에 직접 참가", "조선혁명의 간접 원조"라는 이중의 사명을 새로운 과제로 부여받는 것이었다.

그러나 만주의 한인 공산주의자조직 내에서 일국일당 원칙에 따라 중공당 가입이 우세를 점해가고는 있었지만 아직 본격적인 가입이 진행되지는 않았다. 1929년 말까지도 중공당과 조선 공산주의조직은 "우당友黨의 관계"를 유지하고 있었고, 투쟁형식 또한 연대투쟁을 취하고 있었다. 이렇듯 입당이 늦어진 데는 두 가지 원인이 있었다. 하나는 그때까지 한인들의 중공당 가입에 대한 중공당의 입장이 불명확하고 구체적이지 않아 별도의 지침이나 지시가 내려오지 않았기 때문이었고, 다른 하나는 가입방식, 즉 집단가입과 개별가입을 둘러싸고 만주성위 내부에서 한인 공산주의자와 중공당 사이에 의견차이가 존재했기 때문이었다.

먼저 한인 공산주의자들은 집단가입을 주장했는데, 이런 입장은 1930년대 초반까지 유지되었다. ML파의 경우 1930년 1월 30일 「만주 조선인의 일반적 형태와 중공 중앙의 결의에 대한 견해」 보고에서, 첫째 만주총국을 개조하여 집단가입을 실현하고, 둘째 한인들이 중공당에 가입하는 데 존재하는 문제인 언어 및 상호간 실정에 대한 이해부족 등은 자신들이 만주성위의 지도기관으로 참여함으로써 해결할 수 있으며, 셋째 만주 지역의 특수성에 따라 동만 지방의 4개 현에 조선당부를 두어 직접 관리하겠으며, 넷째 만주총국의 청년조직과 농민조직은 잠시 해체하지 않고 유지시키려고 한다는 주장을 밝혔다. 이런 입장은 화요파나 가장 늦게 중공당 가입을 선언한 재건파에게서도 비슷하게 나타났다. 즉 한인 공산주의자들은 한결같이 집단가입을 통해 자신들의 조직적 역량을 중공당에 이전하고 특수구역(동만)에서 "조선혁명의 간접 지원"을 실천할 수 있는 기관을 설치하려 했던 것이다.

반면 중공당의 입장은 개별가입이었다. 1929년 말 중공당 중앙은 코민테른의 결정에 근거하여 한인 공산주의조직을 해산하고 중공당에서 지정하는 일정한 절차를 밟은 한인들에 한해서 개별입당시키기로 결정했다. 1929년 11월 한빈과 리춘산(중국인)은 코민테른의 지시를 받아 중공당의 최고 간부들과 밀담을 가진 뒤 중공당원 소문(蘇文)과 함께 하얼빈으로 가서, 1930년 1월 만주성위 간부들과 12명의 각파 한인 대표자들의 '재만중한공산당간부연석회의'를 개최했다. 이 회의에서는 김찬 등의 반대가 있었으나 개인의견으로 부정되었고, 만주총국 해체 후 중공당에 가입하되 개별가입하는 방침이 결정되었다.

이런 중공당의 방침에 한인 공산주의자들은 완전히 동의하지 못했다. ML파는 계속 집단가입을 제기했다. 1930년 2~3월경 집단가입 주장을 놓고 만주성위 내에서도 의견대립이 있었다. 만주성위 책임비서인 유소기(劉少奇)는 만주성위에 소수민족위원회를 두고 그 책임하에 "조공의 명단과 조직의 문건을 이교하고, 순시 후에 재가입"이라는 집단가입을 염두에 두고 있었다. 이에 반해 만주성위 위원인 요여원(寥如愿)은 유소기의 집단가입방침을 비판하면서 한인 공산주의자는 "공작노선도 없고 단지 공산주의만 믿을 뿐"이며 "농민 봉건식의 파벌투쟁"만 일삼고 있다는 인식하에 개별가입을 주장했다. 유소기의 주장은 언어 문제 등으로 1930년 2월까지 우위를 차지했지만, 그 이후부터는 요여원의 주장이 지배적인 의견으로 자리잡았다. 그리하여 1930년 6월 말이 되면 중공당 중앙은 더 이상 한인 공산주의조직을 형제당으로 보지 않고 파벌조직으로 간주했으며, 한인 공산주의자들의 전위조직과 대중조직을 해체하고 실천 과정에서 검증된 사람만 개별가입시킨다는 입당 원칙을 하달했다. 만주성위는 한인 공산주의자들에게 보내는 공개장에서 이와 같은 원칙을 밝히고, 한인 공산주의의 파벌성에 대해 "투쟁의 방식"으로 "철저하게 파쟁을 소멸"시켜야 한다는 것을 최종적으로 제시했다.

이와 같은 중공당의 인식은 한인 사회주의자들이 중공당 가입 과정에서 제기했던 주장을 폐기하고 중공당의 입장을 수용하게 된 중요한 이유였을 것이다. 실제로 가장 먼저 만주총국을 해체한 ML파의 박윤서朴允瑞, 오성륜, 진공목 등은 4월 초부터 입당 문제를 해결하기 위해 설치된 만주성위 산하의 소수민족위원회를 선점하고 중국인 위원을 배제한 채 독단적인 운영으로 화요파의 반발을 야기했다. 조선공산당이 해체된 상태에서 조공조직은 하나의 파벌에 불과할 수밖에 없었으며, 그들 스스로도 파벌성에 제약을 받음으로써 당초 실현하고자 했던 집단가입을 폐기할 수밖에 없었다. 재건파도 만주부가 1930년 6월 6일 길림에서 대표자회의를 열고 중공당에 입당할 것을 결정하면서 '만주조선인공산주의자동맹'을 설치하고 집단가입을 시도했으나, 또 하나의 파벌이라는 비판을 받고 해체한 뒤 개별가입을 수용했다.

한인 공산주의자의 입당실행은 중공당과 만주성위가 확고한 개별가입 원칙을 제시한 6~7월을 전후하여 이루어졌다. 그 이전에는 소규모의 개별가입이 진행되었는데, 이후부터는 대규모로 개별가입이 실행되었다.

한인들의 중공당 가입은 중공당에서 채택한 리리싼노선이라는 좌경사상과 좌경정책의 영향 아래 이루어진 것이었다. 그리고 중공당 가입은 투쟁을 검증하는 실천이었으므로 한인 공산주의자들은 어느 누구보다 중공당의 좌경노선에 충실했다. 5·30폭동, 8·1길돈봉기를 비롯한 수많은 봉기들이 한인 집단거주지역에서 발생했는데, 이런 좌경적이고 맹동적인 폭동은 1930년 후반까지 지속되었다. 이런 좌익노선의 오류로 인해 계급투쟁구도가 한인과 중국인의 구도로 오인되기도 했으며, 일제와 봉건정부의 대량검거와 학살로 운동역량에 커다란 타격을 입기도 했다.

그러나 이런 오류에도 불구하고 1930년 11월 만주성위는 한인들의 중공 가입이 일단 성공적이었다고 자평했다. 중공당과 만주성위는 한인들이 대거 중공에 가입함에 따라 만주 지역에서 공산주의운동의 대중적 근거지를 확보했고, 한인사회에 중공의 역량을 급격히 확산시켰으며, 만주성위의 지방조직이 농촌지역으로 확대됨에 따라 만주에서 혁명 중심이 도시에서 농촌으로 이전되었고, 만주성위 당원의 민족별 구성에서도 85% 이상이 한인으로 채워지는 결과를 보이게 되었다.

조선연장주의의 폐기

만주에서 일국일당 원칙이 적용되고 한인 공산주의자들이 중공당에 가입한 것을 두고, 기존 연구는 한인 입당이 중공당에 '이용'당한 것이고, 한인들의 '사대'적 성격 때문이었다고 보기도 했다. 그러나 일국일당 원칙이라는 코민테른의 지시가 내려온 뒤 초기에는 다수의 한인 공산주의자들이 일국일당 원칙을 적용하려 하지 않고 조공재건운동에 치중하는 모습을 보였던 점과, 중공당 가입을 받아들이는 충분한 내적 동기가 있었던 점, 그리고 중공당 가입 원칙에서 집단가입을 주장했고, 입당하면서도 조선혁명의 전략적 전망을 포기하지 않았다는 점 등에서, 맹목적으로 코민테른과 중공당에 '사대'했다거나 '이용'되었다고 볼 수는 없다.

한인 공산주의자들이 중공당에 입당한 것은 결코 수동적 입장에서 일국일당 원칙을 접수한 것이 아니라, 변화된 만주정세 속에서 내적 운동발전에 따른 방향전환이었다. 다만 당시의 좌경적 실천 및 코민테른과 중공당의 파벌관, 그들의 파벌성이 지닌 제약 때문에 중공당 가입에서 자신들이 요구했던 집단가입이 실현되지 못하고 역량에 걸맞은 위치를 점하지는 못했지만, 그럼에도 중공당 가입은 한인 공산주의자들이 일제와 투쟁하는 '반제의 임무'뿐만 아니라 만주 한인사회에서 대다수가 빈농의 처지에 있었던 민중을 해방하는 '반봉건의 임무'에 철저할 수 있는 방침이었다. 또한 그것은 조선연장주의를 폐기하고 중국혁명 직접 참가, 조선혁명 간접 지원이라는 이중임무를 실현하는 것이었다.

김종헌
연변대학교 민족연구소 석사과정 수료.

재일조선인의 민족해방운동

일제강점기 조선인들은 일본 제국주의 압제에서 벗어나 새 삶을 살기 위해 고향을 떠나 만주, 미국, 그리고 일본 땅으로 갔다. 도일한 조선 사람들은 일본 자본주의의 필요에 따라 후쿠오카福岡, 오사카大阪, 도쿄東京 등지에 정착했고, 절대다수가 노동자가 되어 일본사회의 최하층민이 되었다. 식민지 본국 일본은 조선에게 여러 가지로 의미가 있는 땅이었다. 특히 조선혁명을 생각할 때는 선진 혁명이론을 배울 수 있는 곳이기도 했다. 따라서 조선의 젊은이에게는 에너지가 충만한 땅으로 비치기도 했다.

일본에서 조선혁명과 일본혁명은 자연스럽게 만났다. 낮은 차원의 인간적 교류에서부터 조직적 연대에 이르기까지 그 만남은 다양했다. 특히 양국 혁명의 연대는 당시 시대적 소명으로 받아들여졌다. 그것은 코민테른의 권위 때문 아닐까 한다.

일제강점기 한일연대에서도 학연이나 지연을 통한 만남이 일차적이었다. 초기 일본 공산주의운동에 조선인이 직간접적으로 관여했고, 그것이 곧 조선혁명의 토양이 되었다는 것은 잘 알려진 사실이다. 특히 양국 혁명가 및 공산주의자의 개인적인 만남은 조선 혁명이론의 세련에 일정하게 기여했고, 일제강점기 내내 전개되었던 반일민족해방운동의 이론적 토대가 되었다.

일본으로 건너간 조선인들은 일본사회에 깊이 들어가야 했다. 그것은 조선에서 맛보지 못했던 새로운 경험이었다. 그들은 식민지와 다른 제국주의 본국의 다양한 사회모습을 통해 조선이 갈 길을 구체적으로 고민했고, 이론과 실천을 함께 학습할 수 있었다. 재일조선인의 민족해방운동은 바로 여기에서 그 내용을 풍부하게 담아냈던 것이다.

조일연대

1920년대 후반 미국에서부터 일어난 세계공황은 일본에도 큰 영향을 미쳤다. 금융공황에서 아직 벗어나지 못한 상태였던 일본 경제는 미국 경제에 크게 의존하고 있었기 때문에, 그 타격은 극심했다. 주요 산업의 생산지수가 줄었고, 특히 농업은 괴멸적 타격을 받았다. 1931년에는 실업자가 50만 명으로 급증했다. 일본으로 건너갔던 조선인들은 이런 상황에서도 살아남아야 했다. 더군다나 이들은 반일투쟁을 전개하며 조선혁명에 복무했다.

1929년은 재일조선인 민족해방운동, 나아가 재일조선인의 조선혁명에 새로운 분기점이 되었다. 이른바 운동의 방향전환이 이루어진 시점이었다. 그것은 어디에서부터 출발했을까? 당시 지역적·대중적 기반을 가진 재일조선인 민족해방운동단체들은 지속적인 투쟁을 전개해왔지만, 이제 새로운 길을 가야만 했다. 조직과 활동가들 사이에서 구가되었던 조선혁명과 일본의 연대를 투쟁현장에서 실천해야 했던 것이다.

재일조선인 민족해방운동이 국제혁명운동의 한 부분임을 전제할 때, 먼저 코민테른, 특히 프로핀테른(적색노동조합 인터내셔널)의 재일조선인 노동운동에 대한 입장을 확인해보는 것이 순서일 것이다. 재일조선인의 노동운동을 일본 노동운동에 전면적으로 매몰시키는 방침이 국제적으로 결정된 것은 1928년 3월부터 4월에 걸쳐 모스크바에서 열렸던 프로핀테른 제4회 대회에서였다. 프로핀테른 제4회 대회 3월 27일 총회에서 프랑스 대표 듀디리에는 프랑스의 경험을 살려 외국인 노동자와 식민지 출신 노동자를 노동조합에 가입시키는 문제를 제기했다. 듀디리에의 보고에 이어 일본의 고쿠료 고이치로國領五一郞는 재일본조선노동총동맹의 일본노동조합평의회로의 합동을 제기했다. 이와 함께 헤라는 1928년 3월 29일 보고에서 일본인 노동자와 재일조선인 노동자의 연대가 유해하다면서, 조선에서 노동운동의 비정상적인 경향, 조선인 노동자 사이에 본질적으로 명확히 존재하는 일본인 노동자에 대한 민족적 감정을 타파하고 극복하는 것이 필요하다고 했다. 여기에 대해 조선 대표 한해韓海는 반론을 제기했다. 그러나 식민지 종속국 노동자의 독자성을 무시한 결의는 이미 대세를 이루고 있었으므로 아무런 영향도 미치지 못했다.

결국 대회는 「식민지·반식민지 제국에서 노동조합운동에 대한 테제」를 채택했고, 조선에 관한 항목에서는 재일조선인 노동자가 일본 노동운동으로부터 고립되어 자본가에게 일본 노동자 생활수준 저하의 도구로 이용되고 있다고 지적했다. 그러나 조일 노동조합의 합동에 대해서는 언급하지 않았다.

이상과 같은 프로핀테른의 식민지 종속국 노동자에 대한 인식과 코민테른의 일국일당주의는 각국의 혁명운동 진영에 새로운 전술로 수용되었다. 일본도 예외는 아니었고, 일본에 있던 조선인 혁명운동 진영도 마찬가지였다.

1929년 일본에서 방향전환을 야기한 해체논의는 형식적으로 재일본조선노동총동맹이 주도했다. 그러나 내용에서는 코민테른의 지도 아래에 있던 일본공산당과 일본노동조합전국협의회가 선도했다.

재일본조선노동총동맹의 해체에는 재일조선인 김두용, 이의석李義錫, 김호영金浩永 등이 선두에 섰다. 김두용, 이의석과 임철섭林澈燮, 이선형 등의 재일본조선노동총동맹 중앙간부—해체주도 그룹—는 상호협의한 뒤 재일본조선노동총동맹을 해체하여 일본노동조합전국협의회으로 합류한다는 방침을 확립하고, 이에 대한 자문을 전국대표자회의에 구하기로 결정했다. 그리고 해체의 취지를 철저히 하기 위해 이유를 설명한 팸플릿을 발행했다. 이 문건은 재일본조선노동총동맹 전국대표자회의에 제출하고자 김두용이 작성한 것으로, 제목은 「재일본조선노동운동을 어떻게 전개할 것인가」였다. 여기서는 재일본조선노동총동맹과 조선인 노동자가 가야 할 길이 다음과 같이 제시되었다.

> 종래 조선공산당의 지도 아래 있었던 탓에 특수한 탄압을 받았기 때문에 일본 내지에서는 일본공산당의 지도 아래 들어가 이 지배계급의 공세에 대항해야 한다. 진실로 노동계급의 이익을 옹호 획득하는 길은 전노동계급의 공동투쟁 이외에는 아무것도 없다. 재일본 조선 노동계급의 이익을 대표하여 충실하게 투쟁하기 위해서는 모든 민족적 투쟁을 버리고 오로지 좌익 노동조합으로 철저히 권력획득을 위한 투쟁을 수행해야 한다. 조·일 노동자의 노동조건은 완전히 일치하고 임금의 차별, 민족적 차별 등의 특수한 탄압은 일본 노동계급을 위한 것이 아니며 일본 제국주의의 소산이기 때문에 이 차별 철폐는 일본 노동계급과의 협력 없이는 실현이 불가능하다.

이와 함께 1929년 9월 중순, 김호영은 일본 관서 지방에서 독자적인 활동을 전개했다. 그는 「재일본조선노동총동맹의 당면 문제에 관한 의견서—산업별 편성과 일본노동조합전국협의회 가맹으로」에서 다음과 같이 주요 문제점을 제기했다. 먼저 기존 재일본조선노동총동맹의 활동에서 문제가 생긴 원인으로

① 조직의 기초를 공장에 두지 않은 점, ② 산업별 조직체계를 갖추지 않고 민족별 조합체계로 나아간 점 등을 지적했다. 특히 산업별 이해를 혼합 조직하여 일상적인 노동자의 경제적 이익을 옹호하기 위해 투쟁하지 않고 민족적 투쟁으로만 투쟁을 추상화시킨 결과 전체적으로 노동자들을 동원하지 못했다고 했다. 그러면서 극복방법으로 공장을 기초로 산업별로 조선인 노동조합을 정리하며, 나아가 재일본조선노동총동맹을 해체하여 일본노동조합전국협의회에 가맹하는 길을 제시했다.

이상과 같은 김두용·김호영의 논리는 조선인과 일본인 노동자의 민족적 차이와 그에 따라 전개되었던 재일조선인 민족해방운동을 어느 날 갑자기 부정하며 국제노선을 추종하는 것이었다. 갑자기 국제노선이라는 후광을 입고 노동운동의 주류로 등장한 '해체론'에 대해, 재일본조선노동총동맹 가나가와神奈川조선노동조합의 이성백李星伯은 '시기상조론'을 주장하며 반대했다. 이성백이 반대한 입론은 ① 해소에 의한 민족적 결집점의 상실이 두렵고, ② 현재 가나가와에서는 실업반대투쟁이 우선적이기 때문에 산업별 재편성이 의문시되며, ③ 일본노동조합전국협의회보다 대중성에서 조선인조직이 앞서 있고, ④ 조일 조직 사이의 연대에서 일본노동조합전국협의회가 사회민주주의를 배격하여 연대가 일방적이라는 것이었다. 이렇게 이성백은 민족적 결집점의 상실과 운동의 대중성, 진정한 조선과 일본의 연대에 의문을 제기했다.

오사카에도 일시적으로 김문준金文準을 중심으로 해체반대가 존재했다. 재일본조선노동총동맹의 해체주도 그룹은 오사카의 해체반대세력을 시종일관 스파이, 사회 투기자로 몰고 이들의 박멸을 주장했다. 여기에 대해 김문준은 그다지 저항하지 않았다. 그는 일본노동조합전국협의회 조선인위원회의 비난 취소를 요구하고, 성명서를 통해 일본노동조합전국협의회로의 신속한 해체에 협력할 것을 결의했다.

결국 재일본조선노동총동맹의 '해체론'은, 지난 시기 투쟁의 오류를 극복하고 재일조선인 노동자와 일본인 노동자의 진정한 계급적 연대로 가기 위해서는 재일본조선노동총동맹을 해체하고 일본노동조합전국협의회로 들어가 산업별 투쟁을 전개해야 한다고 상정했다.

세몰이 속 조선혁명의 방향전환

해체론의 과정에 나타난 이론과 방법은 간단했다. 첫째, 재일조선인 노동자는 종래 조선공산당의 지도 아래 있었고 특수한 폭압을 당했기 때문에 일본에서는 일본공산당의 지도 아래 들어가야 한다. 둘째, 재일조선인 노동계급의 이익을 대표하고 충실히 투쟁하기 위해서는 모든 민족적 투쟁을 방기하고 진실로 좌익 노동조합으로 들어가 철저히 권력획득을 위해 투쟁해야 한다. 셋째, 재일조선인 노동자와 일본인 노동자는 각종 차별에 공동으로 협력하여 투쟁해야 한다. 넷째, 일본에서 노동자계급의 계급적 이익을 옹호하는 투쟁을 수행하는 혁명적 노동단체는 일본노동조합전국협의회이므로 여기에 합동해야 한다.

재일본조선노동총동맹은 일본노동조합전국협의회로의 가맹방침을 전국대표자회의에서 만장일치로 가결시켰다. 문제는 재일본조선노동총동맹의 해체가 확정되는 1929년 말까지도 재일조선인 노동자의 투쟁이 멈추지 않았다는 사실이다. 현실 속에서 철저하게 민족적 차별을 받던 재일조선인 노동자들은 해체를 전폭적으로 지지할 수 없었다. 그러나 프로핀테른을 등에 업은 일본노동조합전국협의회의 해체 세몰이는 1930년 초까지의 재일조선인 노동자들의 투쟁성과를 뒤흔들어버렸다.

한편, 재일조선인 민족해방운동의 방향전환을 몰고 간 재일본조선노동총동맹의 '해체론'은 일본 지역 재일조선인 대중단체에 직접 영향을 미쳐 재일본조선청년동맹, 학우회도 해체를 결의했다. 신간회 동경지회도 자연 소멸되었다. 이름만 남은 조선공산당 일본총국과 고려공산청년회 일본부는, 누가 결의문을 작성했는지 알 수 없으나, 일본공산당의 지도하에 1931년 10월 해체를 결의했고, 같은 해 12월 23일자 『적기赤旗』에 해체성명서를 발표했다.

재일조선인 민족해방운동의 구심이었던 조선공산당 일본총국의 해체 문제에 관해서는 내부에 다소 의견 차이가 있었다. 그러나 일본공산당과의 통합 문제에 대한 조선인 공산주의자 사이의 의견차이는 재일조선인 노동자 내부의 대립에 비하면 비교적 작은 것이었다. 결국 조선공산당 일본총국이 해체된 이후 재일조선인 공산주의자들은 일본공산당에 가입했다.

한편 1929년 5월에 조직되어 당재건운동기 일본 지역에서 출판물을 통해 토대강화를 도모한 무산자사無産者社의 활동도 일국일당주의 원칙과 무관할 수 없었다. 재일조선인 공산주의운동의 헤게모니를 둘러싸고 고경흠高景欽, 김치정金致廷, 김두용 등에게 지도받았던 그룹과 정희영鄭禧泳, 김동하 그룹 사이에 무산자사의 해체를 놓고 논쟁이 전개되었다. 무산자사의 해체를 주장하는 쪽은 다음과 같이 생각했다.

> 재일조선노동총동맹이 코민테른의 일국일당주의 원칙에 따라서 해체된 오늘에 있어 일본에서 조선인들만의 집단을 결성하여 일본 좌익단체와는 물론 보석상태에 있는 조선의 전위들과도 연락하지 않으면서, 더욱이 무산자 청년의 무산자 신문 배포망에도 들어가려 하지 않고 독자반조직을 따로 계획하는 것은 반동적이다.

이에 반해 무산자사의 해체를 반대하는 쪽은 격심했던 계급투쟁이 최후 해결의 길로 진전해가는 상황에서 무산자사가 프롤레타리아의 역사적 임무의 일부를 수행하기 위해 투쟁했다면서, 존재의 당위성을 다음과 같이 주장했다.

> 우리는 계급전선의 한 부대로서 정당한 문헌을 출판하고, 나아가서는 그것을 대중 속에 완전히 퍼뜨리기 위해 독자반을 조직하여 싸우고 있다. 다른 모든 부분이 그렇듯이 출판활동에 있어서도 일본 노동자·농민을 대상으로 하는 것과 조선의 노동자·농민을 대상으로 하는 것은 구별된다. 무산자사는 조선의 노동자·농민을 대상으로 하는 잡지사이기 때문에 원칙적으로는 조선에 있어야 한다. 그러나 원칙이 있음과 동시에 구체적 상황에 따라서 변칙도 있을 수 있는 것이다. 일본에는 비교적 합법적 공간이 있기 때문에 일본에 존재하는 것이 유리하다.

사실 무산자사는 처음부터 조선 내에 대상을 두고 있었고, 따라서 재일본조선노동총동맹 해체 뒤에도 별도의 존재가치가 있었다. 그러나 객관적 정세에 따라 해체론이 강화되어, 해체는 단지 시기상의 문제가 되었다.

한편, 1931년 11월에 결성된 동지사도 해체논의를 전개했고, 결국 해체를 선언했다. 그 내용의 핵심은 이러했다. 일본에서는 조선 인민만의 민족별 문화대중조직이 필요하고, 그래서 동지사는 조선프롤레타리아예술동맹의 동경지부로 전환해야 한다는 무라야마 도모요시村山知義, 모리야마 케이森山啓의 견해는 전면적으로 잘못된 것이기 때문에, 일본에서 조선인 노동자들의 문화적 투쟁은 일본 프롤레타리아 문화운동에 포괄되어야만 한다는 것이었다. 이후 동지사 회원들은 일본프롤레타리아문화연맹, 연극동맹, 미술가동맹, 작가동맹, 과학연구소, 영화동맹, 사진동맹 등으로 들어갔다.

방향전환, 그리고 조선혁명

일제강점기 일본 땅에서 조선혁명을 생각한 재일조선인은 민족·계급적 모순에 직면해 있었다. 그들은 일본의 혁명 진영과 연대를 통해 해결의 한 실마리를 잡으려고 시도했다. 사실 조선혁명과 일본의 연대에서 주류적 경향은 소수 공산주의자들 간의 관념적 연대였다. 대중적 차원의 연대는 부단한 노력에도 불구하고 민족적 한계에 부딪쳤다.

일제강점기 일본 지역에서 재일조선인 민족해방운동의 방향전환을 추동한 프로핀테른의 재일본조선노동총동맹의 해체방침과 코민테른의 일국일당주의는 계속적으로 발전한 재일조선인 노동운동과 민족해방운동을 시야에 넣지 못한 전술이었다. 그것은 진정한 의미의 국제적 연대와도 무관했으며, 동시에 민족별 노동자의 독자성을 무시한 일방적인 방침이었다. 결국 조선 민족의 조직·정치적 위상은 크게 약화되었다.

김인덕

성균관대학교 동아시아학술원 연구교수로 재직 중이다. 한국 현대사를 전공했다. 대표논저로 『재일조선인연맹 전체대회 연구』, 『우리는 조센진이 아니다』, 『재일조선인사와 식민지 문화』, 『식민지시대 근대 공간 국립박물관』 등이 있다.

만주 동포의 국적과 정체성

조선인의 만주 이주는 조선 후기에 시작되었다. 19세기 중엽에 이르러 조선 국내에서는 정치문란과 더불어 자연재해가 계속되었다. 그에 따라 만주로 떠나는 이주민의 수가 급속히 증가했고, 두만강과 압록강 북안 지역에는 조선인 촌락이 형성되기에 이르렀다. 또한 19세기 말 청조의 이민실변移民實邊정책 실시, 1910년 일제의 조선강점과 토지약탈 등은 조선인의 만주 이주를 더욱 가속화시켰다. 만주사변이 일어나기 전인 1930년 당시, 만주 지역에 거주하는 조선인 이주민의 수는 무려 60만 명에 달했다.

그러나 조선인의 만주 이주와 정착은 계속되는 조·중·일 3국의 모순과 대립 속에서 수많은 곡절을 겪어야 했다. 조선과 중국은 자신의 국익을 보호하기 위해, 일본은 침략야심을 실현하기 위해, 서로 다른 목적으로 재만조선인의 국적 문제, 재판권(관할권) 문제, 토지소유권(토지상조권) 문제 등을 둘러싸고 치열한 논쟁과 충돌을 빚었던 것이다. 그로 인해 재만조선인은 자신들의 뜻과는 무관하게 이중 삼중의 압박과 착취를 감수해야 했으며, 이는 결국 재만조선인사회의 지속적인 발전에 막대한 손실을 가져다주었다.

재만조선인 관할권 및 간도영유권 문제

재만조선인의 국적 및 관할권 문제는 최초로 조선인이 만주 지역에 정착했던 19세기 말부터 조선과 청 양국 사이에서 논쟁이 되었다. 당시 청 정부는 국내의 재정궁핍과 러시아의 남하정책에 대처하기 위해 북간도 지역에 대한 봉금을 폐지하고 이민실변의 일환으로 관내 지역 중국인의 이주를 적극 권장했다. 그러나 교통상의 문제로 인해 중국인의 북간도 이주는 뜻대로 이루어지지 못했다.

그러다가 1881년 훈춘초간사의珲春招墾事宜 이금용이 북간도 지역의 황무지를 조사하던 중 두만강 상류인 무산대안에서 이미 조선인이 대량의 황지를 개간·경작하고 있을 뿐만 아니라, 조선 관원들이 토지대장을 발급하고 조세를 징수하고 있음을 발견했다. 이때 청 정부는 이들 조선인을 쫓아내지 않고 오히려 그들을 이용하여 북간도 지역의 황무지를 개간하고자 했다. 따라서 "무릇 청령을 경작하는 사람이면 모두 청국민으로 간주한다"는 방침 아래 치발역복薙髮易服을 전제로 조선인 이주민을 훈춘과 돈화현에 분할 편적시켜 청국 관리들이 관할하도록 조치했다.

이런 사실이 조선 정부에 알려지자, 조정은 "월간越墾 조선인은 풍토와 습관이 청국인과 달라 만약 청 측에 편적될 경우 사단의 야기가 우려된다"며 그들의 쇄환을 요구했다. 그 후 청 정부는 1년 내에 월간 조선인을 전부 쇄환한다는 조치를 마련했으나, 1883년 조선 종성부사의 '토문강 국경설' 제기로 인해 시행에 옮기기 전에 두만강 국경분쟁에 휘말려 사실상 무효화되었다.

한편, 월간 조선인 관할권 문제는 조선과 청 양국이 공동으로 두만강(圖們江)·토문강土門江에 대한 국경사감을 진행하는 가운데 계속 논쟁되었다. 조선 측에서는 월간 조선인을 잠시 북간도 지역에 차지안치借地安置하되 그들에 대한 조세징수 및 관리는 조선 관원의 관할 아래 둘 것을 주장했고, 청국 측은 월간 조선인에게 잠시 땅을 빌려주어 안치할 수는 있으나 조선 관원이 징수와 소송, 정령을 관할하는 것은 절대 안 된다고 주장했다. 1887년 정해감계丁亥勘界에서 중국 측이 장백산정계비의 토문강은 사실상 두만강을 의미하는 것으로서 양국 국경은 마땅히 석을수石乙水(두만강 상류)를 기준해야 한다고 주장한 반면, 조선 측은 두만강 외에 별도로 토문강이 있으며 양국 간 국경은 응당 홍토수紅土水(두만강 원류 중 가장 북쪽에 위치함)를 기준해야 한다고 주장함으로써, 결국 이 논쟁은 급기야 간도영유권 분쟁으로 승격되었다.

이런 가운데 1905년 일제는 조선의 외교권을 박탈하고 만주에서 침략이권을 획득하는 조건으로 1909년 4월 청과 '간도협약'을 체결하기에 이르렀다. 간도협약에서는 간도를 청국령으로 규정하고 귀화입적을 전제로 간도 지역에 거주하는 조선인 이주민의 토지소유권과 재산보호권을 인정했으며, 상부지商埠地를 제외한 잡거구와 비잡거구의 조선인은 청국 관할에 속한다고 규정했다. 이로써 19세기 말부터 20세기 초에 걸쳐 조선 정부와 청 정부가 논쟁했던 재만조선인의 국적 및 관할권 문제는 결국 청국에 귀속되는 것으로 일단락되었다.

간도협약 유효·무효 논쟁

재만조선인의 이중국적 문제는 일제가 조선을 강점한 뒤 조선인을 일본 '신민'으로 주장하면서부터 중국과 일본 양국 사이의 주요 논쟁대상이 되었다. 이 논쟁은 1915년 만몽조약 체결을 계기로 중일 토지상조권 분쟁과 결부되면서 재만조선인의 법적 지위를 규정한 간도협약의 유효·무효 논쟁으로 발전했다.

일제는 만몽조약을 통해 토지상조권을 획득했으나 간도협약에서 상부지 외에 거주하는 조선인은 반드시 "청국의 법권에 복종하고, 청국 지방관의 관할 재판에 속한다"고 규정되었기에, 만약 이를 인정하면 재만조선인을 이용하여 자신들의 침략세력을 확장하는 데 불리했기 때문이었다.

중일 토지상조권 분쟁에서 논점은 토지상조권의 성격, 적용범위, 적용대상으로 요약될 수 있는데, 그중 토지상조권의 적용범위와 적용대상 문제는 재만조선인과 불가분의 관계였다. 먼저 토지상조권 적용대상 문제를 살펴보면, 분쟁의 초점은 재만조선인에게 토지상조권을 적용할 것인지 여부였다. 일본은 만몽조약 체결로 인해 간도협약은 무효가 되었다고 주장하면서 그 이유로 ① 한일합병 이후 조선인은 일본 신민이 되었으므로 조선인을 대상으로 체결한 간도협약은 마땅히 무효가 되어야 한다는 것, ② 간도협약 체결 후에도 일본 영사관은 상부지 내 조선인에 대해 여전히 재판권을 가지고 있었으며, 특히 1910년 한일합병 이후에는 모든 조선인이 일본 신민이 되었으므로 만몽조약 제2, 3, 4조에서 규정한 토지상조권은 일본인뿐만 아니라 재만조선인에게도 동일하게 적용되어야 한다는 것, ③ 만몽조약 제8조에는 "만주에 관한 일지日支 현행 각 조약은 본 조약에 별도로 규정한 것을 제외하고는 모두 종전대로 실행한다"는 문구가 있다는 것을 들었다. 다시 말하자면 "만주에 관한 일지 현행 각 조약에 규정한 사항 중 특히 신조약에 규정한 사항은 모두 신조약 규정에 따라 실행하며 이에 저촉되는 것은 모두 무효로 한다"는 뜻이었다. 따라서 재만조선인의 거주·재판·토지소유권에 대한 간도협약의 제3, 4, 5조는 무효라는 것이었다.

일본 측이 간도협약 무효론을 주장한 데 반해 중국 측은 간도협약 유효론을 주장했다. 그 이유는 첫째, 간도협약은 특정 지역에 관한 조약이기에 여전히 유효하다는 것이었다. 즉 간도협약에서 규정한 조선인의 토지소유권·거주권·

여행권·영업권·재판권 등을 신조약도 규정했지만, 전자는 간도에만 관한 것이고 후자는 남만주 일대에 국한하여 규정한 것이기에 상호 저촉되지 않는다고 했다. 둘째, 간도협약은 특정인에 관한 조약이기에 유효하다는 것이었다. 즉 간도협약은 간도 거주 조선인의 궁상을 구제하기 위해 체결되었으므로 한일합병에 의해 조선인이 일본국적을 취득했다 해도 그 생활상태에는 아무런 변화가 없고 특수관계도 예전과 같으므로 여전히 효력을 가진다고 했다. 셋째, 간도는 남만주에 속하지 않는 특수지대이므로 신조약과 관계없이 간도협약은 여전히 유효하다고 주장했다.

이상의 주장을 개괄하면, 일본 측은 '한일합병' 이후 조선인은 모두 일본 신민이 되었으므로 만몽조약에서 규정한 토지상조권은 조선인에게도 똑같이 적용되어야 하며, 그들을 대상으로 규정된 간도협약의 내용은 자연 무효가 되어야 한다는 것이었다. 반면 중국 측의 주장은 간도협약은 특정인과 특정 지역에 국한된 조약이므로 만몽조약과 별도로 유효성을 가진다는 것이었다. 결국 중국과 일본 간 토지상조권 분쟁과 간도협약 유효·무효 논쟁에서 논쟁의 대상이 되었던 재만조선인은 아무 혜택도 받지 못한 채 오히려 일제 대륙침략의 '전위'로 오인 받았고, 그 후 중국 지방당국의 단속과 취체대상이 되어 막대한 피해를 감수해야 했다.

'만보산 사건' 전후 조·중·일 논쟁

앞에서 살펴본 바와 같이, 1910년대부터 일제는 재만조선인을 보호한다는 미명하에 자신들의 침략세력을 부단히 확장함과 동시에, 재만조선인의 이중국적과 토지상조권을 교묘히 이용하여 동북 지역의 수많은 토지를 침식해 들어갔다. 이런 관계로 중국 지방당국은 재만조선인을 일제 대륙침략의 '선봉'으로 간주하게 되었고, 1920년대 말부터 국권회복운동의 일환으로 조선인에 대한 박해와 구축을 감행하기에 이르렀다.

이 시기 중국 정부의 재만조선인에 대한 견해와 구축원인은 첫째로, 재만조선인이 일제 대륙침략의 전위가 되어 일제에 이용되고 있다는 것이었다. 중국 정부는 이주한 조선인이 중국 동북 지방의 일정한 지역에 정착하면 일제는 그들을 보호한다는 구실로 영사관과 영사관 경찰을 상주시켜 중국 주권을 침해한다고 보고 있었다. 둘째, 중국의 계획적인 이민개간사업을 방해하고 대량의 토지를 일본 측에 팔아넘긴다는 것이었다. 중국은 인구가 밀집한 양자강 유역의 남방민을 동북으로 이주시켜 이 지역을 개척하고자 했지만 조선인이 먼저 이주하여 토지를 점유하고 있을 뿐만 아니라, 일제의 주구가 되어 토지를 일본 식민회사에 넘겨준다고 인식하고 있었다. 셋째, 재만조선인의 반일운동이 일제의 동북침략 기회를 만들어준다고 보았다. 즉 재만조선인 반일단체들이 조국의 독립을 위해 일본군을 습격하기 때문에 더 많은 일본군을 이 지역에 주둔시키는 구실을 준다는 것이었다. 넷째, 재만조선인의 이중국적 문제가 중국 국권회복운동에 저해되므로 중국인으로 완전동화시키거나 구축해야 한다고 주장했다.

이와 같이 당시 중국 정부는 재만조선인을 일본의 '주구'로 보고 각종 규제와 구축조치를 취했지만, 일제는 오히려 1927년 대련에서 동방회의를 개최하고 이른바 「조선 이민의 장려 및 보호정책」을 제정하여 재만조선인을 계속 대륙침략정책에 이용하고자 했다. 이 시기 일제의 재만조선인 문제에 대한 견해와 주장을 살펴보면 첫째, "조선인의 만주 이주는 제국의 국방과 경제상 아주 밀접한 관계를 가지고 있으므로 일본 정부는 그들을 적극 도와 제국의 발전에 새로운 기회를 만들어야 한다"는 것이었다. 즉 "귀화 조선인을 이용하여 만몽의 수전을 수매하고 그들에게 자금을 융자해 만주에 정착시키면 이주민도 날에 따라 증가할 수 있는 바, 결국 조선인이 획득한 토지와 농업상의 토대에 기초하여 일본의 경제력을 키울 수 있을 뿐만 아니라, 나아가서는 또 하나의 새로운 식민지 개척의 기회가 될 수 있다"고 보았다. 둘째, 재만조선인의 중국 귀화를 허가할 수 없다는 것이었다. 그 이유는 "재만조선인의 일본국적 이탈은 일본의 동북침략에 대한 중국 측의 의심을 증대시킬 수 있다"는 것이었다.

한편, 이 시기 중국 동북 지역을 지배하던 장쉐량 정권은 국민정부에 복종할 것을 선언했으며, 국권회복운동의 일환으로 여순·대련의 조차지 및 남만주철도의 회수, 영사재판권 철회, 일본에 의한 철도부설권 및 탄광개발권 확장에 대한 반대, 일본인·조선인에 대한 가옥임대료 및 소작료 인상 또는 계약갱신 거부 등을 주장했다. 이로 인해 일본인의 동북 지역 활동은 크게 위축되었다. 그런 상황에서 관동군을 중심으로 한 일본 군국주의자들은 시데하라幣原 외교(당시 일본 외상인 시데하라 기주로幣原喜重郎의 국제협조노선에 바탕한 경제외교)의 연약함을 강력히 비난하면서 무력에 의한 동북침략의 기회를 노리고 있었다.

1931년 7월 2일의 '만보산 사건'은 바로 이런 사회적 배경에서 발생되었다. 사건은 중국인 하오융더郝永德가 장농도전공사長農稻田公司의 명의로 길림성 장춘현 이통하 동쪽 삼성보 관황둔 일대의 중국인 지주 소한림蕭翰林 등 12호의 토지 500상에 대해 10년 기간으로 조지계약을 체결한 뒤, 다시 이 땅을 두고 조선인 농민 이승훈 등 9명과 전조계약을 체결한 데서 기인했다. 사건의 경과는 대체로 이렇다.

전지한 조선인 농민들이 개간지를 수전으로 만들기 위해 수로를 파자, 중국인 지주들은 수로가 자신들의 토지에 손상을 준다고 주장하며 수로공사를 즉시 중지할 것을 요구했다. 그러나 조선인 농민들이 일본 경찰의 호위 아래 계속 수로공사를 진행하자, 7월 1일과 2일 수백 명의 중국인이 수로를 파괴했으며, 이에 일본 경찰은 그들에게 사격을 가했지만 큰 피해는 발생하지 않았다.

이와 같이 '만보산 사건'은 종래 중국 동북 지방에서 종종 일어났던 조선과 중국 농민들의 충돌과 유사한 것으로서 인명피해는 없었다. 그런데 중국 동북 지방 침략의 구실을 찾고 있던 일본 관동군은 이 사건을 이용하기로 하고, 장춘 영사관에 지령을 내려 많은 조선인 농민들이 큰 피해를 입은 것처럼 조선에 허위로 보도하도록 했다. 그 결과 일본인이 음모한 대로 조선 내에서는 '화교박해 사건'이 발생했고, 이에 맞서 중국에서도 조선인에 대한 보복사태가 일어났다. 그러자 일제는 '만보산 사건'은 중국당국의 재만조선인에 대한 박해와 구축에서 비롯된 것이라고 크게 선전하면서 조·중 양 민족의 대립과 충돌이 격화되기를 바랐다.

그러나 재만조선인 반일단체들과 중국 정부가 '만보산 사건'을 보는 시각은 일제가 예상했던 것과 달랐다. 길림한교만보산사건토구위원회는 「경고전중국동포」라는 선언문을 발표하여 "① 일본의 만보산 사건에 대한 간섭을 본 위원회는 반대한다, ② 만보산 한농은 즉각 물러가라, ③ 조·중 양 민족은 연합하여 궐기하라, ④ 친일주구를 타도하자, ⑤ 일본 제국주의를 타도하자"고 호소했다. 국민부도 만보산 사건은 "일본이 그들의 만몽침략정책을 실현하기 위해 주구배를 사주한 것이며, 장춘의 조선민회는 원래 일본의 주구기관으로 금번 만보산 사건을 유발한 원흉"이라고 지적했다. 이외에도 동성한교단체는 일제가 만보산 사건을 조작한 것은 "① 조·중 양 민족의 친선을 파괴하고, ② 조선 이주민을 만몽침략의 선구로 삼으며, ③ 군사출동의 구실로 삼으려는 음모라고 지적하면서, 조·중 양 민족은 어떤 방법이든지 양 민족의 혁명역량으로 일제를 타도하고 조선 민족의 생로를 열어야 하며, 일제의 주구를 타도하여 만몽침략의 마수를 제거해야 한다"고 주장했다.

한편 중국 언론들도 만보산 사건은 재만조선인을 이용해 중국을 침략하기 위한 일본의 계획적 행위임을 폭로했다. 그리고 요녕국민외교협회는 조·중 양 민족에게 보내는 성명서를 발표하여, 조선에서의 중국인 배척 사건은 크게 유감이지만 이 사건을 통해 양 민족이 서로 이해하면서 아시아 평화를 위해 다 같이 노력해야 한다고 호소했다. 또한 1931년 7월 23일 북평사범학생자치회는 「만보산 사건에 대한 선언」에서 "일본은 한국인을 보호한다는 이름하에 중국인을 배척하여 조·중 피압박 민족을 이간시킴으로써 그 융합을 방해하여 자기들의 세력을 신장시키려 도모해왔다. 친애하는 중국 국민, 조·중 피압박 동지 청년지사가 모여서 제국주의를 타도하자"고 선언했다.

그러나 만보산 사건과 재만조선인 문제를 보는 중국 정부의 시각은 언론계나 사회단체와는 조금 달랐다. 중국 정부 역시 만보산 사건은 일본 제국주의가 조작한 음모라고 인정하면서도, 일제가 재만조선인을 이용하여 대륙침략정책을 계속 추진하는 이상, 재만조선인 대책을 신속히 제정하여 일제의 침략을 미연에 방지해야 한다고 보았다. 그에 따라 1931년 7월 3일 국민정부는 긴급대책회의를 열어 동북 삼성에 조선인의 이민입국을 금지하는 편법을 작성·공포함과 동시에 현하 재만조선인에게 압박을 가해 부득이 퇴거하도록 유력한 방법을 강구할 것을 지방당국에 지시했다. 그 결과 동북 삼성 각 지방당국은 조선인 이주민에 대한 각종 규제방침을 제정하여 조선인들에게 귀화입적을 강요했으며, 이에 불복할 경우 그들의 토지를 몰수하고 강제적으로 구축하기에 이르렀던 것이다.

이상에서 살펴본 바와 같이, 일제는 재만조선인의 국적 문제, 토지상조권 문제, 치외법권 문제 등을 빌미로 저들의 침략세력을 부단히 확대해나갔다. 그리고 중국당국은 일제에게 이용당하는 재만조선인들을 오히려 일제 대륙침략의 '선봉'으로 오인하여 박해와 구축을 감행했다. 일제가 중국 동북 지역 침략방침을 포기하지 않고, 또 중일 간의 모순과 대립이 계속 존재하는 한 재만조선인들의 문제는 어떤 방법으로도 해결할 수 없었던 것이다.

김춘선

중국 연변대학 민족연구소 부소장으로 재직 중이다. 한국 근대사를 전공했다. 대표논저로「중국 연변 지역 전염병 확산과 한인의 미귀환」,「조선 공산주의자들의 중공인식과 이중사명 연구」,「안중근 의거에 대한 중국인의 인식」등이 있다.

1930년대 조선학 논쟁

20세기 전반기 한국 지성계는 당시 한국사회가 당면한 사회적·역사적 과제 해결을 위한 실천과 연계되면서 새로운 사상적 모색과 학문적 업적을 축적했다. 그것은 일제로부터의 해방과 자주적·민주적 민족국가 수립이라는 역사적 도정에서 이루어낸 학문적 실천의 결과였다. 그 가운데 1930년대 중반에 있었던 '조선학' 논쟁은 당시 지성들이 현실과의 끊임없는 긴장 속에서 주체적 학술역량을 계발하고 향후 학문과 사상의 진전을 이루는 데 초석이 된 귀중한 성과였다.

파시즘체제의 재현과 조선 연구

1930년대는 미증유의 세계대공황에 접어들면서 일제의 파시즘적 지배체제가 재편·강화되고 사상탄압이 심화되던 시기였다. 그런 가운데 민족해방운동 진영도 새로운 전기를 맞고 있었다. 신간회의 해체와 더불어 사회주의 진영의 계급주의노선으로의 전환과 비타협적 민족주의자들의 동요가 나타나는 한편, 민족개량운동이 노골적으로 친일화되었다. 이런 운동계·사상계의 동향은 학계에도 그대로 반영되었다. 일제는 식민주의사상을 더욱 강화하기 위해 조선사편수회, 청구학회, 경성제대 조선경제연구소 등 일제 관학을 중심으로 식민주의적 조선 연구를 강화하기 시작했고, 최남선 등은 민족개량주의적인 패배적 민족주의를 노골적으로 드러내는 조선 연구에 열중했다. 이런 일제 관학류의 확산에 대응하여 조선인 학자들은 조선경제학회(1933), 철학연구회(1933), 진단학회(1934) 등 다양한 학회를 창립하면서 자체 학술 진영을 정비했다. 그 결과 이전까지 일본인이 주도하던 조선 연구에 대응하여 조선인의 조선 연구 분위기가 형성되었고, 조선인식의 중요성이 유포되기 시작했다.

조선 연구가 하나의 학문체계인 '조선학朝鮮學'이라는 명칭으로 관심을 모으고 학술운동의 대상으로 부상한 것은 1934년을 전후하여 정인보鄭寅普, 안재홍安在鴻 등이 '조선학운동'을 주창하면서였다. 조선학운동은 실학의 집대성자인 다산茶山 정약용丁若鏞의 『여유당전서與猶堂全書』 간행과 이를 기념한 다산기념사업을 계기로 촉발되었다. 다산 서세逝世 99주년이 되는 1934년, 신조선사는 정인보와 안재홍을 책임 교열로 하여 『여유당전서』 간행계획을 발표했다. 이를 계기로 1934년 9월 8일 정인보와 안재홍, 『조선일보』 편집고문인 문일평文一平, 중앙고보 교장 현상윤玄相允의 기념강연이 열리고, 『신조선新朝鮮』과 『신동아』 등에도 다산 서세 99주년을 기념하는 글들이 실렸다. 논객들은 각각 학문적 입장차이에도 불구하고 다산 연구라는 공통분모 아래 '조선학'에 대한 열띤 관심을 보이기 시작했다. 당초 '조선학'이라는 용어는 1920년대 최남선에 의해 '지나학支那學'의 용례를 모방하여 처음 사용되었지만, 여기에 학문적 의미가 부여된 것은 이때에 이르러서였다. 특히 정인보가 학문적 정체성을 중심으로 '조선학'의 의미를 부여했다면, 안재홍은 '조선학운동'을 주창함으로써 학술운동 차원에서 이를 본격화했다.

정인보는 「다산 선생과 조선학」, 「양명학연론演論」, 「유일한 정법가政法家

정다산 선생」 등의 글에서 한 민족 단위의 주체적인 학문체계를 세움으로써 세상의 가치를 바로세우고 주권을 회복한다는 학문관에 입각하여 조선 민족의 주체적 학문체계를 의미하는 '조선학' 개념을 도출했다. 그는 조선학의 학문적 계통성을 조선 후기 실학에서 구했다. 조선학은 반주자학적 학풍으로 민중에게 자극받아 나타난 진실의 학문이며, 중국학에 대응하여 조선을 중심으로 조선에 관한 모든 것을 연구하는 실용적 학문이었기 때문에, 근대학문의 선구가 되었다. 그는 학문이 세상 가치의 표준이 된다는 관점에 입각하여, 일제에 의한 주권상실은 학문의 주체성 상실이었고, 조선학 정립은 학문의 주체성을 회복하여 잃어버린 주권을 찾는 한 방법이라고 보았다.

안재홍은 1934년 12월 『신조선』에 「조선학의 문제」라는 글을 실어 조선학운동을 제창했다. 그는 세계문화에 함몰되지 않으면서 조선 문화의 발전을 도모할 수 있는 독자성을 견지하는 민족문화의 확립을 위해 문화운동으로서 조선학운동을 주창했다. 그가 주창한 조선학운동은 1930년대 전반 일제 파시즘체제 강화와 사회주의자들의 계급주의 전술로의 전환 등으로 표면적인 정치운동이 불가능해지자, 정치운동에 대응한 문화운동, 계급주의·국제주의에 대응한 민족주의의 수립, 민족문화를 통한 일제와의 차별성 견지 등을 도모하려는 운동이었다. 그는 여러 글에서 문화운동으로서 조선학 연구의 구체적인 방법론을 피력하는 동시에 조선학운동의 핵심 이념으로 세계성과 민족성이 병존하는 '제3신생적'인 민족주의의 창건을 전망했다. 이런 이념적 전망은 독립 이후 국가건설 이념과 주체형성과도 연계되어 해방 후 '신민족주의·신민주주의' 국가건설론의 모태가 되었다. 요컨대 안재홍이 운동론으로서 제기한 조선학운동은 1920년대 비타협적 민족주의 진영의 민족관·국가관이 반영된 1930년대의 학술운동적 대응이었다고 볼 수 있다.

조선학에 대한 비판

1934년 9월에 촉발된 조선학운동은 나아가 조선 연구방법론을 둘러싼 각 학술 진영의 반향을 불러일으켰다. 조선학 연구에 대한 가장 극단적인 비판은 계급주의적 관점에서 조선학 자체를 부정하는 극단적인 맑스주의 진영의 입장이었다. 박일형朴日馨, 서강백徐康百, 전영식全永植, 한응수韓應水 등은 조선학운동이 표방하는 '민족적인 것', '조선적인 것'이 국수성國粹性을 강조하는 파시즘의 논리라고 비판했다. 그들은 조선학은 "과거의 문화적 미끼로 현재의 민족애를 볼모삼아 '민족주의 대동단결'의 이론적 근거로 삼고자 한 정치적 의도가 반영된 패배주의적 산물"이라고 비판했다. 또한 조선학 연구는 국수주의에 불과하며 독일 나치스 같은 파시스트의 역할을 수행하게 될 것이라는 극단적인 반론을 제기했다.

이와 달리 조선학의 의의를 인정하고 연구 자체를 반대하지는 않지만, 연구방법과 논리를 달리하는 두 계열이 있었다. 하나는 이병도李丙燾가 주도한 진단학회였다. 1934년 5월에 창립된 진단학회는 일본인의 조선 연구에 대응한 '광범한 의의의 조선 문화 연구'를 목표로, 식민지 현실 극복을 위한 실천적 모색을 배제하고 순수학문으로서 조선 문화 연구를 추구했다. 따라서 비타협적 민족주의자들이 사용하는 '조선학'이라는 명칭도 반대했다. 진단학회의 찬조회원이었던 현상윤은 조선학이라는 포괄적 개념을 설정하기보다는 문화의 각 부분을 전문적으로 연구하는 것이 우선시되어야 하므로, 조선학이 아닌 '조선 문화 연구'가 타당하다고 주장했다(「조선학이라는 명칭에 반대」, 『동아일보』 1934. 9. 13).

다른 하나는 조선학운동론자들의 관념적 방법론을 반대하며 과학적 입장에서 '비판적 조선학'의 진흥을 주창한 맑스주의 학자들이었다. 백남운白南雲, 신남철

申南澈, 김태준金台俊, 홍기문 등이 대표적이다. 이들은 앞서 언급한 계급주의적 성향이 강한 맑스주의자들과 달리 민족의식과 민족적 주체성을 강조하는 인식기반을 가지고 있었다. 1933년 백남운의 『조선사회경제사』가 출간된 뒤 1935년을 전후해 백남운에 대한 비판이 제기되면서, 맑스주의 진영 내부에는 조선학운동에 대한 비판과 백남운에 대한 비판이 상호결합되는 '내재적 발전론 입장'과 '정체성론 입장'이라는 상호 이질적인 조선인식이 형성되고 있었다. 민족 문제에 대한 인식에서 내재적 발전론의 입장을 취했던 백남운·신남철 등은 그 운동론에서 하나의 방법론으로 조선학, 혹은 조선에 대한 과학적 인식이 필요함을 절감하고 '비판적 조선학—과학적 조선 연구'를 주도했다.

이상과 같이 당시 조선학 논의는 크게 네 계열로 대별되고 있었다. 조선학 자체를 부정하는 극단적인 맑스주의 진영을 제외한다면 세 계열의 조선학 연구론이 있었던 셈이다. 이 가운데 조선학의 범주를 인정하고 발전시키려 하면서도 여기 운동론적 차원에서 접근한 것은 안재홍을 중심으로 하는 비타협적 민족주의 진영의 '조선학운동'과 백남운을 중심으로 하는 맑스주의 진영의 '비판적 조선학—과학적 조선 연구' 두 계열이었다.

그러나 이 두 계열은 서로 다른 논리와 방법, 이념을 가지고 조선학 연구론을 피력했다. 안재홍 등 조선학운동 측은 세계사적 보편성이 다양한 민족문화를 통해 발현된다는 사회발전의 중층성을 근거로 약소민족의 민족주의가 갖는 세계사적 정당성을 피력했다(「국제연대성에서 본 문화특수과정론」, 『조선일보』 1936. 1). 그리하여 이들의 조선학 연구는 세계사 속에서 조선사회의 위상을 밝히기 위해 조선 민족의 특수성을 규명하는 데 초점이 모아졌다. 여기에서는 한말 이래의 자강론적 민족관을 토대로, 궁극적으로는 세계사적 역사발전의 보편성으로서 자본주의적 경제체제, 부르주아적 데모크라시를 기반으로 한 조선 독자의 민족국가 수립이 전망되었다. 따라서 이들의 연구는 조선의 고유성·독자성 발현과 부르주아적 발전의 내재적 계기를 규명·확대하는 데 집중되었다. 단군이나 고대사 연구를 통해 민족의 기원을 해명하고자 한 것이나, 실학 연구를 통해 근대 민족국가·국민국가 형성기를 파악하는 데 집중한 것은 여기 연유한 것이었다.

백남운 등의 맑스주의 조선 연구자들은 조선인식에 대한 관심이 고조되는 것은 진보적 경향이므로 이를 조장·촉진하되, 그 인식방법은 반드시 특수성을 일반성으로, 일반성을 특수성으로 추출할 수 있는 과학적 방법이어야 한다는 '과학적 조선 연구론'을 제기했다(백남운, 「조선 특유의 사회제도 1」, 『동아일보』 1934. 10. 20; 신남철, 「조선 연구의 방법론」, 『청년조선』 1-1, 1934. 10; 김태준, 「사관의 비판 6」, 『조선중앙일보』 1936. 1. 11. 外). 여기서 말하는 과학적 방법은 유물변증법적 연구로서, 이들은 세계사적 보편성을 적용한 역사발전 단계설에 입각할 때 조선사회의 현실적 모델로서 사회주의국가 수립이 필연적임을 강조했다. 이들은 민족주의자들의 연구방법이 문헌학·해석학에 치우쳐 맹목적인 사실고증과 신비적·감상적 연구에 매달리고 있음을 비판했다. 예컨대 민족주의자들의 단군 연구에 대해서 단군신화의 실재를 증명하여 이를 민족사의 기원으로 삼기보다는, 단군신화가 원시적 농업공산체의 붕괴를 나타내주며 이로써 조선 민족의 경제적 발전사가 원시씨족공동체사회로부터 출발했음을 알 수 있다는 데 초점을 맞춰야 한다고 비판했다(백남운, 「단군신화에 대한 비판적 견해」).

학술계 성장과 발전에 기여

1930년대 중반의 조선학 연구를 둘러싼 논쟁은 일제의 식민주의적 조선

연구에 대한 치열한 학문적·사상적 대응을 통해 학술역량의 괄목할 만한 성장을 이루었다는 점에서 커다란 의의가 있다. 그런 학술계의 성장·변화가 있었기에 이 시기는 한국 근현대 학술사의 발흥기로 평가된다. 특히 '조선학운동'론과 맑스주의의 '과학적 조선 연구'론은 조선 연구를 통해 현실타개의 실천방략 차원까지 전망했다는 점에서 이 시기 운동계·사상계의 규범이었으며, 나아가 해방 이후 각기 연관된 국가건설론의 사상적 기반이 되기도 했다. 양 측은 대립된 논리전개의 차별성으로 부각되기보다는 '민족 문제'에 대한 인식의 중요성을 기반으로 조선 연구의 상호보완 논리와 방법론을 발전시킴으로써 기여한 측면이 컸다. 그런 점에서 이들 연구는 극좌와 극우를 배제하는 중도노선의 학문이었고, 민족통합론의 학문이었다. 그러나 이런 학문적 속성 때문에 이들의 학문은 분단으로 이어진 20세기 후반의 역사 속에서 분단체제를 지지하는 학문으로서 현실세력을 장악하기보다는 비주류적 학문으로서 분산화되거나 형해화되었다.

이제 그들의 학문관과 성과는 20세기의 미해결 과제를 넘겨받은 우리 시대의 학술계가 민족현실을 타개하기 위한 새로운 연구방법론, 실천양식을 만들어 나가는 데 근원적 성찰의 밑거름으로 삼아야 할 것이다.

이지원

대림대학교 교양과정부 교수로 재직 중이다. 한국 근대사를 전공했다. 대표논저로『한국 근대 문화사상사 연구』,『세계 속의 한국의 역사와 문화』,『일제하 지식인의 파시즘체제 인식과 대응』(공저) 등이 있다.

일제강점기 단군 논쟁

단군신화는 후대인이 조작한 것이므로 역사적으로 무의미하다는 '단군말살론'은 1900년 전후부터 일본 관학자들이 계속 제기한 것이었다. 이에 대한 비판은 대종교도를 중심으로 일찍부터 시작되었다. 그러나 역사논문형식을 갖춘 비판은 1925년 『동아일보』에 신채호의 「전후삼한고前後三韓考」, 「평양패수고平壤浿水考」가 발표된 뒤부터였다고 봐야 할 것이다.

단군말살론과 불함문화론

그해 말에 일본어로 최남선의 「불함문화론不咸文化論—조선을 통하여 본 동방문화의 연원과 단군을 계기로 한 인류문화의 일 부면」이 발표되었다. 불함문화의 계통은 "불함신앙의 전형적인 전통지인 조선과 그 자매관계에 있는 일본 및 동부 지나는 물론이요, (…) 유구, (…) 하이蝦夷(北海島—인용자), (…) 만주, (…) 몽고, (…) 중앙아시아, (…) 발칸반도까지"라는 것이 결론이었다. 이 글은 조선역사의 출발점인 단군문화는 곧 일본국을 포함하는 동방문화의 연원이라는 주장이었으므로 당시 사람들에게 큰 충격을 주었다.

일본 관학자들은 최신의 인문과학적 민속학적 연구방법론을 이용했다는 이 글을 비학문적 비역사적이라고 무시해버렸다. 이에 최남선은 언론매체를 통해 일본 관학자들이 일관되게 제기해온 '단군말살론'의 학문적 근거를 비판했다. 특히 『삼국유사』에서 인용한 「단군고기壇君古記」의 실증을 통해 '단군은 민족시조'라는 사실을 입증하는 데 힘을 쏟았다.

이후 단군은 민족시조라는 입장에 동조하는 글, 또는 단군 및 동명왕과 관련된 새로운 사료를 소개하는 황의돈黃義敦, 장도빈張道斌, 안확安廓, 이능화李能和, 사문환史文煥, 고북선高北善의 소논문이 계속 발표되었다. 1928년에는 대종교 2세 교주 김교헌金敎獻이 5년 전에 쓴 『신단민사神檀民史』가 『한빛』에 다시 소개되었고, "단군학을 세우자"는 데까지 이르렀다. 1931년 6월에는 신채호의 『조선상고사』와 『조선상고문화사』가 『조선일보』에 연재되기 시작했다.

최남선의 저술들은 신채호의 논문과 함께 발표 당시 이미 조선의 맑스주의자들에 의해 비판받았다. 신비적이고 관념적이어서 "건국신화는 계급사회를 합리화하기 위한 관념형태"라는 사실을 부정한다는 것이었다. 세계사적 변증법적 발전론에 위배될 뿐 아니라, 부르주아계급의 정치이데올로기 성격을 강하게 띠고 있다는 비판을 받았다.

하지만 맑스주의 역사가에 의한 본격적인 비판은 조선학운동이 시작되었던 1933년에 발간된 백남운의 『조선사회경제사』, 그리고 1935년 김태준의 「단군신화 연구」를 기다려야 했다. 이들은 세계사의 보편적 발전론에 입각한 과학이라는 입장에서 조선인 민족주의 사학자의 독자적 신성성 추구뿐 아니라 일본인 관학자의 부정적 편견까지 모두 거짓이자 특수사관이라고 비판했다.

이에 1936년을 전후하여 정인보, 안재홍, 손진태孫晉泰 같은 학자들이 '단군이 민족시조'임은 불변의 진리라는 입장을 속속 밝혔지만, 논쟁은 이후 제대로 진전되지 못했다. 신채호는 1936년 2월 여순감옥에서 옥사했고, 최남선은 분명한 친일의 길로 들어섰으며, 나머지 학자들은 전시체제가 덧붙여진 강압적 식민통치 아래서 자신이나마 지켜내고자 붓을 꺾어야 했기 때문이다.

주요 학자들의 저술과 논쟁점

단군 논쟁의 첫 단계는 일본 관학자들의 단군말살론에서 촉발되었다. 단군 사실은 『삼국사기』(1145)에 나타나지 않으므로, 그 이후부터 단군 사실이 처음 나타나는 『삼국유사』(1275~1308) 발간 시기 사이에 새롭게 등장한 전설적 인물이라는 것이 기본적인 주장이었다.

고구려를 잇는다는 고려의 승도는 고구려의 선조로 날조된 것이라는 승도망 담설僧徒妄談說은 나카那珂通世와 시라도니白鳥庫吉 등이 주장했다. 일연의 창작이라기보다 고려 중엽 평양신에게 단군이라는 존칭을 바쳐서 조선 창시의 신인으로 삼았다는 왕험성신설王險城神說은 이마니시今西龍가 주장했다. 이밖에 묘향산 산신임을 주장한 오타小田省吾, 중국인 기자를 모시는 한편으로 이를 약화시키기 위해 씨족적 신앙의 대상으로 단군을 강조했다는 민족적 감정설을 주장한 미우라三浦周行와 이나바稻葉岩吉 등이 있었다.

"일본인의 단군론은 대개 문헌편중의 폐에 빠진 것"으로서 민족학적·민속학적 관찰이 빠져 있다는 최남선의 지적은 지금 볼 때도 상당히 타당성이 있다. 당시 일본 학자들의 실증 부분은 이후 많은 조선 학자들, 특히 최남선의 공들인 저술에 의해 비판되었다. 단군의 '단檀' 등 불경 용어가 많으므로 승려가 날조한 것이라는 주장은, 오래된 『삼국유사』 원본에는 '단檀'이 아니라 '단壇'으로 되어 있는 데다(이능화가 처음 지적), 「단군고기」 기록 자체가 불교적으로 일관되어 있지 않다는 최남선의 지적으로 힘을 잃었다. 반면 『삼국유사』와 같은 시대의 『제왕운기』에는 '단檀'으로 기록되었다는 사실은 황의돈이 처음 지적했고, '단檀'과 '단壇'은 모두 고산 산림지대의 단목림이 있는 제단의 상징으로 통용된다는 점은 백남운이 지적했다. 고려시대의 '선인仙人'에서 '선인왕검'이 나왔으므로 고려시대 작품이라는 주장에 대해서는, 김태준이 '선인'은 고구려 시절부터 존재했다는 사실을 지적했다.

한편, 1925년 12월 27일에 연재를 마친 최남선의 「불함문화론」은 그 파격적인 주장으로 인해 상당한 물의를 일으켰다. 일본어로 집필되었으므로 일본인을 1차 대상으로 했을 뿐 아니라, "다카치호高千穂의 일본사상에서의 지위는 마치 조선사상에서의 태백산太白山과 동일한 것으로서 그 천손강림의 사실에서 Părk이라는 명칭에까지 일치함을 보여주고 있음" 운운한 서술은 사실 심각한 내용이었다. 조선 역사의 출발점인 단군이 곧 동방문화의 연원이라는 주장 이면에 한일 문화동원론이 깔려 있었던 것이다. 그의 주장은 "이 잊혀진 일대 문화의 계통·성질 등을 명백히 함으로써 동양사 내지 인류의 문화사는 중대한 개정이 촉구될 것으로 생각한다"는 데까지 이르렀다. 이는 후일 결론에서 "만연히 아세아주의亞細亞主義를 설하는 자 또한 그 정신적 지주로서 이를 일고할 필요가 있을 것이다"라고 쓴 부분을 구태여 지적하지 않더라도, 조선과 자매관계인 일본, 동중국, 유구, 아이누, 만주, 몽고까지 포괄해야 모두 발전할 수 있다는 일본의 대동아공영론을 생각나게 하기에 충분했다. 최남선이 "그것(단군전설)만으로는 민족 성립의 유래조차 알 수 없을 뿐 아니라, 일본국가의 일원이라는 이회理會를 가지기 불가능하여진다"고 지적한 이나바稲葉岩吉의 주장을 말도 안 되는 소리라고 한 것이, 꼭 민족시조 단군을 위한다는 의미만은 아니었던 것이다.

어쨌든 이후 최남선은 1928년 「단군 급 기 연구」(『별건곤』 3-2·3)에서 단군 관련 고전의 내용이 황탄불경하다는 구파 유학자와 민족감정으로 후세에 성립된 이론이라는 신파 식민지 관학자를 비판하고, '단군학을 세우자'고 하면서 다음과 같은 결론을 내렸다.

① 제정일치의 사회, ② 농업경제의 국민, ③ 토테미즘시대에서 영웅과 신의 시대로 진전하는 사실을 표현, ④ 단군고기의 칭호와 역사적 지리는 다 확실한 사실의 근거와 배경을 가짐, ⑤ 단군왕검은 신정을 창시하는 옛 군장의 칭호로, 개인으로는 진역인문辰域人文의 조祖인 어른.

단군 논쟁의 두 번째 단계를 연 사람은 맑스주의 역사학자 백남운이었다. 그는 『조선사회경제사』에서 일본인은 실증주의적 편견에서 임의적으로 부정하고 있고, 신채호·최남선은 설화적 관념표상에 지나지 않는 사실을 독자적으로 신성화함으로써 동방문화에의 군림을 시도한다고 비판했다. 결과적으로 모두 특수문화사관에 그치고 있다는 것이었다. 백남운은 "단군신화는 문헌상에 나타나는 가장 오래된 건국신화인 만큼 귀중한 사료이다. 그러나 그것을 실재화하거나 신비화해서는 안 된다"고 하면서, 학문적으로는 다음과 같은 사실을 알 수 있다고 결론지었다.

① 고산 산림지대, ② 식용식물의 재배, ③ 남계 추장의 확립, ④ 단군왕검은 지배적 계급적 존칭, ⑤ 특정한 인격자나 민족시조가 아닌 농업공산사회 붕괴기 원시귀족인 남계 추장.

보편적 발전사관인 유물변증법적 발전론으로 보면, 신화란 지배와 복종의 관념형태이자 인간의 인간에 대한 생산관계적 행동의 반영이므로 단군신화도 우리 원시사회의 발전사에서 비교적 후기에 생긴 계급적 이데올로기라는 것이다. 따라서 역사적 지표에 불과한 사실을 민족시조로 신비화할 이유가 없다고 했다.

김태준의 입장도 기본적으로 백남운과 같았다. 그는 1935년 말 『조선중앙일보』에 연재된 「단군신화 연구」에서 "신화도 스스로 어느 정도까지의 세계사적 공통성을 가지"므로 신화를 근본에서 부인 말살하려고 해서는 안 되고, 그 신화를 편찬한 당시 사회관계의 반영이라는 사실을 염두에 두어야 한다고 지적했다. 이를 위해서는 무엇보다도 기록된 문헌의 고증과 비판이 필수적이었다. 김태준은 고조선의 가장 오랜 기록은 기원전 1세기 전후 사마천이 쓴 『사기』의 준왕準王 기사이고, 『삼국지』 위지동이전에는 후대에 단군신화와 연결되는 주몽신화가 기록되어 있으며, 『삼국유사』는 인용서적을 학문적으로 충실하게 기록했기 때문에 두찬杜撰일 수 없다는 사실을 지적했다. 따라서 단군신화는 고구려보다 앞선 고조선의 발상신화이고, 단군시대는 조선 역사의 출발점임에 틀림없다는 것이었다. 세부적으로는 신성군주(임금), 세습제, 원시농경사회, 여계사회에서 남계 추장으로의 진전을 보여주고 있다고 분석했는데, 이는 백남운의 견해와 거의 같았다.

이후 시대 진전에 따라 "원시사회의 남계 추장의 호칭에 불과하던 전설이 봉건사회에 와서는 그 시대의 외피를 입고 나타나게 되는 것이요, 그 신화의 주인공도 어느 것은 잡신으로도 변하고 어느 것은 민족의 시조처럼도 받들게 되는 것"(「단군전설의 검토—신화와 민족신」)인데, 최근세에 "자본주의사회를 맞이하자 단군은 만주, 조선 제종족에 걸치는 대제국의 아버지로 추존되었다"고 했다. 이렇게 신화도 씨족시대에서 현대까지 사회발전에 의해 발전되고 있는 것이라는 사실을 살펴볼 때, 신성불가침한 민족신('얼'적 단군론자), 정치적 편견을 가진

자의 위작설(역외의 관학자), 사료비판이 결여된 논문(신채호), '코스모폴리탄'이나 범아세아주의자의 아전인수적 억설(최남선의 「불함문화론」) 모두 다 비과학적인 연구라는 것이었다. 특히 일제 관학자에게는 "종래 단군시대라는 조선 역사의 출발점을 말살 부인하기에 노력하는 정치적 의도가 마치 X광선에 비친 늑골처럼 뱃속까지 들이밀어 보인다"라고 씹었고, 최남선에게는 "이것은 세계동조론世界同祖論·중한동조론中韓同祖論·일한동조론日朝同祖論의 서설로서는 (한낱 한담으로) 성공된 작품일지는 몰라도, 모든 사물의 발전의 원칙적인 법칙에서 얻은 학문적 결론과는 정반대의 길을 걷고 있는 것이다. (…) 누천만언의 질서 없는 문헌의 나열은 도로徒勞하기 보담 백해무리百害無利라기보담도 반동에의 악용의 도구로 화할 뿐이다"라고 욕했다.

김태준의 글이 발표되자, 식민지 치하에서는 민족시조인 단군이 절대 필요하다는 민족주의 진영 학자들의 반론이 이어졌다. 맑스주의자는 국제성과 특수성의 통합성을 무시한다고 하면서 "각인은 자기의 최대한 특성을 보전하는 일에 의해서만 가장 잘 사회에 봉사할 수가 있는 것"이라는 앙드레 지드Andre Gide의 말을 빌려 백남운·김태준을 '천박한 비구체현실적 태도'를 지녔다고 비판한 안재홍의 글이(『조선일보』 1936년 1월의 「문화옹호와 여시아관如是我觀」) 대표적 사례일 것이다. 반면 최남선의 사료해석을 비판한 백남운의 주장을 보완해주기도 했던 손진태의 글 같은 경우도 있었다. 하지만 이상의 글들은 대체로 본격적인 학술적 반론과는 거리가 있었다.

남은 문제

1920~30년대 단군 논쟁은 사료 및 유물·유적의 발굴이 부족한 상태에서

벌어졌기 때문에 사실성 자체에 대한 논쟁이었다기보다 사료해석의 관점에 대한 논쟁이었다. 논쟁은 단군이 '고려 후기에 만들어진 가짜 인물'이냐 '오랜 옛날에 실재했던 민족시조'냐 하는 데서 출발했지만, '민족의 첫 어른이자 큰 어른'이냐 '세계사의 보편적 발전 단계의 첫 단계에 위치한 지배계급 추장'에 지나지 않느냐 하는 데로 귀결되었다. 이른바 고유한 '국수國粹'를 지켜낼 능력이 있는 민족이 먼저냐, 세계사적 '모순矛盾'을 극복할 발전능력이 있는 민중이 먼저냐 하는 두 '거대담론'의 한판 싸움이기도 했다. 하지만 논쟁이 꼬인 가장 큰 원인은 단군이 '대동아공영권론의 중심에 위치해야 하는 분'이라고 하는 국수주의적 친일파 아부협잡꾼이 논쟁을 주도해갔다는 불행에 있었다.

현재, 당시 논쟁했던 많은 사료 문제들은 이미 조선시대 지식인들의 논쟁을 거친 주제였음이 밝혀져 있다. 산동성의 무씨사당 화상석이 발견되는 등 단군신화 유형이 오랜 연원을 가졌다는 실물유적도 발견되었다. 여말선초에 전통적 민족의식이 확립되면서 후대로 갈수록 민족적 역사공동체의식에 미친 단군의 역할이 커졌다는 사실도 입증되었다. 게다가 이제는 국내·국외의 수많은 사료들을 계속되는 '가로지르기'를 통해 파악해볼 수 있는 시대, 거대담론에 입각한 발전보다 다양성에 입각한 발전이 더욱 존중되는 시대, 이른바 학문적으로도 디지털혁명이 예견되는 시대에 와 있다.

하지만 1947년 1월 김태준이 「단군론」에서 재삼 제기한 문제는 여전히 연구과제로 남아 있다. "국수주의적 역사 등이 천조대신天照大神 대신에 단군檀君을 가르치고, 왜천황倭天皇 대신에 이승만李承晩을 우상화하고 있으며"라는 문제가 그것이다. 이는 곧 식민통치 시기 및 해방 이후 황국사관과 동일한 발상이 뒤섞이기도 한 단군숭앙이 민족공동체 내지 역사발전에 과연 긍정적 역할만 했는가 하는 문제이다.

필자는 여기서 하나의 일화를 상기하고 싶다. 1947년 11월 9일 『경향신문』에 일본 천황을 상징하는 꽃이기도 한 국화를 소재로 「국화 옆에서」라는 시를 발표했던 서정주徐廷柱는, 당시 이승만의 「전기」를 쓰기도 했다. 이 전기는 1999년에 복간되었는데, 서정주는 이 글에서 이승만을 처음 만날 당시를 회상하면서 "20세기 우리 민족독립운동의 제일 원로 (…) 적어도 하늘의 서자 환웅의 아드님—단군 비슷한 모습(『서정주문학전집』 3, 「이승만 박사의 곁」)"으로 상상했다고 고백한 바 있다. 더구나 우리 역사는 김태준이 단군 논쟁 과정에서 우려했던 대로, 남북 분단 이후 (결코 민족주의적이 아닌) 국수주의적·국가주의적 방향으로 선회했고, 이로써 남북 모두 오랫동안 정치이데올로기의 독재적 지배에 의한 역사적 반동기를 감수해야 했던 것이다.

박광용

가톨릭대학교 성심교정 국사학과 교수로 재직 중이다. 한국 근대사를 전공했다. 대표논저로『민족 통합의 경계, 민족 통합의 역사』,『북한의 역사 만들기』(공저),『영조와 정조의 나라』 등이 있다.

서양의학의 도입과 한의학의 과학성 논쟁

지난 100년간 서양과학은 우리 사회를 압도했다. 서양과학과 그에 바탕한 세계관은 합리적이고 실험을 통해 입증할 수 있고 놀라운 효용을 발휘할 수 있는 것이었다. 이런 과학적인 눈으로 볼 때 조선의 과학 전통이란 관념적인 것, 검증할 수 없는 것, 미신 또는 혹세무민하는 것에 지나지 않았다. 그렇다면 개항 이후 문명과 종족의 경쟁에 뛰어든 조선의 위정자들이 선택해야 할 길은 자명했다. 또 조선을 식민지로 삼킨 일본 식민통치자가 내걸 슬로건의 내용도 자명한 것이었다. 서양과학과 그에 바탕을 둔 기술, 더 나아가 과학적 세계관의 정착에 힘쓰고 그 장애요인을 제거하는 것이 바로 그 길이었다.

서양의학과 보건의료 도입

의학의 경우도 예외가 아니었다. 위생학, 전염병 관리, 체력 관리 등을 포괄하는 서양의학은 국가관리술의 중요한 분야였다. 대한제국은 물론이거니와 일제강점기 총독부도 적극적으로 서양의학과 보건의료를 채택했다. 둘 사이에 차이가 있다면, 오랜 전통을 갖고 있고 민간의 주축의료를 이루는 한의학을 용인하는 정도였다. 대한제국은 '작고참신酌古參新'의 기치 아래 비교적 한의학 전통을 중시한 데 비해, 일본 제국주의는 이를 철저히 무시하는 정책을 펼쳤다. 일본은 이미 1880년대 중반에 자국에서도 똑같은 정책을 펼쳤기 때문에 여기에 대해 성급하게 '민족적 편견'을 내세울 필요는 없다. 당장의 의료공백을 막기 위해, 또 이미 기득권을 가지고 있는 한의사들의 생존권을 위해, 그들은 당대에 한해서만 한시적으로 한의사의 개업을 인정하는 정책을 썼다. 즉 교육과 신규면허를 철저히 억제함으로써 일정한 시일이 지나면 도태되어 없어지도록 한 것이었다.

식민지 조선에서는 1913년 「의생규칙」의 반포로 한시적인 한의학 인정정책이 펼쳐졌다. 기본방침은 똑같은 듯 보이지만, 조선과 일본의 경우 두 가지 측면에서 차이가 있었다. 첫째, 일본에서는 한시적으로 한의학 전문가와 서양의학 전공자를 의사자격으로 일원화한 반면, 조선에서는 그들이 의사보다 한 등급 아래인 '의생醫生'으로 규정되어 이원적인 모습을 띠었다. 둘째, 일본에서는 서양의학 교육기관과 의료기관이 빠른 시기에 성장하여 한의학을 대체해나갔지만 조선에서는 그 속도가 훨씬 느렸다. 식민지 조선의 경제력이 빠른 대체를 뒷받침하지 못한 측면도 있지만, 식민통치자가 내세운 구호와 달리 급속한 대체를 적극적으로 원하지 않았던 측면도 간과할 수 없다.

비록 느리기는 했지만, 한의는 꾸준히 줄고 양의는 계속 늘어났다. 그리하여 1915년에 5,804명 대 872명이던 한의 대 양의의 숫자가 20년 후인 1935년에는 4,044명 대 2,806명이 되었다(1940년에는 3,187명 대 3,604명). 한의가 줄어드는 것보다 더 큰 문제는 한의와 양의를 합친 의사 수가 인구증가를 따라잡을 수 없었다는 점이다. 인구 만 명당 의사 수는 시대가 크게 바뀌었음에도 여전히 매우 적었다. 식민지지배의 정당화를 위해 그토록 강조했던 현대의학의 세례는

커녕, 보통의료 이용상황조차 전혀 개선되지 않았다. 조선인의 불만이 드세졌고 일제 통치자는 크게 당혹했다.

의료수요의 팽창과 한의학 부흥

설상가상으로 1930년대에는 전쟁 분위기가 고조되면서 의료인력과 약품에 대한 사회적 수요가 더욱 증가했다. 어떻게 이런 상황을 해결할 수 있을 것인가? 의사가 더욱 달리고 약품이 품귀하게 되었으니, 뾰족한 해결책이 달리 있었을까? 당연히 한의약에 대한 정책이 근본적으로 재고되었다. 관에서 솔선수범하여 한약재 재배를 권장하고 한약 연구기관을 설치하는 양상을 띠게 된 것이다. 1930년대 중반 한의학 부흥운동의 근본적인 배경은 여기에 있었다.

한편 1913년 「의생규칙」이 반포된 뒤 1920년대 초반까지 '의생'은 단지 개업자에 불과했고, 총독부 주최로 서양의학과 위생학을 학습받아야 할 피교육자였을 뿐이다. 아울러 공식적인 한의학담론은 철저히 억압되었다. 일반 학교교육은 물론이거니와 신문지상에서도 다뤄져서는 안 될 것으로 규정되었다. 뿐만 아니라 한의집단 내에서도 한의학의 참된 가치를 지식인과 대중에게 설득력 있는 논리로 펼칠 만한 논객이 준비되지 않았다.

1920년대 들어 이런 양상이 서서히 변화했다. 한의학을 동서 의학이라는 논의의 범주에서 이해하고 설명하려는 시도가 생겨났다. 일본의 한의학 부흥운동 논리에 자극을 받으면서, 한의계의 현실을 타파하고 국내의 보건의료 현실을 개선하려는 일군의 운동가들이 등장했다. 1920년대 후반까지는 그들의 목소리가 개인적 담론으로 존재하거나 한의집단 내에서만 겨우 공명하는 수준이었지만, 1930년대 들어서면서 상황이 크게 달라졌다. 의료수급에 대한 사회적 우려와 준전시상황에서 비롯된 비서구적 가치의 옹호 분위기 속에서 한의학 부흥논의가 좁은 울타리를 넘어 전사회적으로 번질 채비를 갖추게 된 것이다.

9개월간의 연속 논쟁

1934년 2월 16일, 『조선일보』는 장기무張基茂의 「한방의학 부흥책」이라는 글을 3회에 걸쳐 게재했다. 장기무는 대한제국 시기에 설치된 의학교의 3회 졸업생으로 서양의학을 주전공으로 한 의사였다. 그는 서양의술에 적지 않은 한계가 있음을 인식하고 차츰 한의학 세계에 심취했다. 그의 생각은 서양의학을 신봉하는 대다수 서양의학 전공자들과 크게 달랐다.

장기무는 한의학의 문제가 한의학체계 자체에 있지 않다고 주장했다. 다만 잘못된 부분이 있다면 "그것이 어려운 개념과 말로 되어 있으며 표준화되어 있지 않다"는 점이었다. 따라서 이 부분만 해결한다면 한의학이 훌륭한 의료로 전혀 손색이 없다는 것이 그의 견해였다. 어떻게 그 문제를 해결할 것인가? 이런 뜻에 동조하는 세력을 만들어 독자적인 연구소와 부속병원을 설치하여 한의학의 표준화작업을 하는 것이 그가 내세운 대안이었다.

한의학 자체가 그릇된 것이 아니라 단지 표준화가 덜 된 훌륭한 의학이라니! 서양에서 확립된 근대과학만을 보편적 과학으로 배우고 믿어온 사람들에게 이는 받아들이기 힘든 궤변에 불과했다. 장기무보다 20여 년 후학으로 경성제국대 의학부 박사 출신인 정근양鄭權陽은 즉각 반론을 제기했다(같은 신문, 1934년 3월 9일 이후 5회에 걸쳐 연재). 그는 의학에는 오직 한 종류, 과학적 방법이라는 프리즘을 통과해낸 의학만이 있을 뿐이라고 주장했다. 만일 한의학에도 쓸모 있는 요소가 있다면 그것은 분석적·과학적 검증을 거친 경우에만 인정할 수 있다고 했다. 즉 한의학은 독자적 표준화를 통해 인정받을 수 있는 성격이 아니라는 것이었다. 이런 정근양의 태도는 대체로 당시 대다수 서양의사의 생각을 대변하는 것이었다. 하지만 한의학을 터무니없는 사기로 치부하지 않았다는 점에서, 그의 한의관은 다른 동료들보다 우호적이었다.

정근양의 반론에 대해 장기무는 재반론을 펼쳤다(같은 신문, 1934년 4월 19일 이후 11회에 걸쳐 연재). 일단 그는 단지 하나의 과학적 의학만이 있다는 정근양의 주장을 완전히 부정하지는 않았지만, 이는 어디까지나 이상에 불과한 것으로 현실성이 없다고 생각했다. 그런 요원한 이상을 찾아 헤매느니 목전의 한의학 발전을 위한 노력이 중요하다고 보았다. 그는 "진단을 위시한 한의학의 표준화가 더욱 시급하면서도 절실한 과제"라는 본래의 자기주장을 거듭 천명했다.

둘 사이에 논쟁이 거듭되면서 다른 논객이 한방·양방 논쟁에 끼어들었다. 그 첫 번째는 해방 이후 다산학 연구로 유명해진 '젊은' 이을호李乙浩였다(같은 신문, 1934년 3월 15일부터 총 14회에 걸쳐 연재). 경성약학전문학교를 갓 졸업한 이을호는 원래 약학을 전공했지만 한의학의 대가로부터 한의학의 깊은 내용을 사사받았다. 이을호도 정근양처럼 의학이 추구하는 정신은 하나여야 한다고 주장했다. 그러나 그 의학은 분석주의적 의학이 아니라 생명과 몸의 기관을 유기체적으로 보는 '종합적 의학'이었다. 한의학과 서양의학을 이원적으로 파악했다는 점에서나 한의학의 문제가 의학체계 자체가 아닌 임상과 제도에 있다고 본 점에서 이을호는 장기무와 한편이었다. 그러나 종합의학(한의학) 대 분석의학(서양의학)이라는 개념 틀을 사용해, 분석의학(과학적 의학)이 두 의학 일원화의 최종목표가 될 수 없다는 사실을 이론적으로 설명하려 했던 점에서 그는 장기무보다 한 걸음 더 나아갔다. 사실 장기무나 이을호의 논리와 주장은 일본 한의계에서 펴낸 잡지『한방과 한약』에 힘입은 바 컸다. '종합의학 대 분석의학'이나

'대중의학 대 경험의학'의 개념 틀을 비롯한 한의학의 표준화논의가 이 잡지를 통해 매우 활발하게 펼쳐지고 있었다.

한의학 부흥을 부르짖으면서도 장기무나 이을호와 성향을 달리한 인물이 있었으니, 그가 조헌영趙憲泳이다. 와세다대 영문학부 출신으로 신간회 동경지회장, 재일조선유학생회 대표 등을 두루 거친 인물이 한의계에 투신한 것은, 당시 한의학계의 큰 행운이었다. 『조선일보』 논쟁에 끼어든 조헌영은 한의와 양의의 장점과 단점에 대한 전방위적 논의를 펼쳤다. 그는 서양의학을 국소처치의술, 인공치료의술, 조직의학, 해부학에 바탕한 정체靜體의학, 병소만 치료하는 치표治表의학, 방어의술, 외과의학, 획일주의의술, 귀족의술, 관용官用의술로 정의한 반면, 한의학을 종합치료의술, 자연치료의술, 현상의학, 동체動體의학, 치본治本의술, 내과의학, 응변應變주의 의술, 평민의술, 민용民用의술로 정의했다. 아울러 각각의 내용에 대해 실제 임상례를 들어 한계와 장점을 분명히 했다. 특히 그는 한·양방의학의 사회적 성격을 본격적으로 거론했다. 한의학이 서양의술보다 훨씬 싸고 쉽게 이용할 수 있는 민중의학이며, 그 민중성은 한의학의 자연주의적 접근에서 비롯되었다고 파악했다.

한의 내부 논쟁

1934년 3월부터 시작된 『조선일보』의 한의·양의 논쟁은 정근양과 조헌영의 반박(1934년 7년 13일부터), 이에 대한 조헌영의 재반박(1934년 10월 10일부터)으로 대단원의 막을 내렸다. 둘은 여전히 자신의 주장을 되풀이했다.

1934년 한 해 동안 진행된 『조선일보』의 열띤 논의는 서양의학을 옹호하는 정근양 1인 대 한의학의 가치를 옹호하는 장기무·이을호·조헌영 등 3인의 논쟁이었다. 어느 편이 이겼을까? 실린 지면의 비율로 보면 한의옹호론이 훨씬 많았다. 그렇다고 그들의 논쟁으로 공식적 지위를 인정받은 과학적 의학의 성역이 깨진다는 것은 상상도 할 수 없는 일이었다. 달걀로 바위를 치는 일이었다. 하지만 조선에서 가장 영향력이 큰 일간지를 통해 장장 일 년에 걸쳐 벌어진 한의·양의 논쟁의 사회적 반향은 작지 않았다. 한의학과 전통의 가치에 대한 사회적 관심을 모았다는 측면에서 한의계는 대단한 성공을 거두었다.

이후 한의 옹호론자들 사이에는 1934년 『조선일보』 논쟁의 여진이 있었다. 『동아일보』, 『신동아』, 『조선의약』 등의 지면을 통해 벌어진 '가치 있는 한의학은 무엇인가' 하는 논쟁이 그것이다. 논쟁의 핵심은 『황제내경黃帝內經』에 바탕한 음양오행론적 장부이론과 치료이론의 맥락을 중시하는가, 아니면 장중경張仲景의 『상한론傷寒論』에 바탕한 외감外感치료법의 전통(고방의 전통)을 중시하는가 하는 데 있었다. 후자는 한의학 중 가치가 있는 부분은 상한론적 치료전통에 있으며, 관념적인 음양오행론적 신체관은 오히려 제거되어야 한다고 보았다. 반면 전자는 후자를 '양의적 한의론'으로 규정하면서 진정한 한의의 가치는 음양오행설과 그에 바탕한 신체관·치료술에 있다고 보았다. 위 논객 중 장기무는 고방적 전통을 중시했고, 조헌영·이을호는 음양오행론적 가치를 옹호했다. 또한 이을호가 개념적 차원에서 음양오행론을 주장한 데 비해, 조헌영은 임상의 세세한 측면에서 그것이 관통되어 나타나는 모습을 애써 보이려 했고, 의학의 사회성을 크게 강조했다는 점에서 둘 사이에도 적지 않은 차이가 있었다.

과학성과 근대성에 대한 최초의 반성

아마도 한 신문에서 장장 9개월 동안 한 주제를 가지고 연속적으로 논쟁을 이끌어나간 사례는 예나 지금이나 없을 것이다. 도대체 한의·양의 논쟁이 어떤 성격이었기에 신문 편집자가 그토록 이 논쟁을 중시하고 독자들이 거기에 크게 열광했던 것일까? 아마도 그것은 이 주제가 지난 30여 년간 조선을 관통한 과학성과 근대성에 대한 최초의 반성과 관련되어 있었기 때문일 것이다.

과학, 계몽, 근대는 위에서부터 강요된 이데올로기였지만, 그것과 현실 사이에는 큰 간극이 있었다. 근대화를 모토로 삼으면서 식민통치 지배자가 내걸었던 한국인의 건강개선이 이루어지기는커녕 선진적 의료혜택의 증가도 실현되지 않았다. 서양의료는 식민지 조선이 충분히 감당할 수 없을 정도로 고가였으며, 그 원인은 의사양성과 의료기구, 의약품이 고가였기 때문이었다. 그것이 고가인 까닭은 근본적으로 실험에 입각한 과학적 의학이기 때문이었다. 게다가 그렇게 비싼 서양의료로도 못 고치는 병이 많았다. 반면 철저한 부정의 대상이었던 한의학으로는 많은 병을 고쳤다. 또 값이 쌌다. 이런 효과와 경제성이 서양의술과 견줄 수 있는 경쟁력의 원천이었다. 어떻게 해서 이런 일이 가능한 것인가? 이런 질문은 임상적 차원에서뿐만 아니라 의학이론, 그것을 뒷받침하고 있는 세계관 전반에 걸친 재검토의 단서가 되었다. 양자의 논쟁을 지켜보면서 우리는 우리의 '근대'가 선험적으로 가정된 무언가가 그대로 관철되는 단순한 과정이 아니었음을 짐작할 수 있다. 물리적 실체를 지닌 여러 가치의 충돌, 대립, 절충, 상호침투를 통해 짜여진 결과물이었던 것이다.

신동원

한국과학기술원 인문사회과학부 교수로 재직 중이다. 과학기술사를 전공했다. 대표논저로 『의학 오디세이: 인간의 몸, 과학을 만나다』(공저), 『한국 근대성 연구의 길을 묻다』(공저), 『호열자, 조선을 습격하다: 몸과 의학의 한국사』 등이 있다.

신사참배와 우상숭배

　신사神社는 일본의 국수적 고유 민간종교인 신도神道의 사원이요, 참배參拜는 거기에 가서 절하는 예배행위이다. 일본은 메이지유신 이후 국민통합을 위해 각지에 신사를 건립하고 이 신도를 보호 육성하여 천황제국가의 지도정신으로 이데올로기화했다. 그리하여 천황 및 천황의 선조를 신사에 모시고 살아 있는 천황도 신격화하여 자국 국민의 정신적 지배는 물론, 군국주의적 침략정책 및 식민지지배에도 이용했다.

군국주의와 신사참배

　우리나라에도 1876년 개항과 더불어 일본의 정치적·군사적·경제적·문화적 침략이 개시되면서 신사·신도가 침투하기 시작했다. 신사의 건립과 유지는 1910년 한국병탄 전까지 일본 거류민을 중심으로 민간에서 주도했지만, 병탄 후에는 조선총독부의 보호 육성 아래 신사의 관·공립적 성격이 강화되고 문화침략과 동화정책의 일환으로 한국인에게까지 신사참배와 신사신앙이 강요되었다. 1910년대에는 관공립학교에서, 1920년대 초반부터는 사립학교에서도 신사참배가 강요되었으나, 1925년 조선신궁 진좌제鎭座祭를 고비로 언론과 기독교계 사립학교들이 신앙의 자유침해라고 강력히 반발하여 일단 사립학교 학생들에게까지 신사참배를 강제하는 정책은 시행이 보류되었다.

그러나 1930년대 들어 일제가 대륙침략을 재개하면서 이를 뒷받침할 사상통일을 위해 각종 행사를 개최하고, 기독교계 사립학교에도 신사참배를 다시 강요하기 시작했다. 이때만 해도 기독교계는 신앙의 이유로 이를 거부하고 총독부의 양해를 구했으나, 총독부는 1935년 11월 평양 기독교계 사립학교장 신사참배 거부사건을 계기로 신사에 참배하든가 폐교하라는 강경책으로 나왔다. 그러면서 기독교계 내의 의견이 분열되어 1937년부터 기독교계 학교의 일부는 폐교하고 일부는 '순응'하게 되었다. 1937년 중일전쟁 이후 일제는 이른바 '황민화운동'이 고조되고 교육계의 신사참배 문제가 자신들의 의도대로 일단락되어가자, 그 강요의 마수를 일반인들은 물론 교회에까지 뻗게 되었다. 일제 경찰은 1938년 2월「기독교에 대한 지도대책」을 세워 일반신도들의 신사참배를 지도·강화하도록 했다. 그에 따라 일선 경찰력을 동원하여 개교회부터 시작해 노회·총회 등 교단적 차원에서 신사참배를 결의·실행하도록 압력을 가했다. 결국 기독교계는 강압을 이기지 못하고 1938년 9월 장로회 총회의 신사참배 결의를 고비로 굴복하여 급격히 변질되고 말았다.

신사참배는 종교행위인가

신사참배 논쟁의 핵심은 신사참배가 종교행위냐 아니냐 하는 것으로서, 일제는 자신들의 강요논리와 이를 추종하는 순응논리만 허용하고, 반대논리를 허용하지 않았다. 때문에 대등한 위치에서 객관적인 논쟁을 할 수 없었다.

더군다나 반대 측은 일제의 극심한 탄압 때문에 논리를 세워 반박할 여유조차 없었다. 그럼에도 신사참배에 반대하는 이들은 신사참배 강요를 '양심의 자유' 내지 '신앙의 자유'에 대한 침해로 이해하고 고문과 투옥을 불사하면서 순교를 각오한 투쟁을 벌였다. 그 과정에서 주기철朱基徹 목사, 박관준朴寬俊 장로를 비롯한 많은 사람들이 순교했고, 안이숙安利淑 선생, 손양원孫良源 목사 등 많은 사람들이 옥고를 치르다가 해방되고서야 풀려났다. 일제의 신사참배 강요논리는 "신사는 종교가 아니다", "신사참배는 국민으로서 당연해 해야 할 국가의식이다", 따라서 "신사참배를 거부하는 것은 비국민이며, 그것을 강요하더라도 신교信敎의 자유를 침해하는 것은 아니다"라는 것이었다.

대체로 자발적이든 압력에 의해서든 여기 순응한 이들의 논리는, 이런 일제의 기만적인 강요논리를 무비판적으로 수용한 것이었다. 예를 들어 1938년 신사참배 거부혐의로 구속된 바 있었던 강병주姜炳周(호는 백남白南) 목사는 '순응'으로 '전향'하고 난 뒤 「조상숭배는 우상이 아님」이라는 글을 『청년』(1939. 2~3)지에 실어 신사참배가 우상숭배가 아니라고 강변했다. "근래에 국가의식, 즉 신사참배로 말미암아 조선 교회에 막대한 동요가 있었음은 부인하지 못할 사실입니다. 무슨 까닭이냐고 물으면 신사참배는 계명의 1, 2조를 범하는 것이라고 대답함을 들었습니다. (…) 그렇다면 대일본 황국 신민만이 국조 숭모하는 의식에 기독교인이 어찌 참예할 수 없으며 황국을 대표한 일본 국기에 경례를 표함이 어찌 기독교인에게 죄가 되겠습니까. (…) 그런즉 신사참배하는 일을 우상숭배라고 한다면 차는 불경죄에 가깝다고 말하여 둡니다." YMCA 농촌부 홍병선洪秉璇 목사도 「기독교도와 시국」(『청년』 1938. 11)이라는 글에서 "조선 기독교도는 황국 신민으로 이상 제諸행사를 충성스럽게 행하여야 할 것이요 행치 안으면 안 될 것이다. 황국 신민의 의무와 행사를 행하는 것과 종교를 신앙하는 신앙과

하등의 충돌되는 것이 없는 것이다. (…) 그러므로 황국 신민으로 국가의 선조를 숭배하는 신사참배 곧 예배하는 것이 당연한 일이요 이론할 필요가 없는 것이다"라고 일제의 강요논리를 수용·추종했다. 이런 논리는 1938년 제27회 장로회 총회(총회장 홍택기(洪澤麒) 목사)의 신사참배 결의문과 경북노회장(김봉도 목사)이 각 교회에 보낸 통지문에서도 보인다. "신사가 종교가 아니오. 기독교의 교리에 위반하지 않는 본의를 이해하고 신사참배가 애국적 국가의식임을 자각하며"(결의문)라든가, "신사참배에 관하여 오인吾人은 차此가 단지 국가의식일 뿐임을 이해하고"(통지문)라는 것이 그것이다.

강요금지 청원과 거부권유

그렇다고 모든 기독교 신자들이 굴복한 것은 아니었다. 어느 교파건 교단의 신사참배 결정에도 불구하고 끝까지 거부하고 신앙의 절개를 지킨 인물들이 있었다. 이들에게 신사는 명백한 종교요, 신사참배는 종교의식 내지 예배의식이었다. 따라서 이런 타종교의 예배의식에 참여하는 것은 기독교 십계명의 제1, 2계명에 위배되는 '우상숭배'의 배교행위로 인식되었다. 이들은 이런 종교행위를 강요하는 것은 인간의 천부적 기본권인 양심의 자유와 신앙의 자유를 침해하는 것이라고 주장하면서 전국적 규모의 신사참배 거부운동을 일으켰다. 이들의 논리는 당시의 설교나 취조기록, 법정진술과 판결문, 그리고 해방 후 증언들을 통해 확인할 수 있다. 이들의 신사참배 거부운동은 크게 두 가지 방향으로 전개되었다. 하나는 일제당국이나 일제에 영향력 있는 기관 또는 인사들을 찾아가 신사참배를 강요하지 말 것을 청원 내지 경고한 '신사참배 강요금지 청원운동'이요, 다른 하나는 일제의 강요와 제도권 교회의 불법적 결의에 순교를 각오하고 끝까지 저항하여 신앙과 교회를 지키고자 한 '신사참배 거부권유운동'이다.

1932년 초부터 일제의 신사참배 강요가 각 지역 기독교계 학교에서 해마다 문제가 되자, 1934년 장로회 총회는 총회장 이인식 목사의 이름으로 총독에게 두 차례에 걸쳐 청원서를 제출하려 했으나, 일제당국자들에 의해 저지되었다. 이듬해 11월 평양기독교계 사립학교장 신사참배 거부사건 이후 일제는 신사참배에 대한 공식 토의마저 금지시켜, 이제 이런 청원운동은 개인적 차원에서만 이루어지게 되었다. 평남의 박관준 장로는 1936년부터 총독에게 수차례 청원서와 경고문을 보내 신사참배 강요의 부당성을 경고하다가 여러 번 구금취조를 받았다. 청원과 경고가 효력이 없자, 박 장로는 급기야 신사참배 거부로 교사직을 사직하고 거부운동을 하던 안이숙을 대동하여 1939년 2월 일본으로 건너가 일본 정계 요인들을 만나 신사참배 강요저지를 호소했다. 또 같은 해 3월에는 종교통제를 목적으로 한 '종교단체법안'을 심의하던 제74회 일본제국회의 중의원회의장에 방청객을 가장하고 들어가, 종교법안 제정반대, 기독교 국교화, 신사참배 강요금지, 양심적 교역자 투옥철폐 등을 주요 내용으로 한 경고장을 단상을 향해 투척했다. 이 일로 박 장로는 6년의 옥고를 치르다가 1945년 3월에 순교했고, 안이숙은 해방될 때까지 옥고를 치렀다. 3·1운동 당시 총회장으로서 이 운동에 참가하여 옥고를 치른 바 있는 김선두金善斗 목사도 일본 유학생 김두영金斗英과 함께 신사참배 강요금지를 일본 정계 요로에 진정하고자 1938년 8월 일본으로 건너가 활동했다. 특히 그는 자신의 주장에 동조하는 일본 정계 요인들과 함께 다시 한국으로 돌아와 미나미南次郎 총독의 지시에 의한 장로회 총회의 강제 신사참배 결의를 막고자 했다. 그러나 이 사실이 미리 일제 경찰에 알려져 김 목사는 사전에 구속되었고, 총회 역시 삼엄한 경찰의 압력에 굴복하여 신사참배를 결의·시행함으로써 성과 없이 끝나고 말았다. 이런 청원운동은 일제에 의해 받아들여질 수 없는 것이었고, 청원자 측이 일제의 권력구조 내지 식민통치체제를 인정한 체제 내의 운동이었다는 점, 일제의 신사참배 강요논리를 철저하게 논리적으로 반박하지 못한 점 등에서 한계가 있었다. 하지만 순교를 각오하고 일제의 종교탄압에 대항하여 문제를 확산·폭로하고 불의를 담대하게 경고했다는 점에서 일정한 의의를 지닌 운동이었다.

그러나 1938년 이후 일제의 강압으로 한국 교회가 신사참배에 굴복하자, 이에 반대하는 교역자와 신도들은 서로 연대를 맺어 조직적·집단적으로 저항운동을 전개하기 시작했다. 이들은 신사참배를 강요하는 일제당국과 이를 결의·실행하는 제도권 교회를 비판하면서 신자들을 대상으로 신사참배 거부를 권유하고 거부자들의 결속을 강화하는 운동을 폈다. 그 중심인물은 평남의 주기철, 평북의 이기선李基善, 경남의 한상동韓尙東·이주원·주남선朱南善, 전남의 손양원孫良源, 함남의 이계실 등으로 전국 각지에 분포되어 있었으며, 만주 지역에서도 박의흠朴義欽·김형락·김윤섭 등이 활약했다. 이들은 순회활동을 통해 동지들을 규합하고 운동방침에 관한 수차례의 회합을 갖기도 했다. 그러다가 1940년 3월경의 안동회합에서 ① 신사참배를 죽어도 반대할 것, ② 신사참배를 하는 학교에 자제들을 입학시키지 말 것, ③ 세속화되어 신사참배를 하는 현교회에 절대 출입하지 말 것, ④ 신사참배를 하지 않는 동지들끼리 가정예배를 드릴 것, ⑤ 신앙동지들을 확보하여 신령한 교회 출현의 소지를 육성할 것 등을 협의·결정하고 각 지역에서 이런 운동을 확산시켜나갔다.

일제는 처음에는 이를 검속·탄압했으나, 1940년 6월부터 9월경에 걸쳐 본격적인 검거에 착수, 이들을 붙잡아 재판에 회부하여 해방될 때까지 옥고를 치르게 했다. 1940년에 나온 일제의 「기독교에 대한 지도방침」이나 같은 해 9월 20일 새벽을 기해 전국적으로 실시된 「조선 기독교도 불온분자 일제검거령」은 바로 이들을 탄압하기 위한 조치였다. 그 과정에서 조용학·주기철·최봉석·최상림·김윤섭·박의흠·권원호·김연·최태현 등 순교자가 속출했다.

이상과 같은 조직적·집단적 신사참배 거부운동과 함께, 소규모 혹은 개인적 차원의 신사참배 거부항쟁도 전국적으로 일어났다. 전남의 황두연黃斗淵·양용근 등과 전북의 배은희裵恩希·김가전, 충남의 정태희, 충북의 허성도許聖徒·송용희, 경남의 조용학, 황해도의 이종근·박경구朴敬求 등이 신사참배를 거부했으며, 교파적으로도 장로교는 물론 감리교의 이영한·강종근·권원호, 성결교의 박봉진朴鳳鎭·김연, 동아기독교의 전치규·김영관, 안식교의 최태현 등이 저항했다. 일부 천주교 신자들도 교황청이 신사참배 허용지시를 내렸음에도 양심에 따라 참배를 거부하여 수난을 당했다. 이렇게 신사참배 거부로 인해 투옥된 사람은 대략 2천여 명에 이르렀고, 2백여 교회가 폐쇄되었으며, 순교자만도 50여 명에 이르렀다.

일제의 신사참배 강요는 종교적 문제일 뿐만 아니라 민족모순을 내포하고 있었기 때문에 신사참배 내지 신사에 대한 거부감은 기독교인들에게만 해당되지 않았다. 일반인들도 일제의 강요에 의해 마지못해 참배하는 경우가 많았고, 가정에 가미다나神柵를 설치한 이들도 이에 대한 민족적 반감을 깊이 느끼고 있었다. 각 가정에 모시도록 행정기관을 통해 나누어준 '신궁대마神宮大麻(가미다나에 넣어두는 일종의 신주 내지 부적)'도 바로 폐기하거나 형식적으로 벽에 밥풀·압핀 등으로 붙여둔 예가 많았다. 1944년 가을, 일제의 어용단체인 국민총력조선연맹에서 충남 지역 농가를 대상으로 실태를 조사한 결과, 주민들은 대부분 '왜놈의 귀신', '일본의 귀신'이라며 이를 별도로 취급하거나 방치·폐기하고 있었다. 이런 반감 때문에 1945년 8월 해방되자마자 대부분의 신사들이 민간인에 의해 불타거나 파괴되었다. 이들 신사는 대부분 8월 15, 16일에 방화·파괴되었으며, 해방 후 8일 만에 비슷한 일이 136건이나 일어났다. 일본인 철수와 함께 이들 신궁·신사는 이 땅에서 모두 사라졌고, 그 터는 대부분 공원이나 학교·교회 등 공공장소로 이용되었다.

교회의 분열 요인이 된 신사참배

신사참배에 대한 반론과 거부운동은 우상숭배를 거부하고 기독교 신앙의 순수성을 지키려 했으며, 일제의 억압과 회유에 굴복하여 변질된 제도권 교회의 변질을 경고하고 이에 맞서 투쟁했다는 점에서 교회사적으로 중요한 의미를 지닌다. 뿐만 아니라 그들이 의도하지는 않았을지라도 천황제 이데올로기를 중심으로 한 일본적 체제를 부정하고, 일제의 이른바 황민화정책 내지 민족말살 정책에 저항하는 성격을 지녔다는 점에서 민족사적 의의도 일정하게 가진다. 이런 성격 때문에 일제는 신사참배 거부운동자를 모두 민족주의자로 규정하여 치안유지법, 보안법, 불경죄 등을 적용해 탄압했던 것이다. 일제강점기의 신사참배 논쟁은 당시에도 '순응'하는 측과 거부하는 측으로 교계를 분열시켰을 뿐만 아니라, 해방 후까지 영향을 미쳐 한국 교회의 심각한 교파 분열 요인으로 작용했다.

김승태

한신대학교 강사로 재직 중이다. 한국 근대사를 전공했다. 대표논저로 『일본 내셔널리즘—형태와 성격』(공저), 『한말·일제강점기 선교사 연구』 등이 있다.

해방 ~
1960년대

우익의 반탁 주장과
좌익의 '모스크바 삼상회의 결정' 지지

친애하는 동포여! 망국의 한을 잊지 마라!

'탁치'는 또다시 우리 민족 멸망의 길이다. 친애하는 동포여 굳게 단결하자!

'탁치 지지'를 주장하는 매국노를 소탕하라.

대한민국 임시정부 절대 지지하자.

자주독립만세

삼상회의 결정이 조선의 자주독립을 위하여 가장 옳은 길이라는 것은 정당히 알려지고 있는 바이어니와, 이 결정이 발표되자 가장 선두에서 이를 반대하고 나선 자는 파쇼분자, 친일파, 민족반역자. 그자들은 이제 또다시 12일 서울운동장에서 '반탁국민대회'라는 것을 열어 국제 이간과 민족분열을 획책하고 있다.

박멸하자! 파쇼분자, 친일파, 민족반역자!!

분쇄하자! 반탁국민대회!!

지지하자! 삼상회의 결정!!

앞의 격문은 탁치반대국민총동원중앙위원회에서 1946년 1월 12일에 발표한 것이고, 뒤의 것은 거의 같은 시기에 조선노동조합전국평의회(전평)에서 발표한 글이다. 전자의 우익은 후자를 매국노로 비난하고, 후자의 좌익은 전자를 파쇼분자, 친일파, 민족반역자로 비난했다. 극우와 극좌는 한국 문제가 국제연합에 상정되어 분단정부 수립이 가시화될 무렵까지 모스크바 결정을 두고 서로를 격렬히 비난했다. 서양 학자들은 정책을 제시하여 논쟁을 벌인 것도 아니고, 분단을 무릅쓰고까지 내용이 불분명한 신탁통치 문제를 가지고 해방정국에서 소모전을 벌인 것이 도저히 이해되지 않는다고 한다. 왜 이런 사태가 발생했는가. 먼저 모스크바 결정이 어떤 것인지 살펴볼 필요가 있다.

해방과 한반도 처리 문제

1945년 8월 15일 한국인은 꿈같은 해방을 맞이했지만, 연합국은 한국을 즉각 독립시키는 것을 반대했다. 주로 미국이 주도했지만, 제2차 세계대전 중에 연합국은 한국에 신탁통치를 실시한 뒤 독립시킨다고 잠정합의했을 뿐, 한국 문제에 대한 구체적 방안을 마련하지 않은 채 일본의 항복을 맞이했다. 직접점령이 국익실현에 가장 확실한 방법이었기 때문에 38선을 경계로 미·소 양군이 한반도를 점령했다. 그리하여 4개월 동안 양쪽 지역에 자신의 체제를 이식시키는 데 골몰하다가 1945년 12월 16일에 모스크바에서 열린 미·영·소 3국외상회담에서 한국 문제를 논의했다. 미국은 이미 마련한 계획안에 의거해 신탁통치안을 내놓았으나, 소련은 한국에 조속히 임시정부를 수립하자는 수정안을 제시했다. 12월 28일 미·영·소 세 나라 수도에서 발표된 모스크바 결정은 소련안을 토대로 미국의 신탁통치안이 덧붙여진 것이었다.

이 결정은 제1항에서 조속히 임시민주주의정부를 수립할 것을 천명했고, 제2항에서는 그러기 위해서 미소공동위원회를 소집할 것을 명시했다. 제3항에서는 최고 5년 기한으로 4국(미·영·소·중) 신탁통치를 실시할 것임을 밝혔다. 여기에서 중요한 것은 신탁통치 방안을 이미 수립된 한국 임시정부와 상의하여 미·소공동위원회에서 작성하게 되어 있다는 점이었다. 곧 모스크바 결정에서는 신탁통치를 실시한다고만 했을 뿐, 어떻게 실시한다는 것은 정해지지 않았다. 또한 러시아는 이 부분에서 '후견'의 뜻을 가지고 있었다.

그러나 민족감정은 신탁통치를 용납하지 않았다. 여운형 등의 중도좌파나 김규식金奎植 등 중도우파의 주장처럼 먼저 임시정부를 수립하고 신탁통치는 반대하면 한국 문제는 해결될 수 있었다. 그런 방식으로 대응했다면 해방정국을 격랑으로 몰아넣은 반탁 대 모스크바 결정 지지투쟁은 일어나지 않았을 것이다. 하지만 역사는 그렇게 이성적으로 전개되지 않았다. 그리하여 계급적 이해관계와 정파의 이해관계가 중첩된 상태에서 거센 '찬·반탁' 논쟁이 벌어졌다.

반탁투쟁의 목표

반탁투쟁은 모스크바 결정이 국내에 정확히 알려지기 전부터 시작되었다. 그것도 오보에 의해서였다. 1945년 12월 24일 한민당 입장을 대변하는 『동아일보』에 소련이 청진과 원산에 특별이권을 요구한다는 반소적인 기사가 실렸다. 그 다음 날 『동아일보』는 전일의 보도내용을 확인하지 않은 채 그것을 비난하는 반소 기사를 썼고, 또한 소련이 대일참전의 대가로 한반도를 차지하려 한다는 근거 없는 기사를 실었다. 26일에 이승만은 방송을 통해 소련이 신탁통치안을 주창하고 있다고 시사했다. 특히 27일자 신문의 오보는 심각했다. 『동아일보』는

「소련은 신탁통치 주장, 미국은 즉시독립 주장」이라는 기사에서, 번즈James F. Byrnes 미 국무장관은 소련의 신탁통치안에 반대하여 즉시독립을 주장하도록 훈령 받았다는데, 소련은 남북 전체에 일국 신탁통치를 주장한다고 보도했다. 신탁통치에 관한 정반대 내용을 담은 이 기사의 출처는 미국 모 통신사로만 되어 있었다. 28일에는 전일의 오보를 다시 확산시켰다.『동아일보』는「소련의 조선 신탁 주장과 각 방면의 반대봉화」라는 제목 아래 중경 임시정부 측, 한민당·국민당 등의 신탁 결사반대 의견을 실었다. 29일에는 모스크바 결정을 보도한다고 되어 있었지만, 가장 중요한 임시정부 구성은 언급하지 않고 신탁통치를 실시한다는 것만 자극적으로 보도했다.

12월 29일경부터 거세게 불어온 반탁투쟁은 중경 임시정부 추대운동으로 전개되었다는 데 중요성이 있다. 12월 29일 경교장 중경 임시정부 숙사에 모인 우익 중심의 각정당사회단체대표자회의는 중경 임시정부가 주권을 행사할 것을 건의했고, 같은 날 각정당각계층대표자대회는 국민운동 실행방법으로 "연합국에 임시정부 즉시승인을 요구함"을 첫 번째로 내세웠다. 신탁통치 절대배격은 두 번째로 밀려나 있었다. 또한 이 대회는 "신탁통치 배격운동에 협력치 않은 자는 민족반역자로 규정"한다고 선언했다. 이날 좌익계의 조선인민보사에 약 20명이 침입했는데, 이때부터 해방정국을 특징짓는 테러가 두드러지게 나타났다.

12월 31일 반탁투쟁은 최고조에 달했다. 신탁통치반대국민총동원위원회는 "대한민국 임시정부를 우리의 정부로서 세계에 선포하는 동시에 세계 각국은 우리 정부를 정식으로 승인함을 요구"하는 결의문을 채택했고, 중경 임시정부 내무부장 신익희申翼熙는 전국 행정청 소속의 경찰과 한인 직원을 임시정부의 지휘 아래 예속시킨다는 포고문을 발표했다. 이날 군정청에서 파업이 일어났다.

하지John Reed Hodge 미군 사령관은 김구金九가 쿠데타를 기도했다고 판단했다. 1946년 1월 1일 하지와 김구가 만났고, 김구는 파업을 철회하도록 했다.

반탁투쟁에는 친일파가 적극가담했다. 미군정청 관리들도 대개 조선총독부에 복무했던 사람들이었다. 서울시내 경찰서장도 반탁투쟁에 가담했는데, 이들도 친일파였다. 친일파들은 해방정국에서 계속 반탁투쟁을 벌였다. 반탁투쟁에는 정파 간 이해관계도 작용했다. 국내 신문에 모스크바 결정이 제대로 보도된 것은 12월 30일이었는데, 눈에 잘 띄지 않게 되어 있었다. 미군정은 12월 29일 정오쯤 모스크바 결정의 내용을 전달받았다. 하지는 곧 주요 정당 영수를 초청해 결정사항을 설명하고 탁치가 주권침해가 아니라고 말했지만, 상당수 지도자가 이를 반기기는커녕 오히려 적대적인 반응을 보였다.

모스크바 결정은 한국 문제의 유일한 해결방안이었기 때문에 신중하게 대처할 필요가 있었으나, 정파적 이해관계는 그것을 어렵게 했다. 중경 임시정부 측은 귀국하기 전부터 자신들이 과도정부의 역할을 맡아야 한다고 생각했고, 한민당 등 국내 우익은 좌익의 인민공화국에 대항하여 중경 임정을 적극 지지했다. 또 공산당은 한민당·이승만세력을 친일파로 몰아 공격했는데, 신탁통치 문제가 나오자 오히려 공산당이 매국노로 몰렸다. 반탁투쟁이 중경 임시정부 추대운동이자 반소반공운동의 형태로 전개된 것은 이 때문이었다. 일제 말에 극성을 부렸던 극우적 반공운동은 반탁과 결합되어 이때부터 본격적으로 전개되었다. 친일파들은 적극적으로 반탁·반공투쟁에 가담하여 민족반역자에서 '벗어나' 애국자 행세를 할 수 있었다.

공산당은 우익의 반탁투쟁에 당황했다. 특히 소련이 신탁통치 실시를 주장했다는 보도에 당황했을 것이다. 공산당 측은 처음에는 자신들이 알고 있었던 신탁통치라면 반대한다고 피력하면서, 12월 29일경부터는 신탁통치를 받지 않기 위해서도 민족통일전선을 형성해야 한다고 주장하고, 반파쇼공동투쟁위원회를 결성했다. 공산당은 1946년 1월 2일 인민공화국 중앙인민위원회와 조선공산당 중앙위원회 명의로 모스크바 결정을 지지했다. 1월 3일에 열린 조선자주독립민족통일전선결성촉성시민대회에서 공산당 측은 반탁을 반대하고 모스크바 결정을 절대지지한다고 표명했다. 공산당 측이 모스크바 결정을 지지한 것은 연합국, 특히 소련이 한국에 해로운 결정을 했을 리 없다는 것이 주된 이유였다. 그들은 한국은 연합국의 도움을 필요로 하고 있으며, 카이로회담에서 적당한 시기에 독립을 주겠다고 약속한 것이 최장 5개년 이내로 확정되었기 때문에 우리의 노력에 따라 5년 이내에도 독립이 가능하다고 주장했다. 공산당 측이 모스크바 결정을 지지한 데는 중경 임시정부를 부인하고 친일파 배제가 전제된 임시민주주의정부를 수립하겠다고 천명한 것도 작용했다.

공산당 측의 입장을 찬탁이라고 부르는 것은 정확한 표현이 아니다. 그들은 모스크바 결정을 절대적으로 지지한 것이었고, 그와 함께 신탁통치도 지지한 것이기 때문에, 찬탁세력이라고 부르기보다는 모스크바 결정 절대지지세력이라고 불러야 할 것이다. 그렇지만 여운형-인민당, 백남운-신민당과 달리 신탁통치를 지지한 것은 정치감각의 부족도 한 원인이었다. 한국인은 어떤 형태이든 외국인의 간섭을 원치 않았다. 때문에 외세의존적인 극우가 공산당을 매국노라고 비난한 것은 상당히 설득력이 있었다.

찬·반탁투쟁과 분단

반탁투쟁은 의도했든 하지 않았든 분단으로 나아가게 했다. 1946년 3월 20일에 열린 미소공동위원회에서 소련은 미국이 예상했던 대로 모스크바 결정을 지지하지 않는 반탁세력은 임시정부 구성에서 제외해야 한다고 주장했다. 난항을 거듭하던 미소공위는 소련 측이 양보함으로써 결론을 낼 수 있었다. 반탁투쟁을 했더라도 이후 그런 활동을 하지 않으면 임시정부에 참가할 수 있다는 방안이 제시되었고, 여기 토대를 두어 공동성명 5호가 발표되었다. 그런데 하지와 민주의원 의장대리 김규식金奎植은 김구가 공동성명 5호에 서명하려 하지 않자 서명을 종용하면서, 서명이 곧 신탁 문제에 언질을 준 것은 아니라는 특별성명 등을 발표했다. 그리하여 이승만·한민당 측에 이어 김구가 서명에 동의하자 소련 측이 이의를 제기했고, 때문에 5월 초 미소공동위원회는 결렬되었다. 미국은 반탁투쟁 때문에 딜레마에 빠지지 않을 수 없었다.

공산당의 비현실적인 모스크바 결정 절대지지도 분단으로 가는 데 역할을 했다. 미소공위가 결렬되자 미국은 김구·이승만을 뒷전으로 물러서게 하면서 중도우파의 김규식과 중도좌파의 여운형 중심으로 좌우합작을 성사시켜 미국 측에 유리한 임시정부를 구성하고자 했다. 좌우합작 성패의 열쇠를 쥔 공산당 측은 처음에는 모스크바 결정을 '총체적으로' 지지할 것 등 좌우합작 3원칙을 발표하여 호의적인 태도를 보였으나, 7월 27일 민주주의민족전선(민전)에서는 모스크바 결정을 '전면적으로' 지지해야 한다는 등의 5원칙을 발표했다. 총체적으로 지지할 경우에는 우익과 타협이 가능하지만, 신탁통치 지지의 뜻이 분명한 '전면적' 지지는 우익 측이 절대로 받아들일 수 없었다. 통일 임시정부가 들어서려면 미국과 소련이 다 함께 양해해야 하고, 그러려면 좌우합작의 방법밖에 없었다. 민전 5원칙으로 좌우합작은 깨졌고, 공산당은 9월 총파업 등의 '신전술'로 나왔다.

1947년에 들어 김구와 이승만·한민당은 반탁과 반좌우합작에는 뜻을 같이했지만, 전자는 여전히 중경 임시정부 추대를 주장했고, 후자는 하루속히 단정을 수립해야 한다고 역설했다. 1947년 5월에 다시 미소공동위원회가 열리자 김구와 이승만은 반탁투쟁을 전개했다. 그러나 김구는 1948년 1월 하순 '방향전환'을 하여 남북협상에 의해 통일정부를 세울 것을 주장했다. 그는 남한 단정 수립을 유엔의 입을 빌린 신탁통치로 규정했다. 극우반공정권은 반탁·단정투쟁을 민족자주투쟁으로 강조하면서 그것과 반공투쟁을 신성시했다.

서중석

성균관대학교 사학과 교수로 재직 중이다. 한국 현대사를 전공했다. 대표논저로 『대한민국 선거 이야기』, 『민족주의와 역사교육』(공저), 『이승만과 제1공화국』, 『한국 현대사 60년』 등이 있다.

국대안 파동

1946년 7월 13일 유억겸兪億兼 문교부장은 '국립서울종합대학안'(이하 국대안)을 공식 발표했다. 이 안은 경성대학과 서울 및 근교의 9개 전문학교를 통합하여 하나의 종합대학교로 설립한다는 것이었다('국대안'에 포함된 기존 대학 및 전문학교는 다음과 같다. 경성대학, 경성법학전문학교, 경성의학전문학교, 경성공업전문학교, 경성광산전문학교, 경성경제전문학교, 수원고등농림학교, 경성고등상업학교, 경성사범학교, 경성여자사범학교, 경성치과의학전문학교). 국대안이 발표되자마자 관련 학교 및 일반 사회·정치단체들은 국대안의 현실부적합성, 시기상조, 비민주성 및 반민족성 등을 주장하면서 거의 일년간 반대운동을 전개했다.

좌우익 대결의 쟁점

국대안 반대운동에 대한 역사적 평가는 크게 세 가지로 나누어졌다. 첫째는 국대안 반대운동을 좌익 정치세력의 책동에 의해 조작된 것으로 단정하는 견해로서, 반공이데올로기를 기반으로 하는 보수세력이 견지해온 것이다(이철승, 1976; 선우기성, 1973). 둘째는 좌우익 정치 이념상의 대결을 넘어 민족운동 내지 민족교육운동의 하나로 재평가하려는 노력으로서, 1980년대 이후 소장학자들에 의해 주장되었다(강순원, 1984; 이재오, 1984). 마지막으로, 국대안 반대운동이 초기에는 좌우익 이념을 초월한 순수교육운동이었다가 후기에는 좌익 정치세력의 조종으로 전개되었다는 견해가 있었다(김남식, 1984).

국대안과 그 반대운동에 대한 이해는 일제 식민지상태를 갓 벗어난 한반도가 미·소 군정이라는 냉전체제의 구조 속에 편입되는 과정에서 좌우익세력이 이념적 대립을 겪고 있었다는 맥락에서 출발할 필요가 있다. 왜냐하면 국대안을 고안하고 지지한 정책입안자와 그 안을 반대한 세력들 모두 당시 탈식민지 한반도의 상황과 미·소를 축으로 급속하게 진행되고 있던 세계냉전체제와 긴밀하게 연결되어 있었기 때문이다. 국대안 지지세력과 반대세력은 탈식민지 한반도의 민족적 과제를 달리 인식했고, 그들의 계급기반과 그에 따른 정치이데올로기도 상이했으며, 미군정이라는 특수한 역사상황을 각자의 이해관계에 맞추어 대응해나가는 데서도 차이점을 보였다.

국립대학의 필요와 교육 엘리트

국대안과 그 반대운동의 쟁점을 다루기 전에, 국대안이 발의된 시기적 정황과 당시 교육 엘리트들에 대해 간략히 살펴볼 필요가 있다.

국대안은 1946년 7월에 발표되었는데, 그해 5월 제1차 미소공동위원회가 결렬되었고, 그에 따라 미국은 자신의 지지기반을 확보하기 위해 남한 내에 강력하고도 지속적인 민주주의적 제도를 발전시켜나갈 제반조건을 형성해야 한다고 인식했다. 그 결과 남한에 건설적인 경제 및 교육개혁이 추진될 필요가 있다고 보았고, 국대안은 그런 필요성에서 제기된 고등교육정책으로서, 미국의 지지기반을 확보하기 위한 정치적 영향과 무관할 수 없었다. 1946년 중반의 미군정기 교육정책은 이전의 현상유지적 교육정책과는 달리 적극적인 정책으로 변화되고 있었다(이광호, 1985). 미군정 관리들은 한국인 관리들과 함께 활동하면서 이들이 미국의 이해를 대변하는 집단임을 확인할 수 있었다. 그에 따라 한국인 관리들이 제의한 국대안 같은 정책은 미군정청에 의해 호의적으로 수용될 가능성도 높았다.

미군정은 대한반도전략의 기본방향을 냉전이데올로기를 기초로 한 대소전략 차원에서 일차적으로 규정하고, 미국에 우호적인 정치세력을 영입하되 체제변혁적 세력은 체계적으로 배제시켰다. 교육 엘리트집단도 이런 기본방향에서 예외가 아니었다. 미군정에 의해 선발되어 교육정책의 주체로 등장한 문교관리 및 교육전문가들은 대체로 지주계층 출신의 고학력자와 유학 경험자가 다수를 차지했고, 한민당, 민족청년단 및 홍사단 등을 기지로 반공이데올로기에 기반한 보수주의자들이었다.

이들 교육 엘리트는 미군정 관리들과 함께 주요 정책을 주도하면서 한국 현대교육의 방향성을 규정지었다. 유억겸, 오천석吳天錫을 비롯한 교육 엘리트들에 의해 설정된 교육적 과제는 크게 세 가지로 분류된다. ① 일제식 교육잔재의 청산, ② 민주교육 이념의 실현, ③ 자주적 민족교육의 정립이다. 이런 기본 과제는 사실상 이데올로기의 차이를 초월해서 당시 많은 지식인들이 갖고 있던 이상론이었다. 중요한 점은 이런 과제를 구체적으로 어떻게 어느 정도 실행해나가느냐에 있었다. 국대안과 그 반대운동은 각 세력이 이런 과제들에 대한 인식과 실천론에서 어떻게 달랐는지 극명하게 보여준다.

문교부가 발표한 국대안에 의하면, 국대안의 이점은 크게 두 가지로 요약될 수 있었다. 하나는 현실적 교육난제를 풀어나가면서 미래의 우수인력을 생산해

나가자는 것이다. 기존 물적·인적 자원을 최대한 활용하고 문교재정을 효율적으로 운영할 수 있다고 했다. 다른 하나는 일제 식민지잔재인 기존 제도를 전면 폐지하고, 새로운 국가에 새로운 제도를 성립시킨다는 것이었다.

국대안 찬반 논리

국대안이 발표되자마자 학생들은 물론 사회 일반에서도 국대안이 갖고 있는 문제점에 대한 우려가 표명되었다.

첫째, 이상론적 측면에서는 국립대학의 필요성에 이론을 제기할 사람이 없었지만, 현실적합성이나 시기상의 문제에서 다음과 같은 우려가 표명되었다. 우선 한국독립당의 엄우룡嚴雨龍은 "종합대학안이 선진국가의 학제로서, 그 성과를 보아 무조건 반대할 의사는 없으나, 그같이 중대한 국가적 관심사는 통일정부 수립 이후에 조선적 입장에서 신중히 검토하여 입안해야 한다"(『서울신문』 1946. 8. 31)고 주장했다. 완전 독립이 성취되지 않은 상태에서 국립대학교 설립안은 '국립' 자체가 성립될 수 없는 시기에 발의된 정책이기 때문에 현실적으로 타당성이 없다는 것이었다. 국대안을 주도한 것으로 판단되는 오천석 문교부차장도 시기상조론이 근거 있는 비판임을 인정하고 있었다. 그렇지만 오천석은 "독립정부가 언제 성립될 것인지가 확실치 않으므로 정부 수립 이전에 본 안을 제시한 것"(『동아일보』 1946. 9. 11)이라고 덧붙였다. 엄우룡과 오천석의 의견차이는 그들이 자주독립국가의 설립을 어떻게 달리 조명하고 있었는지 단적으로 보여준다.

둘째, 국대안이 사실상 일제 잔재를 청산하는 것이 아니라 오히려 지속시키는 역할을 한다는 비판이 나왔다. 국대안 반대세력은 일제 잔재 청산의 철저성을 강조하면서, 친일파 배제와 일제의 영향 아래 형성되었던 제도폐지를 주장했다. 서울대 상대 박용하(朴容夏) 학장을 비롯하여 과거 친일행적이 뚜렷한 교수들에 대한 학생들의 저항에서 나타나듯이, 친일파 제거는 국대안 반대운동에서 중요한 과제였다. 또한 국대안 반대세력이 주장했던 일제하 교육제도의 폐지는 단순히 일제시대에 성립된 제도라고 무조건 폐지하자는 것이 아니었다. 그들은 일제가 식민통치를 목적으로 교육을 이용했던 것과 같은 제국주의적·전체주의적 방식을 청산한다는 데 강조점을 두었다. 예를 들어 경성제대 이공학부 성립을 지연시킨 정책이나 사회과학 분야를 탄압했던 정책은 효율적인 식민지교육을 추진하기 위해서였다고 인식하면서, 국대안으로 인해 자연과학과 사회과학 계통의 학교가 축소 내지 폐지되는 것은 식민지교육을 답습하는 것이라고 주장했다.

셋째, 국대안 반대세력은 국대안이 학문과 연구의 자유, 사상과 이념의 자유를 억압하는 정책이라고 이해했다. 국대안이 발의되자마자 일부에서는 국대안이 재임용 과정을 통해 진보적 사상을 지닌 교수들을 배제시키기 위한 정책이 아니냐는 우려가 표명되었다. 또한 국대안은 기존의 교수회가 폐지되고 총장을 비롯하여 그 이하 교수들의 지위가 이사회에 종속되는 특징을 보여주는데, 이는 교수회의 자치권을 침해하는 것으로 이해되었다. 학생들의 경우 그들이 등록할 때 몇 가지 서약을 하게 되어 있었는데, 그 하나가 학장의 승인 없이는 어느 단체에도 참여할 수 없다는 것이었다. 이 규정은 학생들의 자율적인 과외활동을 제한하고 있음을 의미했다. 결과적으로 국대안은 교수·학생들의 자율권을 제한하고 그들의 사상적 자유를 침해한다고 인식되었다.

넷째, 국대안이 구상되고 결정되는 방식이 비민주적이고 독단적인 행정이었다고 비판되었다. 이 안이 결정되기 전에 관련 학교와 사전협의가 전혀 없었다는 점은 문교당국의 비민주적 행태와 업적제일주의를 보여주는 것이라고 지적되었다. 또한 국대안 반대세력은 행정관료들로만 구성된 이사회조직과 이사회의 막강한 권한을 주목하면서, 관료주의적 문교행정이 초래할 획일적인 교육, 중앙통제식 교육, 관권이 개입된 교육, 그리고 다수의 의견과 비판이 수렴되지 않는 비민주적 교육에 초점을 맞추어 비판했다.

격렬한 반대행동의 확산—맹휴

국대안 반대 집단행동이 본격 확산된 것은 1946년 9월, 관련 대학 학생들이 등록을 거부하고 제1차 맹휴에 들어가면서부터였다. 상과대를 시작으로 각 단과대학들이 맹휴에 참가했는데, 이때 제기된 문제들을 보면 친일교수 배척, 경찰의 학원간섭 중지, 집회허가제 폐지, 국립대 행정권 일체를 조선인에게 이양할 것 및 미국인 총장을 한국인으로 대체하라는 것이었다.

1947년 2월 한 달간은 제2차 맹휴기로서, 이 시기에는 국대안 반대운동이 정치적 상황과 긴밀히 관련되어 좌우익 대결이 구체화되었고, 미군정청에서는 급기야 국대안 문제를 입법의원에 상정하기로 결의했다. 국대안 반대운동이 이 시기에 학원 문제의 차원을 넘어 좀 더 구체적으로 정치적 성향을 띠게 된 배경에는 당시의 정치상황이 있었다. 제1차 미소공위가 결렬된 후 전개되었던 좌우합작운동이 1946년 말부터 쇠퇴했고, 1947년 1월부터 찬탁과 반탁을 둘러싼 좌우익 대립이 재연되었다. 그 결과 탁치안을 둘러싸고 전개되었던 좌우익 학생들의 대결이 국대안 문제를 중심으로 제2차 맹휴기에 재연되는 양상을 띠었다. 보다 표면화된 좌우익 정치세력의 관여로 국대안 반대운동세력도 맹휴견지파와 맹휴중지파로 갈라지게 되었다.

또한 국대안 반대운동을 적극적으로 반대하는 세력이 등장했는데, 그 대표적인 것이 우익 학생단체인 전국학생총연맹이었다. 이들은 맹휴반대투쟁위원회를 조직하여 맹휴가 좌익 정치세력의 선동이라고 주장했다(『경향신문』 1947. 2. 9). 맹휴사태에 대한 미군정의 입장도 맹휴가 좌익 정치세력의 정치적 목적때문에 야기된 것으로서, 소수 좌익 학생들이 맹휴를 선동했다는 데 강조점을 두었다(『G - 2 Periodic Report』, 1947. 2. 8; 2. 15; 2. 18; 2. 28). 한편 우익 정치단체들은 국대안 반대운동의 전국적 파급이 소군정의 지령에 따라 좌익 정치세력인 남로당에 의해 선동된 결과라고 주장했다(이철승, 1976). 이에 대해 북한 문제 연구가인 김남식金南植은 당시 당 조직체계의 원칙과 미약한 남로당 중앙조직의 지도성을 고려할 때, 소군정 지시설이나 남로당 선동설은 근거가 미약하다고 주장한다.

제2차 맹휴기에서 또 하나 주목할 점은 국대안 반대운동이 각급학교별로, 그리고 전국적으로 확산되었다는 점이다. 여기서 국대안과 직접 관련된 학교를 제외한 나머지 대학과 중등교는 국대안 자체를 반대하기 위해 맹휴를 했다기보다는 각 학교가 갖고 있던 문제, 예를 들어 편파적이고 비양심적인 교육행정, 학원의 자유, 신앙의 자유 등을 중심으로 맹휴를 전개했다. 결국 국대안을 계기로 학원 문제가 사회 문제로 번지자, 해방 이후 각 학교에서 축적된 채 방치되어왔던 문제들이 일시에 표출되었던 것이다.

1947년 3월, 학기가 시작되면서 서울대 일부 단과대는 맹휴를 중지하기로 결의했으나, 사대·농대·상대·공대 학생회는 맹휴를 계속 전개시키기로 결의했다. 이들 맹휴견지파는 입법의원의 국대안 수정안이 국대안에 내포된 본질적 모순을 제대로 인식하지 못한 채 기만적 미봉책에 머무르고 있다고 주장했다. 또한 제명처분 운운 및 복적원 제출 문제 등과 같은 강압적 태도는 학교당국이 문제를 풀어나가기 위한 성의가 전혀 없음을 나타내는 것이라고 인식했다. 농대의 경우 단식투쟁에까지 돌입하여 맹휴를 전개했는데, 3월 19일 학교당국은 단식투쟁 학생들을 기숙사에서 전원 강제추출하기에 이르렀다.

당시 국대안을 반대하면서 맹휴에 동조한 일부 중학교는 3월 22일 단행된 총파업을 지지함으로써 특정 정치세력의 입장을 옹호하는 태도를 나타냈다. 특히 국대안 반대세력에 대한 탄압이 심해지자 국대안 반대운동을 끝까지 전개하던 사람들은 더욱 정예화되어 미소공위 재개에 때맞추어 당세 확장을 위해 지방에 파견되는 등 뚜렷한 정치적 성향을 나타냈다. 그러나 가열되었던 맹휴는 3월 이후 급격하게 약화되었다.

한편, 서울대 이사회는 국대안 문제를 종결짓기 위해 6월 13일 제적학생의 무조건 복교를 결정했다. 그렇지만 이는 내용적으로는 조건부 복교였다. 제적학생들이 복교원을 내면 각 대학교수회가 그것을 심사하여 합격 여부를 발표한다는 것이었다. 결과적으로 복교원을 제출한 학생 중 10~20%가량은 복적을 불허 받았다.

마지막으로, 미국인 총장을 한국인으로 바꾸라는 국대안 반대세력의 요구에 따라 제2대 서울대 총장으로 이춘호李春昊가 선임되었다. 입법의원 본회의에서 총장선임 문제가 비공개 토의되었는데, 총장인준은 거부되었다. 이에 대해 헬믹C. Helmick 군정장관 대리는 이춘호가 총장 적격자임을 주장하는 서한을 입법의원에 보냈고, 재심사를 요청했다. 재심사 결과 45 대 14로 인준이 가결되고, 제2대 한국인 총장이 결정됨으로써 국대안 반대운동도 일단락되었다.

국대안과 그 반대운동은 탈식민지라는 역사적 특수성, 냉전체제가 형성되고 있던 국제정세, 그리고 미군정이라는 신식민지체제 속에서 이해될 필요가 있다. 국대안 반대운동은 시대적 상황으로 볼 때 정치적 속성을 띨 수밖에 없었다. 요컨대 한반도 분단 이후 지배적인 반공이데올로기가 국대안 반대운동을 이해하는 폭을 크게 제한시켜왔다는 것이다.

　국대안 반대운동은 좌익이나 우익 어느 한쪽의 경직된 정치이데올로기만으로 이해될 수는 없다. 국대안 반대운동은 일제 잔재를 철저히 청산하고 학원에서의 이념적 자유를 보장받고, 또 독립국가로서의 민족자주성을 확보해야 한다는 기본원칙을 갖고 전개된 학생운동이자 사회운동이었다. 그 반대운동으로 인해 국대안 자체가 갖고 있던 외세의존적 성향이나 업적주의를 기반으로 한 문교행정, 그리고 일제 잔재 청산의 불철저성이 사회 문제가 되었고, 극히 제한적이나마 일부 문제는 해결을 볼 수 있었다.

최혜월

미국 애리조나 주립대학교수로 재직 중이다.

토지개혁과 농지개혁

농지개혁을 둘러싼 논쟁은 두 번에 걸쳐 전개되었다. 해방 후 농지개혁을 앞두고 토지개혁을 어떤 내용으로 할 것인가를 놓고 좌우익의 격렬한 논쟁이 있었다. 그리고 1980년대에 농지개혁의 결과와 성격을 어떻게 평가할 것인가를 놓고 논쟁이 벌어졌다.

농지개혁 내용을 둘러싼 논쟁

첫째, 좌익 진영의 무상몰수 무상분배 토지개혁안이다. '전농'은 북한 토지개혁이 실시된 후인 1946년 5월 "토지 문제의 평민적 해결을 위하여" "일본제국주의자, 친일파, 민족반역자뿐만 아니라 5정보 이상 소유하는 자경自耕치 않는 지주의 모든 소작지 몰수, 고농·토지 없거나 적은 농민에 대한 무상분배"를 주장했다. 조선공산당은 1945년 9월 7일 정치강령에서 "일제 및 친일적 조선인 및 반동지주의 소유지는 전부 몰수해서 이를 국유화하여 농민에게 무상으로 분배한다. 기타 일본인 토지는 몰수하여 국유로 하고 빈농에게 분배하고 금년의 소작료는 3·7제를 기준으로 한다"고 선언했다. 인민당은 1945년 11월 결성

당시 토지 문제에 관해서 "조선 내의 일본인 재산 및 민족반역자의 재산은 몰수하고 국유로 한다. 몰수한 토지는 국영 혹은 농민에게 분배한다. 농민 본위의 농지의 재편성 및 경작제도를 수립한다"는 정책을 내걸었다. 신민당은 토지정책으로 "일제 및 친일분자의 토지는 몰수한다. 몰수한 토지는 농민에게 분여한다. 소작제는 폐지한다. 10정보 이상의 대지주의 경우는 무상몰수 무상분배한다"는 강령을 내놓았다. 조선공산당·인민당·신민당이 합동해서 1946년 11월 결성된 조선로동당은 9월 준비위원회 이름으로 발표한 강령 중 토지개혁에 관해서 "일본인과 조선인 지주의 토지를 몰수한다. 몰수한 토지는 토지 없는 농민, 토지 적은 농민에게 무상으로 분여한다"고 선언했다.

우익 진영은 좌익과 중간파의 무상분배안에 대해서 "무상분여한 토지는 제3자에게 양도할 수 없을 것이고 농민에게는 경작권만을 부여하게 될 것이니 무상분여는 결과에 있어서 토지는 국유로 하고 농민은 농노화된 것"이라고 비판했다. 이에 대해 좌익 진영은 무상몰수는 토지사유를 철폐하는 것이 아니라 봉건적 토지소유를 근절시키기 위한 것이고, 토지처분권이 인정되지 않더라도 농민의 토지사유가 부정되는 것이 아니며, 농민에게 토지의 임의처분권을 인정한다면 토지겸병을 막을 수 없을 것이라는 논리로 대응했다.

둘째, 우익 진영의 유상매수 유상분배 농지개혁안이다. 일제의 패퇴로 지주계급은 큰 타격을 받아 소작권 박탈 등을 자행하기 어려웠고 소작료도 제대로 거둘 수 없었다. 이에 지주계급은 농지개혁 실시 자체는 반대하지 못하고, 대신 농지개혁이 자신에게 유리한 방식으로 실시되도록 책동했다. 한국민주당은 창당 초기에 "3·1제 소작료의 실시와 대지주소유지의 유상매각"(유상몰수가 아닌 지주 자의에 의한 매각)으로 토지개혁에 반대했다. 그러나 북한에서 토지개혁이 실시된 뒤 미소공동위원회 활동이 활발해지고 좌우합작운동이 본격화된 1946

년 9월부터는 토지개혁정책이 '유상매수 유상분배'로 바뀌었다. 농민의 요구를 수용하되 지주계급의 자본가계급으로의 전환을 국가가 보장해야 한다는 논리로 지주이익을 옹호하는 선으로 후퇴한 것이다. 우익 진영의 유상분배안에 대해 좌익 진영은 "농민이 지주에게 이자까지 붙여가면서 토지대금을 갚아야 된다고 하면 구 지주에게 예속되어 참담한 채무생활을 하지 않을 수 없고, 이것은 농노제의 재판"이라고 비판했다.

셋째, 중간파는 유상매수 무상분배 토지개혁안을 내놓았다. 온건중도 좌우파 세력이 집결한 합작위원회가 마련한 합작7원칙(1946. 10. 4)에서는 "몰수, 유조건 몰수, 체감매상과 무상분배"의 토지개혁안을 제출했다. 이에 대해서 한민당은 매수자금의 조달곤란을 이유로 반대했고, 좌익은 국가가 토지대금을 부담한다는 것은 결국 국민 전체가 부담한다는 것인데 농민이 대다수인 상태에서는 결국 농민에게 부담시키는 것이므로 명목뿐이고, 농업 이외 산업부문에 부담시키는 것은 이들 산업의 발달을 저해하는 것이라고 비판했다. 이 중간파 안에서 체감매상 부분은 그 후 입법의원의 토지개혁법안에 반영되었지만, 무상분배 원칙은 입법의원 구성에서 좌익의 제거로 인해 유상분배로 바뀌었다.

중간파 토지개혁안으로 특이한 것이 김준보金俊輔의 『토지개혁론요강』(1948)이다. 김준보는 "토지는 국유를 원칙으로 하되 일체의 토지를 일시에 국유화할 필요는 없고 당장 국가가 수용할 토지는 구 일본인 재산을 제외하고는 원칙적으로 소작지에 한하고, 자작지는 적정규모를 초과한 부분에 한하여 그 대상이 될 것"이라고 했다. 보상과 분배대가 상환방식 가운데 '유상매상 유상분배'는 근본적으로 지주계급들의 기만이고, '유상매상 무상분배'는 국고의 부담이 과대할 뿐 아니라 유죄한 지주에게까지 너무 관대한 은전이며, '무상몰수 무상분배'는 지주에게 너무 가혹하다고 비판했다. 특히 유상매수에 대해서는

"영구히 고율적 지대를 지주의 기득권으로 인정하자는 것이니 불로소득인 지대의 발생으로 인한 사회악을 제거하려는 토지개혁의 이상과 이론상 맞지 않는 시책"이라고 비판했다. 체감보상주의도 절충론에 불과하다고 보았다. 지주보상방법으로서 시가(내지 공평가격)에서 '순전한 불로소득'('적정 소작료'를 초과하는 지대소득)을 공제한 소액을 연불조건으로 보상할 것을 주장했다. 이렇게 국유화된 토지는 농민들의 경작조합에 무상분배하고 이 경작조합이 농민에게 경작료를 받고 분할경작시키는 것이 향후 대규모 경영의 방향을 모색하는 데 유리할 것이라고 했다. 김준보의 토지개혁안은 '소액보상 토지국유화, 무상분배, 유상대부'라고 할 수 있는데, 불분명한 부분이 많고 현실과 괴리가 심했다.

넷째, 미국의 부르주아적 농지개혁안이 있었다. 미군정은 초기에는 본국정부의 권고를 물리치고 토지개혁을 계속 연기했다. 식량위기 극복에서 신한공사 귀속농지가 수행했던 역할(전체 미곡공출의 30%를 차지)을 포기하기 어려웠고, 또 미군정은 점령 초기에는 취약국가여서 농지개혁 같은 급진적 변화를 의미하는 개혁에 엄두를 낼 수 없는 입장이었다.

1947년 동서냉전이 본격화하고 미소공동위원회가 결렬되자, 미국은 한국이 독립국가로서 존속할 수 있는 건전한 토대를 구축하기 위해 "과감하고 적극적이며, 또한 장기적인 개혁"에 착수하는 것이 바람직하다는 결론을 내리고, 남한 내 단독정부 수립기반 조성을 목적으로 1948년 5·10총선 직전인 3월 22일에 귀속농지를 매각했다. 이승만을 불신하여 토지개혁의 기정사실화를 통해 좌파세력의 대중적 기반을 몰락시키려 한 것이다. 미군정은 구 일본인 소유농지(귀속농지)를 당시 시세대로 생산물의 3배로 쳐서 매년 2할씩 15년간 분할상환하는 조건으로 농민에게 매각했다. 철저하게 부르주아적 방식의 농지개혁이었다.

이상에서 보듯이 해방 직후 변혁적 정세가 조성됨에 따라 토지국유와 무상몰수를 주장하는 진보적 견해가 폭넓게 수용되고 있었다. 일제하에서는 토지국유를 지향하면서도 현실적으로는 유상매상론을 인정했던 진보적 민족주의 계열 인사들도 해방 직후에는 토지국유와 무상몰수를 주장했다. 당시 조건에서는 인민민주주의혁명적 토지개혁과 부르주아적 토지개혁이 대립한 것이다. 그러나 1946년 10월 인민항쟁을 계기로 남로당을 비롯한 좌익 계열 정당이 불법화되고 1948년 5·10 남한 단독 총선거에 남북협상과 정치세력들이 불참함으로써 제헌의회가 우익인사 위주로 구성된 결과 무상방식의 농지개혁론은 입법무대에서 사라지고, 농지개혁은 우익과 미국 측이 주장한 유상매수·유상분배방식으로 귀결되었다.

농지개혁 평가와 성격 논쟁

1980년대에 농지개혁의 내용과 성격에 관한 논쟁이 다시 일어났다. 한국사회의 민주화와 민족민주운동의 역량성장으로 한국사회 총체적 변혁의 과제가 무엇인지 모색하는 과정에서, 한국사회구성체 논쟁의 일환으로 기존의 농지개혁 평가와 농업 문제인식에 대한 검증이 요구된 것이다.

첫째, 지주의 소작지 방매시기와 방매조건을 둘러싼 논쟁이 있었다. 황한식 등은 지주의 강매로 시가대로 매매되었다고 했다. 이에 대해 필자는 방매시기는 1948, 49년에 집중되며, 방매가격은 시가의 50~70% 수준이었고, 대부분 기존 소작농에게 방매되었다는 조사결과를 발표했다. 박석두의 조사결과도 유사했다. 홍성찬洪性贊은 지주가의 경영문서를 토대로 지주의 사전방매가 북한 토지개혁 직후인 1946년에 많았으며, 소작지 방매가격도 연생산물의 1.52배로 농지개혁의 상환가격보다 불리했다는 사실을 밝혀냈다.

해방 후 지주세력은 크게 약화된 반면, 소작농민들의 토지개혁 요구는 거세었고, 1946년 봄에 북한에서 토지개혁이 실시되었다. 따라서 지주들은 쫓기는 처지에서 소작지를 매각했으며, 매각조건도 지주에게 유리할 수 없었다.

둘째, 농지개혁 실시 시기를 둘러싼 논쟁이 있었다. 사쿠라이櫻井浩는 1950년 6월 23일에 「점수제點數制 규정」이 공포되었으므로 한국전쟁 전까지 농지개혁은 이루어지지 않았다고 주장했다. 그리고 6월 25일에 북한이 전쟁을 일으킨 이유는 남한의 농지개혁이 실시되기 전에 자신들의 주도하에 토지개혁을 실시하기 위해서였다고 했다. 반면 김성호와 필자는 『농지개혁사 연구』(1989)에서 「분배농지 예정지 증명서」가 3월 하순부터 4월 초순 사이에 배포되었으므로 한국전쟁 전인 1950년 4월경에 농지개혁이 이루어졌다는 주장을 펼쳤다.

농지개혁사업의 실시 시기는 농민에게 분배대상 농지가 명확하게 통지되는 시점을 의미할 것이다. 그렇다면 「분배농지 예정지 증명서」가 분배대상 농가에 발부된 1950년 4월이라고 봐야 한다. 해방 후 계속 미루어졌던 농지개혁이 3월 10일 개정법률 공포 후 6·25 직전에 급히 실시된 것은 미국이 북한의 쟁개시를 사전에 인지하고 미리 대처한 것으로 판단된다.

셋째, 농지개혁의 성격을 둘러싼 논쟁이 있었다. 여기서는 크게 세 가지 견해가 대립했다. 우선 황한식과 박현채朴玄埰는 농지개혁의 기본성격이 "봉건적 지배의 타협적 해소"였다고 보았다. 그 근거로 개혁주체가 농민이 아닌 미군정, 지주 및 보수적 관료집단으로서 '지주적 진화의 길'을 걸었으며, 소작지 중 20% 정도만 분배되고 나머지는 시가기준의 일시결제로 방매되거나 형식적인 소작지 명의변경이었으며, 개혁의 결과 그전보다 경지규모가 더욱 영세해졌고 소작제가 확대된 점 등을 지적했다. 이들은 소작제 재생 및 확대의 근본원인도 농지개혁에서 누락된 소작지에서 찾았으며, 소작제의 성격도 일제하와 같은 반봉건적인 것이었다고 보았다. 다음으로 김준보는 농지개혁을 독점자본의 소농유지정책으로 파악했다. 농지개혁은 노동자화하려는 소작농에게 토지를 부여하여 중산계급을 형성함으로써 농촌위기를 안정시키려는 정책의 소산으로서, 농지개혁은 지주계급을 배제하고 독점자본과 소농계급을 직결시키는 기구를 형성했다는 것이다. 마지막으로 김병태와 필자 등은 농지개혁이 개혁 전의 반봉건적 토지소유를 해체하고 농민적 토지소유를 확립한 것으로 보았다.

황한식과 박현채의 견해는 이론적 측면에서 분할지소유의 개념을 지나치게 특수역사적인 것으로, 즉 농민의 힘으로 쟁취된 것, 모든 농민이 자립하는 데 충분한 토지를 갖는 것, 자본주의적 분해의 전망을 가지는 것 등으로 파악함으로써 분할지소유 범주의 보편적 내용을 축소했다는 문제점이 있다. 김준보의 주장은 자본주의의 본질이 이윤추구가 아니라 임노동 고용관계라는 점과, 일제하와 해방 직후 농민운동의 주된 실천과제가 소작쟁의 내지 지주소유토지의 분배 요구 등 반봉건투쟁에 집중된 사실에 비춰볼 때 현실과 괴리되었다.

농지개혁을 성공이냐 실패냐로 평가하는 것은 옳지 않다. 농지개혁을 평가할 때는 봉건적 토지소유의 해체 여부에 초점을 맞추어야 한다. 농지개혁을 통해 반봉건적 지주제는 기본적으로 타파되었다. 따라서 한국 농지개혁의 성격은 '위로부터의 부르주아적 개혁'으로서 반봉건적인 지주적 토지소유를 해체하고 농민적 토지소유를 확립시킨 데 있다고 할 수 있다. 1989년 『농지개혁사 연구』의 출간을 계기로 논쟁은 일단락되었다.

장상환

경상대학교 경제학과 교수로 재직 중이다. 정치경제학을 전공했다. 대표논저로 『세계화시대 한국 자본주의』(공저), 『한국 자본주의의 재생산구조 변화』(공저), 『대안적 경제전략과 한국 경제』(공저), 『진보정당을 말한다』 등이 있다.

해방 직후 좌우익의 민족문학 논쟁

해방 직후 민족문학 논쟁은 첫째, 식민지 치하에서의 민족주의문학과 프롤레타리아문학 사이의 갈등과 대립이 새로운 인물들에 의해 새로운 양상으로 표출된 것임을 기억할 필요가 있다. 주지하다시피 1920년대 중반부터 민족주의문학과 프롤레타리아문학은 상호 활발한 논쟁을 벌이다가 일제의 프로문학 탄압이 본격화되면서 1930년대 중반 이후 발전적 논쟁을 벌일 기회를 원천적으로 봉쇄당했다.

둘째, 해방 직후 민족문학 논쟁은 좌우익 문학 사이의 본격 논쟁이라기보다는 일종의 국지적 논쟁에 불과했다는 사실을 기억해야 한다. 그것은 당시 좌익에서 결성한 '문학가동맹'이 범문단적 단체를 건설하기 위해 '민족문학'을 슬로건으로 내걸고 일제강점기의 모든 문학적 유산을 비판적으로 포용하는 자세를 취하고 있었기 때문이다. 이 사실을 우리는 한효韓曉의 "민족문학 건설이라는 중요한 시기에 적은 점에서 감정적으로 나가지 말고"라는 발언을 통해 어느 정도 짐작할 수 있다. 또한 직접 논쟁을 벌인 사람들이 당시 문단을 대표하는 중량급 인물들이 아닌 좌우익의 소장파들이었다는 사실도 이 점을 짐작할 수 있게 한다.

셋째, 해방 직후 민족문학 논쟁은 논쟁 그 자체만이 아니라 그 배후에 있는 조직체의 동향까지 잘 살펴야 한다. 그것은 이 논쟁의 성격이 논쟁에 참가한 당사자들의 문학적 성향 못지않게 조직체의 정치적 지향점에 의해서도 제약을 받고 있었기 때문이다.

민족문학 건설의 기치

민족문학 건설이라는 명제는 좌우를 막론하고 해방 직후 거의 모든 문학단체가 내세운 슬로건이었다. 좌익 쪽의 '문학가동맹'은 물론이고 우익 쪽의 '문필가협회', '청년문학가협회'도 그러했다('문필가협회'는 "조선 문학의 발전"을 강령으로 내걸었지만 이 용어도 '민족문학의 건설'이라는 말과 별 차이가 없다). 이렇게 좌우익 문학이 일치했는데 무엇이 문제인가? 문제는 대부분의 정치적 언어들이 그렇듯이, '민족문학'이라는 용어 자체가 중요한 게 아니라는 데 있다. 중요한 것은 그 용어를 애용하는 사람들이 뒤에 숨기고 있는 의도와 이데올로기적 성격이며, 민족문학 역시 이 점에서 예외가 아니었다.

해방 직후의 민족문학은 용어의 동일성과는 상관없이, 좌익 쪽의 경우 '일제 잔재의 소탕과 봉건 잔재의 청산'이라는 정치적 방향을 향해, 우익 쪽의 경우 '진정한 민주주의 국가건설과 완전한 자주독립'이라는 정치적 방향을 향해 나아가고 있었다. 그리고 이런 정치적 방향은 직접적으로는 신탁통치 문제에 대한 찬성과 반대로 나타났고, 간접적으로는 소련과 미국이 대표하는 두 이데올로기에 대한 선택으로 나타났다. 그렇기 때문에 해방 직후의 민족문학 문제를 이해하기 위해서는 당시 문학단체들의 성격과 노선을 먼저 파악할 필요가 있다.

해방 직후 가장 먼저 등장한 문학단체는 임화, 김남천金南天에 의해 발족된 '조선문화건설중앙협의회'였다. 카프의 핵심인물이었던 이들은 해방 다음 날인 1945년 8월 16일 재빠르게 '문인보국회' 간판을 철거하고 그 자리에 새 간판을 내걸었다. 그리고 남로당의 지지를 등에 업고 1945년 12월 13일에는 이기영李箕永, 한설야韓雪野, 한효 등이 주축이 된 '조선프롤레타리아문학동맹'을 흡수통합하면서 명칭을 '조선문학가동맹'으로 바꾼 다음, 1946년 2월 8일과 9일 양일간에 걸쳐 민족문학 건설을 목표로 '제1회 전국문학자 대회'를 개최함으로써 가장 강력한 문학단체로 부상했다. ① 제국주의 잔재 소탕, ② 봉건주의 잔재 청산, ③ 국수주의 배격, ④ 진보적 민족문화 건설, ⑤ 조선 문학의 국제문학과의 제휴라는 5개항을 강령으로 내세운 이 대회에는 이태준李泰俊, 권환權煥, 신석정辛夕汀, 윤기정尹基鼎, 김남천, 김광균金光均, 김태준金台俊, 임화, 홍구, 박영준朴榮濬, 김기림金起林, 노천명盧天命, 오장환吳章煥, 피천득皮千得 등이 참석했다.

여기에서 주목할 점은, 당시 이 단체가 토론 과정에서 격론을 벌인 문제가 '문학가동맹'이냐 '문학동맹'이냐는 명칭 문제였던 데서 알 수 있듯이 일단 특정 이데올로기에 대한 충실성보다는 역량 있는 전문작가를 더 중시하려는 노력을 보여주었다는 사실과, 참석자의 면면에서 알 수 있듯이 민족문학의 건설이라는 슬로건 아래 개별 문인들이 지닌 이데올로기와 상관없이 다수의 문인들을 포용하려 했다는 사실이다.

한편 우익 쪽의 두 문학단체인 '전조선문필가협회'와 '조선청년문학가협회'는 좌익 쪽의 움직임에 자극받아 뒤늦게 결속을 다지기 시작했다. 먼저 '전조선문필가협회'는 일제강점기에 카프와 대립한 인물들, 특히 해외문학파가 주동이 되어 조직한 단체이다. 변영로卞榮魯, 오상순吳相淳, 박종화朴鐘和, 김영랑金永郎, 이하윤異河潤, 김광섭金珖燮, 김진섭金晋燮, 이헌구李軒求, 오종식吳宗植, 양주동, 서항

석徐恒錫, 유치진柳致眞, 이선근李瑄根 등은 1945년 9월 18일에 '중앙문화협회'를 결성했다가, 이듬해 3월 13일에 이 단체를 '전조선문필가협회'로 발전시켰다. 이때 채택한 강령이 ① 진정한 민주주의 국가건설에의 공헌, ② 완전 자주독립의 촉성, ③ 조선 문화의 발전, ④ 국제평화를 빙자한 세계제패 분쇄라는 4개항이다. 여기서 주목을 끄는 것은 제2항으로, 이 말은 1945년 말부터 1946년 초까지 한국을 뒤흔든 신탁통치 문제에서 반탁의 정치적 입장을 선명하게 드러냈다.

다음 '조선청년문학가협회'는 전자와 별개의 단체라기보다 그중 소장파들이 모여 창립한 것으로 전위대적 성격을 지녔다. 참가자인 곽종원郭鍾元의 표현을 빌면 "공산주의이론을 분쇄하고 공산주의 문학이론을 타도하는" 일종의 전투단체였던 것이다. 이런 점에서 볼 때 민족문학 논쟁의 전면에 나선 우익 인사들이 바로 이 단체에 소속된 김동리金東里, 조연현趙演鉉, 조지훈趙芝薰이었다는 사실은 조금도 이상하지 않다.

또한 '조선문학가동맹' 창립대회에는 소련 총영사가, '전조선문필가협회' 창립대회에는 미군정관이 참석한 사실도 주목할 필요가 있다. 여기에서도 두 단체가 지향하는 이념적·정치적 목표가 은연중에 드러난다. 해방 직후의 민족문학 논쟁은 좌익 측의 문학이 지나치게 정치에 예속되어 있지 않느냐는 우익 측의 문제제기로 시작되긴 했지만, 실상 양 진영 모두 '민족문학'이라는 말과 상관없이 이면적으로는 제각각 자신들이 나아갈 정치적 방향을 이미 결정해두고 있었다.

'민족문학의 건설' 문제를 가장 먼저, 그리고 가장 심도 있게 제기한 사람은 임화였다. 그는 카프 서기장을 지낸 전력에도 불구하고 해방 후 즉각적인 프롤레타리아혁명이 아니라 시민계급이 주도하는 근대적 부르주아혁명을 주장했다. 그는 "민족문학은 한 민족을 통일된 민족으로 형성하는 민주주의적 개혁과 그것을 토대로 한 근대국가의 건설 없이는 수립되지 아니"한다고 하면서, 이런 "개혁은 역사적으로 조선 시민계급의 손으로 실천될" 성질이라고 말했다. 그러면서 우리의 경우 이런 역할을 담당할 시민계급이 제대로 성장하기 전에 식민지로 전락했기 때문에 당면과제인 봉건적 문화유산과 일제 잔재를 청산하는 과정에서 시민계급의 일정한 역할을 인정해야 한다고 말한다. 그렇다면 임화의 이런 주장은 일제강점기에 그가 참가했던 프로문학운동을 논리적으로 부정하는 것일까? 여기에 대해 그는 이렇게 설명했다.

> 그러므로 1924~25년대로부터 10년간 프롤레타리아문학이 이론적, 창조적으로 문학계의 주류를 이룬 것은 단순히 외래사조나 문학적 유행의 결과도 아니며 조선문학이 이미 역사상에서 민족문학 수립의 과제가 해결되었거나 과거의 일로 화했기 때문도 아니다. 조선의 시민이 힘으로 약하고 그 진보성이 역사적으로 단명하였다 하더라도 근대적인 민족문학 수립과제는 의연히 전민족 앞에 놓여 있는 것이다.

임화는 한국 문학에서 프롤레타리아계급의 주도성이 발휘된 시대가 이미 있었다고 말하면서도 다시금 시민계급의 역할이 기대되는 민족문학 수립의 과제를 내세웠다. 이처럼 맑시즘의 역사발전 법칙에서 볼 때 앞뒤가 어긋나는 주장을 한 것은 무엇 때문일까? 그것은 아마 첫째, 일제 치하에서의 프로문학운동은 성숙한 자본주의사회를 바탕으로 자연스럽게 성장한 운동이라기보다는 민족해방이라는 커다란 목표가 프로문학에 도덕적 우월성을 보장해주었기 때문이라는 자기반성의 소산이며, 둘째 일제 치하에서 대립적 상태에 있었던 민족주의문학 계열과 프로문학 계열의 인물을 두루 포용하여 민족문학 건설에 동참하게 만들어야겠다는 해방 직후의 현실적 필요성의 소산일 것이다. 어쨌건 임화는 이렇게 1920년대 한국 프로문학의 융성을 정상적인 역사발전 법칙의 예외적 상태로 규정함으로써 맑시즘의 발전법칙을 부정하지 않으면서도 시민계급이 주도하는 민족문학의 건설이라는 단계를 설정할 수 있었다.

그러나 초기에는 이처럼 비교적 유연성을 지니고 있던 '문학가동맹'의 민족문학 개념이 좌우익의 정치적 대립이 첨예화되면서, 또 문학단체들 사이의 노선정립이 본격화하면서부터 점차 협소해지고 과격화되기 시작했다. 그리하여 1947년에 이르면 임화 자신부터 다음과 같은 발언을 하는 단계로 나아간다.

> 그때(근대 서구문학 형성기를 가리킴—인용자)에 있어서는 시민계급의 이념을 기초로 한 민족문학이었던 데 반하여 현대에 있어서는 노동계급의 이념을 기초로 한 문학이 민족문학이 될 따름이다. (…) 상이한 두 가지의 민족문학을 혼동하여서 전 시대의 민족문학이 건설되던 방법으로 현대의 민족문학을 건설하여보려는 무모한 기도에 우리는 특별한 관심을 기울이지 않으면 아니 된다. 그것은 노동계급의 이념 대신에 토착자본계급의 이념을 기초로 하여 식민지의 민족문학을 건설하려 들기 때문이다.

임화는 1947년경에는 노동계급의 이념을 강조하는 방향으로 다시 자신을 변화시켰다. 이런 변화는 아마 당시의 정세, 이를테면 친일파와 토착지주세력이 서서히 헤게모니 장악을 위해 움직이기 시작하고, 그 추세에 맞춰 우익 문인들의 활동이 점차 활발해지기 시작하는 모습을 목도하면서 공격의 칼날을 세울 필요를 느꼈기 때문일 것이다. 그러나 임화의 민족문학 개념의 변화는 우익에 대한 공격의 첨예함을 획득하는 대신 초기의 유연성을 잃어버림으로써 대중적 기반을 불가피하게 스스로 축소시킬 수밖에 없었다.

김동리와 조지훈의 민족문학론

해방 직후의 민족문학 관련 주목할 논쟁으로 좌우익 사이의 직접적 논쟁이 있다. 논쟁의 전면에 나선 것은 김동리, 조지훈, 김동석金東錫, 정진석, 김병규金秉逵 등 좌우익 소장파 문인들이었다. 1946년부터 1948년 8월 사이에 전개된 이 논쟁에서 우익 쪽의 민족문학 개념은 일제 치하에서 민족정신의 보존을 내세우면서도 현실적으로는 비정치적이고자 했던 민족주의문학의 전통과 1930년대 순수문학의 이념을 비교적 충실히 답습하는 것으로 나타났다.

이 논쟁에서 우익 측의 가장 중요한 이론가로 활동한 김동리는 1946년에 발표한 글에서 다음과 같이 발언했다. "만약 토지개혁과 국유를 주장하는 것이 좌익이라면 조선 사람의 전부가 좌익이요, 민족해방과 완전독립을 갈망하는 것이 우익이라면 조선 사람은 전부 우익일 것이다. 조선의 소연방화 거부가 우익이라면 우리는 모두 우익이어야 할 것이고, 조선의 미국 식민지 배격이 좌익이라면 우리는 모두 좌익일 것이다"(「좌우간의 좌우」, 『백민』 제5호). 언뜻 보기에 좌우익을 동시에 비판하는 것 같은 이런 태도는 어떤 논리적 근거에서 나온 것일까? 이 점에 대해 그는 이렇게 설명했다.

> 우리는 민족적으로 과거 반세기 동안 이민족의 억압과 모멸 속에 허덕이다가 오랜 역사에서 배양된 호매한 민족정신이 그 해방을 초래하여 오늘날의 민족정신 신장의 역사적 실현을 보게 되었거니와, 이것은 곧 데모크라시로 표방되는 세계사적 휴머니즘의 연쇄적 필연성에서 오는 민족 단위의 휴머니즘으로 규정할 수 있는 것이다. 이와 같이 민족정신을 민족 단위의 휴머니즘으로 볼 때, 휴머니즘을 그 기본내용으로 하는 순수문학의 관계란 벌써 본질적으로 별개의 것일 수 없다는 것을 알 수 있다.

우리가 목적하는 민족문학이 세계문학의 일환으로서의 민족문학인 것처럼, 우리의 민족정신이란 것도 세계사적 휴머니즘의 일환인 민족 단위의 휴머니즘으로서 규정될 것이며, 이런 민족 단위의 휴머니즘을 세계사적 각도에서 내포하고 있는 것이 오늘날 순수문학인 것이다.

김동리는 문학의 본질적 속성은 인간성 옹호라고 주장하면서 휴머니즘에 바탕한 순수문학이 민족문학의 실체라고 강조했다. 그리고 "자본주의적 기구의 결함과 유물사관적 세계관의 획일주의적 공식성을 함께 지양하여 새로운 보다 더 고차원적 제3세계관을 지향하는 것이 현대문학정신의 세계사적 본령이며 이것을 가장 정계적正系的으로 실천하려는 것이 오늘날 필자가 말하는 소위 순수문학 혹은 본격문학이라 일컫는 것"이라고 했다. 그러나 휴머니즘을 강조하는 그의 민족문학론은 지나치게 추상적이라는 비난을 면하기 어렵다. 이는 그의 말처럼 순수문학만이 인간성을 옹호한다고 믿을 근거가 없기 때문이며, 또 세계사적 발전법칙 속에서 순수문학이 휴머니즘의 어떤 발전법칙을 따라왔다면 그 문학을 반드시 순수문학이라고 부를 이유가 없기 때문이다.

조지훈의 민족문학론은 1947년에 씌어진 「민족시를 위하여」에서 엿볼 수 있다. 글의 제목에도 불구하고 민족의 특수성보다 세계적 보편성에 입각해 전개되고 있는 이 글에서, 그는 "시류의 격동 속에 흔들리지 않는, 변하는 가운데 변하지 않는 영원히 새로운 것이 시 본래의 정신"이라고 주장했다. 이처럼 그에게는 절대적 시정신이 선험적으로 존재한다고 상정되었고, 그 정신은 어떤 정치이데올로기와 "함께 일어나고 그와 함께 사라지는 것"이 아닌 영원불멸의 실체였다. 그는 이런 시 정신에 바탕해 좌익 측의 시들을 시류에 야합하는 '정치편당의식의 시'라고 공격했다. 그의 「순수시의 지향—민족시를 위하여」에 나오는 다음 대목 역시 그런 자세를 잘 보여준다.

> 시인은 민족시를 말하기 전에 그냥 시 자체를 알지 않으면 안 된다. 먼저 시가 된 다음 그것이 민족시도 되고 세계시도 될 수 있는 것이므로 시의 전통이 확립되지 못한 이 땅의 시가 민족시로서 세계시에 가담하기 위해서는 먼저 일어날 것은 순수시운동이 아닐 수 없다. 순수운동은 곧 시의 본질적 계몽운동인 동시에 그의 발전이 그대로 민족시의 수립이기 때문이다. 시가 시로서 가진 바 그 본래의 가치와 사명을 몰각하고 시의 일부 인자요 오히려 그 부수성인 공리성을 추출 확대함으로써 시의 전체로 삼고 자신의 문학적 창조와 개성의 무력함을 엄폐하고 정치에의 예속, 정당과의 야합의 당위성을 부르짖는 수다한 시인은 기실 시인이 아님으로써 민족문학의 지류는커녕 정치부동세력 밑으로 추방될 성질의 것이다.

이 글에서 '시'를 '문학'으로 바꾸어 읽으면 조지훈이 생각하는 민족문학이 어떤 것인지 충분히 짐작할 수 있다. 그가 생각하는 민족문학은 먼저 문학다운 문학이며, 문학 본래의 가치와 사명을 다하는 문학이다. 그런 관점에서 정치나 정당에 야합하거나 예속된 좌익문학은 올바른 문학이 아니다. 하지만 우리는 조지훈의 주장에 대해 문학 본래의 가치와 사명이 과연 무엇인가, 문학이 문학다워진다는 것 속에 인간의 삶에 대한 관심은 배제되는 것인가 등의 질문을 던질 수 있다. 조지훈의 주장과 태도에는 동전의 양면처럼 분리할 수 없는 문학의 본질적 속성인 공리성과 쾌락성을 인위적으로 구분하여 어느 한쪽만 일방적으로 강조하는 문제점이 있었다.

김동리와 조지훈의 민족문학론(순수문학론)에 대해 좌익 쪽의 김동석은 "민족이 해방되려면 승무를 잘 춘다든지 무녀도를 잘 그린다든지 하는 것이 선결

문제가 아니라 (…) 조선의 인민이 먼저 자유로운 나라가 되어야 할 것이다"라며 다소간 야유를 섞어 비판의 포문을 열었다. 그러면서 "문학가의 생명인 문학까지도 버리고 민족해방의 전사가 된다면 그런 사람은 행동만으로도 충분히 문학가의 영예를 가질 수 있는 것"이라는 다소 과격한 논리를 전개하는 단계까지 나아갔다. 그런데 김동석의 논리에서 주목해야 할 부분은 위와 같은 말들이 아니라, 우익 문인들의 정치성을 날카롭게 지적하고 있는 부분이다. 즉 "유물사관을 무의식적으로 배격하면서 '순수문학'을 가지고 '독립촉성'을 하려는 것은 불순한 결과를 낳을 따름"과 같은 말들이다. 좌익문학의 정치성을 비난하는 우익 측의 민족문학론(순수문학론) 역시 정치성으로 짙게 물들어 있었기 때문이다.

정진석은 1948년에 발표한 「순수의 본질」을 통해 우익 쪽의 민족문학(순수문학)을 매국문학으로 규정했다. 순수문학이 "문학에 있어서의 정치성 내지 사상성을 부정함으로써 무내용한 형식의 치중을 주장하여 몰락하는 자기 계급의 장래를 예언하는 현실을 은폐·회피"하려 할 뿐만 아니라, "조선을 노예화와 멸망으로 이끌어가는 정치적 매국노선에 봉사"하기 때문이라고 했다. 정진석의 비판은 대체로 김동석과 궤를 같이했지만, 그중 순수문학의 복고적 성격이 해방정국에서 노정해 보인 자가당착적 측면을 지적하는 부분이 주목된다. 그는 우익 측의 민족문학론(순수문학론)이 "항시 민족적 전통과 감정에 호소하여 연면한 민족의 역사를 자랑하다가도, 금일과 같은 결정적 단계에 가서는 (…) 외국군대의 주둔을 호소하고 일국 신탁을 감수하려" 한다고 비판했다. 다시 말해 그는 미국의 지원 아래 남한 단독정부 수립이 결정된 사실과 이 결정을 우익 쪽의 순수문학자들이 환영했던 사실을 비판했던 것이다.

어설프게 결말을 본 논쟁

좌우익 소장파들 사이에서 전개되었던 민족문학 논쟁은 1947년을 전후해서 '문학가동맹'의 간부들이 대거 월북하고, 48년 8월과 9월에 남북한이 각각 별개의 정부를 수립함으로써 더 이상 논쟁의 긴장을 유지할 수 없게 되었다. 1949년 1월 1일자 『국제신문』에 실린 김동리와 김동석의 「민족문학의 새 구상」이라는 대담은, 이 논쟁의 어설픈 결말을 선언하는 자리였다. 이 자리에서도 김동리는 전과 같은 맥락에서 "이 민족의 영원한 생명이 되고 정신적 원천이 될 하나의 고전으로서의 민족문학" 수립을 주장했으며, 김동석은 우리 민족이 "일제의 쇠사슬을 끊고 역사적 행진을 시작한 후에도 (…) 구태의연한 순수를 주장하는 것은 시대적 착오도 착오려니와 문학을 망치는 것"이라며 김동리를 비난했다. 그러면서 김동석은 임화의 민족문학론을 이은 맥락에서 '민주주의적 내용'을 가진 "조선의 현실에 가장 적합하고 가장 진실한" 민족문학 수립을 요구하고 그 방법론으로 리얼리즘론을 들고 나온다. 그리고 여기에 대해 김동리는 리얼리즘이란 용어를 자의적으로 사용하는 것인지 보편적인 문예사조의 의미로 사용하는 것인지 그 개념부터 분명히 하라고 날카롭게 반격했다.

이렇게 좌우 소장파의 두 대표가 최종적으로 벌인 민족문학 논쟁은 각자의 이전 주장이 팽팽하게 되풀이되는 가운데 종말을 고했다. 김동리의 영원한 가치를 지닌 '고전으로서의 민족문학'과 김동석의 '인민의 생활묘사'에 충실한 리얼리즘문학이 평행선을 달리는 것으로 논쟁은 끝나게 되었다. 그리고 우리는 이때 제기된 주요 문제들이 80년대의 민족문학론에서 비슷한 방식으로 다시 부활하여 논쟁의 대상으로 떠오르는 것을 보게 된다.

민족문학이란 민족국가의 건설이라는 명제를 윤리적 당위성으로 느껴야 하는 우리에게 여전히 매력적인 말이다. 그러나 민족문학이라는 개념에는 분단극복을 지향한다는 미래적 의미만이 아니라, 오히려 더 큰 비중으로 과거적인 의미 역시 작용하고 있다는 사실을 잊어서는 안 된다. 민족문학이란 개념은 우리나라 특유의 복잡한 굴곡을 겪어왔다. 따라서 우리가 민족문학이란 개념을 올바르게 이해하기 위해서는 현재 우리가 처해 있는 21세기적 현실의 의미 못지않게 이 개념이 겪어온 역사적 의미에 주목할 필요가 있다. 이 개념에는 지난 시절 우리 문학사가 부여한 의미, 당대인들의 인식수준과 상황이 부과한 여러 의미가 복잡하게 착종되어 있으며, 그것을 올바르게 이해하는 것이 오늘의 민족문학 문제를 이해하는 데도 도움을 줄 것이기 때문이다. 우리가 해방 직후의 민족문학 논쟁이 지닌 의미와 논리체계를 더듬어보는 데는 그런 저간의 사정들을 이해함으로써 지금의 민족문학론을 좀 더 겸허하게 펼친다는 이유도 포함되는 것이다.

홍정선

현재 인하대학교 인문학부 교수로 재직 중이다. 국문학을 전공했다. 대표논저로 『인문학으로서의 문학』, 『프로메테우스의 세월』, 『카프와 북한 문학』 등이 있다.

한국전쟁기 도강파와 잔류파

서울이 수복되고 얼마 가지 않아 새로운 두 개의 유행어가 생겼다. 도강파渡江派와 잔류파殘留派라는 낱말이 그것이었다. 도강파라는 것은 사변이 발발했을 때 한강을 건너 남쪽으로 간 사람들을 말했으며, 잔류파란 피난하지 못하고 괴뢰 치하의 서울에 머물러 있었던 사람들을 의미했다. 9·28수복이 되자 도강파들은 개선장군처럼 활보했고, 잔류파는 죄지은 사람처럼 기세가 당당하지 못했다.(조연현, 『내가 살아온 한국문단』, 어문각, 1977, 278쪽)

이승만 정부의 거짓 선전

한국전쟁이 일어난 직후인 6월 27일 이승만 정부는 서울을 포기하고 수원을 거쳐 대전으로 옮겨갔다. 그러나 정부는 방송과 신문을 통해 계속 거짓으로 전황을 보도하면서 서울 시민들을 속이고 있었으니, 그 내용은 "정부는 대통령 이하 전원이 평상시와 같이 중앙청에서 집무하고 국회도 수도 서울을 사수하기로 결정했으며, 일선에서도 충용무쌍한 우리 국군이 한결같이 싸워서 오늘 아침 의정부를 탈환하고 물러가는 적을 추격중이니 국민은 군과 정부를 신뢰하고 조금도 동요함이 없이 직장을 사수하라"는 것이었다. 심지어 27일 당일에도 '국군의 해주탈환'이라는 거짓 소식을 담은 호외가 서울 시내에 뿌려졌고, '문총文總' 회원들이 주축이 된 '문총비상국민선전대'가 낭송하는 격시檄詩가 라디오를 타고 흘러나왔다.

당시 서울 시민들 중 정부의 공식 발표를 액면 그대로 믿은 사람도 적지 않았겠지만, 설사 그 내용을 미심쩍어 했더라도 정부가 그렇게 쉽게 서울을 포기하리라고 생각한 이는 별로 없었을 것이다. '설마 설마' 하는 사이 서울은 곧 인민군의 수중에 떨어질 것이 확연해졌고, 손 놓고 있던 대부분 시민들이 피란 대열에 가담했을 때는 이미 유일한 도강시설인 한강철교가 정부 명령에 의해 폭파된 뒤였다. 시민들은 꼼짝없이 인민군 치하의 서울에 발을 묶이고 말았던 것이다. 그로부터 약 3개월 뒤인 9월 28일 인천상륙작전의 성공으로 서울이 수복되었을 때, 인공 치하에서 숨죽이며 살고 있던 대다수 서울 시민들은 오랜 칩거와 은둔에서 벗어나 해방의 기쁨을 누릴 수 있었다.

잔류파 사상검증작업

그러나 기쁨은 잠시였고, 이들을 기다리고 있던 것은 '불순분자', '부역자', '빨갱이'라는 터무니없는 사상공세의 올가미였다. 순식간에 '도강파'는 '애국자'가 되고 '잔류파'는 '빨갱이 매국노'라는 오명을 뒤집어쓴 채 부역혐의로부터 벗어나기 위해 전전긍긍하는 신세로 돌변했다. 잔류파에 대한 도강파의 공격이 얼마나 서슬 퍼런 것이었던가는 다음의 글을 보면 알 수 있다.

전국戰局이 낙동강선을 방황할 무렵에는 너희들의 악마의 촉수—점차 조직화되고,

체계화되어, 숨 막히는 굴욕과 억압과 참학의 죄과罪果, 진실로 나열하기 곤란할 지경이며, 9·15 이후 인천상륙으로부터는 형용할 수 없는 참살극을 연출하였으니, 너희들 무슨 낯짝으로 다시 안한晏閒히 '삶'을 누려 우리와 함께 하늘을 머리에 이고 다닐 수 있을 것이냐. 뻔뻔스럽게도 명동 네거리에 나타나서 온갖 요사를 다 떨며, 갖은 아양을 다 부리며, 공산당들 때문에 죽을 뻔했다느니, 공산당들 때문에 살 뻔했다느니, 어허! 진정 눈깔 나오는지고. 너희들은 갈보냐. (…) 너희들 때문에 남한에만도 오십여 만 명의 인명이 없어졌고, 너희들 때문에 오십일만 호의 가옥이 손실됐고, 너희들 때문에 이조 사천 억의 재화가 오유烏有로 돌아갔다. (조영암, 「잔류한 부역문학인에게—보도연맹의 재판을 경고한다」, 『문예』, 1950. 12, 74쪽)

이른바 양식 있는 문학인의 발언이 이 정도였으니, 일반시민들 사이에서 일어났을 갈등과 대립은 미루어 짐작하기 어렵지 않다. 각 직장에서 도강파가 잔류파를 대상으로 사상검증을 위한 심사에 들어가 부적격자를 색출하는 작업을 펴고, 시민들은 시민들대로 인공 치하 3개월 동안 인민군에게 협조했던 사람들을 찾아내 고발하거나 보복하는 일이 일상사처럼 일어났다. 조연현의 회고에 따르면, 군·검·경 합동수사본부의 의뢰에 의해 문인부역자 색출작업을 벌였는데, 문총文總에서는 특별위원회를 소집해 A급은 적극적 부역자, B급은 자진부역, C급은 소극적 부역으로 나누어 표시하기로 했다.

이 특별위원회가 개최되었을 때 90여 일의 괴뢰 치하에서 문학가동맹에 협력한 문단인들에 대한 평가가 양론으로 대립되었다. 소위 도강파들은 가혹하게 단죄하라는 주장이었고, 잔류파들은 특정된 몇 사람 이외에는 전부 불문에 붙이자는 주장이었다. ABC로 한 사람 한 사람씩 평정할 때마다 양측의 견해는 날카롭게 대립되었다.

> (…) 이 회의가 진행되는 회의장 밖에는 자기의 신상 문제가 어떻게 처리되는가를 초조히 기다리고 있는 여러 잔류파 문단인들이 회의의 결과를 기다리고 있었다.
>
> (조연현, 앞의 글, 280쪽)

부역자 처리를 위한 공식기구가 생겨난 것은 10월 4일로, 계엄 사령관의 지휘 감독 아래 군·검·경 합동수사본부가 설치되어 부역자 검거수사와 처리 문제를 전담토록 했다. 부역자 처리를 위한 합동수사본부가 생겨났지만, 민간인들 사이에서는 여전히 정당한 법적 절차 없이 개인적 사형私刑이 공공연히 자행되었고, 군인과 경찰마저 법적 절차 없이 부역혐의자의 재산을 임의로 몰수하여 가로채거나 무단점유하는 일이 비일비재했다. 또한 법적 절차를 밟기 위한 공식기구가 생겼다 해도 충분한 증거수집과 재판 과정을 밟기에는 인력과 기구가 턱없이 부족했으므로, 부역혐의자 검거와 재판이 대부분 뚜렷한 증거 없이 증인의 구두진술에 의존하거나 심증만으로 진행되는 경우가 허다했다. 이런 상황은 잔류파들로서는 감당하기 어려울 만큼 억울한 것이었지만, 당시 사회적 분위기와 정서가 이런 불합리한 행위를 내놓고 반박할 형편이 아니었으므로 그들은 이중의 고통 속에서 허덕일 수밖에 없었다.

> 그리고 어리석고도 멍청한 많은 시민(서울 시민의 99% 이상)은 정부의 말만 믿고 직장을 혹은 가정을 '사수'하다 갑자기 적군赤軍을 맞이하여 90일 동안 굶주리고 천대받고 밤낮없이 생명의 위협에 떨다가 천행으로 목숨을 부지하여 눈물과 감격으로 국군과 UN군의 서울 입성을 맞이하니 뜻밖에 많은 '남하'한 애국자들의 호령이 추상같아서 "정부를 따라 남하한 우리들만이 애국자이고 함몰 지구에 그대로 남아 있는 너희들은 모두가 불순분자이다" 하여 곤박困迫이 자심하니 고금 천하에 이런 억울한 노릇이

또 있을 것인가. 이미 정부의 각계 수사기관이 다각적으로 정비되었고 또 함몰 90일 동안에 적색 분자와 악질 부역자들이 기관마다 마을마다 뚜렷이 나타나 있으니 이들을 뽑아내어서 시원히 처단하고 그 여외餘外의 백성들일랑 "얼마나 수고들 하였소. 우리들만 피란하게 되어서 미안하기 비길 데 없소" 하여야 할 것이거늘, 심사니 무엇이니 하고 인공국의 입내를 내어 인격을 모독하는 일이 허다하고, 심지어는 자기의 벅찬 경쟁자를, 평소에 자기와 사이가 좋지 않던 동료들을 몰아내려고 하는 일조차 있다는 낭설이 생기게끔 되었으니 거룩할진저, 그 이름은 '남하'한 애국자로다.

(김성칠, 『역사 앞에서—한 사학자의 6·25일기』, 창작과비평사, 1993. 1950년 10월 16일자 일기에서)

이 정도의 냉소적 비판이라도 가능했던 것은 일기라는 개인적 공간이었기 때문 아니었을까. 위의 기록으로 미루어 알 수 있듯이, 부역혐의자로 몰리는 것은 적극적인 부역자뿐 아니라 잔류했던 사람이면 누구나 해당될 수 있는, 광범위한 불특정 다수를 공포의 심연으로 몰아넣는 일상적 행위로 만연해 있었다. 당국이 집계한 총부역자 수는 최종적으로 55만 915명이었으며, 이 가운데 자수자는 39만 7,090명, 검거자는 15만 3,825명이었다. 또한 이 안에는 북한군 1,448명, 중공군 28명, 유격대 9,979명, 노동당원 7,661명이 포함되어 있었다. 부역자 재판은 서울 수복 이후 한 달이 채 되지 않은 10월 말부터 시작되었는데, 문제는 사안의 경중에 관계없이 사형死刑선고가 너무 많이 나왔다는 점이다. 1950년 11월 25일 현재 계엄 사령부가 집계한 부역자 재판의 사형선고자는 총 867명이었다(위 통계는 박원순, 「전쟁부역자 어떻게 처리되었나」, 『역사비평』, 1990년 여름호에 의거함).

당시 재판기록들을 검토해보면, 사형선고를 받고 형이 집행된 부역혐의자의 범법행위란 것이 아무리 비상사태라 해도 과연 사형에 처할 만큼 무거운 것이었는지 의심할 수밖에 없다. 검찰기록에 '민청 한국 식산은행 분회 인민군 협조사건'으로 남아 있는 부역사건 재판기록을 보면, 관련자 6명 중 4명이 사형선고를 받고 2명이 무기징역을 선고받아 형이 집행되었다. 그런데 피의자의 혐의사실이란 것이 "북한 괴뢰군의 남침 입성 후에도 계속 직장인 식산은행에 근무하며, 1950년 7월 민주청년동맹에 가입하고, 동년 8월에 직업동맹에, 9월에 자위대에 가맹하였다는 것"과 "과거부터 북한 괴뢰정권을 지지하여 원호금 갹출, 위문서신 발송을 권고 및 강요, 연합군의 군사행동에 대한 정보수집 및 제공" 등의 범죄를 저질렀다는 것이다(대검찰청 수사국, 『좌익사건실록』 제9권, 1972, 429쪽).

완전한 은둔생활이 가능했던 극소수 사람들을 제외한 나머지 대다수는 생존을 위해서라도 바깥에 나와서 활동하지 않으면 안 되었고, 그런 형편에서는 자의든 타의든 인민군에 협조해야만 생명을 유지할 수 있었을 것이라는 정황을 감안하면, 위 사건 피의자들의 혐의가 사형이라는 극형에 처할 만큼 중대하다고 믿기 어렵다. 수년씩 선고받은 사람들 중에는 간장, 된장, 쌀, 보리 등을 인민군이나 야산대에게 제공한 사람들이 부지기수였다. 실제로 적극적으로 부역했던 사람들은 인민군 퇴각과 더불어 모두 북쪽으로 넘어간 뒤였으므로, 잔류했던 사람들 대부분은 살기 위해 그럴 수밖에 없었던 이들이 태반이었을 것이다.

1950년 9월 17일 당시 국회는 부역자 색출 및 처벌이 지나치게 자의적이고 광범위하게 이루어지고 있음을 경계하여, 부역자 처리에 신중을 기하기 위해 '부역행위특별처리법안'을 상정하여 우여곡절 끝에 통과시켜 동년 12월 1일 공포했다. 하지만 당시의 이승만 정부는 이 법을 적극적으로 시행할 의사가 전혀 없어 보였고, 1951년 합동수사본부가 공식 해체될 때까지 부역자 문제는 이 기구가 독자적으로 전담하여 처리했다.

전후 반공체제 구축의 예광탄

이승만 정부가 서울을 수복하자마자 대대적으로 부역자 색출작업을 벌였던 것은 전쟁 초기의 패전책임을 모면하고 체제유지를 위한 국가의 법적 권위를 확보한다는 정치적 이유에서였다. 이토록 많은 사람들이 인공 치하의 서울에 잔류할 수밖에 없었던 일차적 책임은 당연히 이승만 정부에게 있었다. 늘 북한에 대해 공세적 발언을 일삼았지만 막상 전쟁이 터지자 변변히 방어다운 방어 한 번 해보지 못한 채 남쪽으로 도망을 간 데다, 국민들에게 계속 정부가 서울을 사수할 테니 동요치 말고 생업에 종사하라는 거짓 선전을 한 점, 그리고 무엇보다 한강철교를 조기에 폭파함으로써 민간인의 퇴로를 원천봉쇄하여 적의 수중에서 벗어나지 못하도록 만든 점 등에서, 이승만 정부는 잔류했던 서울 시민들이 당한 물적·정신적 피해의 일차적 책임을 모면할 도리가 없었다. 하지만 부역자에 대한 대대적인 검거선풍은 국회를 비롯한 양식 있는 지도층에게 정부의 책임을 따질 겨를을 주지 않았고, 잔류한 서울 시민들에게서 터져나올 불만과 비판을 미리 앞질러 봉쇄하는 구실을 톡톡히 했다.

그러나 무엇보다도, 잔류파·도강파로 나뉘어 전개된 마녀사냥식 부역자 색출작업은 '반공=애국, 친공=반역'이라는 극단적인 이분법적 사고를 강요함으로써, 전후방을 막론하고 국가권력에 의한 폭력적 억압이 국민 전체를 대상으로 광범위하게 자행되는 결과를 불러오고 말았다. 전쟁 이전 제주 4·3사건에서 이미 국가기구 및 준국가기구에 의한 양민학살이 공산주의자 토벌이라는 명분으로 저질러져 당시 제주 인구의 20~25%에 해당하는 무고한 국민들이 희생된 적이 있었던 바, 전쟁 기간 내내 공비토벌과 통비분자 색출이라는 명분으로 저질러진 양민학살은 이런 희생의 연장선상에 놓이는 것이었다.

전쟁이 일어난 직후 남한 각 지역에서 일어났던 보도연맹 가입자 집단총살뿐 아니라, 대전형무소 등 남한 각 지역의 형무소에 수감되어 있던 정치범과 사상범을 퇴각하던 국군과 경찰들이 정당한 재판 절차 없이 무더기 총살시킨 일을 시작으로, 지금까지 유족 및 후손들이 공식적으로 문제제기한 양민학살 사건만 따져도 거창·산청·함양·문경·고양 금정굴·남원·밀양·부산 등 후방의 광범위한 지역에서 셀 수 없이 많은 민간인 희생이 발생했다. 특히 빨치산의 근거지였던 지리산 주변은 그 피해가 막심했다.

반공은 어떤 가치체계보다 우선순위에 놓이는 절대적인 국가 지배이데올로기였으며, 용공 내지 친공은 이유를 막론하고 절대 용납될 수 없다는 이른바 '레드 콤플렉스'가 남한사회에 두텁게 형성되었다. 그 역사적 계기는 전쟁 자체에서 오는 경험도 있었지만, 전쟁 기간이나 전후戰後에 국가기구에 의해 이루어진 '정당한 폭력'의 끔찍스러운 체험이 무시할 수 없는 비중을 차지한다. 또한 부역자 검거선풍 때 부역행위자로 처벌받은 당사자들뿐 아니라 그 가족과 후손까지도 오랜 세월 '빨갱이'라는 오명을 쓴 채 많은 부분에서 국민의 권리를 박탈당하는 불우한 조건을 견뎌야 했다.

수복 직후 시작된 도강파·잔류파 문제는 우리 사회가 앞으로 얼마나 경직된 이데올로기의 금압체계 속에서 야만적이고 광기어린 세월을 감당해야 하는가를 알려주는 예광탄 같은 사건이었다.

한수영

동아대학교 국어국문학과 교수로 재직 중이다. 문학비평(국문학)을 전공했다. 대표논저로 『친일문학의 재인식: 1937~1945년간의 한국 소설과 식민주의』, 『재일본·재만주 친일문학의 논리』(공저), 『한국 현대비평의 이념과 성격』 등이 있다.

북한에서의 노동조합 독자성

해방은 남북한에 각기 다른 정치체제를 성립시켰다. 특히 북한에서는 일제하에서 성장하던 자본주의체제가 사회주의체제로 반전하는 결과를 맞게 되었다. 이 과정에서 먼저 자본주의체제를 유지하고자 하는 세력과 사회주의체제를 건설하려는 세력 간의 대립이 나타났고, 이는 정치적 주도권을 장악한 사회주의 세력 내부의 갈등으로 이어졌다. 해외에서 무장투쟁을 전개하던 세력을 중심으로 정치권력이 장악되고, 국내에서 활동하던 공산주의자들이 연합한 초기 북한 정권은 그들이 가진 세력기반과 정책노선에 따라 갈등을 겪었다. 더불어 북한의 경제구조, 국가의 기업관리, 노동자계급과 노동단체의 실태 등이 국가와 노동조합의 관계에서 문제로 발생되었다.

사회주의체제의 정비

이런 내용을 더 알기 위해서는 먼저 해방 후 북한의 공업과 노동자계급의 실태를 살펴볼 필요가 있다. 1930년대에 들어서면서 노동자계급의 역량으로 노동운동이 주도되었지만 일제의 가혹한 탄압으로 1930년대 말에는 노동자들이 조직을 유지하는 것조차 불가능한 상황이 되었으며, 해방 당시 15세 이상의 성인 중 노동자(교원, 사무원 포함)는 채 7%가 되지 못했다. 그러나 해방과 더불어 전체 산업의 90% 이상을 차지하는 1천여 개 기업들이 모두 국유화되었다. 해방 후 노동자들이 일부 기업을 접수하거나 관리를 수행한 경우는 있었지만, 이런 기업들도 곧 모두 국가에 의해 관리되었다. 그럼에도 북조선로동당은 1946년 8월 현재까지 다수의 공장과 기업소에 당세포를 두지 못했고, 당위원회와 당사업 책임자들이 노동계급과 잘 결속되지 못한 상황이었다.

초기 북한 정권은 기업관리를 위해 상급기관으로부터 임명된 책임자(지배인)가 모든 책임을 지고 기업소를 관리하는 유일관리제를 실시했다. 즉 지배인이 기업운영 및 관리, 노동자·사무원의 임면, 사업상 요구되는 각종 계약 체결 및 생산계획 수립 등에 관한 일체의 권리를 부여받았다. 유일관리제가 실시된 원인으로는 태평양전쟁으로 인한 경제적 손실과 일제의 패망, 남북한의 분단과 행정의 불안정 등으로 정상적인 산업활동이 불가능한 구조였던 점도 있었지만, 노동자계급이 공장 접수와 관리에서 역량부족을 드러낸 것도 하나의 원인이 되었다. 여기에 더하여 소련의 경험도 중요한 영향을 주었다.

국가와 노동조합의 관계에 대한 논쟁은 '현실사회주의국가'에서 인민과 국가의 관계를 보여주는 압축적 단면이다. 노동조합 논쟁은 이미 1920년대 초에 소련에서 이루어졌는데, 이와 유사한 논쟁이 1947년 북한에서 오기섭吳琪燮과 북한 정권 주도세력 사이에서도 벌어졌던 것이다.

직업동맹의 역할 논쟁

김일성金日成은 그가 북한 정치 전면에 등장하던 1945년 12월의 조선공산당북

조선분국 제3차 확대집행위원회 보고에서 노동조합을 '직업동맹'이라고 표현했다. 이에 반해 조선공산당북조선분국 제3차 확대집행위원회 결정서는 노동조합이라고 표현했다. 이는 소련군과 김일성파의 '노동조합의 직업동맹화' 추진 의도에 대한 합의가 아직 이루어지지 않았음을 보여준다. 그러나 1946년 4월에는 북조선인민교원직업동맹이 결성되었고, 5월에는 북조선노동총동맹이 북조선직업동맹으로 개편되었다.

1946년 북조선임시인민위원회는 「제9차 북조선임시인민위원회의 북조선노동자 및 사무원에 대한 노동법령에 대한 결정서」를 채택했는데, 여기에서는 직업(총)동맹의 핵심역할을 노동조건을 결정함에 있어 국가기관과 협의하는 것으로 규정했다. 중요 산업을 국가가 장악한 상태에서 노동조건은 국가기관과의 협의를 통해 결정될 수밖에 없었다. 하지만 직업동맹이 노동조건에 대한 국가기관의 협의대상으로 설정된 것은 북조선로동당과 국가기구의 하부조직으로 변화된 것이라고 할 수 있다. 이런 변화에도 불구하고, 일제시대 노동운동을 했던 최경덕崔景德이 직업동맹 위원장을 맡았다는 것은 절충적인 의미가 있었다.

노동조합(직업동맹)의 성격변화는 국내 노동운동 세력에 기반을 두었던 국내파 공산주의자들과 정권주도세력 사이에 마찰을 불러일으켰다. 그 과정에서 북조선인민위원회 노동국장 오기섭은 직업동맹의 성격에 대한 논의를 진행했다. 오기섭은 『인민』 1947년 1월호에서 "직업동맹은 과거나 현재를 불구하고 노동계급의 이익을 위하여 투쟁하는 노동자의 집합체"라고 정의했다. 또 "직업동맹은 노동자와 사무원의 이익을 위하여 투쟁할 것이며, 그것이 그의 의무이자 권리이지만 노동법령의 집행기관은 될 수 없"고, "현하 조선에서 사회단체인 직업동맹은 노동법령의 시행을 방조하며 협력은 할지언정 그의 집행기관은 될 수 없다"고 주장했다.

이어서 오기섭은 "노동자는 언제든지 자기 계급의 이익을 위하여 투쟁의 무기를 버려서는 안 될 것이며 그 투쟁방식이 착취의 대상만 되고 있는 영미식 자본주의 국가의 방식이 되어서는 안 되는 동시에 생산수단이 전부 국가의 수중에 있는 소련의 방식이 되어서도 안 될 것"이라고 주장했다. 오기섭의 주장은 직업동맹의 성격변화에 대한 명백한 반론이었다.

이 글로 인해 오기섭은 북조선임시인민위원회 상무위원회에서 트로츠키주의적 이론이라는 비판을 받았다. 그럼에도 오기섭은 『로동신문』에 국유화된 경제산업기관에서 일하는 노동자의 이익은 직업동맹에 의해 보호되어야 하며, 노동자와 인민정권기관 사이에 마찰과 분쟁이 생기면 직업동맹이 노동자에게 최대한 유리하게 활동해야 한다는 자신의 주장을 다시 실은 것으로 알려진다. 이 일로 오기섭은 북조선로동당 중앙위원회 제6차 회의(1947. 3. 15.)에서 엄중한 비판을 받았다. 당부위원장 주녕하朱寧河는 오기섭이 자본주의사회의 노동조합 이론을 북조선에 적용했고, 마치 북조선 노동자의 투쟁대상이 국유화된 산업경제기관인 것처럼 주장하고 선동했다고 비판했다.

이 회의의 결론에서 김일성은 오기섭의 이론은 국영기업소 내에도 자본과 노동의 계급적 이익대립이 존재한다고 인식하는 것이며, 노동자가 인민정권을 상대로 투쟁하도록 하는 주장이라고 비난했다. 또한 오기섭의 글이 노동자들에게 좋지 못한 영향을 주었다고 비판하고 "각성되지 못한 일부 노동자들은 오기섭이 과거 혁명을 하였다고 하며, (…) 그의 논문을 옳은 것으로 믿고 거기에 있는 그릇된 이론대로 행동하려 할 수 있다"고 주장했다. 이 회의는 김일성의 결론에 기초하여 당과 직업동맹에서 오기섭을 비판하는 결정을 채택하고 하급단체에 전달했다.

이상과 같은 북한에서의 노동조합 논쟁을 이해하기 위해서는 소련의 경험을 살펴볼 필요가 있다. 소련에서 레닌은 혁명 이후 사실상 시행해오던 '노동자통제 및 합의제 기업경영'에서 '국가관리 및 기업장 단독책임경영제'로 산업관리체제의 전환을 추진했다. 이것은 제9차 당대회(1920. 3~4)와 제10차 당대회(1921. 3)에서 논쟁을 불러일으켰다.

노동조합 논쟁은 먼저 전소러시아노조중앙평의의장 톰스키Mikhail Tomsky가 대표하는 우파와 트로츠키Leon Trotskii가 대표하는 좌파의 대립에서 비롯되었다. 우파는 프롤레타리아 독재 아래서도 노동조합의 중요한 기능은 노동자의 이익을 대표·옹호하는 것이어야 한다고 주장했다. 이에 대해 좌파는 노동자국가에서는 노사 간의 적대적 모순이나 대립이 소멸했다며 우파의 주장을 비판했다. 논쟁은 좌파의 일방적 승리로 끝났고, 진정한 대립은 좌파 상호간에 이루어졌다.

당내의 노동조합 지도자들은 국가관리 및 기업장 단독책임경영제에 맹렬하게 반발했다. 그러나 트로츠키파는 '노동조합의 국가기관화'를 주장했다. 이에 대하여 당간부파인 레닌파는 이들을 비판하고 노조의 제한적 독립성, 공산당 독재와 국가관리 및 기업장 단독책임경영제를 제10차 당대회에서 공식 표결 처리했다.

이로써 노동조합은 경영관리권을 박탈당했고, 기업장 이하 기업관리부원을 국가임명제로 하는 기업장 단독책임제를 채용함으로써 노동조합은 경영관리에 대한 의견제출권만 인정받게 되어 기능이 현저히 약화되었다. 특히 스탈린Iosif V. Stalin은 1933년에 노동성을 폐지하고 이를 전소련노동조합중앙평의회와 합체하여 노동조합을 준국가기관으로 만들었으며, 오직 위로부터의 명령에만 복종하는 기업장 단독경영원리가 확립됨으로써 노동자 및 노동조합의 경영관리 참가는 완전히 폐지되었다.

복종하는 노동자계급의 형성

　직업동맹에 대한 오기섭의 해석으로 인한 논란은 직업동맹의 독자성을 공식적으로 부정하는 의미와 더불어 권력다툼의 성격을 갖고 있었다. 노동자의 이익을 요구하는 노동조합세력, 그리고 이를 바탕으로 지지기반을 유지하고자 했던 국내파 공산주의자와 정권의 주도권을 장악하고 공업성장을 먼저 실현하려 했던 정권주도세력의 갈등이었다. 동시에 이 논쟁은 레닌주의와 스탈린주의의 불일치로부터 비롯된 갈등이라는 주장도 있다.
　또한 이 논쟁은 북조선로동당이 사회단체의 독자성을 부정하고 외곽단체의 성격을 강화하는 과정이기도 했다. 이 시점에서 투쟁적이고 노동자의 이익을 주장하는 노동자보다는 순종적이고 노동규율에 성실한 노동자가 바람직한 노동자상像으로 제시되었고, 이는 이후 북한 노동자계급이 수동적이 되는 것과 관련이 있었다.

이주철
이화여자대학교 강사로 재직 중이다. 북한 정치사를 전공했다. 대표논저로 『조선로동당 당원조직 연구』, 『김정일의 생각 읽기』 등이 있다.

북한의 농업협동화와 중공업 우선노선

현실사회주의국가들은 혁명 직후 '인민민주주의혁명 단계'를 거쳐 사회주의로 이행했다. 사적소유에서 공적소유로의 전환방법과 속도는 학문적 논쟁과 사회적 반발, 그리고 정치적 갈등의 대상이었다. 이 시기는 정치적 독점이 공고화되기 전의 상태로 이른바 백화제방百花齊放의 시기였다. 그러면 북한의 사회주의 이행 과정은 어떻게 진행되었을까?

현재 북한의 유일적 정치시스템의 특징을 고려한다면, 북한에 백화제방의 시기가 존재했음은 상상하기 힘들다. 그러나 그렇지 않았다. 물론 한국전쟁의 영향은 사회주의로의 이행 과정에서 발생할 수 있는 반발의 강도를 약화시키는 조건으로 작용했다. 당내 논쟁의 양상이나 농업집단화 과정에서 발생한 농민들의 반발은 소련의 1920년대나 중국의 1950년대 수준과 분명 차이가 있었다. 그러나 북한에서도 상당한 사회적 반발이 존재했고, 이를 반영한 논쟁과 정책갈등이 있었다. 북한의 본격적인 사회주의 이행논쟁은 1953년 전후 시작되어 1956년 8월 종파사건을 거치면서 1958년경에 최종적으로 정리된다. 이 시기는 북한 정치사에서 가장 역동적인 시기였으며, 이후 이른바 '북한식 사회주의'의 기원적 의미를 가진다. 역사가 언제나 재해석되는 것이라면, 1950년대의 역사적 경험은 경제개혁이라는 현안이 부각되는 현시점에서 중요한 시사가 아닐 수 없다.

시장중시이론을 주장했던 비주류 경제학

논쟁은 크게 경제학자들 간의 논쟁과 엘리트 간의 정책논쟁으로 나눌 수 있다. 먼저 학문적 논쟁은 당시 김일성종합대학 경제학부와 과학원 산하 경제법학연구소를 중심으로 진행되었으며, 정책논쟁은 1956년 8월 종파사건의 전주곡으로 진행되었다. 당시 논쟁 주제는 북한의 과도기적 특성 문제, 사회주의적 공업화, 그리고 농업협동화의 추진방식 등이었다.

먼저 당시 비주류 논의를 주도했던 경제학자들의 주장들을 살펴보자. 다수의 비주류 경제학자들이 있지만, 대표적으로 김광순金光淳과 송예정을 꼽을 수 있다. 김일성대학 경제학부 부장까지 지냈던 김광순은 소련의 신경제정책(NEP)의 북한식 적용을 주장했다. 김광순은 농민의 자발적 의사에 기초한 농업협동조합과 소농경리의 장기공존론을 바탕으로 한 시장중시의 과도기이론을 주창한 대표적인 학자였다.

한편 1958년 반당 종파분자로 숙청된 송예정은 프롤레타리아 독재 없는 사회주의 이행을 주장했으며, 남북통일의 과제를 위해 북한 지역에서의 '반제·반봉건 단계' 유지론을 펴기도 했다. 특히 그는 북한 지역에서도 자본가와 소농의 존재를 용인해야 한다고 주장함으로써 사회주의 이행에서 생산관계보다 생산력을 중시하기도 했다(김성보, 1998).

이들의 논리는 급진주의적 계급투쟁과 급속한 사회주의화를 주장했던 주류 학자들과의 주장과 선명하게 대비되며 이후 집중적인 비판대상이 되었다.

중공업노선 논쟁: 균형성장과 불균형성장론

사회주의 이행논쟁은 정책갈등을 통해 더 격렬하게 진행되었다. 먼저 제한된 자원을 어떤 분야에 우선투자할 것인지 결정해야 했다. 당장의 소비수준을 향상시키기 위해 경공업에 투자할 것인지, 아니면 미래를 위해 중공업에 투자할 것인지의 갈등이었다. 대부분의 사회주의국가들은 우리가 '스탈린적 축적전략'이라고 부르는 중공업노선을 선택했다. 소비보다는 축적을, 그리고 '사회주의로의 완만한 이행'보다는 '급격한 대약진'을 추구하는 이 정책은 이후 현실사회주의국가들의 초기 공업화전략의 원형이 되었다.

북한에서는 1953~55년까지 중공업 우선노선을 둘러싼 당내갈등이 있었다. 전후 복구노선의 기본방향이 제시된 것은 1953년 8월 6차 전원회의 보고였다. 이 보고는 중공업 우선노선에 입각해 있었다. 하지만 1953년 하반기 김일성의 소련 및 중국방문을 거치면서 노선이 수정되었다. 양국이 원조국으로서 축적전략에 개입한 것이다. 특히 1954년 3월 전원회의와 1955년 3월 전원회의 사이에 역동적인 상황이 전개되었다. 1954년 3월 전원회의를 통해 박창옥朴昌玉·최창익崔昌益·박의완·윤공흠尹公欽과 국가건설위원장 김승화 등이 반反중공업노선을 지지하는 새로운 세력을 형성했다. 물론 종래의 노선을 대표하는 정일룡(중공업상), 정준택鄭準澤(화학건재공업상, 前국가계획위원장), 김두삼金斗三(전기상―신설, 前중공업상), 백홍권(국가계획위원회 부위원장) 등이 여전히 중요 직책을 유지하고 있었다는 점에서 일종의 균형이 취해졌다고 볼 수 있다. 그러나 이런 균형은 1954년 11월 최창익의 재정상 해임, 1955년 1월 박의완의 경공업상 해임, 그해 3월 이종옥李鍾玉(경공업 상으로)·이주연(재정상으로)의 복귀로 변화된다. 경공업 중시세력이 패배하고 중공업 중시세력이 승리한 것이다.

1955년 후반기에 들어서면서 중공업 중시세력은 국가계획위원회 위원장이던 박창옥에 대한 비판을 본격적으로 전개했다. 백홍권은 『경제건설』(1955년 10월호)에 발표한 논문「1955년 인민경제계획의 정확한 작성을 위하여」에서 "일부 성과 계획기관에서 조급성과 기관본위주의가 나타나고" 있음을 비판하고 "사업의 선후차와 경중을 정확히 구분, 특히 건설대상의 순위를 정확히 규정할 것"을 주장했다. 이는 국가계획위원장 박창옥에 대한 비판이 시작되었음을 의미했다. 또 1955년 10월 21일「당 및 정부의 지도간부회의」에서 김일성은 국가계획위원회를 공개적으로 공격했다. 게다가 그해 12월에 열린 당중앙위 전원회의에서는 국가계획위원회를 견제하기 위해 당 공업부가 신설되고 이종옥이 공업부장으로 취임했다. 박창옥은 56년 1월 국가계획위원장직에서 해임되었다(서동만, 1995).

  전후 사정을 고려해볼 때, 당시 대립의 축은 '투자의 선후 차'와 '투자의 균형성 보장'이었다. 중공업 중시세력이 전자를 주장했다면, 박창옥 등의 경공업 중시세력은 후자를 주장했다. 중공업 중시의 주류는 경공업 중시파가 경제발전에서 확대재생산의 규모를 결정하는 기본건설에 대한 투자를 평균주의적으로 분배함으로써 황해제철소를 비롯한 금속공장들의 복구건설을 지연시켰다고 비판했다.

  1954년과 1955년에 벌어진 투자 우선순위를 둘러싼 당내갈등은 이후 1956년 8월 종파사건을 통해 폭발했으며, 당의 중공업노선을 비판한 대부분의 엘리트들은 반당 종파분자로 몰려 숙청되었다. 이후 북한의 축적전략은 농업이나 경공업(방직, 식료품 가공공업)을 발전시키기 위해서는 이들 분야의 기계가 필요하고, 그를 위해서는 기계를 생산하는 중공업을 우선적으로 발전시켜야 한다는 중공업 중심 '확대재생산의 경제법칙'으로 정리되었다.

농업협동화: 급진주의와 점진주의

일반적인 의미에서 농업집단화는 '사회주의 원시축적'의 의미를 지닌다. 농업집단화의 목적은 ① 공업화를 위한 노동력·자금·식량에 대한 국가통제력의 확보, ② 사회주의화에 의한 농촌 내 계급구성의 재편성, ③ 그 결과 정권에 의한 농촌통제에 있다. 사실 일반적으로 농업집단화 추진 과정은 상당한 사회적 갈등을 수반한다. 소상품 소유자인 농민의 계급적 속성과 계획화체계를 완성하려는 현실사회주의국가의 입장이 상충되기 때문이다. 북한도 정도의 차이는 있지만 마찬가지였다.

농민들의 입장에서 집단화는 토지에 대한 자신의 소유권을 상실하는 것이었으므로 소극적으로 대응하거나 저항할 수밖에 없었다. 집단화의 발소리가 가까워지자, 농민들은 이제 공적소유가 되는 자신의 가축을 도살해 먹어버렸다. 북한을 포함한 대부분의 사회주의국가들에서 집단화 초기 가축두수가 급감하는 것은 바로 농민들의 자연스런 이기심의 표현이었다. 이런 상황에서 위로부터의 개입은 국가와 농민층의 충돌로 이어졌다. 특히 관료주의적 속도경쟁은 초기 경험적 단계의 자연성장과 뚜렷이 구분되는 것으로, 위로부터의 압력의 결과였다.

국가에 대한 농민들의 적극적 반발은 1956년 말부터 1957년 초까지 황해도 일대에서 발생했다. 당시 협동조합 가입 전에 부농 및 중농층에 속해 있던 사람들이 1956년 결산 분배가 끝나자마자 협동조합을 탈퇴하려는 움직임이 있었다고 한다. 이런 현상은 특히 '신해방지구'에서 심했는데, 일명 '배천(白川) 바람'이라고 불리기도 한다. 황해남도 배천 지방에서 탈퇴운동이 공공연했기 때문이다.

이 사태의 심각성은 김일성 저작집에서 '폭동'과 같은 단어로 표현한 것으로 보아 상당한 정도였다고 추측된다. 김일성은 다음과 같이 설명했다. "연안군에서 간첩으로 전락된 수명의 반혁명분자들이 반동단체를 조직하고 암암리에 적대행동을 감행했으며 이른바 '폭동'까지 기도한 사실이 있다", "일부 일군들은 반혁명분자들과의 원칙적이며 비타협적인 투쟁을 잘하지 않았다."

여기서 언급된 '반혁명분자들과 투쟁을 잘하지 못한 일부 일군들'이란 황해남도 당위원장 고봉기, 황해남도 인민위원장 백순제, 개성시 인민위원장 이달진 등이었다. 이들은 사건의 책임을 지고 숙청되었다. 물론 고봉기 등이 반김일성운동에 합류한 것은 연안계였기 때문일 수도 있지만, 황해도 일대의 농민적 요구를 반영한 것으로도 볼 수 있다. 즉 농민들의 이탈 움직임에 고봉기 등이 온건책을 주장, 당 중앙의 강경책과 대립했기 때문이다(서동만, 1995). 당시 연안계 출신으로 농업부장직을 맡고 있던 박훈일 역시 1957년 2월 이후 공식석상에서 사라진 것으로 알려진다. 자료부족으로 농업집단화의 속도를 둘러싼 정책갈등이 얼마나 구체적으로 진행되었는지는 정확히 알 수 없지만, 농민들의 반발을 둘러싼 대응책을 놓고 상당한 이견이 있었음을 알 수 있다.

평가와 현재적 의미

북한에서 불균형성장전략과 급속한 농업협동화로 대표되는 사회주의 이행방식은 짧은 시간 내에 급격히 생산력의 양적 확대를 가능하게 했다. 일부 서구의 좌파 학자들은 1950년대 후반과 1960년대 초반의 북한 경제를 자본주의 세계경제로부터 이탈한 '제3세계 사회주의'의 성공 가능성으로 평가하기도 했다. 하지만 문제는 성장의 구조이고, 성장의 대가로 형성된 사회의 성격이다.

급속한 사회주의 이행 과정은 외형적 성장을 가져왔지만, 이는 이후 성장의 모순이 제도화되는 과정이기도 했다. 생산의 속도가 가속화될수록 사회는 후진화했다. 전통적 지배구조가 부활했으며, 봉건적 권위구조가 정착했고, 아래로부터의 요구는 봉쇄되었다. 강행적 성장방식이 치른 사회적 비용이었다.

제2의 천리마 대진군운동을 벌이고 있는 21세기의 북한에게 사회주의 이행논쟁은 여전히 현재적 의미를 지닌다. 사회주의 이행 이전에 존재했던 소상품경제는 경제위기 이후 암시장의 형태로 부활했으며, 제한된 자원으로 투자의 우선순위를 고민해야 하는 현시점에서 중공업노선은 여전히 선택의 대상이다. 그러므로 1950년대의 논쟁구도가 21세기의 북한에서 다시금 재연될 수 있다는 것은 결코 상상의 시간여행이 아닐 것이다.

김연철

고려대학교 교수직을 퇴직하고 현재 한겨레평화연구소 소장으로 재직 중이다. 북한 정치/통일을 전공했다. 대표논저로 『한반도 경제론』(공저), 『북한의 경제』(공저), 『분단의 두 얼굴: 테마로 읽는 독일과 한반도 비교사』(공저) 등이 있다.

북한 문학계의 도식주의 논쟁

　1950년대 북한은 한국전쟁과 전후 복구건설을 계기로 독자적 사회주의체제를 구축했다. 1953년의 '박헌영 간첩사건'과 1956년의 '8월 종파사건' 이후 중공업 중심의 사회주의 건설이 이루어졌으며 그 과정에서 김일성의 정치적 기반이 공고해졌다. 이런 역사적 흐름이 문학분야에서는 부르주아 미학사상의 잔재 비판과 사회주의 리얼리즘의 도식화로 표출되었다. 그러나 1956년 소련공산당 제20차 대회에서는 개인숭배가 비판되고 자본주의 진영과의 평화공존 및 사회주의로의 이행의 다양성이 인정되었다. 그에 따라 각 나라마다 억눌렸던 당내 동요가 일어났고, 교조주의·관료주의 비판이 진행되었다.
　이런 정세 속에서 북한 문학계는 사회주의 리얼리즘의 도식화를 반성하는 '도식주의 및 비속사회학적 경향과의 투쟁'을 진행했다. 그 전에는 전쟁 직후까지 남아 있던 남로당 출신 임화 그룹의 '부르주아 미학사상 잔재'를 청산하기 위한 사상투쟁이 주였다면, 이 시기에는 그런 문예정책 및 노선투쟁에서 역기능으로 생긴 좌경적 오류에 대한 자기반성이 문학의 주된 관심사가 되었다.

도식주의·기록주의 비판

1950년대 중반 북한 문학이 사회주의 리얼리즘의 틀 안에서 심각한 도식주의적·기록주의적 편향에 빠졌다는 조짐은 곳곳에서 찾을 수 있었다. 교조주의적 문예정책 아래서 도식적·상투적·관료적인 창작이 만연했다. 유형화된 구호가 반복적으로 나열되는 시, 긍정적인 주인공의 영웅적 행동만 상투적으로 그려지는 소설, '낡은 것과 새 것'의 갈등을 부정하고 '좋은 것과 더 좋은 것'의 비적대적 모순만 그려내는 무갈등론적 경향이 팽배한 희곡이 양산되었다. 작가가 그리고자 하는 사상이 형상으로 승화되지 못하고 개념으로 직접 서술되고 공허한 구호의 나열만 반복되었으니 문제였다.

이른바 '군사적 주제규정'도 도식주의적 경향의 주요요인이 되었다. 이를테면 한설야의 소설 『승냥이』에서 보듯이, 한국전쟁 때 인민군의 활동을 형상화하는 경우 무조건 긍정적·영웅적으로 그려야 했고, 패배주의에 빠져 나약한 모습이나 인간적인 고뇌를 그리는 것은 소시민적 감상주의의 소산이요, 인민대중에게 군에 대한 부정적 인상을 심어준다고 하여 절대적으로 배척되었다.

이런 전후문학의 도식주의 경향을 우려하는 비평도 적지 않게 나왔다. 예를 들어 엄호석嚴浩奭의 「인간은 사실주의문학의 심장」(『조선문학』 1954. 5), 「생활의 진실과 사실주의를 위하여」(평론집 『새 현실과 문학』, 1954), 김명수의 「우리 문학의 형상성 제고를 위하여」(『조선문학』 1954. 6), 리정구의 「최근 우리 시문학상에 제기되는 몇 가지 문제」(『조선문학』 1954. 9), 한효의 「생활과 보조를 같이하는 것은 작가의 신성한 의무이다」(『조선문학』 1954. 10) 등이다. 이들은 전쟁을 형상화하는 과정에서 드러난 전후문학의 도식주의적·기록주의적 경향을 비판하고 리얼리즘 창작방법에 맞게 인물형상을 전형화할 것을 요구했다.

이런 내재적 요구와 함께 외부적으로는 1954년 말에 열린 소련 제2차 작가대회 및 1956년 2월 소련 당대회의 영향 속에서 1956년 10월 '도식주의 비판'이라는 슬로건 아래 제2차 조선작가대회가 소집되었다. 제2차 조선작가대회에서 조선작가동맹 중앙위원회 위원장 한설야는 「전후 조선 문학의 현상태와 전망」이라는 보고를 통해 이 시기 문학이 도식주의에 빠졌다고 비판하고, 극복방안에 대한 대토론을 주도했다. 그는 이전까지 문예미학의 오류는 작가들이 생활의 진실을 반영하지 않고 당성, 전형성의 문제를 관념적으로 사고하는 데 기인했다고 했다. 사회주의 리얼리즘론에 대한 일면적이고 교조적인 이해와 이를 맹목적으로 추수하는 창작실천의 결과 기록주의·도식주의·무갈등론이 만연했다는 것이다.

도식주의적 경향이란 현실생활에 기초하여 그것을 진실하게 묘사하는 대신 작가 자신의 주관적 견해를 도해하는 것이고, 기록주의적 경향은 작가가 내세운 사상적·주제적 과업에 복종되도록 생활현상들을 선택하여 일반화하는 대신 이것저것을 복사하는 것이며, 무갈등론적 경향은 현실에 존재하는 모순과 갈등을 예리하게 표현하는 대신 난관과의 투쟁이나 성격적 충돌 없이 주인공을 안일하게 성공시키며 현실을 미화하는 것이다. 리얼리즘 일반론에 비추어볼 때 이 시기 문학가들에게 사회주의 리얼리즘이란 현실을 긍정하는 고정된 실체로만 받아들여졌을 뿐, 정작 가장 비판적인 리얼리즘이라는 원래 특성은 간과되었던 것 같다. 비판적 문제의식은 결여한 채 당 정책을 관념적·관성적으로 추수하고 속류 사회학주의에 빠졌던 것이다. 이런 자기반성에 도달한 것은 전형에 대한 인식을 구체화하는 등 소련에서 제기되었던 사회주의 리얼리즘론을 재인식함으로써 가능했다.

이런 도식주의 비판 논쟁 와중에 당 문예정책에 대한 공공연한 비판과 토론까지 벌어졌다. 대표적인 것이 리순영·안막安漠·전초민의 서정성 강한 시를 비판했던 작가동맹의 공식입장에 대한 평론가 엄호석의 비판과 김명수·김하명의 반비판 등 일련의 논쟁이다. 도식주의 비판론이 본격적으로 거론되기 전인 1955년에 리순영 등이 발표한 서정시가 제대로 인정받지 못한 채 시인 홍순철에 의해 작가동맹의 공식제재를 받은 적이 있었다. 제2차 작가대회 이후 엄호석은 「문학평론에 있어서의 미학적인 것과 사회학적인 것」(『조선문학』 1957. 2)에서 동맹 지도부의 관료주의적 비평을 맹렬히 비판하고 이들의 시를 옹호했다.

리순영·전초민·안막 등의 시 비판은 원래 조선작가동맹 홍순철 서기장에 의해 행해졌는데, 이는 동맹 중앙위 위원장 한설야의 외유 중에 이루어진 지도부의 독단이었다. 시인 홍순철은 1955년 6월 『조선문학』에 실린 문건 「작가동맹에서」를 통해 안막·리순영 등의 시는 내면세계 묘사와 시인의 개성에 매몰되었다고 몰아붙였다. 그는 문학이 계급교양의 무기여야 한다는 구호를 왜곡하여 시의 서정적 경향 자체를 아예 부정했다. 그 타도에 이용된 곤봉은 '천박한 내면세계', '독자적 개성의 세계' 등이었다. 즉 '천박한 내면세계'와 '독자적 개성의 세계'라는 두 가지 곤봉을 번갈아 들면서 리순영의 「노을」(『조선문학』 1955. 4호), 안막의 「무지개」(같은 책, 1호), 전초민의 「꽃씨」(같은 책, 3호), 김영철의 「국방군 병사에게」(같은 책, 1호) 등 많은 시를 무참하게 매도했던 것이다.

이는 선전선동 기능에 치우친 구호시를 중시하고 창작자를 도식주의 편향에 빠지게 한 잘못된 지도의 좋은 예였다. 여기서 사회주의 리얼리즘론의 정치주의화·관료화에 가장 큰 역할을 한 동맹 지도부가 직접적인 비판대상이 되었다. 그리하여 홍순철은 제2차 작가대회에서 관료주의자로 비판받게 된다. 홍순철의 관료적 행태는 문예조직 사업작풍에 임화 계열이나 기석복 계열 못지않은 해악을 끼친 것으로 평가되어 종파분자로 비판받기까지 했다.

이런 도식주의적 경향은 미학적 측면에서 볼 때 사회주의 리얼리즘의 비속화라고 할 수 있겠는데, 그 극복방식은 당연히 올바른 의미의 리얼리즘론을 정립하는 데서 모색될 수밖에 없다. 여기에서 '올바른 의미'란 사상적으로는 교조주의의 극복, 미학적으로는 비속 사회학주의의 극복으로 해석될 수 있다. 구체적인 예를 든다면, 일상생활에 대한 사실적 접근, 비판정신의 회복, 창작기법과 예술성의 제고 등이 필요할 것이다.

제2차 작가대회를 계기로 사회주의 리얼리즘의 도식화 비판과 극복이 이루어지자 다양한 주제와 기교를 지닌 서정적 작품들이 많이 등장했다. 안막·전초민·리순영의 시가 복권되었고, 서만일은 서정성 넘치는 시를 썼으며, 김명수에 의해 서정성이라는 형식적 기법을 기준으로 비평이 이루어지기도 했다.

도식주의 비판에 대한 반발과 수정주의 비판론

하지만 도식주의 비판론은 1958년 후반에 이르러 문학계 내외의 강한 반발을 받게 된다. 반비판의 핵심적 주장은 김하명의 평론과 공식보고문 「평론의 선도성과 전투성에 대하여」(『문학신문』 1959. 2. 5)에서 찾을 수 있다. 이 문건은 비록 엄호석 개인에 대한 비판에서 비롯되지만, 여기 그치지 않고 1956~58년 도식주의 비판론이 초래한 역기능에 대한 공식비판의 성격을 띠었다. 비판의 핵심은 문학예술의 사회적 토대가 가지는 의의를 경시하면서 사상과 형상, 사상성과 예술성을 분리시키려 했다는 것이었다. 이는 부르주아 미학사상인 자유주의적 태도라며 경원시되었다.

김하명에 의하면, 제2차 작가대회 이전에 관료주의자 홍순철의 조작과 지지 아래 한효를 선두로 타도식, 곤봉식 평론이 존재했던 것은 사실이다. 그런데 제2차 작가대회 이후에는 서만일·윤두헌 등의 조작 아래 작가나 비평가들이 서로 적당히 조화하면서 잘못을 묵인하고, 어떤 작품이든 장점만 나열하는 '만세식' 평론으로 흐르는 우편향이 나타났다는 것이다. 심지어 작품의 결함을 보고도 조심스럽게 이야기하고 오류를 묵과하는가 하면, 균형 있는 비판을 한다면서 서로 '눈치평론'을 하는 경우까지 있다고 했다. 이는 김일성 교시에서 비판된 낡은 사상의 잔재라 할 보수주의와 보신주의의 결과라고 맹비난했다.

　김일성의 1958년 10월 14일 교시 「작가, 예술인들 속에서 낡은 사상 잔재를 반대하는 투쟁을 힘있게 벌일 데 대하여」는 바로 이 점을 문제 삼았다. 그는 낡은 사상 잔재로 개인 이기주의, 공명주의, 가족주의적 경향 등을 거론하면서, 창작에서 자유주의적 태도를 보이는 것은 당의 지도를 받지 않으려는 무규율적 태도라고 비판했다. 그러므로 공산주의사상으로 재교육하고, 강한 혁명적 규율과 질서를 기르며, 작가·예술인들에게 남아 있는 자본주의사상의 잔재를 청산하라고 했다.

　이렇게 하여 작가들은 이전의 비판정신을 억제하고 오로지 "당 중앙에 대한 정치사상적 옹호와 당 정책에 대한 시비나 당 중앙에 반대하는 현상에 대한 투쟁"만 할 수 있게 되었다. 이런 주장에 김명수·김민혁 등이 동조하고 나섰고, 당 최고 지도부의 공식결정이 내려진 뒤 도식주의 비판론은 수정주의로 역비판되어 곧 자취를 감추었다.

　기실 도식주의 비판에 대한 반론은 이미 제2차 작가대회 직후 김일성 교시에도 나타났다. 김일성은 「현실을 반영한 문학예술작품을 많이 창작하자」(1956. 12. 25)에서, 한편으로 '현실을 그리자'고 하면서 도식주의·교조주의 경향을 비판하면서도, 다른 한편 그런 도식주의 비판이 가져올지 모를 역편향의 수정주의도 함께 비판했다. 게다가 곧이어 나온 교시 「공산주의 교양에 대하여」(1958. 11. 20)에 의해 정치주의적·도식주의적 문예정책은 더욱 강화되었다. 그에 따라 작가동맹 중앙위 4차 전원회의에서는 '공산주의문학 건설'이 가장 중요한 현안으로 제기되었다. 작가들은 천리마운동시대의 현실에 맞춰 더욱 강력한 당문학을 건설하는 데 앞장서게 되었다.

도식화의 강화와 주체사상

1950년대 북한에서는 '전후 복구건설과 사회주의 기초건설'이라는 물적 토대 위에서 사회주의적 문예정책과 이론 및 창작실천이 다양하게 이루어졌다. 이 시기 문학은 사회주의 리얼리즘의 테두리 내에서 각각의 역사적 조건에 따른 내적 차별성이 좌로는 도식주의로, 우로는 수정주의로 나타났다. 우선 전후 복구건설기에는 부르주아 미학사상의 잔재와 투쟁하면서 사회주의 리얼리즘의 자기정립을 보였다. 그 과정에서 생긴 좌경화의 오류는 1956년 제2차 작가대회를 계기로 도식주의 비판이라는 슬로건 아래 전면 비판되었고, 극복의 길이 모색되었다. 그러나 당 최고 지도부는 창작에서의 자유주의적 가능성 때문에 더 이상의 비판을 허용하지 않고 오히려 수정주의로 반비판하는 데 주력했다.

이렇게 도식주의 비판에 대한 반발이 강했던 것은 역사적 배경도 고려하지 않을 수 없다. 도식주의 비판론의 배경에는 소련의 정세변화가 있었다. 소련 제20차 당대회에서 채택된 '개인숭배 배격' 슬로건으로 집약되는 스탈린주의 청산은 모든 사회주의국가들에 영향을 주었는데, 북한도 예외는 아니었다.

조직론에서 개인숭배 배격은 사상적 측면에서는 교조주의 비판과 극복으로 드러났으며, 미학적으로는 도식주의 비판과 극복으로 나타났다. 이런 경향은 스탈린 사후 흐루쇼프Nikita Sergeevich Khrushchyov가 펼친 동서냉전의 해빙시대를 반영하는 이데올로기적 특징이었다. 그러나 북한은 수정주의노선으로 선회한 티토Josip Broz Tito의 유고슬라비아와 달리 김일성의 권력집중을 멈추지 않았다. 1956년의 8월 종파사건은 이런 정치역학관계에서 매우 중요한 의미를 가진다. 이 사건 이후 중공업 중심의 사회주의 건설이 이루어졌으며, 김일성 정권의 정치적·경제적 기반이 강화되는 방향으로 안정되었기 때문이다. 이런 배경 때문에 북한에서는 소련과 같은 스탈린주의 비판과 극복이 자리잡을 수 없었다.

북한이 소련과 다른 노선을 걷게 된 또 다른 배경은 1958년에 사회주의적 생산관계의 완성을 이룩하면서 독자적인 길을 갈 수 있다는 자신감이 생긴 것이었다. 이 무렵 소련군도 완전히 철수해서 자주적 노선을 지향할 수 있었다. 이런 사회경제적 흐름 속에서 문학의 도식화가 강화되었고, 이데올로기적으로는 '자주'를 핵심으로 하는 주체사상이 맹아를 보였다.

결국 이 시기에 북한 문예정책 및 비평에서 '도식주의' 비판은 곧바로 '수정주의' 비판의 구호 속에 묻혀버리고 말았다. '수정주의' 비판은 미학적 측면에서는 사회주의 리얼리즘론의 우경화를 막을 수 있는 슬로건이 되었지만, 결국은 이전의 도식주의로 되돌아간 감이 없지 않다.

김성수

성균관대학교 교수로 재직 중이다. 문학비평(국문학)을 전공했다. 대표논저로 『북한의 언어와 문학』(공저), 『북한의 문학과 문예이론』(공저) 등이 있다.

북한의 조선 근세사 시기구분

　북한 현대사에서 전쟁 이후 10년은 논쟁의 시대였다. 1953년 남북 간 전쟁이 종료되었을 때 북한은 사회주의체제를 건설할 사회경제적 토대가 지극히 취약한 상태였다. 맑스주의에서 사회주의 이행의 당연한 전제로 보는 고도로 발전한 자본주의 생산력이 존재하지 않았음은 물론, 그나마 존재하는 생산기반조차 전쟁에 의해 철저히 파괴되었고, 남북한이 대치하는 특수한 상황이었다. 사회주의체제로 이행하는 데는 고전적인 맑스주의이론만으로 해명하기 어려운 무수한 난제들이 놓여 있었다.

1950년대: 논쟁의 시대

　이 문제들을 이론적으로 해명하기 위해서는 학계의 연구가 필요했고, 연구를 활성화하기 위한 논쟁이 요구되었다.
　논쟁은 주로 김일성대학교와 과학원의 연구진들이 학술토론회와 학술지를 통해 개인 이름으로 견해를 발표하고, 이를 조선로동당의 지도하에 정리하는 방식으로 전개되었다. 논쟁은 사회주의 이행 과정에서 북한적 특수성을 해명한다는 명확한 목적에 종속되었다. 경제학계에서 먼저 북한의 과도기적 특성, 사회주의적 공업화와 농업협동화의 특성을 둘러싼 논쟁이 있었다. 이 논쟁은 북한에서 사회주의 이행의 길은 자본주의로부터 사회주의로 이행하는 보편성을 전제로 하며, 다만 그 위에서 식민지 반봉건사회라는 한 유형으로부터 이행하는 특수성을 지닌다고 종합 정리되었다.

역사학계에서 1957년부터 1962년까지 전개된 조선 근세사 시기구분 논쟁 역시 사회주의 이행 과정의 특수성을 해명하는 문제와 연결되어 있었다. 자본주의＝근대, 사회주의＝현대라는 단순한 도식을 적용할 수 없는 한국사에서, 보편성과 특수성이 공존하는 조선사의 발전 과정을 체계화하고 이를 시기구분에 반영함으로써 역사의 흐름을 명확히 할 필요가 있었다.

1957년 5월에 첫 학술토론회가 열린 뒤 조선 근세사 시기구분 문제에 관한 학술토론에는 전국의 연구기관과 대학의 근세사 전문가들이 참가했으며, 과학원 역사연구소가 주최한 10여 회에 걸친 전국 학술토론회와 전문가협의회 및 『역사과학』, 『교원신문』이 조직한 여러 회에 걸친 지상 토론들에서 논쟁이 전개되었다.

북한 역사학자들은 1950년대 초중반에 전개된 소련과 중국에서의 시기구분 논쟁을 참고하면서 북한적 특수성을 해명하고자 했다. 소련과 중국 학계 시기구분 논쟁의 초점은 그 기준을 사회경제관계의 변화에서 찾을 것인가, 아니면 계급투쟁에서 찾을 것인가 하는 점이었다. 중국 역사학계의 경우 계급투쟁을 중시하는 마오쩌둥毛澤東의 사상을 수용하여 근대사의 시점을 1840년의 아편전쟁으로, 종점을 1919년의 5·4운동으로 정리한 바 있다.

사회구성체 기준설과 계급투쟁 기준설

북한에서도 사회경제관계의 변화를 중시하여 시기구분을 하는 견해(사회구성체 기준설)와 계급투쟁의 성격변화를 중시하는 견해('계급투쟁 기준설')로 양분되어 논쟁이 시작되었다.

① 1866~1919년설(전석담·리나영): 사회발전 시기와 단계를 정확히 인식할 수 있는 가장 주요한 방법론적 징표는 계급투쟁(민족해방투쟁을 포함)이라는 전제에서 출발한다. 조선 근세사의 시기구분에서도 계급투쟁의 표현을 주요 징표로 삼아야 하며, 과거에 반식민지 또는 식민지였던 조선에서는 특히 민족운동의 표현을 가장 주요하게 고려하는 것이 필요하다. 1866년의 반침략투쟁(병인양요)은 외래 자본주의침략을 반대하는 민족적 투쟁의 시작으로서 근세사의 시점이 되며, 러시아 10월혁명으로 세계사에서 새로운 최근세가 시작되고 조선의 민족운동에서 부르주아지를 대신해서 노동계급이 영도적 계급으로 출현하는 1919년이 근세사의 종점이라는 견해이다.

② 1876~1945년설(김사억·김희일): 근세사를 자본주의적 사회경제구성에 상응하는 시기로 봐야 함을 전제로 한다. 조선 근세사의 시초를 봉건적 생산방식의 지배가 무너지기 시작하고 식민지(반식민지) 반봉건화 과정이 시작되는 결정적 계기인 1876년의 개항으로 간주했다. 그리고 조선에서 식민지 반봉건사회가 종결되고 사회주의를 지향한 인민민주주의사회의 시대를 여는 결정적 계기인 8·15해방을 근세사의 종말, 최근세사의 시작으로 파악했다.

논쟁 과정에서 시기구분의 기준에 대해서는 사회구성체 기준설과 계급투쟁 기준설의 단순 대립구도가 해소되었다. 생산방식 발전단계의 교체를 시기구분의 기준으로 하는 맑스-레닌주의 편사학의 대원칙은 지켜져야 하며, 그 위에서 사회경제구성의 변화와 계급투쟁의 성격변화를 주요 징표로 한 시기의 시점과 종점을 파악해야 한다는 데 의견이 수렴되었다. 근세사를 자본주의시대의 역사라고 할 때, 조선사에서 근세사는 기본적으로 식민지 반봉건사회의 형성·전개·소멸의 시기가 된다. 따라서 근세사의 종점은 식민지 반봉건사회가 결정적으로 해체되는 시점인 1945년 8·15해방으로 잡아야 한다는 데 의견이 모아졌다. 문제는 근세사의 시점을 어떻게 파악하는가 하는 점이었다. 그 시점을 1866년으로 보는 견해와 함께 1884년 갑신정변이나 1894년 갑오개혁으로 보는 견해들도 발표되었다.

③ 1866~1945년 설(장문선·최기환): 근세사는 곧 자본주의시대의 역사이며, 조선에서는 이에 조응하는 시기인 식민지 반봉건사회 시기를 근세사로 보는 것을 원칙으로 하되, 시기구분의 징표로는 민족적 투쟁을 주류로 하는 계급투쟁을 고려해야 한다. 시점은 1866년의 반침략투쟁이며, 종점은 반일민족해방투쟁의 위대한 승리인 8·15해방이라는 주장이다.

④ 1884~1945년 설(엄창종·김맹모): 조선의 근세사는 식민지(반식민지) 반봉건사회로 전환된 시기의 역사인 동시에 민족운동과 계급투쟁이 유기적으로 결합하여 전개된 시기이기도 하다. 이런 특징을 띠는 일련의 새로운 변화들이 조선 내부생활에 전면적으로 나타난 것은 19세기의 80년대이며, 1884년의 갑신정변은 부르주아혁명운동이 전개되는 시초이다. 따라서 1884년이 근세사의 시초라는 주장이다.

그 외에도 갑오개혁이 한국의 근대화 과정에서 획기적 의의를 가지는 사변이므로 1894년부터 8·15까지를 근세사로 규정하자는 ⑤ 1894~1945년 설도 제기되었다.

이상의 다섯 가지 견해는 크게 보아 19세기 60년대부터 3·1운동까지의 부르주아 민족운동기를 근세사로 보는 ①의 견해와, 19세기 60~90년대로부터 8·15해방까지의 식민지(반식민지) 반봉건사회의 형성·전개·소멸의 시기를 근세사로 보는 ②~⑤의 견해로 대별된다. 그리고 다시 후자는 사회구성체만을 기준으로 개항과 일제의 패망이라는 외적 규정성을 중시한 ②와 조선사의 주체적 측면을 강조하기 위해 근세사의 존속 시기는 식민지(반봉건)사회의 존속 시기와 일치시키되, 그 시점과 종점은 민족운동과 결부하여 해석한 ③~⑤의 견해로 구별된다. ③~⑤ 간의 견해차이는 반침략운동과 반봉건운동 중 어느 쪽을 더 중시할 것인가에서 비롯되었다. 과학원 역사연구소는 1961년에 중간총화를 하면서 이상의 견해들을 정리하기 위해서는 우선 근세사 시기구분의 기준 문제를 확정하고, 그 후 시·종점을 심화토론하기로 결정했다. 토론은 그해 12월부터 본격화되었다.

근세사를 6개의 발전단계로 구분

시기구분의 기준 문제에 대한 토론에서는 계급투쟁의 발전내용에 기초해서 시기구분을 하는 방법론에 합리성이 있다는 점이 인정되었다. 그러나 1919년의 3·1운동을 경계로 시기구분을 하는 것은 동일한 사회경제구성을 가지는 사회의 역사를 질적으로 다른 시대의 역사로 갈라놓는 단점이 있다. 또한 서로 질적으로 구분되는 사회경제구성을 가진 두 사회의 역사를 최근세사에 포함시키게 되어, 생산방식 발전단계의 교체를 시기구분의 기본원칙으로 하는 맑스-레닌주의 편사학의 원칙과 배치되는 결함을 가지고 있다고 비판되었다. 조선 근세사 시기구분은 자본주의적 생산방식에 조응하는 역사가 구체적으로 어떤 특수성을 가지고 어떤 기간에 존재했는가를 구명하는 데 귀착된다고 정리되었다.

그 전제 위에서 사회경제적 변화 과정과 계급투쟁 발전 과정을 주요 징표로 통일적으로 고려하는 원칙에 의거할 필요성이 인정되었다.

다음 근세사의 시점을 확정짓는 토론에서는 1866년, 1876년, 1884년, 1894년의 각 설들이 모두 일정한 합리성을 지니고 있음을 누구도 부인하지 않았다. 각각의 논리적 타당성을 종합하기 위해 김희일 등은 식민지(반식민지) 반봉건사회로 전화하는 사회경제적 과정의 본원적 계기인 1876년의 개항과 반침략 반봉건투쟁을 내용으로 하는 민족해방투쟁의 시작인 1866년의 반침략투쟁을 통일적으로 보는 전제하에서 1866년 시점설을 제기했다.

1962년 8월 20일과 9월 25일 양일간에 걸쳐 시기구분 문제를 최종 정리하는 학술토론회가 열렸다. 이 토론회에서 전석담이 총체적인 결론을 이끌어냈다. 근세사의 시·종점은 1866~1945년으로 확정되었다. 단 1866년 시점은 1866년과 1876년을 통일적으로 보는 전제하에서 인정되었다. 그리고 근세사를 두 시기로 구분하여, 제1기는 1866~1919년으로서 식민지 반봉건사회의 형성기이자 부르주아 민족운동의 발생·발전·종말의 시기로, 제2기는 1920~1945년에 걸치는 시기로서 식민지 반봉건사회적 사회 제관계의 지배 시기이자 노동계급 영도하의 반제·반봉건투쟁 시기이며 그 투쟁의 승리가 전체로서의 식민지 반봉건사회를 붕괴로 이끄는 시기로서 파악되었다. 1, 2기를 포괄하는 근세사 전과정은 다시 다음과 같은 6개의 발전단계로 구분되었다.

① 1866~1884년: 부르주아 민족운동의 서막인 반침략투쟁이 전개되고 반식민지 반봉건화 과정의 시원적 계기가 조성되는 근세사의 개시기.
② 1884~1894년: 갑신정변에 의해 첫 부르주아 혁명운동이 전개되는 시기이며, 반식민지화 과정과 봉건주의를 반대하여 농민대중의 혁명적 전쟁이 전개되어 우리나라의 첫 부르주아

개혁으로서의 갑오개혁을 성취시킨 시기.

③ 1895~1910년: 자본주의적 생산방식의 기초적 편성이 진행되는 시기이며, 식민지화 과정이 종결되는 시기인 동시에 부르주아 민족운동의 대중적 앙양기.

④ 1910~1919년: 식민지적 조건에서 반봉건적 기반에 기초한 생산방식 편성이 최종적으로 기틀을 닦는 시기이며, 동시에 3·1운동으로 부르주아 민족운동이 종말을 고하는 시기.

⑤ 1920~1931년: 식민지 반봉건사회의 청산을 지향한 노동계급 영도하의 반일민족해방투쟁이 장성·발전한 시기이며, 민족해방투쟁의 가장 높은 단계로 발전하기 위한 역사적 전제조건들이 성숙되는 시기.

⑥ 1932~1945년: 김일성을 선두로 하는 조선 공산주의자들의 영도 아래 근대 조선혁명운동이 가장 높은 무장투쟁 단계로 제고된 시기이며, 항일무장투쟁의 역사적 승리에 의해 식민지 반봉건사회를 청산하는 계기를 열어놓게 되는 시기.

이상의 결론으로 조선 근세사 시기구분에 대한 북한 역사학계의 학술토론은 종결되었다. 논쟁을 통해 북한 역사학계는 시기구분의 기준 문제에서 사회경제구성의 변화와 계급투쟁의 변화 한쪽만을 보는 한계에서 벗어나 양자를 통일적으로 보는 시야를 확보했으며, 이를 통해 조선사의 보편성과 특수성, 외적 규정성과 주체적 측면을 종합적으로 해명할 수 있는 길을 개척하는 성과를 거둘 수 있었다. 이는 당시 북한사회가 추구했던 맑스-레닌주의의 창조적 적용의 틀을 통해 가능했다.

1960년대 후반 이후 그 틀을 넘어 주체사상, 주체사관에 입각하여 조선사가 다시 쓰이면서 근대사와 현대사 시기구분 논의는 통일성을 상실하는 방향으로 전개된다. 1979년부터 1982년에 걸쳐 편찬된 『조선전사』는 1926년의 '타도제국주의동맹'을 근대사와 현대사의 분기점으로 정했다. 민족해방운동사에서 부르주아 민족운동 단계인 1860년대부터 1920년대 초반까지를 근대사로 보고, 그 이후 김일성의 영도 아래 반제·반봉건 민주주의혁명이 시작된 시점인 1926년부터 현대사로 파악한 것이다. 1957~62년간의 논쟁구도를 보면, 이는 사회경제구성과 계급투쟁(민족운동)을 통일적으로 보던 시각에서 오히려 계급투쟁(민족운동) 일변도의 역사해석으로 후퇴한 것이었다.

김성보

현재 연세대학교 사학과 교수로 재직 중이다. 한국 현대사를 전공했다. 대표논저로 『사진과 그림으로 보는 북한 현대사』(공저), 『남북한 경제구조의 기원과 전개』 등이 있다.

정비석의 『자유부인』을 둘러싼 논쟁

휴전조약 불과 5개월 뒤인 1954년 1월 1일부터 8월 6일까지 『서울신문』에는 215회(많은 연구서와 논문들이 8월 9일까지 251회라고 하나, 이는 잘못임)에 걸쳐 정비석鄭飛石의 소설 『자유부인』이 연재되었다. 이 소설은 연재 두 달 남짓 만에 더욱 유명해졌다. 당시 서울 법대의 황산덕黃山德 교수가 "대학교수를 양공주에 굴복시키고 대학교수 부인을 대학생의 희생물로 삼으려"는 작가는 "스탈린의 흉내"를 내고 있으며, 그는 "중공군 50만 명에 해당하는 조국의 적"이라고 공격함으로써 논쟁이 야기되었기 때문이다.

왜 하필 중공군 50만 명이었을까? 한국전쟁에 참전했던 중국 인민해방군의 숫자는 적게는 10만에서부터 많게는 100만 명까지 분분하게 추산되고 있지만, 당시에는 대략 50만 명으로 잡았던 데서 유래한 듯하다. 여기서 정말 중요한 대목은 공격자가 매카시즘적 수사법을 태연하게 동원하고 있다는 점이었다. 말하자면 황산덕의 비판에는 이 소설의 작가가 '빨갱이' 같은 한국사회 파괴범이라는 은유가 스며 있어, 휴전 직후의 상황에서 끔찍한 사상적 표적사격의 효과를 노리고 있었기 때문이다.

윤리 붕괴 주장의 내용과 실제

평북 의주 출생으로 일생을 대중소설 작가로 보낸 정비석에게 평남 양덕 출생의 완고한 법학자 황산덕의 비난은 윤리적 측면에서 가해졌다. 그런데 마치 그 윤리의 붕괴가 곧 자유주의의 해체를 초래할 것이라는 위기감을 동반하고 있어 흥미와 가소로움을 동반한다. 대체 자유주의, 즉 한국적 분단상황에서, 특히 1950년대 중반의 자유당 독재 치하에서 황산덕이 대학교수의 명예를 걸고 고수하려던 가치관은 무엇이었을까?

황산덕이 첫 공격의 화살을 쏜 것은 『대학신문』 1954년 3월 1일자였다. 연재상황을 보면, 『자유부인』의 주인공인 한글학자 장태연 교수가 아내를 찾아온 이웃 미군부대 타이피스트(황산덕은 그녀를 양공주라고 했는데, 그의 시각으로는 미군부대 부근을 얼씬거린 모든 여인이 양공주로 보였을 것이다) 박은미 양을 맞아 "감색 스커트 밑으로 드러나 보이는 은미의 하얀 종아리"에 "별안간 가슴이 설레었다"는 유명한 장면이 나오고(이 소설 중 가장 에로틱한 장면인데 그 싱거움이라니!), 그녀의 전화를 받고 아내가 사준 약혼기념 회중시계를 전당포에 맡기곤 돈 3천 원을 갖고 나갔으나, 도리어 그녀가 낸 돈으로 영화를 한 편 보았으며, 아내가 돌아오지 않은 밤 열 시가 넘은 시각에 자신도 모르게 백지에 박은미란 이름을 낙서하는 이야기가 2월 28일까지의 내용이다.

장 교수의 아내 오선영은 옆집 대학생 신춘호의 방에서 춤을 배우던 중 "입술을 고요히 스쳐가자 그의 미지근한 태도가 오히려 불만"스러웠고, 두 번째 만남에선 짙은 포옹과 탱고 스텝으로 발전하며, 화장품 상점 파리양행의 관리인으로 취직해 사기꾼 백광진과 사장 한태석을 번갈아 만나는 게 2월 말일까지의 줄거리다.

이상의 대목에서 황산덕이 유독 불만스러웠던 점은 교수가 양공주와 다를 바 없는 은미에게 잠시나마 매혹당한 점과, 그의 아내 오선영이 대학생의 품에 안겨 춤을 추는 점 등이었을 것이다. 하지만 이게 정말로 '중공군 50만'에 비견될 수 있다면 아마 1950년대 한국은 우리 땅이 아니라 아예 중공 땅이었대도 할 말이 없을 것이다. 그 정도로 전후의 윤리 붕괴는 일반화되어 있었다.

1950년대 중반 무렵의 한국사회는 이혼율이 0.27%(1955년 기준)에 이르렀고, 댄스 붐이 일어나 70여 명의 여성을 농락한 박인수朴仁秀 사건(1954)이 터졌는가 하면, 부산 피난국회에서 개정된 간통쌍벌죄 형법의 첫 고소사건(1954)이 세인의 시선을 끄는 등, 윤리붕괴현상이 가속화되고 있었다. 그해 8월에는 한 세대를 풍미했던 유명한 최인욱崔仁旭의 에로소설 『벌레 먹은 장미』가 판금을 당하기도 했다.

경남 김해 출신으로 해병대 헌병 대위였던 박인수는 약혼녀가 자신을 배신하고 모 대령과 결혼해버리자 충격을 받아 비행을 저지르다 불명예제대를 당한 한 시대의 희생자였다. 그는 해병 헌병대위를 사칭하고 양가집 처녀들, 특히 모 여대생을 유혹하여 향락을 일삼다 권순영 판사로부터 "인생의 청춘을 향락하기 위해 스스로 제공한 정조를 법은 보호할 수 없으며 거기에 간섭해서도 안 된다"는 무죄판결을 언도받았다. 황산덕의 논리대로라면 아마 박인수는 중공군 숫자로는 계산이 안 되는 마오쩌둥 정도는 될 것이고, 권순영 판사는 저우언라이周恩來 격은 될 판이다.

역사는 역설적이다. 그로부터 20년 뒤 인혁당 관련자 처형 때 황산덕은 법무부장관이었고, 권순영은 당시 재야법조인으로 시국사범들을 변호했다. 사회나 민족사적 쟁점을 외면한 채 표피적 윤리의식을 거론했던 그 자체가 얼마나 허황된 논리적 허상에 입각해 있었던가를 되씹게 만든다.

황산덕의 우려와는 달리 논쟁 이후 소설 속의 장 교수는 박은미를 처음 보았을 때와 같은 에로티시즘을 말끔히 씻어버리고, '교수'의 위신 세우기에 진력한 흔적이 역력하다. 오선영은 신춘호와 세 번, 한태석과 한 번, 도합 네 번이나 육체관계 직전까지 분위기를 조성했지만 아이들이 부르러 오거나 오빠나 남편이 불쑥 나타나기도 하고, 본처가 미행하다가 현장을 덮치는 등 번번이 방해당하고 만다. 결국『자유부인』은 '자유를 꿈꾸는 부인'으로 자유의 미수에 그치고 말았는데도 세인들은 이 소설의 윤리적 측면만을 주시해왔다. 그러나 작가는 신춘호의 뺨을 쓸어주는 오선영이 "젊은 대학생이 제멋대로 씨부리는 말을 그대로 믿고" 황홀해하는 어리석음을 꼬집으며 결국은 가정의 소중함을 깨닫는 귀가형 결말로 대미를 장식하고 만다.

불륜보다 권력의 작용이 더 문제

한 작품을 불륜의 시각으로만 접근하여 저속한 관심을 집중시키다가 정작 다른 알맹이를 잃어버리는 경우가 문학사에는 자주 있다.『자유부인』도 그렇다. 교수 부부의 '바람기'로만 이 소설에 접근하는 풍조 때문에『서울신문』에 연재될 때 분명히 있었던 한 대목을 고의로 빼버린 채 단행본을 냈어도 아무도 주목하지 않아 잘못된 텍스트가 그대로 전수되어 시판되고 있다. 문제의 대목은 아래와 같다.

> 국록을 먹는 공무원이 도장 하나 찍어주고도 수천만금의 뇌물을 예사로 받아먹는 이 세상에서, 주인 아주머니의 화장품을 잠깐 도용하다가 불시에 나타난 손님에게 겁을 집어먹는 아이라면 그처럼 양심적인 아이가 어디 있겠는가 말이다. 우리나라의

공무원들이 이 계집아이만큼만 양심적이었다면, 오늘의 현실은 훨씬 명랑해졌을는지도 모를 일이다. (『서울신문』 1954년 6월 21일자에 연재된 『자유부인』 중 <수지불계(收支不計)> 10)

장 교수의 부인 오선영이 이혼한 친구 최윤주의 집에 들렀을 때 주인의 화장품을 몰래 바르다가 들킨 계집아이를 묘사한 장면인데, 이 구절이 없는 시판 『자유부인』은 어쩐지 앞뒤 연결이 잘 안 되는 어색한 부분으로 처리되어 있다. 왜 이 대목이 빠졌을까? 역시 권력의 작용 때문이었다. 소설 연재 석 달 만에 '대학교수 모독'이라는 독화살을 맞은 작가는 그 석 달 뒤인 6월 21일자의 '공무원' 구절 때문에 다시 연재중단 압력을 받게 되었다. 일부 자료들은 『자유부인』이 이 사건으로 잠시 연재를 중단했던 것처럼 다루고 있지만, 이 무렵엔 6월 25일자의 '휴재' 사실이 있을 뿐이다. 다만 6월 24일자 광고란에 작가명으로 다음과 같은 석명서釋明書가 실려 있는 게 독자들의 시선에는 들어오지 않았을지 모른다.

> 석명서. 본인은 지금 서울신문 지상에 장편소설 『자유부인』을 연재 중이온데 내 소설 6월 21일부 제171회분 중에 "국록을 먹는 공무원이 도장 하나 찍어주고도 수천만금의 뇌물을" 운운은, 실상은 일부 부정 공무원들의 양심적 반성을 촉구하자는 의도에서 쓴 것이었으나, 일단 발표해놓고 보니 표현이 조홀粗忽했던 관계로 전체 공무원들의 위신을 손상케 하는 의외의 결과를 초래케 되었사와 심히 죄송스럽기에 자에 지상을 통하여 깊이 석명하는 바입니다. 단기 4287년 6월 22일 우 정비석.

이 신속 정확한 문학의 굴종. 이렇게 해서 위의 대목은 『자유부인』 단행본 초판 때부터 빠졌고, 그 뒤엔 으레 초판본을 텍스트로 삼았기에 당연히 사라지고 말았다.

그런데 『자유부인』에는 국회의원 비하나 인격모독이 필요 이상으로 심하고 빈번하게 언급되어 있다. 오선영의 오빠 오병헌은 M읍 출신 국회의원인데, 그녀의 시선에조차도 올케언니는 "국회의원 마누라"로 권세욕과 물욕을 겸한 속물의 전형으로 비친다. 한 번도 올케언니로 나오지 않고 언급될 때마다 "국회의원 마누라"다. 사업가이자 오병헌 의원의 돈줄인 한태석은 오선영에게 "정치 말입니까? 가만히 앉아서도 정치가들을 얼마든지 움직일 수 있는데, 무엇 때문에 그런 어릿광대 노릇을 한단 말입니까. 내가 국회의원이 된다면 한 사람 몫의 국회의원 구실밖에 할 수 없지만, 뒤에 가만히 앉아서는 국회의원을 열 사람이고 스무 사람이고 마음대로 움직일 수 있다는 비밀을 아셔야 합니다"라고 말한다.

이 말대로 오병헌은 중학교 건립 같은 사회사업조차 오로지 표 때문에 벌인 것으로 드러나고 만다. 『자유부인』에서 가장 나쁘게 그려진 직업이라면 국회의원일 텐데, 이로 말미암은 반론이나 규제조처는 전혀 없었다. 그런데 간접적으로 딱 한마디 '도장' 운운한 공무원 비난 대목은 신문의 잉크도 마르기 전에 문제가 되어 아예 삭제당해버렸다. 역시 그 '도장'의 위력을 보여준 예라 하겠다.

그렇다면, 황산덕 교수가 『자유부인』을 일컬어 교수모독이라고 비난하면서 은근히 내세운 교수상은 어떤가.

> 권력도 돈도 없는 불행한 족속입니다. 대학교수는 본래 진리탐구에 적극적이지만 권세와 치부에는 소극적인 것입니다. (…) 그러면서도 그들은 일국의 문화건설에 이바지해보려고 갖은 모욕과 불편을 감수하면서 학원을 지키고 있는 것입니다.

세상 사람이 다 부패했지만 나 혼자만은 부패해서는 아니 된다고 스스로를 채찍질하고 있는 것입니다.

이 말이 자유당 독재 치하에서 얼마나 설득력이 있었는지를 여기서 따질 계제는 아니다. 다만 공교롭게도 이 소설의 주인공 장태연 교수야말로 바로 황산덕이 옹호해 마지않는 교수상과 너무나 일치하고 있다는 점을 간과해선 안 된다. 소설 전편을 통해 장태연이 지닌 이미지는 강직성과 진실성으로 일관된다. 그는 처남 오병헌 의원이 마련해준 중앙청 국장이나 중학교장 겸직 자리를 완강하게 거절했을 뿐만 아니라, 입학 청탁이나 성적 채점에서도 어떤 하찮은 타협과 융통성조차 보이지 않는다.

어떻게 이런 인간상이 박은미라는 미군부대 타이피스트에게 에로티시즘적인 상념을 지녔던가 의심스러울 만큼 장 교수의 '진리탐구' 자세엔 흠집이 없다. 그중 가장 그를 돋보이게 만든 사건은 '한글간소화'로 불리는 이른바 '문화파동'에 대한 의연한 태도일 것이다.

통쾌한 결말

이선근李瑄根 문교부장관은 취임(1954. 4. 21) 2개월여 만에 기자간담회에서 느닷없이 '한글간소화 성안'을 발의했다(6. 19). 그 취지는 복잡한 받침을 열 개만 남기고 없애며 어간語幹을 무시한다는 것인데, 전자는 예를 들어 '믿다'를 '밋다'로, '갚다'를 '갑다'로 한다는 것, 후자는 '길이'를 '기리'로, '높이'를 '노피'로 한다는 것이었다. 한글이 너무 어렵다는 뜻에서 발의된 이 간소화의 기본골격은 이승만 대통령이 소싯적에 읽었던 『신구약성서』의 맞춤법으로 돌아가자는 데 있었다.

공교롭게도 문교부장관의 발의는 작가 정비석이 '공무원 도장'사건으로 곤욕을 치르기 이틀 전의 일이었다. 아무리 작가가 속이 비었대도 그런 수모를 당하고서 비판의식이 솟아나지 않을 수는 없을 터였다. 마침 모든 언론매체들은 '정부안'을 비판하기에 바빴다. 박수와 찬성에 익숙했던 문화풍토에서는 낯선 광경이 전개되기 시작했다.

7월 11일 국회에서는 무소속 동지회 주최의 방청회가 열렸는데, 『자유부인』의 장 교수도 초청자 명단에 끼었을 정도가 아니라 갈채를 받은 학자로 부각되어 있다. 이때 장 교수의 아내 오선영은 외박 미수사건으로 가출한 지 20여일이 지난 상황이었는데, 신문보도로 국회 청문회 사실을 알고는 몰래 방청한 뒤 새삼 남편의 훌륭함을 깨닫고 함께 귀가하는 것이 『자유부인』의 결말이다. 한글 파동이 이들 부부를 합치게 만든 격이다. 이것은 춤바람을 서구식 경박으로 본 것(대학생 신춘호도 영문과생이다)과 대조적으로 한글을 전통적 민족의식으로 상정한 예라 하겠다. 한글간소화 주창을 이승만 정권의 본질로 삼았다면 그 반대측은 요즘 말로 '민주화세력'으로 상정하고 있음을 간과해선 안 된다.

작가가 소설 연재의 마무리 단계에서 국회 청문회 사실을 다룬 것은 7월 하순 이후였다. 그런데 정치적으로는 그 비등하는 반대여론에도 불구하고 문교부장관이 비밀리에 반대발언 금지령을 내렸고, 정부·자유당 연석회의의 반대결의(7. 12)에도 개의치 않고 이승만은 거듭 개혁을 주장(7. 15)하여 자유당도 대통령 견해 지지로 선회(7. 16)하는 등 일촉즉발의 위기였다. 이승만은 이에 힘입어 당장 고치기 어려우면 정부와 정부상대단체부터 쓰기 시작하고 민중은 그 뒤에 익혀서 쓰도록 하자는 해괴한 한 나라 두 맞춤법안을 내놓기도 했다(7. 24).

그 문제의 '도장' 때문에 권력의 횡포 앞에 굴복했던 작가는 정부기관지 연재물임에도 소설의 대미를 신랄한 비판으로 장식해주었다. 이것이야말로 『자유부인』이 단순한 춤바람 소설이 아닌 소이연이다. 그리고 이 소설이 윤리의식의 붕괴가 아니라 당대 사회를 충실하게 반영했다는 증거이기도 하다. (이 글은 『대한매일』 연재물을 가필한 것임)

임헌영

중앙대학교 국어국문학과 겸임교수, 민족문제연구소 소장을 역임하고 있으며 문학평론가로도 활동 중이다. 대표논저로 『역사의 그늘, 문학의 길』(공저), 『분단시대의 문학』, 『민족의 상황과 문학사상』 등이 있다.

이승만과 한글간소화 파동

1950년대 초중반 한글간소화를 둘러싸고 논쟁이 벌어졌다. 그런데 이 논쟁은 어떤 문제에 대한 전문가들 간의 이견표출이 아니라 논쟁의 한 축이 대통령이었다는 데 그 특징이 있었다. 그런 측면에서 한글간소화 파동은 권력을 한축으로, 대부분의 학계·교육계·언론계를 다른 한 축으로 한 힘겨루기에 가까웠다. 한글을 둘러싼 논쟁으로는 문법체계, 한글전용, 가로쓰기, 타자기(키보드) 자판배치, 전산화 코드방식(완성형과 조합형) 등과 관련된 해묵은 논쟁들이 있지만, 그중 한글간소화 문제만은 전문가들 사이에 별 이견이 없는 일회적 논쟁으로 그치고 말았다.

"구 성경 맞춤법으로 돌아가라"

한글간소화 문제가 파동으로 나타난 것은 1953~54년이었지만 이승만이 한글간소화를 표명하고 추구했던 것은 이보다 수년 전이었다. 이승만은 이미 1949년 10월 9일 한글날 담화에서 국문의 빠른 개정을 피력했다. 현재 국문이 이전에 만든 것을 개량하는 대신 도리어 쓰기도 더디고, 보기도 괴상하게 만들어놓아 퇴보된 글이 통용되고 있다는 이유였다.

이승만이 당시 한글 표기방식을 이렇게 부정적으로 인식한 이유는 무엇인가. 해방 후 한글은 1933년에 제정된 '한글맞춤법통일안'에 의거했다. 그런데 이승만은 일찍 미국으로 건너가 수십 년 동안 새로이 변화된 한글을 접할 기회가 거의 없었다. 그런 점에서 이승만은 새로운 한글 표기방식이 불편하고 번거로웠고, 오히려 한말에 쓰던 표기방식이 익숙했다.

이승만은 현행 한글 표기에 대한 불만을 여러 차례 토로했지만 일반의 관심은 냉담했다. 답답해하던 이승만이 1950년 2월 3일에 "우선 정부만이라도" 자기 뜻대로 시행하겠다고 한글 맞춤법 개정을 강력하게 피력했지만, 한국전쟁으로 인해 실행되지 못했다. 그로부터 3년이 지난 뒤, 휴전이 임박한 1953년 4월 11일 국무회의에서 정부문서와 교과서에 옛 철자법(옛날대로 쓰기)을 사용한다는 결의가 이루어졌고, 4월 27일에는 국무총리(당시 총리는 백두진白斗鎭) 훈령이 내려졌다. 이에 대해 교육계·문화계·언론계 지식층의 반발이 거세게 일어났다. 심지어 문교부도 국민 7할이 이해하기 시작한 철자법을 포기할 수 없다고 옛 철자법을 반대했다.

거센 반발에 직면하여 7월 7일 문교부령으로 국어심의회가 구성되었다. 50명으로 이루어진 이 심의회에는 한글, 한자, 학술어, 외래어, 국어정화 등 5개 분과위원회가 설치되었다. 그중 한글분과위원회가 한글 맞춤법을 주로 토의했지만, 옛 철자법은 어법을 무시하고 제멋대로 쓰자는 것이라는 비판이 우세하여 '한글맞춤법통일안'을 벗어나지 않았다. 그러나 정부는 이 분과위원회의 결론을 무시하고 대통령의 뜻대로 개정을 추진했다. 이에 문교부 편수국장 최현배崔鉉培가 12월에 사임하고, 문교부장관 김법린金法麟이 1954년 2월에 사임했다. 하지만 정권의 한글간소화 의지는 변함없었다. 백두진 국무총리는

2월 24일 새 문교부장관으로 한글간소화를 실천할 사람을 임명할 것이라고 언명했다. 이승만은 3월 27일 특별담화를 발표하여 "3개월 이내에 현행 맞춤법을 버리고 구한국 말엽의 성경 맞춤법에 돌아가라"고 했다.

70여 일 동안 공석이던 문교부장관에 이선근이 4월 21일 임명되었다. 이선근은 22일 첫 기자회견에서 한글간소화 추진의사를 명백히 했다. 그는 6월 26일 기자회견에서 한글간소화 3원칙을 발표했다. 7월 2일 이승만 주재하의 국무회의를 거쳐, 3일에는 문교부와 공보처 공동의 간소화 시안이 발표되었다. 그러나 이 안은 문교부 관계관과도 협의가 없었을 정도로 극비로 작성된 것이었다. 막무가내식의 한글간소화 추진에서 이제는 구체안을 갖춘 추진으로 전환되었다.

정부의 간소화안은 그 3원칙과 용례, 간소화 이유 등을 상세히 제시하고 있는데, 3원칙을 원문 그대로 제시하면 다음과 같았다.

① 받침의 끝소리에서 발음되는 것에 한하여 사용한다. 따라서 종래 사용하던 받침 가운데 ㄱ, ㄴ, ㄷ, ㄹ, ㅁ, ㅂ, ㅅ, ㅇ, ㄺ, ㄻ, ㄼ 등 10개만을 허용한다. 다만 받침으로 사용될 때 'ㅅ'은 'ㄷ'의 음가를 가지는 것으로 하고, 'ㄷ'은 받침으로 아니 쓴다.
② 명사나 어간이 다른 말과 어울려서 딴 독립된 말이 될 때 혹은 뜻이 변할 때 그 원사 또는 어원을 밝혀 적지 아니한다.
③ 종래 인정되어 쓰이던 표준말 가운데 이미 쓰이지 않는 것 또는 말이 바뀐 것은 그 변화된 대로 적는다.

예를 들면 '있었다'를 '잇섯다', '앉았다'를 '안잣다', '좋지 않다'를 '조치 안다'로 표기하자는 것이었다. 이 간소화안에 의하면 어간과 어미가 구별되지 않아 어원이 드러나지 않으며, 또 표기에 일정한 원리를 찾기 곤란한 점이 있었다. 이런 정부의 간소화안에 대해 한글학회 등 각계의 비판이 제기되었다. 정부의 간소화안은 일정한 원리가 없어 학술적 문자가 될 수 없고, 청각적인 동시에 시각적이어야 하는 문자의 생명을 아주 잃게 된다는 것이었다.

심지어 국회에서도 정부의 간소화방침에 대한 논란이 있었다. 나라말의 표기방식을 둘러싸고 국회에서 논란을 벌이는 것은 희극에 가까운 일이었다. 6월 10일 이선근 문교부장관 출석하에 국회의원들의 질의가 이루어졌다. 대부분 국회의원들은 "전문학자들의 주장을 억누르고 온국민의 여론을 무시해가면서 민족문화에 위협을 주는 행정조치"라고 비판했다. 심지어 조병옥趙炳玉은 "세계적으로 훌륭한 인정을 받고 있는 한글을 간소화한다는 것은 독선적 처사이며, 우리나라에는 지당至當장관, 낙루落淚장관, 여신如神장관이 있어서 대통령에게 올바로 진언하는 장관이 하나도 없다"고 하며 이승만의 한글간소화 추진의 본질을 거론했다. 국회 논의의 결과 한글간소화안에 대해서는 정부, 국회 문교위원회, 학술원으로 특별대책위원회를 구성하여 그 대책을 강구하여 국회에 보고하도록 정부에 건의하는 동의안이 통과되었다. 당시 국회에서는 여당인 자유당이 다수의석을 차지하고 있었는데도 여론의 반발에 직면하여 정부의 한글간소화안이 비판을 받았던 것이다.

8년간의 지리한 파동과 그 결말

실제로 한글간소화 파동에는 대통령이 전위에 나서서 밀어붙이기식으로 추진했다는 문제점이 있었지만, 한글간소화 주장에는 경청할 만한 점도 있었고, 또 간소화를 추구했던 흐름이 있었다. 박승빈朴勝彬은 일제강점기에 조선어학회를 중심으로 한 통일안을 비판하며 이승만의 한글간소화와 맥락을 같이하는 주장을 전개한 바 있었다. 박승빈은 법조인, 교육자, 국어학자로서 조선어학회에 대항하여 조선어연구회를 조직하고, 민족의 언어나 표기법은 역사적 지속체여야 하고 일반대중이 사용하기 간편해야 한다는 논리를 내세웠다. 그러나 그의 주장은 조선어학회를 중심으로 한 한글학자들에 의해 철저히 무시되었다. 해방 후에도 조선어학회(한글학회)의 주도권과 '한글맞춤법통일안' 채택으로 그와 같은 주장은 존립할 수 없었다. 기존의 맞춤법에 익숙한 지식인들과 교육자들도 새로운 맞춤법 자체를 수용하기 어려웠다.

전문가와 여론의 반대 및 국회의 동의안에도 불구하고 6월 12일 이선근 장관은 각 교육기관에 간소화안 추진을 지시하는 통첩을 발송했다. 다음 날 이승만은 문교부의 한글간소화안을 그대로 강행하라는 특별담화를 발표했다. 18일에는 자유당이 문교부안을 절대지지하는 성명서를 발표했다. 간소화를 추진하기 위한 경비지출 준비도 강구되었다. 총무처는 24일부터 각 부처 공문서에 한글을 전용하되, 한글간소화안을 사용하라는 지시를 내렸다. 한편, 정부안을 지지하는 사람들은 새로운 어학단체 결성을 추진하여 1954년 8월 1일 어문연구회를 조직했다. 임원은 이사장 정경해(정덕국민학교장), 이사 박경서(박승빈의 아들), 김노산(상공부 특허국), 최우현(대한염업연합회 상무이사), 장봉선(한글타이프사 대표), 양재철(공업) 등이었다. 정부안을 지원해줄 한글 전문단체가 거의 전무한 상태를 타개하기 위해 정부지원으로 이 단체를 조직했던 것인데, 그 구성에서 보듯이 기성 학계의 한글전문학자는 한 명도 확보하지 못했다. 더구나 이들 인사 중 일부가 이탈함으로써 이 단체는 수일 후 사실상 해체되고 말았다. 국회의 동의안에 따라 한글특별대책위원회가 구성되어 수차례 회의를 열었지만 아무런 진전을 볼 수 없었다.

이런 거센 저항에 직면하여 이 대통령은 "한글간소화를 뜻한 것은 세종대왕의 뜻을 재천명한 것이니만큼 적극 추진하겠다"는 결의를 재천명했다. 세종이 한글창제를 반대하는 완고한 집단을 누르고 어여쁜(불쌍한) 백성을 위해 쉬운 한글을 창제했듯이, 자신은 보수적인 한글학자들이 개악한 한글 표기(한글맞춤법통일안)를 쓰기 쉬운 한글 표기(구 성경식 표기)로 되돌리고자 했다는 것이다. 그는 한글간소화 시도를 성군인 세종대왕의 한글창제와 결부시키고자 했다.

한글간소화 추진의 핵심에는 이승만 대통령이 있었으므로, 지리한 파동을 종식시키는 것은 이승만이 고집을 철회하지 않고서는 불가능했다. 이에 이승만의 두터운 신임을 받는 자유당 국회의원 표양문表良文을 통해 대통령에게 학계와 여론의 동향이 전달되었다. 결국 이승만은 문교부장관 이선근에게 한글 문제에 대해 일절 발언하지 말 것을 지시했다. 표양문은 1955년 9월 이승만이 인천 월미도로 낚시하러 온 기회를 이용하여 한글간소화 문제와 큰사전 편찬 및 록펠러재단과의 관계 문제를 진언했다. 이에 9월 19일 이승만은 공보실을 통해 중대담화를 발표했다.

> 내가 귀국한 이후로 신문과 교과서의 문자를 전부 국문으로 쓰기를 주장했는데, 원래 우리 국문이 세계에서 제일 좋은 취음取音 문자로 쓰기 쉽고 좋은 문자이건만, 이것이 쉬운 까닭으로 도리어 이것을 언문이라고 천시하고, 우리 사람들이 예전 문학을 존숭하는 마음으로 중국인 문자를 버리지 못하고, 이것을 안 쓰면 학문 있는 사람 노릇을 못하는 줄 알아서, 단순하고 보기 좋은 우리나라 국문을 무시하는 폐단이 아직도 있는 것이니, 이 사상을 포기하도록 우리가 전적으로 노력해야 할 것이다.
>
> 그런데 내가 해외에 있는 동안에 한 가지 문화상 중대한 변경이 된 것은 국문

쓰는 법을 모두 다 고쳐서 쉬운 것을 어렵게 만들며, 간단한 것을 복잡하게 만들어놓은 것이니, 이전 한문 숭상할 적에 무엇이든지 어렵게 만드는 것이 학자들의 고상한 정조로 알던 생각을 버리지 못하고, 국문 쓰는 것도 또한 어렵게 한 것이므로 이것을 고치려고 내가 여러 번 담화를 발표하였으나, 지금 와서 보니 국어를 어렵게, 복잡하게 쓰는 것이 벌써 습관이 되어서 고치기가 대단히 어려운 모양이며, 또한 여러 사람들이 이것을 그냥 쓰고 있는 것을 보면 무슨 좋은 점도 있기에 그럴 것이므로 지금 여러 가지 바쁜 때에 이것을 가지고 이 이상 더 문제 삼지 않겠고, 민중들의 원하는 대로 하도록 자유에 부치고자 하는 바이다.

오직 바라는 것은 지금 세상에 문자뿐만 아니라, 모든 것을 줄이고 간단하게, 편리하게 해서 경쟁하는 시대이니 도리어 복잡하고 분주한 것으로 돌아간다면 좋지 못할 것이다.

그러나 우리나라 사람들의 총명이 특수한 만큼 폐단이 되거나 불편한 장애를 주게 될 때는 다 깨닫고 다시 교정할 줄 믿는 바이므로, 내 자신 여기 대해서는 다시 이론을 부치지 않을 것이다.

이승만은 전문 한글학자는 아니지만 태양 혹은 아버지(국부) 같은 존재였고 간소화 파동의 핵심이었으므로, 그의 담화문을 길게 인용하는 것이 한글 파동의 핵심을 이해하는 데 도움이 될 것이다. 그는 역대 대통령들이 대체로 연설문을 대필하도록 했던 것과 달리 중요 연설문을 직접 작성했다. 더 정확하게 이야기하자면 이승만은 자신의 연설문을 구술했고, 비서진들이 그 구술을 토대로 문장을 만들었다. 이런 사정으로 이승만의 연설문에는 그가 주장한 한글간소화 방안처럼 구어체와 한말의 구 성경식 한글 투가 완연하다.

그는 중요한 문건은 직접 영어 타자를 쳐서 작성했다고 한다. 그는 영어처럼 쉽게 기계화할 수 있는 한글을 가장 바람직한 것으로 생각했다. 기계화를 위해서는 한글전용, 간소화, 가로쓰기 등이 필수적이다. 또 외국인들이 한글 배우기에서 가장 곤란해 하는 점이 발음과 다른 표기방식과 경어 표현이라는 점과 그가 오랫동안 외국생활을 했고 외국인들을 자주 접했다는 점을 염두에 두면, 그가 소리 나는 대로의 한글간소화를 강력하게 추진했던 배경을 이해할 수 있다.

독단에서 얻는 교훈

아무튼 이승만의 이 담화로 8년간의 한글간소화 파동은 일단락되었다. 1956년으로 예정된 대통령선거를 감안해서인지, 측근들의 아부 봉쇄로 실정이 제대로 전달되지 않다가 다른 통로를 통해 사태의 심각성을 전달받았기 때문인지, 아니면 한글학회 주도의 큰사전 간행을 지원하고 있던 록펠러재단 등 외국 원조기관과의 관계를 고려해서인지, 하여튼 이승만은 자신의 신념을 관철하는 것을 포기하고 말았다. 한글간소화 문제는 이승만이 집권 기간 동안 자신의 의지를 실현하지 못했던 예외적인 경우일 것이다. 이런 좌절의 경험을 교훈으로 삼는 지혜와 겸손을 갖추었더라면 이승만 정권은 좀 더 오래 유지되었을지도 모른다.

그러나 그는 위 담화문에서 보듯이 한글간소화 신념을 조금도 굽히지 않았다. 대통령 자신의 생각만 옳고 자신만이 통치할 능력을 지니고 있다는 생각, 특히 일국의 문자체계를 정하는 전문적이고 중요한 문제에 대해 대통령이 앞장서는 기이한 사태 등은 민주주의국가에서는 존립하기 어려운 것이다. 이승만 정권은 말기로 갈수록 여론과 전문가의 충고에 귀를 막았으며, 또 이승만 자신은 어렵고 복잡한 한글로 된 국내 신문을 멀리함으로써 종말을 재촉했다.

임대식

서울대학교 국사학과 강사로 재직 중이다. 한국 현대사를 전공했다. 대표논저로 『지식 변동의 사회사』(공저) 등이 있다.

1950년대 비구와 대처승의 갈등

　한국 불교의 대표적 종파인 조계종은 불과 10여 년 전인 1998년에 서울 한복판에서 종권분쟁의 극단적인 모습을 적나라하게 드러냄으로써 불교 본래의 이미지를 실추시켜버렸다. 그런데 지난 수십 년간 조계종의 이권분쟁이 수시로 야기되어온 원인과 배경을 거슬러 올라가면, 1950년대의 이른바 비구比丘·대처帶妻 간의 불교 분규가 남긴 문제점과 후유증이 있다. 따라서 비구·대처승 간의 불교분쟁은 현재의 한국 불교를 이해하는 중요한 단서라 할 수 있다. 그러면 1950년대에 불교분쟁이 일어나게 된 배경과 원인은 무엇일까? 그것은 무엇보다도 해방 이후 식민지 불교를 제대로 청산하지 못했기 때문이며, 더 거슬러 올라간다면 근대사회로의 전환기에 한국 불교가 주체적으로 봉건적인 틀을 벗어나 새로운 방향성을 모색하지 못했던 데 기인한다고 하겠다.

불교분쟁의 시작

　물론 해방 이후 일반적인 역사 흐름과 마찬가지로 불교계에서도 불교혁신세력에 의해 식민지 불교의 청산을 요구하고 민족종교로서 민족국가건설의 민족적 과제에 동참하기 위한 운동이 전개되기도 했다. 그러나 분단고착화 과정에서 불교혁신세력은 역사의 무대에서 사라지게 되었고, 새로운 근대적 불교의 방향성을 모색할 만한 주체가 형성되지 못했기 때문에, 1950년대 초기 불교계는 식민지 불교 청산을 위한 내적 역량을 거의 상실한 상태였다. 다만 친일 불교계가 해방 이후 총무원總務院체제로 이어지던 상황에서 이에 대응했던 또 다른 세력으로 비구 수행승을 중심으로 한 선학원禪學院 계열이 존재하고 있었다.

선학원은 일제강점기에 교종敎宗을 표방하는 대처승에 의해 한국 불교가 식민지 불교로 전락하는 것을 막고 한국 불교의 특징인 선종禪宗을 부흥시키려는 입장에서 설립된 것이었다. 따라서 비구승들은 당시 불교계의 상황을 거시적 측면에서 근본적으로 진단하기보다는, 전통적인 선불교의 틀을 벗어나지 못한 형편이었다. 이런 상황에서 불교분규가 어떻게 발생하고 전개되었는지 간략하게 살펴보기로 한다.

식민불교의 청산과 정통성 문제

당시 불교계에서 대처승 측은 7천여 명의 승려들이 1,300여 사찰을 장악하고 있었지만 비구 측은 300~500명 정도에 불과했다. 절대적 기득권을 가진 대처 측과는 달리 더부살이 신세로 지내던 비구승들은 자신들이 수도할 도량을 일부 요구하기에 이르렀다. 이에 만암曼庵 종정은 1952년 전국승려대표자대회 및 고승회의를 개최하여 선승들이 수도할 수행도량으로 넘겨줄 사찰을 논의하도록 했다. 그러나 1953년 5월 태고사에서 열린 주지회의에서 대처 측이 해당 사찰을 내놓지 않으려고 함으로써 이 계획은 사실상 백지화되었다.

비구 측은 선학원에서 회의를 갖고 승단 정화에 뜻을 모으려 했지만 구체적인 대응을 하지는 못했다. 그러던 중 1954년 5월 21일 이승만 대통령의 불교 문제에 대한 담화가 발표되면서 불교분규는 폭발적 상황을 맞이하게 되었다. 이승만의 1차 담화 내용은 왜색 불교인 대처승을 사찰에서 내보내라는 것이었다. 담화가 발표된 이후 대처 측은 6월 10일 불국사에서 법규위원회를 개최하여 조계종 교헌을 개정하고 승단을 교화단과 수행단으로 구분했다. 또한 수행승단에 대한 사찰배분 논의가 있었으나, 그 역시 제대로 시행되지 못했다.

이에 비구 측은 8월 24일 선학원에서 전국비구승대표자대회를 개최하여 교단정화를 위한 대책위원회 구성을 논의했다. 이어 9월 28일 전국비구승대회를 개최하여 새로운 종헌을 제정하고, 종정에 만암, 부종정에 동산東山, 도총섭에 청담靑潭, 종회 의장에 효봉曉峰을 세운 새로운 집행부를 출범시켰다.

이로 인해 비구·대처의 대립이 표면화되기 시작했다. 양측은 여러 차례 대화를 통해 타협점을 모색하기도 했다. 가령 비구 측은 동산·청담이 강경한 입장을 갖고 있었던 데 비해, 효봉·금오金烏는 온건한 입장을 갖고 있었다. 전자의 경우 대처승이 소유한 절을 한꺼번에 장악하지 않으면 후일 화근이 된다는 주장을 했지만, 후자는 비구승은 숫자도 적으며, 사판事判(사찰의 행정과 재무업무 담당)에 서툴기 때문에 서서히 정화를 추진하자는 입장이었다. 대처 측도 나름대로 수행·교화 양 체제를 모색하는 등 부분적인 변화를 보이고 있었다.

한편, 양측의 대립 과정에서 종조宗祖 논쟁이라는 정통성 관련 문제가 발생하기도 했다. 선종 특유의 정통론인 법통설法統說은 조선시대 이래 선종이 주류 교단이 됨으로써 명분상 대단히 중요한 의미를 갖는 문제가 되었다. 따라서 조선 후기 이래 법통, 법맥 문제를 두고 불교계 내부에서 논란이 벌어지게 되었던 것이다. 일제강점기에도 법통설을 둘러싼 논의가 재개되어 도의道義종조설, 범일梵日종조설, 나옹懶翁종조설 등 다양한 주장이 있었지만, 중심적인 논쟁은 태고법통설太古法統說과 지눌법통설知訥法統說을 둘러싼 것이었다.

태고법통설은 일제강점기부터 김영수, 권상로權相老 등이 적극적으로 제기했으며, 당시 대처승 측에 의해 수용되었다. 지눌법통설은 본래 이능화가 주장했으며, 이재열·이종익李鍾益 등에 의해 제기되었다. 그런데 비구 측에서는 8, 9월에 1, 2차 비구승대회를 개최하여 새로운 종헌을 제정하면서 보조국사 지눌을 종조로 할 것을 주장했다. 따라서 누구를 종조로 삼을 것인가를 둘러싸고 논쟁이 벌어졌는데, 이는 어느 쪽에서 한국 불교의 정통성을 계승하고 있는가를 둘러싼 치열한 명분 싸움이었다. 논쟁 와중에 비구·대처 양측으로부터 종정으로 추대된 만암은 '환부역조換父易祖'를 이유로 대처 측의 입장을 지지하게 되고, 비구 측은 이에 11월 3일 종회를 열어 종정에 동산, 부종정에 금오를 추대하여 체제를 개편하고 대처 측에 가담한 인사들을 제명했다.

비구·대처승 분규와 권력개입

이 무렵 양측의 대화가 결렬되면서 분규가 폭발하도록 부채질한 것은 11월 4일 이승만의 제2차 유시였다. 그 주된 요지는 전국의 승려가 일본식 정신과 습관을 버리고 대한 불교의 빛나는 전통을 살리라는 것으로서, 역시 대처승을 부정하는 입장이었다. 이에 비구 측이 총무원에 가서 사무인계를 받기 위해 11월 5일 조계사로 진입함으로써 양측의 분쟁이 촉발되었고, 마침내 17일에는 폭력사태로 발전했다. 이런 상황에서 11월 19일 이승만이 제3차 담화를 발표함으로써 비구 측에 결정적으로 유리한 국면이 형성되었다. 12월 11일 비구 측은 전국비구·비구니대회를 개최하여 정화를 주장했고, 이어 이승만은 12월 17일 다시 한 번 비구 측의 입장을 지지했는데, 그 구체적인 내용은 문교부가 사태의 수습을 책임지라는 것으로서 제4차 담화에 해당된다. 그리하여 문교부와 내무부를 중심으로 정부당국이 본격적으로 개입하게 되었다.

정부개입 이후 양측은 한편으로 대립하면서 다른 한편 타협점을 모색해나갔다. 1955년 1월 26일 문교부에서 모임을 갖고 양측이 5명씩 선정하여 '불교정화수습대책위원회'를 구성했다. 대책위는 일단 "사찰을 수호할 자격이 있는 자"에 대한 규정을 합의했으나, 이것이 주지직을 말하는지 승려 전체를 규정하는 것인지 구분이 모호했던 데다, 전국 사찰의 관리권을 비구승이 장악할 것으로 예상되었기 때문에 대처 측은 이 타협안을 거부했다.

그러나 정부당국의 묵시적 지지로 인해 상황은 비구 측에 더 유리하게 돌아갔다. 대처 측이 조계사에서 단식농성 중이던 비구승을 폭행하는 사태가 일어남으로써 대처 측은 더욱 수세에 몰리게 되었다. 이런 불교계의 분규에 세간의 이목이 집중되면서 마침내 이 문제는 국회 차원으로 비화되었다. 6월 13일 국회 본회의에서 문종두文鍾斗 의원은 사실상 교화와 포교에 종사하는 대처승을 승려로 인정하지 않고 좌선승인 비구승만을 승려로 취급하는 것은 모순이라고 지적하면서, 정부당국이 헌법에 규정된 종교의 자유를 무시하면서 주지까지 정부의 승인을 받도록 행정조치를 취한 것은 위법이라고 제기했다. 이어 범야권, 무소속 민의원 51명이 불교사태 문제를 긴급동의로 제청했다. 문교 및 내무부장관을 출석시킨 가운데, 종교의 자유가 헌법에 보장되어 있음에도 정부가 개입하는 근거가 무엇인지가 주된 쟁점이 되었다. 나아가 국회 본회의에서 "정부당국은 종교 문제에 간섭하지 말고, 분규로 말미암아 파생되는 형사상의 문제와 재산상의 손실에 대해서만 법적으로 조치할 것"을 결의했다.

그러나 국회의 결의에도 불구하고 이승만은 6월 16일 "대처승은 물러나라"는 요지의 5차 담화를 발표했고, 이후 문교부의 지시에 따라 불교정화수습대책위원회에서 분규를 정리하는 과정이 진행되었다. 대책위의 회합은 여러 차례 논란을 거듭했는데, 비구 측은 승려대회를 개최하여 새로운 종회 의원을 선출하자고 주장한 반면, 대처 측은 현 총무원체제를 인정할 것을 주장함으로써 의견이 대립되었다.

결국 투표를 통해 전국승려대회를 개최하여 종회 의원을 선출하자는 쪽으로 결정이 났지만, 대처 측에서 다시 투표의 합법성에 대해 문제를 제기함으로써 합의에 이르지는 못했다. 그리하여 문교부의 반대에도 불구하고 비구 측은 8월 2일 승려대회를 개최하여 전국 사찰의 주지 선출, 종헌 수정, 중앙간부 선출, 종단운영상의 인사관계 등 4개 항목을 결의했다. 이후 문교부는 양측의 타협을 조정했고, 결국 8월 11일 승려대회를 합법으로 인정하게 됨으로써 불교분규의 초기국면은 마무리되었다. 그러나 비구 측이 사찰을 장악하는 과정에서 기존의 대처승과 많은 갈등을 야기했으며, 승려대회 자체를 인정하지 않는 대처 측의 소송이 제기되어 분규는 법적 분쟁으로 전환되었고, 1960년대 이후에도 해결되지 못한 채 계속되었다.

이승만과 비구정화운동의 한계

이상 1950년대 비구·대처승 간의 불교분쟁을 간략하게 살펴보았다. 여기서 본 바와 같이 당시의 분쟁은 불교교단 자체의 모순으로 인해 언제라도 폭발할 가능성을 안고 있었지만, 분규가 촉발되고 전개되는 과정에서 절대적인 영향력을 행사한 것은 이승만의 유시와 정부당국의 개입이었다. 이렇듯 이승만이 여덟 차례의 유시를 통해 이른바 불교정화를 촉구한 의도와 배경은 무엇이었을까? 이에 대해서는 여러 가지 논란이 있지만, 무엇보다 당시의 정치적 상황과 밀접한 관련이 있는 것으로 보인다. 가령, 이승만이 처음으로 불교 문제에 대한 담화를 발표한 1954년 5월 21일은 제3대 민의원 총선거가 실시된 다음 날이었다. 3대 총선에서 이승만은 정권의 무제한적 개입을 통해 이전까지 정국운영에 가장 큰 장애물이었던 국회를 장악하고 1인1당독재를 구축하려 했다. 이어 2, 3차 담화는 국회에서 초대 대통령에 한하여 중임 제한을 철폐하는 개헌안에 대한 찬반양론이 벌어지던 시기에 발표되었다. 마찬가지로 4차 담화는 그 유명한 사사오입 개헌 이후 발표되었고, 1955년 단일 야당으로서 민주당이 출범할 즈음에는 5차 담화를 내놓았다.

이처럼 불교분규에 대한 이승만의 담화는 1954년 이후 1955년까지 정치적 쟁점이 첨예화되거나 1인독재를 강화하기 위한 정권적 차원의 개입이 진행될 때마다 발표되었던 셈이다. 그렇다면 이승만은 불교분규에 대한 담화 발표를 통해 어떤 정치적 효과를 기대했을까? 담화문에 시종일관 왜색 대처승을 몰아내라는 식의 선동적 구호를 사용한 데서 드러나듯이, 일반국민의 반일감정을 이용하여 반일이데올로기를 선동·확산함으로써 반이승만세력을 배척하고자 했던 것으로 생각된다. 1980년 신군부세력이 정치적 정당성을 확보하기 위해 사회정화운동의 명목으로 10·27법난을 자행한 것처럼, 이승만은 불교분규를 정치적 국면전환용으로 이용하기 위해 정치적 고비마다 무려 여덟 차례나 담화를 발표한 것이다.

따라서 당시의 정치상황에 밝지 못하고 구체적인 방법론조차 없는 상황에서 이루어진 비구 측의 정화운동은 결국 종교의 자율성을 포기한 채 외부권력에 의존하는 양상을 보였다. 그러므로 1950년대 이후 종권을 둘러싼 각종 소송,

공권력개입 등의 전례는 불교계가 국가권력에 예속되는 문제점을 야기했다. 더구나 비구 측이 분쟁 와중에 세력확산을 위해 무자격 승려를 마구잡이로 양산함으로써 승려의 질적 저하가 초래되었으며, 대화와 타협보다 폭력적 상황을 되풀이함으로써 종권분쟁, 이권분쟁양상이 반복되는 문제점과 후유증을 낳았다. 또한 해방 이후 해결되지 못한 적산재산 및 농지개혁 이후 사원의 재정적 문제라든가 각종 학교재단, 일반기업체에 대한 귀속권 처리 등도 매끄럽게 이루어지지 못했다.

종래 불교분규에 대해서는 비구·대처 양측이 주장하는 바와 같이 정화운동이나 법난의 차원으로 이해되었으나, 교단사적인 시각을 탈피하여 근현대 한국불교사의 흐름 속에서 재평가가 이루어져야 할 것이다. 아울러 불교분규의 전개 과정이나 지난 세기 봉건적 잔재와 식민지 유산을 주체적으로 청산하지 못한 과제는 불교만의 문제가 아니라 한국 현대사의 자화상이 아닌가 한다.

조명제

신라대학교 교수로 재직 중이다. 고려시대사를 전공했다. 대표논저로 『고려 후기 간화선 연구』, 『10세기 인물열전』(공저) 등이 있다.

평화통일론과 진보당 사건

1956년 정부통령선거에서 진보당의 조봉암曺奉岩 후보는 216만 표를 획득(유효투표 30%)했다. 진보당이 제시하는 이념과 정책에 대한 대중적 지지는 곧바로 체제논쟁과 연결될 뿐 아니라, 이승만 정권에 대한 직접적이고 본질적인 위협으로 인식되었다. 여기에서 진보당 사건이 단순한 정적 제거라는 정치적 사건의 의미를 넘어, 한국 현대사에서 진보적 지향을 갖는 변혁운동사적 측면을 내포하고 있음을 알 수 있다. 이승만 정권은 반공 이념에 정면으로 도전하는 진보당이 평화통일 주장을 공공연히 제기하고 상당수 국민으로부터 지지를 받으며 성장하는 것 자체를 반공이데올로기체제에 대한 위협으로 받아들였다.

조봉암과 이승만 정권의 위기의식

이승만과 자유당은 1960년 정부통령선거에서 조봉암의 도전에 대해 실질적인 불안감을 느꼈고, 1958년 국회의원선거에서 진보당이 원내교섭단체를 구성하기 전에 제거할 필요성을 느끼게 되었다. 이승만 정권의 관점에서 본다면, 진보당이 더 광범위한 민중적 지지기반을 획득하기 전에 완전히 압살하지 않으면 안 되었던 것이다. 보수야당인 민주당도 진보당의 부상으로 인해 반이승만·반독재를 내걸고 국민의 지지를 독점할 수 없게 되었기 때문에 진보당을 경계했다. 그리하여 진보당 사건이 발생했을 때 민주당은 한마디 논평도 하지 않았다. 제3세계 친미독재체제가 국민의 지지를 받는 정치적 인사를 살해할 때마다 의례적으로 항의를 표시하곤 했던 미국조차 이에 대해서는 어떤 입장도 취하지 않았다. 당시 미국은 동북아 반공전선의 재편과 강화를 지향하고 있었고, 이 목표를 위해서는 이승만 퇴진 이후 최선의 선택이 민주당이기 때문이었다.

그런 상황이었기에 1956년 대통령선거에서 유효투표의 30%를 획득한 조봉암과 그를 당수로 한 진보당의 지속적인 조직확대는 초기부터 친미반공정권의 극심한 탄압을 받을 수밖에 없었다. 그리고 급기야 1958년 1월 12일 진보당 사건으로 진보당은 국가보안법을 위반한 불법정당으로 규정되어 등록취소 이후 해산당하고 말았다.

평화통일론의 위법성과 간첩 여부

진보당 사건은 제4대 국회의원 총선거를 몇 달 앞둔 시점이었던 1958년 1월 12일, 치안국이 진보당의 평화통일론은 불법이며 당수인 조봉암은 간첩 박정호와 접선한 혐의가 있다는 이유로 수사에 착수하면서 시작되었다. 박정호는 1957년 북한의 막대한 자금을 가지고 무역업자로 가장하여 남하한 뒤 장건상張建相 등 과거 혁신정치인과 접선하여 혁신운동에 관여하다가 체포된 소위 1957년 12월 근로인민당 재건사건의 장본인이었다.

경찰은 이날 윤길중尹吉重·조규희曹圭熙·박기출朴己出 등 진보당 간부들을 체포했고, 이튿날인 13일 조봉암이 자진 출두했다. 초기수사 단계에서 검찰과 경찰은 조봉암이 거물 정치인이라는 점과 합법적으로 성립된 정당에 대한 전면수사라는 점에서 그 중대성을 인식하여 잇단 기자회견을 통해 진보당 사건의 수사동기를 설명했다. 경찰 측은 여러 간첩사건에 진보당을 연결시키려 했고, 검찰 측은 평화통일론이 국시에 위반된다는 점에 초점을 두는 등 일치점을 찾지 못한 두서없는 발표였다(임흥빈, 「죽산 조봉암은 왜 죽어야 했나」, 『신동아』 1983). 그러나 최초의 공소장에서 경찰이 기소했던 박정호·정우갑 등 간첩들과 진보당의 접선혐의가 사실무근으로 밝혀지자, 추가공소장에는 해방 전 상해 시절부터 조봉암과 친교가 있었던 양명산梁明山(일명 양이섭梁履涉)을 등장시켜 조봉암을 간첩죄로 기소했다. 이 후반전에서는 전반전과 달리 검·경찰이 일치된 방향에서 수사를 추진하여, 진보당 평화통일론의 위법성 여부와 조봉암이 이중간첩 양명산으로부터 정치자금을 받았다는 간첩사건으로 초점이 맞추어졌다.

첫 번째 쟁점인 진보당 평화통일론의 위법성은 정부가 발표한 기소이유 중 가장 중요한 골자로서, 진보당의 평화통일론이 북한의 통일론과 사실상 동일하다는 것이었다. 즉 남북한 총선거를 통한 평화통일과 근로대중의 단결을 요청하는 진보당 강령은 북한이 선전하는 평화통일노선과 매우 유사한 것으로, 한국의 국가원리를 손상시키고 나아가 남한 정부를 전복하기 위한 주장이라고 했다. 두 번째 쟁점은 조봉암이 북한과 남한의 첩보조직 사이에서 이중간첩으로 활약하던 양명산에게 북에서 온 자금을 받아 진보당의 정치자금으로 사용했다는 것이었다. 기소장의 주장에 따르면, 조봉암은 북한 정권을 도와주는 대신 자금을 공급받아 대통령선거운동 및 당 기관지(『중앙정치』) 발간에 썼다고 했다.

진보당 사건은 이 두 가지 쟁점이 병합심리된 사건으로, 1958년 7월 2일 1심(서울지방법원 형사 제3부, 재판장 유병진)에서는 진보당 강령이 대한민국의 기본원리를 손상시키지 않았다고 판시했으나, 간첩죄 여부에 대해서는 양명산의 자백을 토대로 조봉암에게 5년을 선고했다. 양명산에게는 국가변란혐의죄로 5년을 선고했고, 대부분의 다른 피고인에게는 무죄를 선고했다. 조봉암이 북한에서 왔다고 자처하는 양명산을 만나 진보당의 정강정책을 논의하고 금품을 수수한 것은 사실이었기 때문에, 1심 판결은 구舊국가보안법이 엄존하던 현실에서 법 집행자가 할 수 있는 최선의 선택이었다.

그러나 1심 판결 사흘 뒤인 7월 5일, 반공청년단이라고 자칭하는 200~300명의 청년들이 "간첩 조봉암을 처단하라"라는 구호를 외치며 법원에 난입하는 재판사상 초유의 사건이 발생했다. 재판관을 죽이겠다는 갖가지 협박으로 유병진·이병남·배성호 등 1심 관련 법관들은 한동안 피신해야 했다. 사법부는 법원 데모사건으로 확실히 위축되었다. 때마침 정국은 야당 탄압과 언론탄압의 도구로 등장한 신국가보안법을 둘러싼 대치국면으로 가고 있었다.

이런 분위기 속에서 1958년 9월, 김갑수金甲洙 판사는 2심 판결에서 검찰의 공소사실을 모두 인정하여 진보당의 정강정책에 국가를 변란할 목적이 내재해 있다고 판시했고, 조봉암의 간첩죄 역시 인정하여 검찰의 구형대로 조봉암과 양명산에게 사형을 선고했다. 그러나 조봉암에 대한 간첩죄 적용은 많은 문제점을 지니고 있었다. 1·2심 처리 과정에서 조봉암은 양명산에게 돈을 받은 사실을 시인하면서도, 그 돈이 북한에서 나왔다는 것은 몰랐으며 북한과 내통했다는 검찰의 주장은 터무니없다고 주장했다. 증인들의 진술도 조봉암에게 유리했다. 우선 HID(대북공작기구)에서 양명산의 감독 감시를 책임졌던 엄숙진은 양명산의 이북 왕래시 소지품 검사를 철저히 했기 때문에 조봉암과 북한이 주고받았다는 약재 및 감사장 등은 자신의 감시를 벗어날 수 없었을 것이고, 자신이 아는 한 그런 물품은 없었다고 진술했다. 또한 조봉암 간첩죄의 유일한 증인이자 피고인인 양명산은 2심에서 1심에서의 자백은 특무대의 고문과 협박·회유에

못 이긴 거짓자백이었다고 진술을 번복했다. 그러므로 상식대로라면 1심에서 양명산의 자백으로 겨우 징역 5년의 유죄판결이 내려진 만큼 2심에서는 양명산이 자백을 번복했으므로 검찰이 반증을 제시하지 못할 경우 간첩죄는 백지화되어야 했다. 그러나 재판부는 양명산의 진술 번복의 진실성 여부를 가리지 않았고 조봉암에 대한 진술들도 무시한 채 사형을 언도했다.

1958년 12월 24일, 정당의 입을 막고 언론의 자유에 재갈을 물릴 속셈으로 만들어진 신국가보안법이 무술 경관에 의한 야당 의원들의 지하실 감금이라는 의정사상 초유의 사태 속에서 자유당 단독으로 국회에 통과되어 1959년 1월 15일 발효되었다. 이런 상태에서 1959년 2월 27일 대법원은 진보당 사건에 대한 최종판결을 내렸다. 우선 대법원은 진보당 사건의 최대쟁점인 평화통일정책에 대해서는 "헌법에 위반하지 않으며 헌법 제14조 언론자유의 한계를 일탈했다고 볼 수 없다"는 이유로 무죄를 선고했다. 따라서 다른 진보당 간부들은 죄가 없다고 판시되었다. 그러나 조봉암의 간첩죄 여부에 대해서는 양명산의 1심 자백과 그를 뒷받침하는 돈 받은 사실, 그리고 감방 안에서 양명산에게 전하려 했다는 조봉암의 쪽지가 중요 증거로 채택되어 사형이 확정되었다. 이어서 대법원은 조봉암의 간첩죄와 관련하여 진보당을 불법단체로 규정했는데, 그 요지는 "조봉암은 국헌을 위배하여 정부라 참칭하는 괴뢰집단에 부수하고 국가를 변란할 목적으로" 진보당을 조직·지도했다, 따라서 "동 피고인에 의하여 조직된 진보당 역시 자체 성격의 위법 여부에 상관없이 불법단체임을 면할 수 없다"는 것이었다. 결국 대법원 판결에 의해 진보당은 불법단체로 규정되어 소멸했고, 조봉암은 1959년 7월 31일 서대문형무소에서 사형되었다. 그의 재심청구가 기각된 바로 다음 날이었으며, 1960년 3월 정부통령선거를 8개월 앞둔 시점이었다.

이승만 정권의 정치적 희생양

진보당 사건은 자유·민주 양당의 보수정치세력이 지배하는 분단사회의 진보적 이데올로기에 대한 거부감과, 조봉암이라는 개인에 대한 국민적 지지 및 당세 확장이 보수지배세력에게 실질적인 위협으로 나타났다는 현실적 측면이 상호작용함으로써 발생했다. 진보당 사건은 1심에서 최종판결로 가는 과정에서 판결의 기복이 심했고, 진보당의 통일정책이 위헌이 아니라는 이유로 진보당 간부들은 무죄 선고를 받았음에도 유독 조봉암만 간첩혐의로 사형에 처해졌다. 결국 진보당이라는 정당 자체나 정당정책보다 조봉암 개인의 제거에 최종 목적이 있었던 것이다. 그리고 궁극적으로 조봉암 개인의 제거를 통해 진보당과 진보지향세력을 불법화하여 해방공간에서부터 이어져오던 진보운동을 소멸시키는 데 그 목적이 있었음을 알 수 있다.

우선 1심에서 대법원 판결에까지 이르는 재판 과정은 법률적용이나 절차상의 공정성 여부에 여러 가지 의혹을 남겼다. 법률상 가장 쟁점이 되는 것은 첫째, 조봉암에게 사형을 언도하게 한 증거가 양명산의 자백뿐이었다는 점이다. 2심에서 번복된 1심 자백만으로(의심스러운 자백에 기초했다는 점에서 자백배제법칙 위반), 그것도 번복된 진술에 대한 보강증거도 없이(피고인의 자백 외에 이를 보강하는 명확한 물적 증거 없이 판단했다는 점에서 자백보강법칙 위반) 간첩죄를 적용하여 사형을 언도한 것은, 증거 불충분성에 비추어 지나치게 무거운 형벌이었다. 백보 양보하여 양명산 자백의 신빙성과 자백의 임의성이 모두 인정된다 해도, 양명산과 조봉암의 관계를 공동정범으로 보기보다는 조봉암을 양명산의 간첩행위에 대한 방조범 정도로 규정할 수 있는데도 조봉암에게 양명산과 똑같은 형량을 선고한 것은 과도한 판단이었다. 이에 대해 당시 김갑수 주심 대법관은 다음과 같이 말했다. "죽산의 구명은 대통령만이 할 수 있고 대통령은 그의 구명을 위한 사면권을 가지고 있다. 솔직히 말해서 나는 결국에 가서 사면이 되리라는 것을 믿고 있었다."

둘째, 진보당 사건은 정강정책이 국가변란을 목적으로 한다는 당 자체의 불법성에 대한 기소와 조봉암·양명산에 대한 간첩기소 사건을 병합심리한 것이었다. 두 사건은 서로 구별되어야 함에도, 당 강령의 합법성은 인정하면서 개인의 행위를 기초로 당을 불법 판시한 것은 법률의 지나친 확대해석이었다.

이런 재판 과정의 의혹들은 진보당 사건이 정치적 배경을 갖는 정치재판이었으며, 재판 과정에 정치권력의 입김이 작용했고, 결국 그로 인해 이승만 정권의 정치적 희생물로 왜곡될 수밖에 없었다는 것을 보여준다. 이승만 정권은 조봉암의 간첩죄와 진보당 평화통일론의 불법성을 혐의로 이 둘을 연결하여 인식하도록 유도하면서, 반공이데올로기를 적용하여 진보당이 용공단체임을 주지시켰다. 즉 법적 절차라는 합법적 요건을 갖추고 진보당을 소멸시켰던 것이다. 그리고 이 과정에서 민주당은 물론 진보당 결성에 참여했던 서상일徐相日의 민주혁신당조차 진보당 불법화에 동조했다는 점을 지적하지 않을 수 없다.

오유석

성공회대학교 연구교수로 재직 중이다. 정치사회학을 전공했다. 대표논저로 『복합적 갈등 속의 한국 민주주의』(공저), 『북조선은 변화하고 있다』, 『분단의 두 얼굴』(공저), 『저항, 연대, 기억의 정치』(공저) 등이 있다.

국가보안법 개정파동

1956년 제3대 정부통령선거 결과 자유당 정권은 장면張勉 부통령과 조봉암의 처리 문제에 직면하게 되었다. 현행 헌법이 대통령 유고시 자동적으로 부통령에게 권력이 승계되도록 규정하고 있었고, 장면 부통령의 당선은 민주당 대통령 후보가 급서한 상태에서 이루어진 것이었기에, 자유당은 위기의식을 느낄 수밖에 없었다. 또한 조봉암 후보가 수도권 지역에서 높은 지지율을 기록하자, 이에 대해서는 기존 보수세력인 자유·민주 양당이 똑같은 위기의식을 가졌다.

민주당과 진보당의 약진

따라서 자유당 정권은 1958년 제4대 국회의원 총선거와 1960년 정부통령선거를 위한 사전준비작업을 추진할 필요가 있었다. 여기에는 가장 권위주의적 방식이 동원되었다. 우선, 1958년 4대 총선을 위해 1월 1일 여야의 협상선거법이 공포되었다. 주요내용은 소선거구제의 채택, 야당 측의 선거위원회 참여, 추천인제, 기탁금제, 운동원 수의 한정 등이었다. 기탁금제의 도입의도는 무소속과 군소정당의 진출을 억제하고, 특히 조봉암의 진보당을 규제하는 것이었다.

그리고 1월 31일 진보당의 조봉암 위원장을 위시한 진보당 간부 7명을 간첩혐의로 구속하고 군정 법령 55호의 발동으로 진보당의 정당등록을 취소하여 혁신정당의 진출을 저지했다. 자유당 정권은 58년 3월 31일 민의원선거를 5월 2일 실시한다고 공고하고, 4월 1일부터 10일까지 후보자등록을 받았다. 협상선거법으로 후보자 수가 전보다 감소하고 진보당이 불법화된 상태에서 보수세력 간 대결로 치러진 4대 총선의 결과는 한국 정당구조를 변화시켰다. 자유당 126석, 민주당 79석, 통일당 1석, 무소속이 27석으로, 자유당은 개헌을 추진하기 위한 원내의석 2/3확보에 실패했을 뿐 아니라, 민주당이 상당수 의석을 확보하여 제1야당으로 부상함으로써 자유·민주 양당체계가 구축되었다.

개헌을 추진하기 위한 원내의석 2/3 확보에 실패한 자유당은 1960년 정부통령선거에서 이승만·이기붕李起鵬체제를 구축하기 위한 사전작업에 착수했다. 자유당의 중요전략은 자유당의 장기집권 가능성을 법제화하는 것이었다. 1958년 6월 7일 개원한 4대 국회의 세력분포를 보면, 총선 후 자유당이 다시 무소속을 포섭하여 자유당 137석, 민주당은 변함없이 79석으로 호헌선인 78석에서 1명을 초과하고 있었으며, 무소속은 17석이었다. 자유당이 원내안정세력을 구축하는 데 성공했던 것이다. 이렇게 다수당이 된 자유당은 언론이 큰 영향력을 행사하고 있는 도시에서는 행정력만으로 선거에 이기는 것이 역부족이라는 판단 아래 야당과 언론비판을 효과적으로 봉쇄하기 위한 수단으로 신국가보안법 제정을 은밀히 추진, 힘으로 악법의 통과를 기도하게 된다.

2·4파동의 서곡

1958년 11월 18일, 전문 3장 40조 부칙 2조로 구성된 신국가보안법안이 간첩색출이라는 명분으로 국회에 제출되었다. 이날 정부 측에 의해 국회에 제출된 신보안법의 내용은 간첩행위를 극형에 처하되, ① 간첩활동의 방조행위에 대해 범죄구성의 요건을 명백히 하여, ② 간첩죄 피고의 변호사 접견을 금지하며, ③ 상고심제도를 폐지한다는 3대 원칙하에 다듬어진 정략적 입법이었다. 이 법은 반여당계 정치세력 탄압과 야당에 동조하는 언론기관 통제를 목적으로 한 것임이 분명했다. 이승만의 종신집권을 저해하는 반대세력을 탄압하는 제도적 장치를 구축하려는 의도였다. 이 법안은 출발부터 전국적인 반대여론에 부딪쳤다. 정부가 새 법안을 제출하자 민주당과 무소속 의원들은 "간첩 개념의 확대규정에는 1960년 정부통령선거를 앞두고 야당과 언론활동을 제약하고 탄압하려는 저의가 숨어 있다"고 지적하고, "변호사 접견 금지와 3심제의 폐지는 명백한 헌법위반"이라며 반론을 제기했다.

처음 논쟁은 법안심의가 회부될 상임위원회의 적절한 수에 관한 절차적 논쟁으로 시작되었다. 자유당은 심의 과정 간결화를 위해 하나의 상임위원회에서 법안을 다룰 것을 주장한 반면, 야당은 법무·내무·국방 3개의 상임위원회에서 보다 확장된 심의를 진행할 것을 요구했다. 그러나 자유당은 야당의 요구를 묵살한 채 일방적인 의사일정 진행을 결정했다. 따라서 새 보안법의 무수정 통과를 고집하는 자유당과 전면적 거부태세를 보인 민주당 사이에 험악한 대립상태가 조성되었다. 자유당은 연내통과방침을 세워 그들의 원내방침을 공표한 반면, 민주당은 또 나름대로 조병옥 대표최고위원의 성명을 통해 "결사반대하겠다"는 결의를 표명하고 극한투쟁을 준비했다.

원내 야당 의원들은 11월 27일 민주당 소속 81명과 무소속 10명 의원이 규합하여 원내세력으로 '국가보안법 개악 반대투쟁위원회'를 구성하고 위원장에 백남훈白南薰, 지도위원에 조병옥·곽상훈郭尙勳·장택상張澤相 의원을 추천하여 범야연합전선을 추진하는 한편, 보안법 통과를 강행할 경우 새해 예산심의를 거부한다는 반대의사를 표명하며 맞섰다. 원외에서도 '중앙투쟁위원회'를 구성하여 보안법 저지를 위한 원내외 병행투쟁을 벌였다. 다른 한편 민주당 내에도 신보안법안의 전면거부를 주장하는 신파와 수정협상을 시도하는 구파 양론이 벌어져 일면 협상이 추진되는 가운데 일면 투쟁이 시도되었다.

그러나 자유당 측이 아무 반응이 없자 결국 전면적 거부로 원내투쟁방침이 결정되었다. 이에 자유당은 12월 2일 '반공투쟁위원회'를 발족하고 국가보안법 개악반대투쟁위원회의 지도위원인 무소속 지도자 장택상 의원을 위원장에 추대함으로써 범야연합전선의 붕괴를 기도하는 한편, 이를 전국민운동으로 발전시킨다고 선언함으로써 원내·원외에서 여야의 대립상태가 심각해졌다.

결국 1958년 12월 5일 신보안법의 연내통과를 다짐한 자유당은 민주당 측에서 마지막 타협조건으로 내세운 국방·내무·법사위에서의 병행심의 요구를 무시한 채 여당 찬성만으로 이 법안을 국회 법사위에 상정하고 몇 차례 법무부장관의 제안설명을 시도했다. 그러나 법안의 상정 자체를 저지하기 위한 40여 명의 야당 측 의원들의 의사진행 반대로 법안통과에 실패하고 말았다. 그러자 김의준金懿俊 법사위원장은 "국무위원의 체면도 있으므로 부득이 서면으로 구두설명하겠다"면서 변칙적인 방법으로 의사를 진행하여 야당 측의 결사적인 의사진행 방해를 무색하게 만들었다.

12월 12일 국회 본회의에서 민주당은 서면에 의한 제안설명이 불법이라며 김의준 위원장의 인책을 강력히 요구했으나 이 또한 좌절되었다. 12월 13일에는 보안법 운영 실무자와 양당 대표들이 법학도의 입장에서 기탄없는 의견교환을 가졌지만 쌍방 모두 종전의 견해를 고집하며 양보하지 않았다. 야당 측이 요구한 일반인 공청회가 12월 17일에 열려 찬·반 대표 3인씩 40분의 시간제한으로 토론회를 가졌지만, 공청회란 형식만 갖추었을 뿐 이 역시 아무런 영향을 주지 못했다. 총력을 기울여 반대투쟁을 계속한 민주당은 조재천曺在千 의원으로 하여금 법사위에서 이틀 동안 반대발언을 하게 함으로써 계속 의사방해 전술을 시도했다. 그러나 자유당은 야간회의까지 소집해가며 연내통과를 위해 강행군을 거듭했다.

이런 우여곡절 끝에 마침내 자유당의 타협을 끌어내 12월 19일 하오 3시부터 조재천 의원이 질의를 계속하기로 합의하고 점심시간에 들어갔다. 그러나 정각 3시 3분 전, 법사위에 출석한 자유당 의원들은 야당 의원들이 지체하는 틈을 타서 3분 만에 신국가보안법을 무수정 통과시키고 말았다. 의정사상 최단시간을 기록한 법안통과였다. 이때 법사위에 출석한 자유당 의원은 김의준 위원장을 비롯하여 임철호任哲鎬·최인규崔仁圭·박만원朴晩元 의원 등 9명이었다. 야당에서는 조재천 의원만 3시 5분 전에 출석했지만 혼자서 9명을 당해낼 수는 없었다. 다수의 힘으로 과반수 성원이 된 틈을 타 불법적으로 법안을 통과시킨 것이다. 이것이 2·4보안법파동의 서곡이었다.

날치기 통과와 야당의 농성투쟁

자유당 의원들의 기습작전으로 신국가보안법이 법사위에 변칙통과되던 날 밤, 민주당 의원들은 국회 본회의에서의 날치기 통과를 저지하기 위해 법사위 통과 무효를 주장하며 의사당 안에서 농성투쟁에 들어갔다. 민주당의 극한투쟁에 직면한 자유당 온건파 의원들은 야당과의 협상을 추진하면서 새해 예산안의 선심先審을 조건으로 한 타협을 모색했다. 민주당 측에서도 구파 의원들은 신국가보안법안의 연내통과를 저지하기 위해 여·야 쌍방의 뜻을 절충한 수정안을 내놓고 자유당 측과 협상을 시도했다. 그러나 두 가지 타협안 모두 양당 강경파의 입김에 눌려 좌절되고 말았다. 자유당 강경파는 기존방침대로 무수정 통과를 고집했고, 민주당 신파는 전면거부의 극한투쟁을 주장하며 본회의장에서 무기한 단식농성에 들어갔다. 민주당은 '보안법개정반대국민준비회'를 구성하고, 성명서를 발표해 여당이 "야비하고 불법적인 만행을 감행했으며 본회의장에는 야당 의원들의 등원을 방해하고 불법 술책으로 이 악법의 기습통과를 감행할 것이 확실시되므로 우리들은 의사당에서 농성하여 극한투쟁을 개시하는 동시에 국민들의 열화 같은 성원을 기대하여 마지 않는다"고 호소했다.

이에 자유당 지도부는 내무부와 협의하에 전국 각지의 무술 경찰관 300명을 임시특채하여 국회 경위를 맡겼다. 12월 24일 오전 10시, 한희석韓熙錫 국회부의장은 경호권을 발동했다. 무술경위 300명이 본회의장에 난입하여 농성 중인 80여 명의 야당 의원들을 한 사람씩 끌어냈다. 그 과정에서 박순천朴順天·김상돈金相敦 의원 등 12명이 부상을 당해 세브란스병원에 입원했고, 나머지 의원들은 의사당 지하실에 연금되었다. 그 후 경호권이 발동된 가운데 본회의장에서는 자유당 의원들만이 참석한 채 신국가보안법을 비롯하여 1959년도 예산안은 물론 12개 세법개정안, 지방자치법개정안(지방자치단체장을 종전의 선거제에서 임명제로 바꾸는 것을 골자로 함) 등 그동안 야당의 저지로 통과될 수 없었던 10여 개 법안과 27개 의안이 2시간 만에 일사천리로 처리되었다. 헌정사는 이날의 사건을 '2·4파동'이라고 기록했다.

자유당의 독주

비록 신국가보안법 제정저지는 실패했지만, 민주당을 비롯한 야당의 보안법

개정 반대투쟁은 국민들의 적극적인 지지를 받았다. 언론기관과 재야 법조계조차 자유당의 횡포를 비난하며 이에 동조하여, 보안법 처리를 규탄하는 시위가 계속되었다. 12월 27일 야당 의원들은 강제통과된 법안에 대해 2·4결의 무효확인을 부르짖으며 성명서를 발표하고 임시국회 소집을 요구했다. '보안법반대국민대회준비위'도 12월 30일 규탄성명을 발표하고 반대시위를 기도했다. 부산·대구·광주 등 주요 도시에서 법안통과를 규탄하는 산발적인 집회가 개최되었다. 전주집회에는 무려 천여 명의 시민들이 모여들었다.

민주당은 국가보안법과 뒤이은 언론탄압 관련법안에 대한 대중적 반정부 분위기를 확산시키고 이를 홍보하여 언론인·문인·법조인 등 사회 엘리트들의 지지를 받음으로써 이들과 단일한 반정부 연합전선을 구축할 수 있었다. 1959년 1월 15일, 신국가보안법안이 국회에 상정·논의되는 동안 원외에서는 이 법안에 반대하며 성명을 발표하는 데 합류했던 언론·문인·법조인·무소속 의원들로 구성된 '민권수호국민총연맹'이 결성되었고, 원내에서는 '민주구국원내투쟁위원회'가 발족되어 반독재투쟁을 위한 원내외 합동전선을 구축, 범국민적 운동으로 확대하고 법안통과에 항의하기 위한 전국집회를 개최하려 했다. 그러나 이는 경찰의 방해로 실패로 돌아갔고, 반대로 정부여당 측의 사주를 받은 애국단체연합회의 '민주당 폭거규탄 총궐기대회'가 경찰의 비호를 받으며 전국 각지에서 일어났다.

날치기 통과된 신국가보안법은 1959년 1월 15일자로 발효되었다. 원래 국가보안법은 이승만 정권에 반대하는 모든 민족주의자, 좌익운동가, 민중에 대한 총과 탄환이었다. 한국전쟁은 국가보안법의 표적이 될 만한 모든 인사들을 남한사회에서 청소했다. 그럼에도 신국가보안법은 민족을 말하는 사람들을 폭력으로 거세한 마당에서, 강요된 반공과 자유민주주의에 겨우 의지하고 있던 나머지 지식인과 학생·민중을 이중으로 옥죄는 사슬이 되었다.

이런 정치적 상황에서 4대 정부통령선거가 임박하자 자유당은 1959년 5월 1일 군정 법령 제88호를 적용, 당시 유력한 야당지이자 민주당 신파의 기관지로 알려져 있던 『경향신문』을 2월 4일자 칼럼 「여적餘滴」기사를 빌미로 폐간조치했고, 진보당계 월간지 『중앙정치』 11월호 발매금지처분을 내리는 등 언론탄압을 가중시켰다. 1960년에는 기존 청년단체를 해체하고 대한반공청년단에 통합시킴으로써 자유당의 원외조직기반을 확대했다. 이로써 자유당 정권은 1958년 총선 이래 가장 권위주의적인 국면으로 들어섰다.

자유당의 일방적인 독주는 반정부 연합전선을 조직하고 동원하는 결과를 초래했다. 민권수호국민총연맹은 폐간조치된 『경향신문』의 복간을 주장하는 야당의 요구가 좌절된 뒤, 언론자유 침해를 규탄하고 행정부의 탄압조치에 저항하는 전국민봉기를 요구하는 국민대회를 서울에서 개최하는 데 성공했다. 이런 연합전선은 사실상 이승만 정권에 비판적인 모든 주요 정치사회적 엘리트로 구성되었다. 그리고 그 사회적 저항의 잠재적 여파는 1960년 정부통령선거 파동으로 이어졌다.

오유석

성공회대학교 연구교수로 재직 중이다. 정치사회학을 전공했다. 대표논저로 『복합적 갈등 속의 한국 민주주의』(공저), 『북조선은 변화하고 있다』, 『분단의 두 얼굴』(공저), 『저항, 연대, 기억의 정치』(공저) 등이 있다.

경제개발계획을 둘러싼 공방

경제개발계획은 부족한 자본을 효율적으로 투자하기 위해 정부가 경제질서에 직접 개입하는 과정으로, 1940년대 후반 서남아시아에서 시작되어 1950년대 전반 동남아시아, 1950년대 후반 한국을 포함한 동북아시아 국가로 확대되었다. 식민지에서 해방된 아시아의 신생 독립국에서 경제개발계획이 실시된 것은 정치적 독립에 버금가는 경제성장에 대한 국민들의 열망을 반영한 것이었다.

전후 부흥과 경제개발계획 요구

한국에서 경제개발계획이 처음 입안된 것은 1949년이었다. 대한민국 정부는 기획처를 설립하여 물동5개년계획物動五個年計劃을 수립했고, 미국은 경제협조처(ECA) 원조를 바탕으로 재건계획을 입안했지만, 한국전쟁으로 실시될 수 없었다. 한국 정부는 전쟁기간 중이던 1951년과 전쟁 직후인 1954년, 그리고 1956년에 경제부흥 5개년계획을, 미국과 UN은 효율적인 원조계획을 작성하기 위해 1952~54년 사이 「타스카Tasca 보고서」와 「네이산Nathan 계획」을 입안했다. 그러나 1950년대 동안 이승만 정부는 계획을 실행할 의지가 없었고, 미국 역시 계획에 조달될 자본의 충당을 거부했기 때문에 이 계획들은 모두 실행되지 못했다.

1950년대 중반까지 입안된 계획은 실행되지 못했지만, 경제개발계획을 입안·실시해야 한다는 사회적 요구는 점차 높아졌다. 한국전쟁으로 인한 경제적 피폐는 생존권을 위협했고, 1958년 이후 미국원조의 감소로 사회적 위기감이 커졌다. 1957년 개발차관기금(DLF)의 설립 이후 무상원조가 유상차관으로 점차 바뀌었고, 개발차관기금을 신청하기 위해서는 개별적 산업계획의 수립이 필요했다. 1950년대 중반 이후 경제관료와 경제전문가들 사이에서 경제개발계획이 필요하다는 인식이 확산되었으며, 유학(차균희, 이재설, 김동수, 이기홍, 이한빈), 연수(김정렴, 송정범, 송인상, 천병규, 김태동, 정재석, 이희일, 장덕진, 김종대, 송정범), 출장(주로 ECAFE, Colmbo Plan 회의) 등을 통해 구미 후진국 경제개발론과 다른 아시아 국가의 경제개발계획 경험을 흡수하면서 경제개발계획 입안 능력을 갖추어갔다. 1958년 산업개발위원회産業開發委員會의 설립은 경제개발계획을 입안해야 한다는 사회적 요구와 이를 입안할 수 있는 주체들의 성장이 결합된 산물이었다.

경제전문가들은 경제개발계획을 실시해야 한다는 점에서는 일치된 견해를 가지고 있었지만, 어떤 형식의 계획을 만들어야 하는가에 대해서는 서로 입장이 달랐다. 경제개발계획에 대한 입장은 크게 민간주도형 경제개발론, 국가주도형 경제개발론, 사회민주주의형 경제개발론으로 나뉘었다.

민간주도형 경제개발론

민간주도형 경제개발론은 민주당 내부 신파 계열(김영선, 주요한)과 『사상계』에 경제 관련 글을 주로 발표하던 경제학자들(성창환, 이동욱, 고승제, 황병준)이 주장했다.

이들은 정부가 경제질서에 개입하는 경제개발계획의 필요성은 인정하지만, 정부개입을 최소화하고 민간기업이 경제개발계획 실행주체가 되어야 한다고 강조했다. 이들은 민간기업이 주도하는 계획의 실행을 위해 자유경쟁적 기업풍토가 조성되어야 하며, 정부의 경제질서 통제를 최소화하기 위해 환율현실화(이동욱, 「외환율과 물가」, 『사상계』 1955. 3; 성창환, 「물가, 환율, 금리 上·中·下」, 『사상계』 1955. 10~12), 적산불하(이동욱, 「소위 '경제안정책'의 의점疑點」, 『산업경제』 1957. 5; 김영선, 「현재무당국의 모순은 크다」, 『사상계』 1957. 7), 외국원조의 적극적 이용(성창환, 「저개발지역의 자본형성과 외국원조」, 『사상계』 1960. 11) 등을 주장했다. 이들은 또한 1950년대 한국 경제의 후진성이 정부개입 때문이었다고 보았기 때문에, 정부가 소유하거나 운영하고 있는 기업을 민간에 불하해야 한다고 주장했다(이동욱, 「자유경제체제의 확립」, 『사상계』 1961. 3).

민간주도형 경제개발론을 자유방임형 경제이론에 기초하여 가장 적극적으로 강조한 사람은 주요한朱耀翰이었다. 그는 1920년대 초반에는 우파 민족주의자들의 이데올로그였던 이광수와 함께 『동아일보』, 『조선일보』, 그리고 박흥식朴興植의 화신연쇄점에서 활동했고, 해방 후에는 대한상공회의소, 흥사단에서 활동했다. 대부분의 경제전문가들이 중소기업 중심 경제개발을 강조했던 데 반해 주요한은 '적자생존을 원칙으로 하는 자유경제'원칙에 입각하여, 또한 현실적으로 자본을 동원할 수 있는 능력을 고려하여 대기업이 경제질서의 골간이 되어야 한다고 주장했다(주요한, 「자유경제와 관리경제」, 『새벽 I』, 1954).

민간주도형 경제개발론은 이승만 정부의 공식 경제정책으로 채택되지는 않았지만, 사회 전반에 큰 영향을 미쳤다. 주요한·이동욱은 민주당의 경제정책을 입안했으며, 김영선·주요한은 『경향신문』 논설위원으로 활동했다. 황병준·고승제高承濟는 산업개발위원회에서 1960년에 입안된 산업개발 3개년계획의 입안과 심의에 참여했다. 이들의 생각은 민주당이 집권한 이후 적극적으로 반영되었다. 김영선과 주요한은 재무부장관과 부흥부장관, 상공부장관으로 경제정책을 장악했고, 『사상계』 사장이었던 장준하張俊河는 국토개발사업의 책임자로 임명되었다. 1950년대 후반 이후 한국에서 경제개발계획이 필요하다고 인식했던 미국 역시 민간기업이 주도하는 경제개발계획의 실행을 주장했다.

국가주도형 경제개발론

민간주도 경제개발에 반대하고 정부의 강력한 개입을 원했던 경제학자들은 국가주도형 경제개발론을 주장했다. 박희범朴熙範·최문환崔文煥·박동앙·이창렬·주석균朱碩均 등은 효율적 투자를 위해 정부가 경제질서에 적극 개입하는 경제개발계획이 필요하다고 했다. 식민지에서 해방된 후진국은 대규모 경제개발계획을 실행하기에는 민족자본이 부족한 상태이므로 적은 규모의 자본을 효율적으로 투자하기 위해서는 국가개입이 불가피하다는 것이었다.

이들 국가주도형 경제개발론자는 경제개발계획에서 양적 경제성장보다는 경제구조 개편에 초점을 맞추었다. 즉 1차산업 중심의 생산산업, 3차산업의 이상비대화 등 구조상 문제가 있었던 한국 경제의 구조개선이 경제성장의 전제라고 주장했다. 이들이 넉시R. Nurkse의 균형성장론과 미르달G. Myrdal의 경제적 민족주의, 프레비쉬R. Prebisch의 구조주의를 적극적으로 수용한 것은 경제구조의 개선을 위해서였다. 아울러 이들은 외원外援의 이용을 비판하면서 내자를 동원한 내포적 공업화=경제적 민족주의=내향적 공업화를 '한국주의'의 경제발전전략으로 강조했다(이창렬, 「실업문제」, 『사상계』 1958. 9; 박희범, 『한국경제성장론』, 고려대출판부, 1968; 최문환, 「도전과 웅전의 논리」, 『정경연구』 1966. 5).

국가주도형 경제개발론을 가장 적극적으로 주장한 사람은 박희범이었다. 그는 산업개발공사의 설치를 통해 경제질서 전반을 국가가 장악해야 한다고 주장했다. 『한국경제성장론』에서는 유통 과정 장악에 초점을 맞추었지만, 군사정부의 초기 경제정책에 나타난 산업개발공사안은 통화개혁을 통해 자본을 장악한 정부가 투자를 전담하는 방식의 강력한 국가개입방안을 주장했다. 또한 국가개입을 통한 경제발전을 위해서는 '파시즘'이 효율적인 방안이 될 수도 있다는 것이 그의 주장이었다.

경제학자들 외에 5·16군사쿠데타를 주도했던 박정희朴正熙·유원식兪原植도 국가주도형 경제개발을 지지했다. 이들은 쿠데타로 정권을 장악하고서 국가주도형 경제개발론자를 경제고문으로 등용하여 경제개발계획을 입안했다. 1961년 7월에 발표된 국가재건최고회의의 경제개발계획과 1962년 1월에 발표된 경제기획원의 제1차 경제개발 5개년계획은 국가주도형 경제개발론의 내용을 전적으로 반영한 것이었다. 유원식이 주도한 통화개혁은 산업개발공사를 통해 국가의 경제개발계획에 대한 개입을 적극화하겠다는 것이었다(「산업공사 장기투융자기관으로」, 『서울경제신문』 1962. 6. 18).

사회민주주의형 경제개발론

사회민주주의형 경제개발론은 1950년대와 4·19혁명 시기 혁신정당운동을 전개했던 사람들이 적극적으로 주장했다. 이들은 서구의 사회민주주의이론을 적극 수용하면서 국가의 적극적인 개입을 통한 경제구조의 개편과 분배구조의 평등화를 주장했다. 1950년대 진보당과 4·19혁명 시기 사회대중당의 경제정책은 사회민주주의형 경제개발론의 전형적인 형태였다(유병욱, 「사회대중당의 산업국유화정책」, 『사상계』 1960. 10). 진보당 정책에 나타난 사회민주주의의 핵심내용은 자본주의 경제질서의 모순과 무정부성을 지양하기 위해 경제에 대한 계획과 통제정책을 적절하게 배합한다는 것이었다. 이를 위해 구체적으로 교통·체신·운수·은행 등 주요산업부문과 거대기업체를 국유화하며, 국가자본과 외국원조로 필요한 산업부문을 신설하고 이를 국유화 또는 국영화할 것을 주장했다. 따라서 이들은 이승만 정부의 귀속재산 불하방침에 반대했다. 그러나 모든 산업부문을 국유화하자는 것은 아니었고, 중소산업에 대해서는 적절한 국가적 지도와 원조를 통한 보호 육성을 주장했다.

4·19혁명 시기 혁신세력들은 진보당의 경제정책을 지지하면서, 여기서 한 걸음 더 나아가 부정축재자의 재산을 몰수하여 국유화하고 민족통일을 전제로 한 경제개발계획을 실시해야 한다고 주장했다. 특히 통일 문제를 강조했던 혁신세력들은 경공업 중심의 남한과 자원이 풍부하고 중공업이 발전한 북한의 통일은 외국의 경제침투를 막고 자립경제를 건설하는 데 주요한 기초를 제공할 수 있다고 주장했다(도예종, 「경제적으로 본 통일의 필연성」, 1961. 1. 22~24; 「통일경제 없이 경제자립 없다」, 1961. 1. 11; 「남북의 경제교류만이 곤경의 타개책이다」, 1961. 3. 26(이상 『영남일보』).

국가주도형 경제개발론과 사회민주주의형 경제개발론은 내용상 유사점이 많다. 국가개입을 강조하고 경제구조 개편을 주장했으며, 재벌에 대해 비판적이었다는 점 등이 두 입장의 공통점이다. 그러나 사회민주주의형은 국가주도형에 비해 평등한 분배구조를 강조했고, 통일을 경제정책과 연관시킨 점에서 크게 차이가 있었다. 또한 사회민주주의형 경제개발론을 주장한 이들은 국가정책에 참여하지 않고 사회운동과 민중에 많은 관심을 기울인 반면, 국가주도형 경제개발론을 주장한 이들은 군사정부 이후 국가 경제정책에 적극 관여했다.

경제개발의 내적 동력

세 경향의 경제개발론의 내용은 정부 경제정책과 경제개발계획 관련 논쟁에서 잘 나타났다. 1954년 제헌헌법 경제조항 개헌관련 논쟁은 중요산업 국유화 및 사적소유의 제한 문제를 둘러싼 민간주도 경제개발론자와 국가주도 경제개발론자의 대표적 논쟁이었다(진의종, 『서울신문』1954. 1. 31; 안림, 「경제조항의 개헌안과 그 과제—법과 경제의 주변」, 『사상계』1954. 3; 김영선, 「경제부흥의 이론서설」, 『사상계』1953. 12). 또 1950년대 중반 금리와 환율, 적산불하를 둘러싼 논쟁은 자유당의 경제질서 통제에 대한 민간주도 경제개발론자들의 비판이었다.

경제개발계획의 방향에 대한 입장차이가 논쟁을 통해 적극적으로 부각될 기회는 거의 없었다. 1961년 『사상계』 3월호를 통해 자유경제와 통제경제의 효율성과 적합성 문제에 대해 몇몇 경제전문가들이 논의한 것이 거의 처음이었다(성창환·김두희·이동욱·고승제·이창렬·박희범, 「자유경제냐 계획경제냐?」). 경제개발계획에 대한 입장차이는 특정 계획이 발표되었을 때 표출되었다.

이승만 정부가 산업개발 3개년계획을 발표했을 때 산업개발위원회 위원들은 계획이 중화학공업에 지나치게 의존하고 있다고 비판했으며, 김영선은 환율·금리·과세율의 현실화가 경제개발계획의 전제가 되어야 한다고 비판했다. 자유경제체제의 논리에 더 적극적이어야 하며 계획실시를 위한 기초작업이 필요하다는 비판이었다(「경제개발3개년 계획시안에 관한 종합검토」; 김영선, 「경제개발3개년계획안 분석」, 『사상계』 1960. 4).

한편, 군사정부의 국가재건최고회의가 제1차 경제개발 5개년계획을 발표하자 상공회의소는 과도한 조세부담률이 기업의욕과 민간투자에 부정적인 영향을 미칠 것이라고 비판했다. 상공회의소의 비판은 민간주도 경제개발론의 입장에서 국가주도 경제개발론을 비판한 것이었다(「상의 의견서 제출」, 『서울경제신문』 1961. 8. 14).

이상과 같은 경제개발계획을 둘러싼 경제전문가들의 입장은 1950년대 말부터 1960년대 초까지 한국 정부가 입안한 계획에 그대로 반영되었다. 그러나 이 논쟁들은 높은 수준에서 진행되지 못했는데, 1950년대가 경제개발계획을 입안하기 시작한 첫 단계였기 때문이다. 경제개발계획이 본격적으로 실행되기 시작한 것은 1964년 '보완계획'이 입안된 다음부터였다. 당시 경제개발론자들은 구미 후진국 경제개발론이나 다른 아시아 국가, 특히 인도의 경험을 수용하기에 급급했다. 따라서 미국은 한국 정부가 입안한 계획에 대해서 모두 '짜깁기(patchwork)'라며 비판했고, 1963년 이후에는 계획입안을 위한 경제고문을 직접 파견했다. 그럼에도 1950년대에 경제개발계획의 전문가들이 있었다는 사실은, 한국에서 경제개발계획을 입안하고 실시하는 데 가장 중요한 내적 동력이 되었다.

박태균

서울대학교 국제대학원 교수로 재직 중이다. 한국 현대사를 전공했다. 대표논저로 『한국전쟁』, 『우방과 제국, 한미관계의 두 신화: 8·15에서 5·18까지』, 『원형과 변용: 한국 경제개발계획의 기원』 등이 있다.

4월혁명과 통일논의

1960년 3월과 4월에 걸친 민주항쟁의 결과 한국 시민사회는 다시 활기를 되찾았다. 4·19 직후 혁신계 정치인, 학생, 노동자, 도시빈민, 농민 등 각 부문의 사회운동은 통일운동으로 결집되는 양상을 보였다. 대부분의 혁신계 정치인과 당시 각종 대중운동단체가 1961년 2월 민족자주통일협의회(이하 민자통)로 결집되고 통일운동에 집중했던 모습은 당시 사회 분위기를 잘 드러내준다.

4·19와 통일운동

이런 양상은 기본적으로 일반대중의 통일열망을 반영한 것이었다. 당시 사람들의 통일열망은 지금과는 사뭇 달랐다. 1950년대 후반에 한국 농민을 대상으로 수행한 여론조사에 따르면, "당신이 가장 소원하는 바가 무엇이오"라는 주관식 질문에 대한 응답에서 민족통일은 가장 빈번하게 언급된 세 가지 반응 중 하나였다. '가난한 농민들이 잘사는 것', '자식이 잘되는 것'만큼이나 통일을 중요한 개인의 문제로 받아들였다는 것은, 지금 생각해보면 다소 의외이기까지 하다.

당시 한국인들은 한국전쟁의 여파 속에서 살고 있었다. 이산가족의 아픔, 전쟁에서의 인간 파괴적 학살에 대한 기억, 그 모든 것이 여전히 생생했다. 더욱이 당시에는 많은 사람들이 한국이 가난한 것도 분단 때문이라고 여기고 있었다. 이는 통일운동세력의 주장이기도 했지만, 1950년대 이승만과 자유당 정권 요인들도 자주 했던 말이었다. 현재와는 다소 다르게, 당시에는 일반시민들도 통일 문제를 구체적 삶의 현실과 직접 결부시켜 생각하고 있었다.

따라서 입이 열리고 행동의 자유가 보장되는 민주화 과정 속에서 통일논의와 통일운동이 분출되는 것은 당연한 일이었다. 물론 당시의 통일논의가 단순히 대중의 통일열망에 의해서만 추동된 것은 아니었다. 여기에는 당시 한국사회에 지대한 영향을 미쳤던 미·소 양 진영의 공존정착이라는 냉전체제의 변동과 제3세계 민족주의의 성장 등 국제정세의 변동도 밀접한 관련이 있었다.

당시의 통일논의로는 중립화 통일론, 남북협상론, 선건설 후통일론 등 세 가지 주장이 주로 전개되었다. 그중 통일논의의 열기를 불러일으키는 데 중요한 계기를 마련한 것은 중립화 통일론이었다.

중립화 통일론

한반도 중립화 통일론은 휴전 무렵 외국에 살고 있던 망명인사 김용중·김삼규 金三奎에 의해 처음 주장되었다. 김용중은 대한국민회 계열로 워싱턴에서 『한국의 소리The Voice of Korea』라는 신문을 발행하던 사람이었고, 김삼규는 일제강점기에는 카프문학운동과 관련을 맺고 해방 직후 『동아일보』 주필을 지냈으며, 한국전쟁 중 일본으로 망명해 『코리아평론』이라는 잡지를 발행한 사람이었다.

이들의 주장은 4·19 직후 언론자유가 신장되면서 각종 매체를 통해 소개되었고, 그 과정에서 특히 지식인과 학생층의 큰 호응을 얻었다. 또한 1960년 10월 미국의 맨스필드Michael Joseph Mansfield 상원의원이 상원 외교위원회에 제출한 미국의 극동정책보고서에서 한국의 오스트리아식 영세중립화 가능성을 언급하자 그 반향이 더욱 커졌다. 이 문제를 두고 보수와 혁신 또는 혁신세력 사이에 논쟁이 벌어졌고, 이 논쟁은 전반적으로 통일논의를 활성화시키는 데 기여했다.

중립화 통일론의 기본관점은 한국분단의 중요원인을 한반도의 군사적 패권을 둘러싼 미·소의 세력권 다툼으로 보는 데서 시작된다. 중립화 통일론자들은 한반도 주변 열강이 스위스 방식에 따라 한국의 영토보존을 보장하고, 한국이 외국군의 기지를 허용치 아니하며 외국과 군사동맹을 맺지 않는 것을 서약하는 국제협정을 맺어 한반도를 영세중립화하는 방식으로 통일하자고 주장했다. 한반도가 영세중립화될 경우 미국도 소련도 한국이 상대의 군사기지가 되는 것을 우려하지 않아도 되기 때문에 한국 통일에 대한 국제적 합의가 가능하다는 것이었다. 중립화 통일론자들은 영세중립화가 분단을 가져온 강대국의 군사적 패권대립을 풀 수 있고 한반도의 통일을 가져올 수 있는 구체적이고 유일한 대안이라고 주장했다.

중립화 통일론은 당시의 통일론 중에서 타협적으로 통일을 달성할 수 있는 가장 구체적인 대안이었기 때문에 당시 지식인들과 대중들의 주목을 끌었다. 그런데 문제는 이런 중립화를 위해 과연 한국민은 무엇을 해야 하는가였다. 중립화 통일론자들의 실천론은 국내 대중들에게 중립화 통일의 가능성과 타당성을 선전하고 국제열강에 이를 호소하는 계몽·선전운동에 국한되었다. 때문에 이들은 실제 조직적이고 실천적인 통일운동 과정에서 주도권을 쥐지 못하는 양상을 보였다.

남북협상론

　남북협상론은 혁신계와 학생들 중에서 다소 급진적인 이들이 주장한 통일론이었다. 남북협상론자들의 기본입장은 통일 문제를 민족혁명이라는 변혁의 관점에서 파악하는 것이었다. 이들은 민족분단이란 결국 해방 직후 반제·반봉건을 추구했던 민중운동이 외세의 개입에 의해 좌절됨으로써 생겨난 문제라고 보았다. 따라서 이들은 통일이 반제·반봉건·반매판을 과제로 하는 민족혁명과 같은 것이라고 주장했다. 이런 주장은 물론 북의 통일론과 맥락을 같이하는 것이었지만, 북의 침투공작이나 개입에 의해 남한사회에 이식되었다고 보기는 어려웠다. 이런 사고는 실질적으로 일제강점기와 해방 직후 존재했던 남한 급진세력의 논리를 반영했다. 급진세력은 모든 문제를 변혁 문제와 결부시킬 수밖에 없었고, 따라서 통일 문제도 그들의 변혁론인 반제·반봉건·민족혁명론의 연장선상에서 보았던 것이다.

　남북협상론자들의 기본적인 통일방법론은 분단을 일으킨 외세의 개입 없는 통일, 즉 일체의 외세개입이 없는 남북한 당사자끼리의 남북협상이었다. 이들은 영세중립화도 국제열강의 중립화 협정에 의존하는 것인 만큼 외세개입을 의미한다고 비판했다.

　남북협상론은 통일을 민족혁명이라는 변혁의 문제와 결부시켜 사고했기 때문에 실질적으로 통일의 대안보다는 이를 어떻게 실천할 것인가라는 측면에 강조점을 두고 있었다. 때문에 남북협상론자들은 실천운동 과정에서 중립화론자들에 비해 더 주도적인 역할을 했다. 4·19시기 민간 통일운동세력을 망라한 민자통의 주도세력은 대부분 남북협상론자들이었다. 그러나 이들에게 통일론은 그다지 중요한 문제가 아니었다. 이들의 주장은 통일로 가는 절차와 방법

등 모든 문제를 남북협상에서 결정짓자는 것이었으므로, 통일론은 중요하지 않았다. 따라서 이들은 민자통 조직을 주도하면서 통일방안은 산하에 통일방안심의위원회를 두어 추후에 결정 발표키로 했다. 그런데 흥미로운 사실은 통일방안심의위원회가 수차례 모임을 거쳐 확정 발표한 통일방안이 "민족자주적 입장하에 국제협조하에서 중립통일을 기한다"라는 것으로서, 중립화 통일론에 가까웠다는 점이다.

남북협상론자들이 민자통의 조직화를 주도하기는 했지만 실제로 민자통에 참여한 모든 사람들이 남북협상론에 찬동한 것은 아니었다. 민자통 내부에서도 남북협상론이 갖는 대중적 호소력에는 한계가 있었다.

선건설 후통일론

장면 정권을 비롯한 한국의 보수세력들은 민간 통일운동에 대처하는 과정에서 선건설 후통일론을 주장했다. 선건설 후통일론의 기본관점은 남한 보수세력이 추구했던 반공통일의 원칙이었다. 그들은 일단 경제개발에 집중해서 북한에 대한 경제적 우위를 갖춘 다음, 체제우월성을 바탕으로 반공통일을 달성하자고 주장했다. 이들은 지금 불확실한 통일을 이야기하기보다는 당면한 경제개발이 먼저라고 했다. 물론 당시 보수세력은 통일방안으로 유엔 감시하 총선거를 주장했지만, 사실 이는 중요한 게 아니었다. 당시 보수정치인들은 유엔 감시하의 총선거가 이루어진다 해도 반공통일이 아니면 유엔의 결의조차 받아들일 수 없다고 공공연하게 주장할 정도였다. 실질적으로 이들의 주장은 통일을 위한 경제개발론이라기보다 경제개발을 위한 통일유보론이었고, 따라서 당시 장면 정권과 보수정치세력은 대중의 통일열망을 제도 내로 흡수하기 위한 어떤 노력도 기울이지 않았다. 이는 장면 정권과 기존 보수정치권의 대중적 신망과 인기에 부정적인 영향을 미쳤다.

당시의 통일논의는 단순히 남북의 영토적 통합을 위한 통일방안 논의에 국한되지 않았다. 그것은 당시 남한사회가 직면했던 이른바 근대화, 경제개발 문제와 밀접한 관련이 있었다. 중립화 통일론자나 남북협상론자는 모두 남북의 경제교류 또는 통일로 상호보완적인 남북의 경제를 통합하는 것이 자립적 경제개발을 추진하는 길이라고 주장했다. 당시 통일운동 과정에서 빈번하게 나왔던 "통일 없이는 살 수 없다"는 구호는 이런 사고를 반영한 것이었다.

반면 보수세력들은 불확실한 통일보다는 분단 속에서도 경제성장을 이룰 수 있다고 강조했다. 물론 그 방법은 외국자본의 도입과 국제 노동분업에 대한 적극적인 편입을 바탕으로 한 경제개발이었고, 이를 위해 일본과의 경제협력을 강조했다. 이런 경제개발론은 실질적으로 4·19 직후 민주화공간 속에서 표출된 민족주의 논리와 정면충돌할 수밖에 없었다. 그러나 당시 통일을 주장하던 사람들은 일반적으로 외국자본 도입에 전적으로 의존하여 자립적 민족경제의 토대를 위협하는 것이 아니라면 그 자체에 대해서는 그다지 강하게 비판하지 않았다. 1955년 반둥회의에서 제3세계 국가들이 선진경제국들이 제3세계에 대한 투자를 늘려야 한다고 호소했듯이, 이는 당시 제3세계 민족주의 논리에서 충분히 가능한 것이었다.

역시 핵심적인 문제는 일본과의 관계였다. 당시 통일운동세력들은 장면 정권이 남북 경제합작을 추진하지 않고 과거 한민족을 지배했던 일본과 손잡으려 한다고 비난했다. 이 문제는 이후 한일회담 반대운동에서도 나타나듯이 한국의 특수한 조건상 대단히 민감한 문제였다. 그런 면에서 당시 장면 정권이 추진하던 경제개발 논리는 실질적으로 일반대중의 민족감정과 정면충돌할 수밖에 없었다. 때문에 이런 방식의 근대화를 추진하는 것은 사실상 민주주의와 공존하기 어려웠다. 장면 정권은 시간이 지날수록 데모규제법과 반공임시특별법 제정 등으로 과거의 억압적 방법으로 회귀하는 양상을 보였고, 한국 경제개발에 지대한 영향력을 미쳤던 미국 정부의 한국관련 관리들도 한국에서 '강력한 정부'의 필요성을 언급하는 상황이 조성되었다. 그리고 결국 5·16쿠데타로 군사정권이 들어서면서 모든 논의와 논쟁은 억압되었고, 통일과 민주화 없는 경제성장을 바탕으로 한 근대화가 추진되었다.

분단고착화 저지 노력으로 평가

한국에서 4·19와 5·16이 교차되었던 1960년대 초반은 분단고착화의 중요한 전환점이었다. 분단고착화는 한국전쟁 휴전으로부터 시작되었지만, 적어도 1960년대 초까지 남북한의 사회적 이질성은 현재와는 사뭇 다른 측면이 있었다. 실질적으로 남의 자본주의는 아직 본격적으로 발전하지 못한 상태였고, 북의 사회주의는 1950년대를 거쳐 그 토대를 형성했지만 이 시점까지 주체사상이나 유일체제가 성립하기 전이었다. 따라서 양측이 교류와 화해에 나선다면 남북통합은 지금보다 훨씬 쉽게 이루어질 수 있었다. 그러나 이후 남한은 군사정권하에서 경제개발을 하면서 특수한 자본주의체제를 구축했고, 북한은 유일체제를 형성하면서 특수한 사회주의체제를 구축했다. 그 과정에서 남북한의 이질감과 상호대립은 더욱 격화되었다. 따라서 현재는 실질적으로 남북통합이 단기간에 이루어질 것이라고 믿기 어렵다. 또한 남북 모두 실질적으로 별개의 국가와 사회를 오랫동안 유지하며 살아왔기 때문에, 양측이 당면한 현실의 문제 해결이 설득력 있게 통일의 과제와 직접 연결되기 어렵다.

실질적으로 통일 문제는 '우리의 소원', '민족의 염원'일 따름이며, 당장 당면한 문제로 일반대중들에게 부각되기 어려운 측면이 있다. 그런 면에서 1960년대 초반은 분단고착화 과정에서 하나의 전환점이었고, 당시의 통일논의는 이런 전환점에서 분단고착화를 저지하고 전쟁 이후 처음 화해와 협력을 주장하며 통일의 길을 예비했던 노력이었다고 평가할 수 있다. 물론 이와 같은 노력은 곧 군사쿠데타로 말미암아 좌절되었지만, 4·19 시기의 민주주의가 이후 한국 민주화운동 과정에서 힘이 되는 역사적 경험으로 작용했듯이, 이 시기의 통일논의는 이후 통일논의와 통일운동에 많은 영향을 미쳤다.

홍석률

성신여자대학교 사학과 교수로 재직 중이다. 한국 현대사를 전공했다. 대표논저로 『통일 문제와 정치사회적 갈등: 1953~1961』, 『유신과 반유신』(공저) 등이 있다.

한일회담 반대파동

한국과 일본의 국교를 정상화하기 위한 한일회담은 1951년 10월 20일의 예비회담으로 시작되었다. 회담은 7차례의 본회의를 거쳐 1965년 6월 22일 조인까지 무려 14년이 걸렸다. 그동안 정권이 두 번 바뀌었고, 제1, 제2, 제3공화국의 세 정권은 각기 다른 태도로 회담에 임했다.

14년간 계속된 한일회담

이승만 정권은 비타협적 태도로 일관하여 회담의 진전을 보지 못했다. 다음의 장면 정권은 한일회담에 적극적으로 대응하려 했지만, 정권이 단명하여 성사시키지 못했다. 그러나 박정희 군사정권은 다른 정권과 달리 회담타결을 서둘렀고, 온갖 비난을 감수하고서라도 협정을 체결하려 했다. 경제발전을 지상목표로 시급한 경제현실을 타개하려 했던 박정희 정권은 부족한 자금을 대일청구권으로 조달하려는 생각을 지니고 있었기 때문이다.

일본은 전후 고도성장으로 잉여자본을 해외로 수출해야 할 단계에 이르러 있었기 때문에, 살금살금 한국으로 진출을 기도했다. 한일 간의 연결고리를 쥐고 있던 미국은 전후 동아시아의 지역통합구상을 실현하기 위해 한일관계 정상화를 도모했다. 미국의 지역통합구상은 자본주의 세계경제의 부흥과 대소봉쇄의 거점이 될 선진공업국을 중심에 두고, 그들의 원료공급지와 상품시장, 대소봉쇄의 전초지를 확보해나가는 정책이었다. 미국은 일본을 동아시아 지역통합의 중심으로 설정하고 한국·타이완·베트남·필리핀을 배후지로 삼아 지역통합을 실현하고자 했다. 이와 같이 한·미·일의 정책목표가 일치하면서 한일회담은 적극적으로 추진되었다.

박정희 정권이 무리수를 두면서까지 한일회담 타결을 서두르자, 반대운동이 본격적으로 시작되었다. 한일회담 반대운동은 1964년 3월 9일 야당과 사회단체 대표가 '대일굴욕외교반대 범국민투쟁위원회'를 결성하면서 전국적·조직적으로 전개되었다. 이때부터 한일회담을 추진하는 쪽과 반대하는 쪽이 치열하게 대립했다. 한일회담을 추진한 쪽은 정부와 여당이었고, 일본자본 유입으로 경제적 이득을 보려 했던 실업계가 이를 지지했다. 한일회담을 성사시키기 위해 특히 동분서주한 사람은 당시 중앙정보부장 김종필金鍾泌이었다. 그는 "제2의 이완용이 될" 각오로 막후의 정치협상을 전횡했다.

모든 수단을 동원하여 한일회담에 매달린 박정희-김종필세력 외에 거의 모든 이들이 회담을 반대하는 입장이었다. 반대운동을 이끌고 반대론을 편 것은 야당과 학생들이었다. 야당은 모두 투쟁위원회(위원장: 윤보선 민정당 대표) 산하에서 통일적으로 행동했으며, 학생들은 각 대학 학생회를 중심으로 격렬한 시위에 돌입했다.

그러나 14년간 계속되었던 한일회담은 미국·일본·박정희 정권의 이해가 맞아떨어지면서 결국 국민들의 의사와는 관계없이 최종결실을 맺었다. 이때 합의된 5개 조약과 협정─'한일기본조약', '한일문화재 및 문화협력에 관한 협정', '한일어업협정', '재일교포의 법적 지위와 대우에 관한 협정', '한일재산 및 청구권 문제 해결과 경제협력에 관한 협정'—은 이후 한국의 정치·외교·군사·경제의 성격을 규정하는 커다란 힘으로 작용했다.

근대화·반공연대인가 신제국주의침략인가

한일회담이 전개되던 당시 찬반논의의 초점은 회담의 필요성에 관한 것이었다. 정부는 『한일회담의 개관 및 제문제』(외무부 정무국 아주과, 1962), 『한일회담과 우리의 입장』(공보부, 1964) 등을 발행하여 한일회담의 필요성을 대대적으로 선전했다.

정부는 한일 국교정상화는 국가이익을 발생시켜 우리나라가 잘살 수 있는 터전을 마련하는 것이고, 미국을 비롯한 자유 진영 국가들이 열망하는 시대적 요청이라고 했다. 시대적 요청이란 중국공산당의 확대를 경계하는 것으로, "중공이 중국본토를 완전히 손아귀에 넣은 지 오래이고 이제 그 세력을 아세아의 전지역에 뻗으려고 하는 이 현실 속에서 같은 지역 안에 있는 한국과 일본은 각자가 처해야 할 위치를 올바르게 정하고 나아갈 길을 공동으로 마련해야 할 어려운 현실에 부닥치게 된 까닭에 이 두 나라가 국교를 정상화하여 손을 마주잡고 나가야 한다는 것"이었다. 동아시아에서 중국이 강국이 되어 북한과 손잡고 자유 진영을 위협하므로 우리는 일본과 국교를 맺어 반공태세를 강화해야 한다는 의미였다. 정부 입장에서 한일 국교정상화는 한국 경제의 근대화와 반공태세 강화라는 두 가지 목표를 동시에 달성하는 일석이조의 정책이었다.

이런 정부 측의 논리에 대해 한일회담을 반대하는 측은 일본자본 유입에 의한 한국 근대화는 일본에 대한 예속화를 초래한다고 반박했다. 학생들은 선언문을 통해 그간의 정부정책을 비난했다. 정부는 경제적 민족자립을 외치면서 실제로는 노동자·농민 등 소비대중에게 실업, 기아임금, 살인적 물가고를 떠안기고 매판적 반민족자본만 후원했다는 것이었다. 학생들은 일본을 신제국주의세력으로 규정하고, 일본자본 유입으로 근대화를 도모하는 것은 대미의존적 반신불수의 한국 경제를 이중예속의 철쇄로 속박하는 것이라고 보았다. 따라서 정부는 일본자본이 밀어닥치기 전에 국내의 유휴자본을 생산부문에 동원하고 민족자본을 육성하여 경제적 자립체제를 갖추어야 한다고 주장했다. 그렇지 못할 경우에는 보잘것없는 우리 자본을 일본자본이 삼켜버려 분명 매판자본이 될 것이라고 경고했다. 학생들은 자립경제를 위한 구체적 방법으로 ① 군사쿠데타 직후 기도되었던 외국차관단을 다시 만들고, ② 실질적인 내핍생활을 제도화하고, ③ 매판자본을 민족자본화하는 조처를 취하고, ④ 기존 민족자본을 총동원해서 생산부면에 투자할 것을 제시했다.

　정부는 학생들의 주장을 과거사에서 비롯된 피해의식으로 치부했다. 정부는 EEC(유럽경제연합), 아랍 경제권, COMECON(동유럽경제상호원조회의) 등을 예로 들면서, 지금 세계의 각 지역이 블록화하고 있는데 이는 국제사회가 식민침략주의에서 완전히 벗어나 선진국과 후진국이 서로 도우며 같이 살아가기 위한 것이라고 설명했다. 따라서 한일 국교가 수립되면 한국의 값싼 노동력을 이용한 양국 간의 하청관계가 이루어지는데, 이를 통해 우리는 외화를 벌 수 있고 일본은 싼값으로 상품을 생산하게 되기 때문에 한일 양국에 다 유익하다고 평가했다.

　한일회담을 추진하는 쪽이나 반대하는 쪽 모두 국가 간 분업상황을 예상하고 있었지만, 그에 대한 해석과 평가는 양분되었다. 반대하는 쪽은 신제국주의의 침략으로 인식하는 것을, 추진하는 쪽은 선진국과 후진국이 이익을 나누는 경제공영권의 구상으로 평가했던 것이다.

정부는 중국이 핵실험에 성공하고 베트남사태가 심각해지는 등 동북아에서 공산주의세력이 성장하고 있는 현실을 감안할 때, 동북아 자유주의 진영의 반공연대에서 한국과 일본의 연대가 중요하다고 내세웠다. 그러나 반대하는 측은 일본의 반공의지를 믿지 않았다. 오히려 일본이 중국과 동북아 반공국가들의 대립을 이용해 경제적 이익을 취하려 한다고 인식했다. 이런 인식은 일본의 감추어진 군사적 야망을 간과한 것이기는 했지만, 당시 반공대열에 끼어들고 싶어 하지 않았던 일본의 국제정치상의 태도를 간파한 것이었다. 한 야당 의원은 "우리 청년들은 총대나 메고 일본 청년들은 관광이나 하는 한일관계를 우리는 맺을 수 없"다고 분개했다.

역사청산인가 흑막외교인가

박정희 정권은 한일회담을 진행하면서 끊임없이 미국의 재촉과 압력을 받았고, 일본의 노회한 외교술과 끈덕짐에 부딪쳤다. 그러나 한일회담에 반대하는 쪽에서도 미국의 대동아시아정책이라는 전체적 맥락에서 문제를 파악하지는 못했다. 미국이 한일회담의 배후에서 어느 정도 영향력을 행사하고 있다고 생각하여 "미국은 한일회담에 관여치 말라"는 구호를 외치기는 했다. 그렇지만 미국의 경제상황이 좋지 않아 한국에 대한 경제부담을 일본에 떠넘기려 한다고 해석하면서 미국 정부에게 과거의 대한지원정신으로 되돌아가기를 요망했다. 이에 대해 정부 측은 미국의 대한원조는 한일회담과 관계없이 계속될 것이라고 해명했을 뿐, 미국의 정책적 의도를 구체적으로 언급하지는 못했다.

정부의 대일외교 자세가 저자세라고 비난하던 투쟁위원회는 세 차례에 걸쳐 한일회담에 대한 공개토론회를 열 것을 제의했으나, 정부는 그 형식을 트집잡아 거부했다. 이런 정부에 대해 투쟁위원회는 한일회담의 배후에 밀약이나 흑막이 있다고 공격했다. 정부는 외교전략상 회담의 내막을 말할 수 없다고 변명하면서 흑막은 없다고 주장하는 데 그쳤다.

한일회담 진행 중에 한일 간의 밀고 당기기가 가장 심했던 문제 중 하나가 평화선 문제였다. 일본에서는 평화선을 '이라인(Lee-Line)'이라 부르며 이승만 대통령의 말도 안 되는 횡포라고 인식했다. 이는 일본 어민들의 생계가 걸린 문제였기 때문에 가장 중요하게 부각되어 있었다. 이에 대해 한국의 한일회담 반대 측은 '평화선 사수'를 강조했다. 정부는 일본의 완강한 자세와 국내의 요구 사이에서 문제의 핵심을 호도하면서 '국방선'으로서의 평화선은 꼭 보호되어야 하며 '어족 보호선'으로서는 유효적절하게 활용되어야 한다는 추상적인 표현으로 얼버무릴 뿐이었다. 그러나 실제로는 일본에 상당부분을 양보하여 국민을 기만했다는 비난을 감수해야 했다.

한편, 한일협정이 가조인되고 협정내용이 알려지면서 기본관계의 조문이 새롭게 문제로 등장했다. 그 하나는 '한일합방'조약과 그 이전의 조약이 '이미' 무효라는 대목이었다. '이미'의 시점을 두고 한국 정부는 그 서명일부터 무효라고 했고, 일본 정부는 대한민국 정부수립 이후라고 해석했다. 또 하나는 대한민국의 관할권 문제였다. 한국 정부는 대한민국의 관할권이 한반도 전역에 미치는 것을 확인했다고 주장했고, 일본 정부는 북한의 존재를 인정한다고 발언했다. 한일 간 과거청산과 대한민국의 정통성에 관련된 중요한 문제를 임의대로 해석할 수 있도록 서로 방치했던 것이다. 이에 대해 한일회담을 반대해온 쪽에서는 일제 식민통치를 합리화하고 두 개의 한국을 인정하게 했다고 비난했다. 그러나 한국 정부는 일본 정부의 해석에는 아랑곳없이 종래의 입장만 되풀이했다.

잊혀진 문제들

앞에서 본 것처럼, 한일회담에 대해서는 크게 다섯 가지 논점을 두고 한일회담을 추진하는 정부 측과 반대하는 투쟁위원회 측이 대립하고 있었다. 다섯 가지 논점이란 ① 청구권 문제, ② 반공체제 문제, ③ 평화선 문제, ④ 미국의 대한 원조 문제, ⑤ 회담 과정의 공개 문제, ⑥ 기본관계의 조문 문제 등이었다.

찬반양론의 논제를 실제 한일협정 의제를 비교해볼 때, 재일교포의 법적 지위 및 대우에 관한 문제와 문화재 문제에 대해서는, 국내에서 아무런 반응도 나타나지 않았다. 1960년대 한국에는 재일동포의 생활상에 대한 정보가 별로 없었을 것이다. 그렇지만 적국으로 간주하다시피 하던 일본에 60만 명에 이르는 수의 동포들이 살고 있었음에도, 그들의 처우에 관한 협정에 조금도 관심을 보이지 않았다는 것은 놀라운 사실이다. 또한 일제 36년간의 착취에 치를 떨면서도 일제가 가져간 문화재를 돌려받는 일에는 별 관심을 보이지 않았다. 결국 문화재 반환은 형식적 수준에 그치고 말았다.

한일회담은 무려 14년간 진행되었지만, 그 기간 동안 회담 실무자들은 서울과 도쿄를 반복해서 오가기만 했을 뿐, 누구도 꼼꼼하게 한일협정의 내용을 준비하지 않았다. 한일회담 반대가 거족적으로 일어나기는 했지만, 이들 역시 대일 저자세에 분노하는 등 감정적 측면에 치우쳐 협정내용을 직접 논박하지 못했다. 그리고 반대운동은 야당과 학생에 의해 주도되었기 때문에, 주로 간략한 반대의견들이 개진되었을 뿐 해당분야 전문가들의 참여가 보이지 않았다. 따라서 구체적이고도 전문적인 반대는 이루어질 수 없었고, 미국의 대동아시아정책의 변화도 충분히 인식되지 못했다. 이는 일본의 시민단체들이 수적 열세에도 불구하고 1961년 1월 '한일회담대책연락회의'를 조직하고 안보(미일신안전보장조

⑷투쟁의 열기를 지속시켜 안보 반대-한일협정-베트남침략을 연관시키는 총체적 투쟁을 전개했던 것과 매우 대조적인 양상이었다.

홍인숙

제주4·3사건위원회 전문위원으로 재직 중이다. 비교사회학을 전공했다. 대표논저로 『대국 미소와 한민족 분단』 등이 있다.

문학에서의 순수와 참여

1960년대 문학에서의 순수·참여 논쟁은, 문학이 현실과 민중의 삶에 마땅히 응답할 책무가 있다는 문제제기를 둘러싸고 1960년대 내내(1970년대 초까지도) 지속되었던 대규모 논쟁이었다. 굳이 논쟁이 필요했을까 싶을 정도로 당연한 느낌마저 주는 명제에 대해 숱한 논객들이 그토록 격렬하게 찬반입장을 밝혔던 사실을 통해, 우리는 남한 현대사와 현대문학사의 일그러진 초상을 엿볼 수 있다.

문학에서의 순수·참여 개념

우리 근현대문학은 부분적인 부침의 양상을 드러내기는 하지만, 그 출발의 첫걸음부터 강렬한 현실지향성을 드러내왔다. 일제강점기에조차도 관철되었던 이 흐름이 결정적 단절을 맞게 된 것은 6·25의 종결과 더불어 분단상황이 고착되면서였다. 남북의 문학이 인적·이념적으로 재편되고 매카시즘적 냉전의식이 사회를 파고들면서 문학판에서도 현실에 대한 적극적 발언이 금기시되고 금압되었다. 그 결과 문학은 오직 문학일 뿐 정치나 이념, 사회적 상황과는 무연한 '순수'한 것으로서 특정한 사회역사현실을 초월해 시공간적으로 항구적이고 보편적인 무언가를 지향해야 한다는 의식이 절대적 위치를 점하게 되었다.

그러나 당시 남한현실의 사회적 모순은 이런 문학적 허위의식과 무관하게 점층되고 있었다. 1950년대와 1960년대 초반을 지나며 민중의 삶과 터전은 피폐, 황폐해지고 있었으며, 국가권력은 이승만 독재와 군사쿠데타를 거치며 억압기제를 난폭하게 강화하고 있었다. 반면 민주주의적 원리는 해방 이후 새로운 교육을 통해 원리적으로 수용되고 있었으며, 4·19로써 추상적이나마 현실성을 획득하면서 사회현실 구동의 근본적 지평으로 인식되기에 이르렀다. 이런 여러 축이 뒤얽혀 오늘날 매우 이상해 보일 수도 있는 거세된 문학의 사회성을 복원하려는 시도가 순수·참여 논쟁을 촉발시켰고, 또 논쟁이 그렇게 길게 지속되었던 것이다.

그런데 문학에서의 '순수'란 발레리Paul Valéry의 순수시론이나 지드Andre Gide의 순수소설론 등에서 볼 수 있듯이, 그 실질적인 성립가능성은 일단 차치하더라도 문학적으로 정립된 용어인 것이 사실이다. 대체로 그것은 비시(소설)적 요소를 배제하고 언어만으로 소우주를 구성하려 하는 경향을 의미한다고 압축할 수 있겠다. 그러나 우리 현대문학사에서 순수문학은 탈사회성이라는 점에서 공통적 지반을 갖고는 있지만, 이것과는 다른 연원과 의미를 지닌다. 우리 순수문학론은 1930년대 후반 유진오俞鎭午와 김동리의 세대론에서 정초되어 해방 이후 문학가동맹 좌파 진영과의 논전을 통해 김동리·조지훈 등에 의해 구축된 것으로, 거칠게 정리하자면 다음과 같다. 순수문학이란 곧 인간성 옹호의 문학인데, 인간성 옹호란 현실 속의 인간 문제를 떠나 원초적 자연적 인간성을 찾는 일이며, 그것은 모든 현실의 주의와 사상을 떠났을 때 가능하다는 것이다. 이는 달리 '구경적 생의 형식'이라는 명제로 표현되기도 하면서 남한 문단의 주류인 문협정통파의 이론적 지반이 되었다.

한편 문학이 현실에 참여(engagement)하려는 전통은 기실 문학의 발생과 때를 같이할 만큼 오래된 발상이기는 했지만, 참여문학이란 말은 문학적으로 정립된 용어가 아니며 따라서 문학사전류에 등재된 단어도 아니다. 문학적 참여의 양상이 실로 복잡다기하기에 그런 것으로 이해된다. 우리 순수·참여 논쟁에 이 용어가 쓰이게 된 것은 아마도 사르트르Jean-Paul Sartre의 영향으로 이 시기에 많이 사용되었기 때문이 아닌가 추정된다. 이처럼 순수·참여문학 각각의 표현 자체가 일반 문학이론의 영역을 넘어서고 있다는 점에서, 우리는 순수·참여 논쟁이 우리 현대문학사의 독특한 한 국면과 특징을 드러내고 있다는 점을 다시 한 번 확인할 수 있다.

"참여는 필연적 양식의 결정체"

순수·참여 논쟁이라고는 하지만, 이는 단일한 논쟁을 가리키는 것이 아니라 논쟁의 내용과 성격이 흡사했던 1960년대(및 1970년대 초)의 몇 차례 논쟁 모두를 아우르는 지칭으로 구사되는 것이 보통이다.

첫 번째는 김우종金宇鍾의 「파산의 순수문학」(1963. 8)에서 비롯되어 대략 1965년경까지 진행되었던 논전이다. 1960년도 들어 김양수·김우종·유종호柳宗鎬·정태용鄭泰榕·이철범李哲範 등이 '참여'라는 단어를 등장시키거나 참여문학적 의식을 드러내는 평론들을 발표하기는 했지만, 김우종이 위 글에서 종래의 순수문학을 비판하면서 순수·참여 논쟁이 본격 점화되었다. 김우종의 소론은 문학이 고통에 찬 현실과 민중의 삶을 외면해서는 안 된다는 제언으로, 이어지는 「유적지의 인간과 그 문학」(1963. 11)에서는 당시의 한국 소설을 구체적으로 거명하여 분석하면서 자신의 입론을 구체화했다. 그는 「저 땅 위에 도표를 세우라」(1964. 5), 「농촌과 문학」(1964. 11), 「순수의 자기기만」(1965. 7) 등을 잇달아 발표했다. 김우종의 문제제기를 이어 김병걸金炳傑(「순수와의 결별」, 1963. 10), 김진만(「보다 실속있는 비평을 위하여」, 1963. 11), 최일수崔一秀(「종착역의 기수」, 1964. 1), 홍사중洪思重(「작가와 현실」, 1964. 4), 장일우, 신동한申東漢 등이 참여문학론을 지지·지원하는 입장에 서거나 순수론자들을 비판하는 평문을 발표했다.

한편 김우종의 논지에 대한 반박은 서정주와 이형기李炯基에 의해 시도되었다. 남한 시단의 최고 장로인 서정주는 「사회참여와 순수 개념」(1963. 10)에서 참여문학론을 과거 사회주의문학과 넌지시 연결시키면서 "어쩐지 안심치 않다"는 노회한 표현으로 남한 문단 주류의 편치 않은 심사를 드러냈다. 이형기는 「문학의 기능에 관한 반성—순수 옹호의 노트」(1964. 2)에서 부제가 보여주듯 순수문학론을 재차 확인하고, 문학이란 근본적으로 '무력한 장난감'이라고 규정하면서 문학의 참여론을 근저에서 부정했다. 이들의 주장은 상술한 홍사중과 김우종의 반론을 불러왔다.

이 논전은 어느 한쪽의 승리나 패배로 귀결되지 않고 흡사 평행선을 달리듯 자신들의 주장을 반복하는 식의 결말을 이루었지만, 그 도정에서 문학의 인식적·사회적·효용적 성격을 강조하는 참여론자의 주장이 재차 시민권을 획득했음은 분명하다. 그런데 이 논전에서 주목되는 것은, 순수론자들이 문학의 현실에 대한 관심을 은밀히 사회주의문학의 논리로 연결시키려 한 반면 참여론자들은 기를 쓰고 자신들의 주장을 그와 구별짓고자 했다는 점이다. 냉전의식의 중압감과 진보적 문학론의 이론적 한계를 동시에 보여주는 대목이다.

소강상태에 들어갔던 순수·참여 문제가 다시 불거진 것은 불문학자 김붕구金鵬九의 발표를 통해서였다. 1967년 10월 12일 세계문화자유회의 한국 본부가 주최한 원탁토론에서 「작가와 사회」(『세대』 11월호에 게재)를 발표한 김붕구는 문학적 참여를 세 유형으로 나눈 다음, "미리 이론화되고 심사숙고된 앙가즈망을 주장하는" 사르트르의 참여문학은 이렇다 할 작품을 산출하지도 못했으며 "필연적으로 프롤레타리아혁명의 이데올로기로 귀착되지 않을 수 없었다"고 비판했다. 그리고 우리 1960년대 참여문학을 이와 다름없는 것으로 평가했다. 토론에 함께 참석했던 임중빈任重彬과 선우휘鮮于煇는 각각 「반사회 참여의 모순」(1967. 10), 「문학은 써먹는 것이 아니다」(1967. 10)라는 글로 김붕구에 대한 명백한 반대와 찬동의 의견을 밝혔다. 뒤이어 이호철李浩哲·이철범·김현金玄 등이 김붕구의 글에 부분적으로 이의를 제기했고, 임중빈과 임헌영任軒永이 김붕구와 선우휘에 대한 반론을 거듭했다. 김붕구와 선우휘의 소론은 종래 순수론자의 변형태라고 보는 것이 합당하겠지만, 이들 중 누구도 참여 자체를 부정하지 않았다는 점에서 불과 3~4년 사이에 변전한 분위기를 느끼게 된다. 임중빈의 표현을 빌자면 "오늘날 참여는 필연적인 양식良識의 결정체"라는 단언이 나오는 정황이 된 것이다.

세 개의 논전으로 마무리

참여론 문제는 1960년대 말과 1970년대 초에 내적으로 긴밀한 관련을 갖는, 그러나 겉보기에는 서로 상관없어 보이는, 더구나 주요 등장인물도 서로 다른 세 개의 논쟁으로 거의 마무리되었다. 시간순서로 정리해보면, 그 첫 번째는 이어령李御寧과 김수영金洙暎 사이에 전개됐던 이른바 '불온시' 논쟁이다. 「'에비'가 지배하는 문화」(이어령, 1967. 12)와 「지식인의 사회참여」(김수영, 1968. 1)로 시작하여 네댓 차례 설전을 주고받은 이 논쟁은 문화창조가 저미해진 이유가 문화인 자신에게 있는가, 아니면 문화계 밖 정치권력의 탄압에 있는가로 시작되었다. 그것이 바로 문학과 정치의 관계, 문학의 정치성(불온성)으로 이어지면서 순수·참여 논쟁의 맥락으로 이월되었고, 그에 따라 참여문학에 대한 평가를 드러내게 된 것이다. 이 논쟁은 구체적인 시 장르를 대상으로 했고, 문학적 가치와 정치적 가치의 문제를 논의함으로써 적잖은 성과를 거둘 수도 있었지만, 논쟁 도중 불온성의 의미가 바뀌고 문화적 현실에 대한 판단이 서로 엇나가면서, 게다가 김수영의 갑작스런 죽음까지 겹쳐 의미 있는 결론을 얻지 못했다.

두 번째로는 '지식인' 논쟁을 꼽을 수 있다. 일찍이 「작가와 사회」 논쟁에서 김붕구의 손을 들어주며 사르트르를 단죄했던 선우휘는 「현실과 지식인」(1969. 2)에서 다시금 사르트르를 비롯해 루카치 György Lukács, 체 게바라 Che Guevara 등이 맑스주의자임을 명기하고 불온시 논쟁의 고 김수영을 비판했다. 그리고 보수적 반공주의 관점에서 참여적·진보적 지식인을 의심스런 눈길로 쳐다보는데, 선우휘 글의 요점은 바로 여기에 있다. 그의 말을 빌자면 "지식인은 반체제적이어야 한다는 보편적 진리(?)가 진보적 경향으로 기우는 나머지 '혁명'까지 긍정하게 될 것을 나는 우려하고 경계하기 때문에" 스스로 악역을 맡고 나섰다는 것이었다. 선우휘의 주장은 거기 담긴 세대론적 담론과 과도하고 편향된 극우적 논리로 「젊은이는 무엇인가」(박태순, 1969. 3)와 「지식인과 지적 마조히즘」(원형갑, 1969. 4) 등의 반론을 자초하게 되는데, 선우휘의 글에서 읽히는 것은 현실참여의 전선에 뛰어들고 있는 지식인·문학자들에 대해 낡은 세대가 느끼는 우려와 반감일 뿐이었다.

끝으로 「참여문학의 자기미망」(1971. 5) 이래 몇 편의 글로 참여문학을 혹독하게 비난했던 김양수의 소론과 그를 반박한 최일수崔一秀(「참여문학은 시녀인가」, 1971. 6), 김병걸金炳傑(「사회성과 의식의 상상」, 1971. 8)의 논쟁을 들 수 있다. 이미

「문학이란 무엇인가」(1969. 4~9)에서 문학의 자율성론을 견고하게 구축했던 김양수는 위 글들에서 참여문학이란 한낱 유행풍조에 지나지 않으며, 사회성이라는 망령에 사로잡혀 문학의 자기불신을 초래했고, 사회과학에 대한 열패감과 정치에의 예속에 사로잡혀 있다고 비판했다. 특히 그는 시녀, 고자, 내시 등의 단어를 쓰면서 참여문학을 격렬히 비난했다. 이에 대해 반론 측은 그의 오해와 오독을 지적하고 문학의 사회성과 자율성을 다 같이 인정한 위에서 이를 어떻게 보편적 가치로 승화시킬 것인가 하는 문제를 제기함으로써 김양수의 소론을 일축했다. 1960년대 말 1970년대 초의 순수·참여 논쟁은 이처럼 이제는 '순수·참여 논쟁'이라 할 수도 없을 만큼 논의의 중핵에 완연히 참여론만 남아 그를 둘러싼 시비가 오가는 형국이었다. 그리고 흥미롭게도 반참여론자들이 논쟁의 도발자로서 등장하고 있었다. 이는 이미 「작가와 사회」 논쟁에서 예고된 상황이기는 했지만, 순수·참여 논쟁이 어디로 귀결되었는가를 명확히 보여주는 것이다.

한편 순수·참여 논쟁의 한복판에서 남정현南廷賢의 「분지」 사건이(1965~66) 일어났고, 훗날 1970~80년대의 진보적 문학을 이끌고 나가게 될 『창작과비평』이 창간되었다는(1966) 것, 그리고 순수·참여 논쟁의 마무리와 아울러 1970년부터 리얼리즘 논쟁이 시작되었다는 사실 또한 1960년대 순수·참여 논쟁의 성격 및 귀추와 더불어 같이 기억해두어야 할 사실이다.

문학의 현실연관성 획득

지금껏 보았듯 순수·참여 논쟁은 문학의 참여 여부를 원론적으로 검토한 것은 아니다. 이 논쟁은 요컨대 1960년대라는 역사적 상황에서 '우리 문학은 사회현실에 어떤 태도를 취해야 할 것인가'라는 질문에 대해 나름의 근본적 자세를 표명했던 것으로 간추릴 수 있다. 이 논쟁은 문학에서 냉전의 벽을 타파하는 데까지 이르지도 못했고, 이론상의 여러 취약점, 예컨대 참여론자들이 이해한 현실이 현저히 추상적 성격을 띤 일반론적 차원의 것이고, 문학과 현실의 관계도 아직 무매개적인 단순한 연결에 불과하며, 문학과 정치의 관계가 상호대립적으로 인식되고 있다는 등 많은 약점을 드러냈다. 그러나 순수·참여 논쟁은 한국전쟁과 냉전의식으로 거세되었던 문학의 현실대응력을 회복하면서 문학의 현실연관성이라는 명제를 재획득하게 되었다는 점에서 무엇보다도 큰 의의를 갖는다. 때문에 순수·참여 논쟁은 향후 30여 년간 장구하고도 강력한 자장을 흩뿌리는 리얼리즘론으로의 관문을 형성했다. 또한 문협정통파의 지배적 헤게모니에 이의를 제기하면서 진보적 문학을 부활시켜 우리 현대문학의 한 축으로 삼는 데도 중요한 몫을 수행했다. 아울러 문학사가들에게 '영도의 좌표', '충격적 휴지기'라고 불렸던 1950년대 문학비평의 불모성을 극복하고 비평정신을 회복하여 이후 우리 현대문학사의 특징인 비평의 지도성의 단초를 놓았다는 점도 들어야 할 것이다. 끝으로 참여론자들의 주된 발표무대의 하나였던 『한양』지 등에 관한 탐색을 추후의 과제로 지적해두고 싶다.

유문선

한신대학교 교수로 재직 중이다. 문학비평(국문학)을 전공했다. 대표논저로 『20세기 한국 문학의 반성과 쟁점』(공저), 『한국 현대 시론사 연구』(공저) 등이 있다.

베트남 파병

한국군의 베트남 파병논의는 1950년대 이승만 정부부터 시작된다. 1954년 제1차 인도차이나전쟁에서 프랑스군이 베트남군에 패배하던 시기에 유엔극동군 사령관 존 헐John E. Hull은 기자회견을 통해 "한국의 이승만 대통령이 인도차이나 공산군과 투쟁하는 프랑스 군대를 원조하기 위해 한국군 전투사단을 인도차이나에 파병할 것을 제의했다"고 밝혔다. 이것이 이승만의 첫 공식 베트남 파병시도였다. 그 후에도 이승만은 인도차이나에서 공산세력의 확대는 국제공산주의의 자유세계에 대한 침략의 일환이라면서 자유 아시아 국가들이 단합된 행동으로 이를 저지해야 한다고 믿었고, 한국이 적극적으로 방어하겠다는 의사를 표명했다. 그러나 정작 프랑스 정부가 이 제의에 반대하여 이승만의 파병시도는 좌절된다. 미국도 주한미군이 주둔하고 있는 상황에서 한국군을 해외파병할 경우 미국 내 반발여론이 우려된다는 이유로 제안을 거절했다.

제3공화국의 정치적 돌파구

베트남 파병이 다시 거론된 것은 1961년 11월, 워싱턴에서 열린 박정희와 케네디의 1차 회담에서였다. 군사쿠데타로 정통성을 결여했던 박정희 정부로서는 미국의 지지에 정권의 존폐 여부가 걸린 상황이었다. 이 회담에서 미국은 한일 국교정상화와 형식상 최소한의 선거를 실시할 것(합법정부를 수립하는 민정이양의 모양새를 갖출 것)을 요구했고, 박정희는 베트남 참전 가능성을 포함하여 한국의 지원을 제의했다.

결국 1963년 10월 15일 선거를 통해 제3공화국이 출범했다. 그러나 박정희 정부는 첫 임기 4년 동안 한일 국교정상화에 대한 반정부 학생시위와 야당의 극렬한 비판, 집권당 내부의 통치권에 대한 강력한 도전에 노출되었다. 1963년 대통령선거에서 윤보선尹潽善 후보를 15만 표차로 누르고 당선되기는 했지만, 합법적 민간정부를 전복하여 새 정부를 구성했다는 정통성의 부재는 박정희 정부의 태생적 한계로 작용했다.

박정희 정부는 경제성장을 이룸으로써 정부의 정통성을 확보하고자 했다. 그러나 한국에 대한 미국의 군사·경제원조의 감소로 박정희 정권의 기반이 동요되자, 베트남 군사지원을 통해 얻게 될 '베트남 특수' 경제효과와 함께 파병의 대가로 미국원조를 획득한다는 목적을 상정했을 것이다. 당시 한국의 경제환경은 외화부족과 물가고로 인한 경제위기가 만연한 상태였다. 게다가 불경기와 식량난마저 가세하여 전국민의 삶이 피폐했다. 미국은 무상원조를 차관으로 바꾸고 바이(Buy)아메리칸정책과 군원이관 등 긴축재정정책을 취함으로써 성장정책을 추구하는 한국 경제에 심각한 상황을 초래했다.

박정희의 지도력에 대항하는 역쿠데타 시도와 쿠데타 지도자들 간의 내부알력 또한 박정희 정권을 위협하는 요소였다. 1961년 5월 군권을 장악한 이후 1963년 12월 민간정부 수립에 이르기까지 열두 차례의 역쿠데타 시도가 있었다. 1963년 12월 합법적인 민간정부로 변모하긴 했지만, 군사쿠데타로 인한 합법적 민간정부의 전복가능성이라는 선례를 만들어놓음으로써 군부의 내재된 동요와 권력갈등이 표출되었던 것이다. 이 또한 박정희 정부를 압박하는 중요한 요소로 작용했다.

이런 상황에서 박정희는 베트남 파병을 하나의 정치적 돌파구로 생각했을 가능성이 있다. 결국 박정희 정권은 베트남 파병을 결정했다. 아시아의 다른 나라에 비해 냉전의식이 강해 베트남을 냉전의 전장으로 보았기 때문이기도 하고, 주한미군을 철수 내지 감축하지 않겠다는 미국의 확고한 공약을 얻음으로써 자국의 안전보장 및 미국의 경제적·군사적 원조를 확보하고 베트남에서 외화를 획득하고자 하는 동기도 있었다. 여러 가지 위기에 직면해 있던 제3공화국 정부는 국내의 정치·경제상황을 타개하기 위해 적극적으로 파병을 검토했다. 즉 한국의 베트남 파병은 미국의 압력에 따른 불가피한 선택이라기보다, 당시의 대내외적 위기상황을 탈피하기 위해 박정희 정부가 적극적으로 선택한 정책결정으로서, 정치적 동기가 강하게 작용했다고 봐야 한다.

베트남 파병의 시작, 1·2차 파병

베트남 파병은 모두 5차례에 걸쳐 진행되었다. 1, 2차는 비전투부대의 파병이었고, 3차 파병부터 전투부대를 보냈다. 1, 2차 파병은 국민들 사이에 파병에 대한 충분한 인식이 없는 상태에서 결정되었다. 베트남 파병에 대한 본격적인 논쟁이 시작된 것은 전투부대 파병이 시작된 3차 때부터였다.

1차 파병은 1964년 국회에서 파병동의안이 통과되어 제일이동외과병원과 10명의 태권도교관이 그해 9월 베트남으로 떠나는 것으로 시작되었다. 1차 파병은 여야, 그리고 국민 모두가 상황을 충분히 인식하지 못한 상태에서 이루어졌다. 대통령의 파병요구에 대해 지식인과 야당 모두 사태의 심각성을 알아채지 못했다. 따라서 국회는 만장일치로 파병을 가결했다.

2차 파병은 1965년 2천 명의 의료 및 공병부대가 파병됨으로써 이루어졌다. 1965년 1월 2일 베트남공화국 정부로부터 한국군 지원부대 증파요청이 도착했으나, 당시는 보도관제상황이어서 이 비전투부대 파병은 공식 발표되지 않았다. 1965년 1월 9일 민간정부 대통령으로 취임한 지 1년 20일 만의 첫 기자회견에서 박정희는 "나는 베트남 파병은 옳다고 본다. 미국은 베트남에서 손을 떼지 않을 것이다. 우리는 6·25 때 16개 자유우방으로부터 지원을 받았다. 오늘날 우리 우방이 공산주의의 위협을 받고 있을 때, 우리가 좌시할 수 없는 것 아닌가. 친구가 물에 빠져 당장 생명의 위협을 받을 때 이를 구하는 것은 친구로서의 의무"라는 말로 자신의 결정에 당위성을 부여했다. 여기에 대한 당시 지식인들의 반응은 부정적이었다. 먼저 1965년 1월 12일자 『경향신문』에 실린 반대의견을 보자.

① 국내 문제의 심각성: 국내 형편상 파병보다 더욱 시급하게 처리해야 할 부분이 많다. 정부당국자들이 이롭다고 주장하지만, 미국을 제외한 프랑스, 영국의 반응을 분석해보라. 베트남 파병은 장작을 가지고 불구덩이에 들어가는 것이다. (홍이섭, 연세대학교 문과대 학장)

② 국내 안보의 긴장 초래: 국군 2천 명을 보내는 것은 적은 숫자는 아니더라도 악화된 베트남사태에서 어느 정도나 성과를 낼지 모르겠다. 우방을 돕는다는 데는 원칙적으로 찬성이지만, 우리 전선에도 긴장을 초래할 수 있다. (박관숙, 연세대 교수)

③ 외교적 손해: 6·25 때 자유우방으로부터 받은 은혜를 갚는다는 명분에서는 이익이

있겠으나 국제적으로 청부전쟁을 한다는 인상을 받기 쉽고 외교 면에서 큰 손실을 받을 것으로 본다. (김대순, 국회의원)

④ 인명손실: 한국 사람이라고 하여 무모하게 생명을 버릴 수 없는 것이 아닌가. 베트남 파병 장병에 대한 대우 문제도 애매하며 전사자나 부상자에 대한 보상도 명확하지 않다. (최치원, 의사)

⑤ 국민과의 논의부족: 파병은 중대 문제인데, 이런 문제가 국민들과 충분한 논의 없이 결정된 것은 유감이다. (최희준, 가수)

그러나 이런 비판론은 여론을 형성하지 못한 채 일회성 발언에 그쳤다.

전투부대의 참전 시작

3차 파병부터 전투부대가 파병되면서 비로소 반대 목소리가 본격화되기 시작했다. 1965년 첫 전투부대의 파병제의는 당시 국가적 중대사였던 일본과의 국교정상화라는 문제가 논의되는 가운데 이루어졌다. 야당은 정부가 제안한 일본과의 조약을 중지시키기 위해 필사적인 대정부투쟁을 벌이고 있었다. 한일 국교정상화에 대한 반대가 너무나 강렬했기 때문에, 야당은 파병 문제에 대해 공식적으로 반대결정을 내린 것 외에 다른 선택의 여지가 없었다. 전국민의 관심은 한일협정에 집중되어 있었다. 한 신문이 논평했던 것처럼 "베트남 파병 문제는 한일 문제에 가려서 아무도 이것을 심각한 문제로 생각하는 것 같지 않았다"(『조선일보』 1965. 7. 29). 결국 베트남 파병동의안은 1965년 8월 13일, 한일협정 비준안에 대한 반대표시로 야당 의원들이 의원직을 총사퇴한 가운데 민주공화당 단독으로 치러진 국회 본회의에서 통과되었다. 파병 문제의 심각성을 인식하기는 했지만, 당시 최대현안은 한일협정 문제였기 때문에 파병 문제는 힘을 갖지 못했다. 특히 야당인 민중당은 파병반대를 당론으로 결정했으나 한일협정 비준안 반대에 힘을 쏟느라 적극적인 파병반대투쟁을 벌이지 못했다.

본격적인 파병반대가 이루어진 것은 4차 파병에 와서였다. 1966년 1월 14일 파병 가능성에 대한 언론공표가 있자 윤보선 당시 신한당 대표는 한국군의 베트남 증파에 대해 명백한 반대입장을 표시했다. 그는 기자회견을 자청하여 이미 베트남에 보낸 군대의 살상병력을 보완하는 것은 반대하지 않겠지만, 다시 증병하는 것은 반대하지 않을 수 없다고 말했다. 파병반대의 이유로는 ① 쿠데타 이후 군인을 정치적으로 이용하여 군사 사기에 관계되어 있으며, ② 국내 사정이 정치·경제적으로 불안정하고, ③ 미국의 저명한 정치가들이 한국 전선의 위험성을 지적한 사실이 있다는 점을 들었다. 그 밖에 한국 젊은이의 생명을 팔아 장사하는 것은 도의적으로 있을 수 없는 일이며, 베트남전 파병으로 무역증진 운운하는 것은 비인도적이고 비애국적인 처사라는 비난도 있었다. 윤보선은 대정부질문을 통해 이미 베트남에 보낸 장병들이 살상된 경우가 많다는데 그 문제를 확실히 규명해주기 바라며, 베트남 증파에 따른 비밀외교의 내막을 밝히라고 주장했다(『경향신문』 1966. 2. 22).

윤보선은 또 "박정희 씨의 이른바 민족적 민주주의는 결국 베트남 참전의 청부행위로 끝나버렸다. 베트남 증파는 미국의 의지를 승인한 것도 아니고, 민주주의를 신봉하기 때문도 아니고, 어디까지나 청장년의 피를 팔아 정권을 유지하여 정치자금을 만들기 위한 행동으로밖에 받아들여지지 않는다"라고 발언했다.

민주사회당(가칭) 창당준비위원회에 속한 서민호徐珉濠는 베트남 파병반대성명에서 "박정희 정권은 고귀한 피를 베트남에 값싸게 팔아 정권을 유지하고 있다"고 언급했다. 서민호의 '베트남 파병반대 성명' 및 윤보선 씨의 '베트남 청부전쟁' 발언은 반공법 위반혐의로 구속될 때까지 계속되었다.

신한당은 정부 측에 베트남 증파 문제에 대한 박 대통령과의 공개토론을 제의하고 3월 5일부터 3일간 지방유세를 통해 국군 베트남 증파 문제에 대한 시국강연회를 벌이기로 결정했다(『경향신문』 1966. 2. 26). 그리고 민중당은 3월 8일자 『경향신문』을 통해 6개항의 반대이유를 밝혔다.

1. 국군의 외국파병 같은 중대한 문제에는 최소한 국론통일이 선행되어야 함에도 불구하고 정부는 완전 비밀 속에서 상대국과 교섭을 해왔다. 정부는 존슨 행정부가 했던 것처럼 국회 지도자 및 각계 대표와 충분한 사전협의를 거치지 않았다.
2. 정 총리와 김 국방장관은 1차 파병 당시 더 이상 증파는 절대로 없을 것이라고 했음에도 이제 다시 증파를 단행하는 것은 국민을 기만하는 행위이다.
3. 2만 5천 명의 파월 규모로도 국제 신의에 보답하는 데 족한 것이며 우리 국력에 비추어 더 이상의 증파는 고려할 수 없다.
4. 한미방위조약 3, 4조를 수정, 공산 남침이 있을 경우 자동적으로 미군이 개입할 수 있는 법적 보장이 선행되어야 한다. 험프리 부통령 방한 당시의 발언은 외교적 수식에 불과한 것이며 구속력이 없다.
5. 국력에 넘치는 증파로 예비역 소집 같은 미봉책을 쓴다는 것은 전체 사회에 중추적 역할을 하고 있는 30대 장년을 소집하는 경우 사회혼란을 야기할 것이다.
6. 동남아시아의 다른 반공국가에 비해 지나치게 많은 병력 파월은 한국만이 동남아 반공을 전담하는 듯한 인상을 주는데 그렇게 할 이유가 어디 있는가.

이전과 달리 야당도 파병 문제를 분명히 인식하고 적극적인 반대에 나서게 되었다. 이에 대해 당시 김성은金聖恩 국방부장관을 비롯한 찬성론자들은 "한미 간의 전통적 우호관계와 자유세계를 위한 대공전 참여"라는 한결 같은 목소리로 맞대응했다. 『사상계』는 1966년 3월호에 「월남에 1개 군단을 꼭 보내야 하나」라는 글을 실었는데, 이 글에서 부완혁夫琓爀(평론가)은 "무엇 때문에 싸워야 하는 것인지 분명치 않은 싸움이라면 처음부터 싸우지 않는 편이 차라리 떳떳한 일 아니겠는가"라고 하면서, "오늘날 월남전의 성격이 월남의 내란이라고 봐야 할 것이냐 (…) 여기서 월남전의 본질이 반란에 대한 정부군의 진압이라는 성격을 가진 것이라면 그것은 내란이라고 봐야 할 것이고 (…) 미군이 월남전에 개입할 근거가 무엇이냐고 따지는 소리가 빗발 같은 바가 있었다"라며 처음으로 월남전의 성격을 논의했다. 그는 또한 "월남에서 확전이나 승전이 중공을 불필요하게 자극한다면 그 여파가 중공으로 하여금 한국에다 제2전선을 형성시켜보려는 의혹에 빠지도록 할 염려가 있어 (…) 우리에게 전화를 불러일으키는 도화선의 구실을 할지도 모른다 (…) 우리가 눈을 크게 떠서 세계를 통찰할 때는 미국 정부도 그 개입근거를 찾기에 궁색함을 느끼고, 그 싸움의 도움을 받아 지지되어야 할 월남 정권도 반공이라는 점을 빼놓고는 마음속으로부터 월남 국민의 지지를 받는 민주정부라고 할 수 없는 터이니만치 강대국이든 약소국이든 간에 다른 자유 진영의 지지를 받고 있지 못하다"고 주장했다.

『신동아』에서는 진철수 동아일보사 주미특파원이 「월남전쟁 시비로 부상하는 관심」이라는 기사를 통해 "미국 국회와 언론계의 일각에서 미국원조로 파병한 한국의 참전방식에 대해서 '용병'이라는 모진 비판이 튀어나오고 있"다고 조심스럽게 썼는데, 이 기사의 전반적 기조는 월남전 참전으로 한국 이미지가 향상되어간다는 것이었다.

그러나 당시 지식인들 사이에서 베트남전쟁에 대한 인식은 그리 높지 않았던 것으로 보인다. 재미있는 현상 하나는, 파병반대 논의 중 여당 고위관리층의 대응방식이었다. 국회에서 영향력 있는 여당 의원들은 베트남 전투사단 파병에 대한 정부방침을 지지하면서도 상호방위조약 수정 등 미국의 양해가 없는 한 파병은 안 된다고 집요하게 주장했는데, 이는 미국과의 협상테이블에서 더 많은 것을 보장받기 위한 제스처였다. 당시 국회 외무분과 위원장이었던 공화당 소속 차지철車智澈 의원이 이런 주장을 펼친 대표적 인물이었다.

파병에 대한 본격적인 논의는 1972년 여름 『창작과비평』에 실린 리영희李永禧의 「베트남전쟁」에 의해 시작되었다. "우리는 이제 전후 30년을 살아온 냉전의 시대에서 이성의 눈을 뜨기 시작했다"로 시작되는 이 글은 "우리도 뒤늦게나마 냉전시대의 기이한 신화, 우상, 권위의 실태를 캐어묻는 회의를 품어야 할 상황에 이르렀다", "그리고 그 의식적 작업을 통해 우리는 우리 사회의 실태와 그 속에 나타나는 여러 가지 사실에 대한 올바른 눈을 가질 수 있을 것으로 믿어진다"라는 문제제기를 던지고 "한마디로 그것(베트남전쟁—인용자)은 프랑스 제국주의의 식민주의를 반대해 싸운 베트남 인민의 80년의 투쟁과 반민중적 권력에 대한 민중의 투쟁의 연장선상에서 고려돼야 할 전쟁이다"라고 끝맺었다. 그는 이후 두 차례에 걸쳐 베트남전쟁을 전면 재조명했다. 그러나 곧 시작된 유신체제로 인해 더 이상 논쟁이 이어지지 못한 채 베트남전은 종결되었다.

제3세계인식과 지식인

제3세계의 고통과 시련을 상징한 베트남전쟁은 당시 제1세계 내부에 비판정신을 부활시켰다. 특히 유럽의 새로운 지식인계급을 대규모 봉기의 대열에

끌어들였다. 이들은 자유민주주의를 자처하는 서방 국가들이 제3세계에 대한 제국주의적 지배와 도구적 이성과 결탁해 있음을 맹렬히 비판했다. 전쟁 중인 1966년 영국 철학자 버트런드 러셀Bertrand Russell은 베트남에서 '전쟁범죄에 관한 국제재판소'를 조직했고, 프랑스 철학자 장 폴 사르트르는 그 집행의장으로 참여했다. 많은 유럽 국가에서 학생과 노동자들의 대규모 봉기가 일어났는데, 1968년 5월혁명이 그것이었다. 동구에서는 체코슬로바키아에서 소련 제국주의와 스탈린주의에 저항하는 프라하의 봄을 촉발시켰다. 그리고 미국 내에서도 반전운동이 본격적으로 발전해 린든 존슨Lyndon Baines Johnson 대통령으로 하여금 1968년 대선출마를 포기하도록 했다. 멀리 칠레에서도 아옌데Salvador Allende가 이끄는 맑스주의세력의 민주혁명이 예비되고 있었다.

　이렇듯 전세계적으로 자유와 이성의 새로운 장이 열리는 계기가 된 베트남전쟁이 한국에서는 정반대 상황을 촉발시켰다. 베트남전쟁으로 정권의 초석을 다진 박정희의 긴 폭압정치가 시작된 것이다. 3선개헌과 유신헌법을 통한 폭압정치의 물적 토대는 바로 베트남전쟁이었다. 한 사회에서 지식인의 역할이 중요한 이유는 여기에 있다. 한국의 지식인들이 냉철한 세계사적 안목으로 파병을 반대하는 목소리를 높였더라면, 그래서 베트남전에 군대를 파병하지 않았더라면 한국 현대사는 다르게 쓰였을 수도 있기 때문이다.

김현아
'나와우리' 전 대표를 지냈다.

중산층과 중소기업

경제개발의 진행과 중산층 육성 문제

지금과는 다른 상황이었지만, 1960년대 중반에도 제1차 경제개발계획이 대기업 중심의 발전방향으로 나아가면서 빈부격차가 심화되는 양상이 나타났다. 그러자 당시 여야를 포함한 정치권은 서로 다른 방식으로 중산층 육성론을 주장했다. 1966년 대통령의 기조연설과 여야의 정책기조연설에서 이런 내용이 제기되었는데, 당시 야당인 민중당은 중산층의 몰락과 빈부양극화를 우려하면서 대기업소유 주식의 분산 등을 통한 경제적 부의 균배均配를 주장하고 대중자본주의大衆資本主義를 제창했다. 이에 당시 여당인 공화당도 한국의 근대화는 안정된 중산층의 확대를 통해 이루어질 것이라고 주장하면서, 이를 위해 중소기업이 육성되어야 한다고 주장했다.

물론 이런 주장들은 정치적 선언이었을 뿐, 실천적 내용이 담긴 것이었다고 해석하기는 어렵다. 그런 상황에서 임종철林鍾哲은 「중산층의 소멸은 필연적이다」(『조선일보』 1966. 1. 29)라는 다소 파격적인 제목의 글을 신문에 게재했고, 그 반론으로 이창열이 「중산층 소멸론은 거짓이다」(『조선일보』 1966. 2. 15)라는 역시 도전적인 제목의 글을 게재하면서 논쟁이 시작되었다.

하지만 그 내용을 들여다보면, 이 논쟁은 오늘날 우리가 알고 있는 중산층 문제를 둘러싼 것이라고 보기 어려웠다. 중산층의 개념을 오늘날의 용법과는 다른 의미로 사용했고, 논자들 또한 이 개념을 서로 다르게 사용하여 개념규정 자체가 논쟁의 주요 부분을 이루는 상황이었기 때문이다. 그러나 이 글에서는 중산층 개념에 대한 논의는 생략하고, 당시의 논쟁을 소개하는 데만 초점을 맞추고자 한다.

대기업주의와 중소기업 소멸론

먼저 논쟁을 제기한 임종철은 "독립적 생산수단의 소유자 중 하나인 중산층은 경제적으로는 중소기업의 형태로 나타난다"(「중산층의 소멸은 필연적이다」)라고 규정하면서 중산층 소멸의 문제를 중소기업 소멸론으로 끌어갔다. 이런 임종철의 문제제기로 인해 중산층 논쟁은 사실상 중소기업 논쟁으로 이어지게 되었다. 즉 중소기업을 보호 육성할 것인가, 아니면 소멸케 할 것인가 하는 문제였다. 이제 그 내용을 살펴보자.

임종철은 경제학에서 의미하는 중산층은 중소기업이라고 전제하고, "중산층, 이들은 그 전근대성과 비효율성으로 말미암아 필연적으로 소멸이 역사적으로 운명지어지고 있"다고 선언했다. "효율적 생산을 할 수 있는 대기업의 발달을 저해함으로써 중소기업은 역사적으로 반동적 역할을 한다. 중소기업이 도태되어 그 마케트 쉐어(시장점유율)가 줄어들수록 소비대중에겐 값싼 생산물이 대량공급될 수 있다"고 주장하고, "저임금에 발을 디딘 중소기업의 소멸이 하루가 빠르면 복지사회의 도래도 하루가 빨라진다"(「중산층의 소멸은 필연적이다」)라고 극언하기까지 했다. 당시 여당에 대해서도 "근대화를 들고 나선 공화당이 근대화 과정의 필연적 부산물인 중산층 몰락을 두려워하는 것은 이해할 수 없다"고 충고했다. 당시 임종철의 문제제기를 둘러싼 논쟁은 여러 갈래로 진행되었으나, 그 모두를 소개하는 것은 지면관계상 불가능하다. 따라서 주요논점 몇 가지만 정리하기로 한다.

먼저 1960년대 중반의 한국사회처럼 자본은 부족하고 노동력은 상대적으로 풍부한 사회에서 대기업주의로 나아가는 것이 국민경제를 위해 과연 좋은 일인가 하는 의문이 제기되었다. 이는 임종철의 대기업주의에 반대한 이창열·박희범·신용하 등이 지적한 가장 핵심적인 사항이었다.

이창열은 "대기업발전 위주로 나갈 때 한국사회현실이 직면한 과잉인구와 실업자범람을 어떻게 해결하느냐의 난제가 남을 것"이라면서, "한국 경제의 현실조건에서 균형발전을 하기 위해서는 중소기업 육성 단계가 긴요하다"고 주장했다. 또 "실업자의 흡수, 사회안정, 특혜적 여러 가지 낭비의 제거 또는 물적 생산확대에 앞서서 인적자원 개발 활용으로 보다 효율적인 발전적 기반을 확보함이 요망된다"(「중산층 소멸론은 거짓이다」)고 지적하기도 했다.

박희범은 "역사발전의 동태적 과정을 무시하고 단순히 먼 앞날에나 바라볼 수 있는 목표를 현실세계로 오인하는 (…) 중소기업 소멸론은 우리나라가 당면하고 있는 자본 대 노동의 구조적 불균형을 무시한 탁상공론"(「중소기업 소멸론은 탁상공론」)이라고 논박했다.

신용하는 한국 경제의 근대화는 한마디로 공업화이고, 근대화를 측정하는 가장 보편적 기준은 국민총생산 규모이며, 이는 기본적으로 ① 노동생산성의 증대와 ② 고용량 증대를 동시적으로 추진함으로써 달성될 수 있다고 전제하고, "한국은 소위 노동력의 무제한공급이 가능한 상대적 과잉노동의 상태에 있으며

(…) 중소 광공업은 노동생산성이 낮은 반면 노동집약적 생산방법을 통하여 유휴노동력을 흡수함으로써 국민총생산의 극대화에 큰 역할을 하고 있다"(「한국 근대화와 중산층의 개편」)는 이유로 중소기업의 긍정적 역할론을 주장했다.

다음으로 앞 논의와 연관된 쟁점으로 중소기업의 고용흡수도가 과연 대기업보다 높은가 하는 문제가 쟁점이 되었다. 이창열·박희범·신용하는 중소기업이 대기업에 비해 노동생산성은 낮지만 고용흡수도가 높다는 전제하에 논의를 전개했는데, 임종철은 1958~63년 사이 한국사회의 통계를 제시하면서 "고용면에서 보더라도 전체로서의 고용량증대는 그간 1.5배임에 반해 대기업에서는 2.3배가 되어 이 면에서도 전체로서의 경제활동의 규모 증대를 앞서고 있"(「중산층의 몰락, 그 필연성」)다고 주장했다. 이에 박희범과 신용하는 기업체 단위당 고용효과가 아니라 자본 단위당 고용흡수도를 비교해야 한다고 반박했다.

이런 반박에 다시 임종철은 단기적·정태적으로는 대기업보다 중소기업의 고용효과가 더 크지만, 대기업과 중소기업의 임금격차 때문에 대기업 노동자의 고소득은 유효수요를 창출하고, 이는 다시 생산량증대와 새로운 고용효과를 창출한다면서, 따라서 장기적·동태적으로 볼 때 "대기업은 중소기업에 비하여 고용에 미치는 승수효과가 크다"(「중산층 육성론자에 묻는다」)는 주장을 전개했다.

다시 박희범은 "유발소득과 유발고용은 최초의 투자로 말미암아 초래되는 소득효과에서 유발"(「중산층 육성론에 관한 재론」)되며, 이 소득효과는 자본계수에 의해 일의적으로 결정된다고 지적하고, 자본계수가 낮은 노동집약적 중소기업의 소득효과가 대기업의 그것보다 더 크며, 따라서 유발소득과 유발고용도 더 크다는 점을 지적했다. 요컨대 장기적·동태적으로도 중소기업의 고용증대효과가 대기업보다 더 크다는 것이었다.

신용하는 임종철의 '고임금이 고용에 미치는 승수효과' 논의는 우리 사회에 적용될 수 없다고 지적했다. 즉 창출된 유효수요가 신투자를 유발해 고용을 증대시켜야 승수효과가 나타나는데, 이때 신투자는 축적된 자본이 있어야 가능하다는 것이었다. 따라서 당시 한국처럼 자본축적이 부족해 경제발전이 저해되고 있는 나라에서는 고임금에 의한 소비증대보다 자본축적 여부가 고용에 승수효과를 미칠 것이라고 했다(「독점형성과 중소기업의 위치」). 그럼에도 신용하는 "임종철 교수가 생산성증대에 의한 고용효과를 특히 강조하고 있는 것은 단기적 고용량에 집착하기 쉬운 결함을 경계하는 탁월성과 장기적 관점을 촉구한다는 큰 의의를 가지고 있다"(「중산층 논쟁의 총결산」)고 높게 평가했다.

대기업의 성격과 중소기업 개편방안

대기업의 매판적 성격과 상인자본적 성격도 당시 문제가 되었다. 이창열은 "우리나라의 대기업들은 자본축적의 증대 과정에서 효율성을 추구하여 자생적으로 역사적 필연성으로 발전된 것이 아니"라는 점을 지적하고, "특혜와 이권과 말하자면 경제원리 아닌 정치조작에 의해서 조장된 실적이 농후"하며, "이와 같은 대기업들은 근대적이고 효율적인 생산 과정보다는 때로는 낭비와 비효율성을 크게 수반한다"고 주장했다. 따라서 "차라리 특혜 없이 자라나는 중소기업이 보다 합리적"(「중산층 소멸론은 거짓이다」)이라고 지적했다. 그러나 박희범은 우리 사회는 "생산 면에서 완전히 선진경제의 하청적 역할밖에 하지 못하는 소수의 독점재벌이 폭리를 자행하는 후진사회"라고 규정하고, "현재 외국자본의 하청적 역할밖에 하지 않거나 중소기업으로서도 능률적으로 생산할 수 있는 부문에서 중소기업과 경합하고 있는 대기업은 이를 되도록 수출산업으로 전환시키든가, 아니면 기초적인 생산재공업을 일으켜 그것과 새로운 연관관계를 맺게

함으로써 매판적 유대를 단절하는 정책적 구상이 선행되어야 할 것"(「중소기업 소멸론은 탁상공론」)이라고 제안했다. 신용하는 "우리나라의 대기업은 자본과 기술과 원료의 많은 부분을 외국자본에 의존하고 있으며, 대부분 외국의 생산재공업의 중간수요재를 도입하여 그것을 가공하는 기업"(「독점형성과 중소공업의 위치」)이라고 규정했다. 그래서 "대기업주의를 주장하고 중소기업 소멸론을 주장하는 견해는 우리나라의 대기업이 대부분 외국자본에 종속되어 있으며 오히려 중소기업이 민족산업자본적 속성을 더 많이 가지고 있다는 우리나라의 특수성을 외면하는 결함을 가지고 있다"고 지적하면서, "민족산업자본적 속성을 더욱 많이 가진 중소기업은 우리나라의 진정한 근대화를 위해 큰 기여를 하고 있으며 중소기업을 보호 육성하는 것은 민족산업자본을 보호 육성하는 것과 긴밀한 관련을 가지고 있다"(「중산층 논쟁의 총결산」)는 점을 강조했다. 대기업이 전부 매판자본인 것도 아니고 중소기업이 전부 민족자본인 것도 아니지만, 당시 상황에서는 대기업이 매판자본의 속성을 갖는 경향이 크며 중소자본이 민족자본일 가능성이 많다는 주장이었다.

이런 주장에 대해 임종철은 별로 반박하지 않았고, 대신 "민족자본의 집결체인 중소기업을 비효율적인 경제단위인 중소규모의 기업으로 존속시켜야 된다는 결론은 안 나온다"고 주장하면서, "민족자본이 진정한 공업화를 위해 절실히 요구된다면 그 결정체인 중소기업을 그 생산에 있어서의 비효율 때문에 매판적인 대기업에 의해 구축 소멸되게 할 것이 아니라 경제적으로 대기업과 대등한 경쟁을 할 수 있는 최적 생산규모로 발전적으로 지양시켜야 된다"고 주장했다. "규모의 중소성을 지양시켜 효율적 생산이 가능한 단위로 키워야 한다. 이같이 육성될 때 중소기업은 소멸되는 것이다. 왜냐하면 올챙이가 꼬리를 떼고 나면 그것은 올챙이가 아니라 개구리이고, 따라서 올챙이는 소멸되듯 중소기업도

효율적 생산이 가능한 규모로 커지면 중소기업 그 자체는 소멸되고 마는 것이다"(「중산층 육성론자에 묻는다」)라는 주장이었다.

이런 임종철의 주장은 사실상 처음의 논리에서 후퇴한 것이었다. 임종철이 처음 중소기업 소멸론을 논의할 때, 그것은 몰락 소멸의 의미였다. 그런데 이제 중소기업을 육성하여 대기업이 되면 중소기업은 소멸한다는 육성 소멸론을 주장하게 된 것이다. 이런 입장변화 때문에 신용하는 "임 교수의 중소기업 소멸론의 내용이 이것이라면 이것은 개편 육성론과 어휘와 용어는 다를지라도 내용은 일치하는 것"(「독점 형성과 중소 공업의 위치」)이라고 하면서, 자신의 주장과 핵심적 내용이 같아졌다고 마무리지었다.

마지막으로 중소기업의 개편방향 논의를 간략히 살펴보자. 박희범은 중소기업을 전통적 중소기업과 근대적 중소기업으로 구분하고 전자를 후자로 개편하여 육성할 것을 주장했다. 자본이 부족한 현실에서 노동력을 최대한 활용하기 위해 자본집약적 기술을 노동집약적으로 활용 가능하도록 개편하는 방향에서 대기업의 계열화에 의한 중소기업의 개편 육성을 강조한 것이다. 반면 임종철은 계열화는 대기업에 대한 중소기업의 종속을 필연적으로 초래한다고 비판하면서, 오히려 중소기업을 수직·수평으로 통합하여 효율적 생산이 가능한 최적단위로 단합시킬 것을 주장했다. 이에 반해 신용하는 "2차산업을 생산성증대가 요청되는 부분과 고용흡수도가 높은 부문의 두 개 섹터로 구분하여 후자를 당분간 중소기업이 담당하도록 생산구조를 분화시킬 것을 강조"했다.

당시 임종철의 주장은 큰 파문을 일으켰는데, 후에 신용하는 이 논쟁을 정리하면서 "임종철 교수의 이런 대기업 옹호와 중소기업 소멸론은 즉각적으로 광범위한 반향과 오해를 일으켰으며, 관심 있는 분들에게 많은 충격을 주었다. 왜냐하면 최근 수년간에 걸친 대기업 중심적 재정금융정책과 대기업의 상업차관 도입으로 말미암아 독점의 급격한 진전과 중소기업의 전반적 몰락·소멸이 심화되고 있는 상황 속에서 대기업주의와 중소기업 소멸 당위론을 주장하는 것은 문제가 심각하기 때문이다"(「중산층 논쟁의 총결산」)라고 썼다.

이외에도 대기업의 독점성과 독점가격을 둘러싼 논쟁이 신용하와 임종철 사이에 전개되었으며, 대기업의 출현조건과 중소기업의 존속조건에 대해 이규동(당시 중앙일보 논설위원)과 신용하의 논쟁도 전개되었다.

이상으로 중소기업의 소멸 혹은 육성을 둘러싼 논쟁을 정리해보았다. 1960년대 중반에 전개된 이상의 논쟁들을 지금 시점에서 살피는 일은 이미 현실로 드러난 결과를 가지고 당시의 주장을 평가하는 재미를 갖게 한다. 한국 산업화가 진전되면서 대규모기업들이 많이 출현하게 된 것이 사실이며, 또한 특정 업종의 중소기업들이 소멸한 것도 사실이다. 하지만 집계 개념으로서의 중소기업은 현재도 매우 많으며, 그 절대수는 계속 증대해왔다. 그리고 오늘날 중소기업들은 대규모기업의 하청, 계열화된 형태로 존속하는 비중이 높은 상황이다. 논쟁 과정에서 이미 드러났지만, 당시 한국 상황에서 대기업주의와 중소기업 소멸론은 현실에 적절하지 않았으며, 그 이후 전개된 상황을 보더라도 일면적이었다는 비판을 면하기 어렵다고 하겠다.

공제욱

상지대 문화콘텐츠학과 교수로 재직 중이다. 역사사회학을 전공했다. 대표논저로 『국가와 일상: 박정희 시대』(공저), 『식민지의 일상, 지배와 균열』(공저), 『1950~60년대 한국형 발전모델의 원형과 그 변용 과정』(공저) 등이 있다.

고속도로와 지역불균등발전

1961년 5월 쿠데타로 집권한 박정희는 1962년부터 1차 경제개발계획에서 "모든 사회경제적인 악순환의 시정"과 "자립경제 달성을 위한 기반구축"을 목표로 수입대체전략을 추구했다. 하지만 1963년 민정이양 이후 그는 한일 국교정상화, 베트남 파병 등 잇따른 개방흐름에 발맞추어 수출주도 산업화를 지향하게 되었다. 이런 배경 아래 고속도로 건설은 서울과 주요 공업단지, 수출항만을 연결시키는 개발국가의 필수불가결한 기초과업으로 떠올랐다.

고속도로의 역할과 기능

주변부 포드주의의 관점에서 볼 때 고속도로는 대단위 수출공단의 집적이익을 극대화시키는 수단이자 그 자체로 자동차의 생산과 소비를 대중화시키는 계기가 된다. 실제로 경부고속도로가 착공된 1968년 11월에 울산에서는 현대자동차 공장이 정식가동되었다. 그런데 고속도로는 물자만 나르는 것이 아니라 사람들도 드나드는 장소이기 때문에 수도권 집중과 동남 임해공단의 집적을 눈에 띄게 만드는 그 정치적·사회적 효과가 논란거리가 될 수밖에 없었다.

적어도 1963년 5대 대통령선거 때까지 우리나라에는 지역주의 투표행태가 없었다. 윤보선이 서울·경기·강원·충청 지역에서 많이 득표한 데 반해, 박정희는 영남 외에 호남과 제주에서 더 많은 지지를 받았다. 그러나 1차 경제개발계획을 통해 울산공업센터가 조성되고 1967년부터 시행된 2차 경제개발계획이 포항의 제철소 입지를 결정함으로써, 1967년의 6대 대통령선거 때는 호남 주민들의 소외감이 투표성향으로 감지되기 시작했다. 영남과 충북, 강원에서는 박정희가 압승한 반면, 서울·경기·충남과 함께 호남에서도 4년 전과 달리 윤보선이 이겼던 것이다. 하지만 이때까지는 다른 지방에 비해 영남에 개발이 집중된다는 가시적인 증거가 크게 없었다. 그런 와중에 건설에 들어간 경부고속도로는 차츰 싹트고 있던 지역불균등발전에 대한 심증을 물증으로 바꾸어놓을 만한 것이었다.

지역불균등발전의 두 차원—서울 집중과 영남 집적

경부고속도로 계획이 발표된 직후 월간 『세대』 1968년 1월호가 각계 인사 100명에게 찬반 여부를 조사한 결과, 68%가 무조건 찬성, 27%가 조건부 찬성, 5%가 반대를 표했다. 이미 6대 대통령선거에서 승리했던 박정희의 주요 공약 가운데 하나가 고속도로 건설이었다는 점에 비추어볼 때, 이와 같은 압도적 찬성 분위기는 근대화와 개발주의의 세례를 받기 시작한 당시의 사회상을 반영하는 것이었다.

한편, 조건부 찬성을 포함하여 경부고속도로 건설에 유보적인 32명의 의견은 무리한 재정지출에 대한 우려가 12명, 투자 우선순위상 시급하지 않다는 주장이 8명, 제외된 지방의 발전지체 우려가 4명, 기타 8명의 분포를 보였다. 이 가운데 재정부담이나 투자순서에 대한 지적은 개발국가의 근대화 대세를 거스를 만한 비판이라고 할 수는 없었다. 대신 계획 초기에 가장 적은 수가 응답한 지역 간 불균형 문제는 1970년 7월 경부고속도로 완공 때까지 학계나 국회에서 점차적으로 관심의 대상이 되었다.

고속도로 건설에 따른 지역불균등발전 논쟁은 첫째, 서울과 같은 대도시 기능의 분산을 가져오는가 아니면 또 다른 대도시 집중의 요인인가라는 차원과, 둘째, 전국적 균형개발을 촉진시키는가 아니면 영남 지역의 집적을 위한 수단인가라는 차원으로 나누어볼 수 있다. 첫 번째 쟁점은 정치적으로 부각되지는 않았지만, 서울 중심의 근대화·도시화와 일맥상통하는 고속도로 건설에 대한 학문적 논란의 대상이 되기에 충분했다.

먼저 당시 '국가기간고속도로건설계획조사단'의 타당성 연구는 고속도로 건설을 "인구 및 산업의 대도시 집중을 방지하며 중소도시의 균형 있는 발전과 농공업의 병진을 촉진시킬 뿐 아니라, 유통 과정의 신속화로 시장권을 확대시키고 농어촌 소득증대를 기할 수 있는" 기회라고 규정했다. 이 조사단의 단장이었던 안경모는 같은 흐름에서 "도시와 농촌의 거리가 단축됨으로써 공장이나 산업단지가 한 지점에만 집중되지 않고 분산되며 이에 따라 인구도 분산"될 것으로 보아, 고속도로가 대도시와 중소도시 및 농촌 간 균형발전을 낳을 것으로 전망했다.

그에 반해 교통부의 의뢰를 받아 1965년 11월부터 1966년 6월까지 한국 교통상황을 조사한 IBRD의 보고서는 철도 중심의 수송체계를 도로 중심으로 전환시켜야 함을 강조하면서도, 유료 고속도로의 건설보다는 국도, 지방도의 포장에 치중할 것을 주문했다. 경부고속도로 완공시점인 1970년 9월호 월간 『신동아』에서 당시 서울대 행정대학원 강사였던 기우식은 그 같은 논리를 따라 "지역경제의 생활공간이 충분히 이용될 수 있도록 지역 내부를 잇는 교통망, 지역 간을 잇는 교통망이 서서히 형성된 다음에 비로소 고속도로를 건설할 필요"가 있다고 지적하기도 했다. 더 나아가 『조선일보』 논설위원 김성두는 "가격정책 등 농민소득수준 향상을 저해해온 경제순환의 메커니즘을 근본적으로 시정하지 못한다면 고속도로 개통에 따른 국민시장권의 공간적 확대는 생각대로 이루어질 수 없을 것"이라고 하면서, "교통의 편익증대에 따른 전시효과의 확대로 지방민의 서울 집중을 촉구할 수 있고 농공 간 부등가교환이 촉진되어 지역소득의 도시흡수가 더욱 심해질 가능성"을 제기했다.

첫 번째 차원의 논쟁은 이농민의 서울 집중이 정점에 이르고 있던 1960년대 후반의 상황에서 뜨겁게 전개될 만했으나, 대중매체나 학술잡지 등에서 뚜렷이 공론화되지 못했다. 그보다는 영남으로의 집적효과를 둘러싼 두 번째 쟁점이 국회를 비롯한 정치권에서 뜨거운 감자로 대두되었다. 고속도로가 지역불균등발전을 낳는 것이 아니라 전국적 균형개발을 이끈다는 것은 경부고속도로 건설을 주도한 대통령 박정희의 신념이기도 했다. 1964년 서독을 방문했을 때 아우토반에 감명 받은 그는 1967년 4월 대통령선거 공약으로 "조국 근대화 기본설계의 하나인 대국토 건설계획을 발전시켜 항만건설, 4대강 유역의 종합개발과 함께 고속도로 건설을 2차 경제개발 5개년계획 기간 중에 착수할 것"을 제시했다. 박정희는 이것이 장밋빛 허튼 약속이 아님을 보여주기 위해 같은 해 5월 경인고속도로를 착공함과 아울러 서울을 중심으로 인천, 강릉, 부산, 목포를 잇는 기간 고속도로를 건설하겠다고 계획을 구체화했다.

그에 따라 건설부는 1967년 11월 2, 3차 경제개발계획 기간 중의 장기 도로개발계획을 보고했는데, 여기에는 서울-인천, 서울-부산, 서울-강릉, 대전-목포(또는 여수), 동해안선, 남해안선 등을 포함한 고속도로 건설 10개년계획이

들어 있었다. 이에 대해 박정희는 우리나라 2대 경제권의 중심인 서울과 부산을 연결하여 경제발전의 첩경이 되도록 하기 위해 2차 경제개발계획 기간 내에 서울-부산 간 고속도로를 우선적으로 건설할 것을 지시했다. 그리하여 "단군 이래 최대의 토목공사"인 경부고속도로 건설의 막이 올랐다.

고속도로 건설비화에 의하면, 박정희는 이미 1967년 초에 경부고속도로 건설에 대한 방대한 구상을 끝내고 몇몇 구간의 노선까지 손수 결정해놓은 상태였다고 한다. 이처럼 고속도로는 박정희에게 근대화의 상징이자 경제개발의 꿈을 실현시킬 신앙과도 같은 것이었다. 1970년 경부고속도로의 중간지점인 추풍령에 세워진 준공기념탑에는 "서울-부산 간 고속도로는 조국근대화의 길이며 국토통일의 길이다"라는 그의 글씨가 새겨졌다.

영남 지역의 집적을 가져온다는 숱한 반론에 대해 박정희는 "바람이 불면 통장수가 부자가 된다"는 일본 가마쿠라鎌倉시대의 한 승려가 쓴 「방장기方丈記」를 인용하여 대응했다. 이 말은 경제 문제가 서로 함수관계에 있고 그 효과도 다각적이라는 비유였다. 다시 말해 경부고속도로의 연쇄적 연관성 때문에 서울과 영남이 아닌 나머지 지방들도 개발의 떡고물을 공유할 수 있다는 것이었다.

한편, 고속도로 건설이 지역불균등발전을 가져온다고 주장한 논객으로는 당시 건설위원회 소속 국회의원이었던 김대중金大中이 단연 돋보였다. 그도 고속도로 건설 자체는 사회간접자본을 확충하는 것이기 때문에 자랑과 긍지를 느낄 일이라고 보았다. 그럼에도 그는 1967년의 제62회 국회 건설위원회에서 경부고속도로 건설에 대해 한마디로 "머리보다 다리가 크고 양팔과 오른쪽 다리가 말라버린 기형아 같은 건설"이라고 규정했다. 그 의미는 두말할 나위 없이 영남 지역으로의 교통망 집중이 강원·호남과의 불균형을 심화시킨다는 것이었다.

당시 목포가 지역구였던 김대중은 그렇다고 호남의 푸대접만 강조한 것은 아니었다. 그는 1968년의 제63회 국회 건설위원회에서 IBRD의 보고서에 근거하여, 서울-부산 간에는 철도망과 국도, 지방도가 잘 갖추어져 있으므로 오히려 서울-강릉 간 영동고속도로를 가장 먼저 건설해야 한다고 주장했다. 강원도에는 지하자원과 관광지가 많음에도 아예 철도조차 없기 때문이었다. 물론 그는 호남 차별정책도 거론하면서 경부선 복선철도에 비해 호남선 철도는 단선인 데다 낡아빠졌는데도 경부고속도로를 우선 추진하고 있다며 강력하게 반발했다.

이처럼 경부고속도로에 대해 호남 사람들이 느끼는 소외감은 여야를 초월한 것이었다. 여수 출신 여당 국회의원 이현재는 선진국의 경제발전 패턴이 자원 및 공업개발을 거쳐 지역격차 해소에 치중하고 있음을 지적하고, 우리나라 지역개발정책의 방향전환을 요청하기도 했다. 이런 이유 있는 반론들에 대해 당시 건설부장관이었던 주원은 지역균형발전이란 어느 지역에 얼마만큼 필요할 것인가를 예측해서 투자해나가는 것이라 하면서, 지금으로서는 국토개발 종합계획이 완성되지 못해 그 윤곽을 제시할 수 없다고 발뺌했다. 그러면서도 경부고속도로 우선건설은 서울, 경기, 충남북, 경남북 지방에 인구의 63%, 국민총생산의 66%, 공업생산액의 81%, 자동차 보유대수의 81%가 분포되어 있어 교통수요가 지대한 탓이라고 설명했다. 국가경제의 개발을 위해 지역불균등발전은 어쩔 수 없다는 논리였다.

30년 전의 논란 그대로 고속도로 건설이 지역개발에 미친 효과는 그야말로 막대했다. 경부고속도로 건설 이전 11개였던 나들목 주변의 국가 및 지방공단은

1992년까지 66개로 급증했고, 개통 당시 530원/㎡이었던 직접영향권 내 상업업무지 땅값은 10년 뒤 163만 원/㎡으로 폭등했다. 그런 공간적 집적과 집중이 20세기 후반 경제성장의 신화를 이끈 근대화·산업화의 촉매구실을 했음은 누구도 부인하기 어려울 것이다. 지역개발에 대한 시소(see-saw)이론에 따르면, 자본주의사회에서 지역균등발전은 신기루일 수밖에 없다.

21세기를 살아가는 우리들에게 고속도로는 끊임없이 늘어나는 자동차들로 이미 '저속도로'가 되어버린 지 오래이다. 그렇다면 개발의 시소 축이 기울어졌던 지역, 특히 공단이 밀집된 영남에서 산업화시대의 집적이익은 아직도 유효한 것인가? 생태적 관점에서 볼 때, 불균등발전으로 소외된 지역의 낙후성은 지속가능한 발전을 위한 비축 아니었던가? 이른바 정보화시대의 개막은 정보 '고속도로'가 지역불균등발전에 미치는 새로운 영향에도 눈길을 돌리게끔 하지만, 자동차·공장의 매연과 더불어 폐수로 더럽혀진 낙동강의 물 문제 또한 빨리빨리 돌진할 것을 강요하는 고속도로보다 여유 있게 다닐 수 있는 자전거 전용도로나 보행자 전용 흙길에 대한 성찰을 좀 더 북돋울 것이다.

한상진

울산대 사회과학학부 교수로 재직 중이다. 지역사회학을 전공했다. 대표논저로 『1980년대 이후 수도권 지역의 산업 재구조화』, 『환경 정의의 사회학』, 『시장과 국가를 넘어서』 등이 있다.

역사는 운동이자 흐름입니다. 자칫 고정불변의 주어진 실체로 인식될 수 있는 먼 과거의 역사상도 역사가들의 고민과 치열한 연구를 통해 그 생명을 얻고 다시 새로운 면모로 주목받곤 합니다. 그리고 역사가들의 또 다른 시선에 의해 새로운 의미를 부여받기도 합니다. 부정되거나 재조명됩니다. 역사는 흥미와 교훈을 두텁게 입습니다.

이런 논쟁의 풍경을 환기할 수 있으면 좋겠습니다. 연구자들이 자신의 모든 것을 걸고 하나의 진실을 찾아가는 것이야말로 인문독자, 역사독자가 관심을 좁히기보다는 다양한 주제에 접근할 수 있는 먼 과거의 역사상도 역사가들의 고민과 치열한 연구를 통해 그 생명을 얻고 다시 새로운 면모로 주목받을 수 있는 이런 논쟁의 풍경을 환기할 수 있으면 좋겠습니다. 연구자들이 자신의 모든 것을 걸고 하나의 진실을 찾아가는 것이야말로 인문학의 길입니다. 그 길의 어느 시점에서 지나온 논쟁의 흔적을 정리하고 새롭게 펼쳐질 길에 대한 기대감을 품어볼 수 있는 것은 독자들의 흥미진진한 즐거움일 것입니다.

1970년대
이후

'한국적 민주주의'와 유신체제

1961년 박정희의 정치적 등장은 우리 현대사에 한 획을 긋는 사건이었다. 1979년 그의 퇴장도 그러했다. 이런 박정희와 그 시대에 대한 평가는 절대적 긍정에서 절대적 부정에 이르기까지 실로 다양하다. '인간 박정희'의 족적을 바라보는 시각 역시 크게 상반된다. 국립묘지의 박정희 묘비문에는 이렇게 적혀 있다.

> 1945년 건국과 함께 입대, 1961년 5·16혁명을 주도, 국가재건최고회의 의장이 되시고 1963년 육군대장으로 예편, 1963년 제5대로부터 1978년 제9대에 이르기까지 대통령을 역임하시는 동안 조국 근대화의 기수로서 오천 년 이래의 가난을 물리치시고 자립경제와 자주국방의 터전을 닦으시어 세계 속의 풍요한 한국을 부각시키셨으며 겨레의 염원인 평화적 통일의 기틀을 마련하시는 등 민족중흥을 이룩하신 영도자로서 민족사상 그 유례를 찾아볼 수 없는 위대한 업적을 남기시고 (…) 삼천칠백만 온국민의 애도 속에 11월 3일 국장으로 국립묘지에 안장되시다.

이에 따르면 박정희는 조국근대화의 기수이자 민족중흥을 이룩한 위대한 영도자로 추앙받기에 손색이 없다. 그러나 박정희의 파시스트독재에 맞서 저항하다 죽음의 길로 내몰린 장준하, 이른바 '인혁당재건위 사건'에 연루되어 졸지에 형장의 이슬로 사라진 여덟 명의 무고한 사람들, 그리고 박정희 통치 18년 동안 희생당한 이름 없는 수많은 민초들에게도 정녕 그러할까?

이 글은 민주주의라는 잣대로 박정희와 그의 18년 통치에 비판적으로 접근해 보는 글이다. 그럴 경우 우리는 필연적으로 '민족적 민주주의'와 '한국적 민주주의'라는 두 개념을 만나게 된다. 박정희 통치 18년은 어쩌면 민족적 민주주의에서 시작하여 한국적 민주주의로 끝났다고 볼 수도 있기 때문이다.

정치이데올로기로서의 '민족적 민주주의'

박정희의 민족적 민주주의가 사회적 쟁점이 된 것은 1963년 5대 대통령선거 당시 윤보선 후보와의 사상논쟁, 이른바 '가식적 민주주의'와 민족적 민주주의 사이의 논쟁을 통해서였다. 선거를 20여 일 앞둔 1963년 9월 23일, 박정희는 자신의 이념을 강력한 민족적 이념에 바탕한 자유민주주의사상이라고 옹호하면서, 윤보선이 내세운 민주주의는 민족적 이념을 망각한 천박하고도 알맹이 없는 '가식'의 자유민주주의라고 몰아붙였다. 이에 윤보선은 "이 선거는 정권다툼이 아니라 민주주의와 이질적 민주주의와의 대결"이라고 되받고는, "박 의장의 『국가와 혁명과 나』라는 저서를 보면 이집트의 낫세르Jamal Nāser를 찬양하고 히틀러Adolf Hitler도 쓸 만한 사람이라고 했는데, 이 사람이 과연 민주주의를 신봉하고 있는 사람인가 의심하지 않을 수 없다"고 비판했다.

이후 윤보선과의 대결에서 승리하고 산업화를 추진하는 과정에서 박정희는 농민, 어민, 노동자, 소시민 등 서민에 기반한 민족적 민주주의라는 이데올로기를 동원했다. 그의 민족적 민주주의는 그 자신도 수차례에 걸쳐 언급한 바 4·19혁명에 영향 받아 형성된 측면이 없지 않았다.

그러나 이런 박정희의 주장에도 불구하고, 4·19혁명의 정당한 이념, 즉 분단된 민족의 평화통일과 반독재 민주주의 등은 박정희를 비롯한 쿠데타 주역들에게 전혀 수용되지 않았다. 5·16쿠데타 이후 잇단 번의와 일련의 반혁명 사건 조작, 4대 의혹사건 등으로 노정된 반민주적 행태와 권력형 부정부패, 그리고 굴욕적인 한일회담의 강행에 대한 대중의 저항을 군의 물리력을 동원하여 진압했던 것은 그의 민족적 민주주의 슬로건을 무색케 하는 과정이었다. 통일과 민주주의의 가치는 박정희식 민족주의에서 배제되었고, 그것은 경제성장주의·발전주의로 축소되었다. 그 가운데 서민대중은 산업화의 주체, 권력의 주인이라기보다 '민주주의 없는 민족주의'와 '위로부터의 국수주의적 민족주의'의 동원대상으로만 존재했다.

왜곡되고 변형된 박정희식 민족주의와 민주주의에 대한 대중의 답변은 전면적 거부였다. 1964년 5월 20일 "5월 쿠데타는 4월의 민족민주 이념에 대한 전면적인 도전이었으며 노골적인 대중탄압의 시작"이라고 성토하면서 서울대 문리대 교정에서 치러진 '민족적 민주주의 장례식'은 하나의 본보기였다. 박정희의 치부를 신랄하게 풍자한 이 장례식의 조사는 김지하金芝河가 쓴 것이었다. 당시 중앙정보부장 김형욱金炯旭은 이 글을 읽고 "나는 숨이 막혀 더 이상 읽을 수 없었다. 나는 그 이전에도 아니 그 이후에도 이것만큼 통렬하게 5·16혁명 정부를 비판한 글을 읽어본 적이 없었다"고 했다고 한다. 그 내용은 이러했다.

> 시체여! 너는 오래 전에 이미 죽었다. 죽어서 썩어가고 있었다. 넋 없는 시체여, 반민족적 비민주적 민족적 민주주의여! (…) 시체여, 죽어서도 개악과 조어와 식언과

번의와 난동과 불안과 탄압의 명수요 천재요 거장이었다. 너 시체여! 너는 그리하여 일대의 천재요 희대의 졸작이었다. (…) 구악을 신악으로 개악하여 세대를 교체하고 골백번의 번의의 번의를 번의하여 권태감의 흥분으로 국민정서를 배신하고 부정불하, 부정축재, 매판자본 육성으로 '빠찡꼬'에 '새나라'에 최루탄 등등, 주로 생활필수품만 수입하여 노동자의 언덕으로 알았던 워커힐에 화폐를 증산하여 민족정기를 바로잡아 국민도의를 고쳐하고 경제를 재건할 철두철미 위대한 시체여, 해괴할손 민족적 민주주의여! (…) 한없는 망설임과 번의, 종잡을 수 없는 막연한 정치이념, 방향감각과 주체의식과 지도력의 상실, 이것이 곧 너의 전부다. (…) 백의민족이 너에게 내리는 마지막 이 새하얀 수의를 감고 떠나가거라. 너의 고향 그것으로 돌아가거라. 안개 속으로, 시체여.

'한국적 민주주의'와 1인독재

이 조사는 한마디로 민족적 민주주의가 표방한 온갖 허울들이 대중기만을 위한 술책에 불과한 것임을 만천하에 선포한 것이었다.

그러나 박정희의 민족적 민주주의는 한일회담 반대투쟁의 무력진압을 통해 일단 철회되었다가, 유신독재체제 수립을 계기로 '한국적 민주주의'라는 파시스트적 쇼비니즘으로 발전되었다. 1972년 10월 17일의 대통령 특별선언은 "평화적 통일의 지향과 한국적 민주주의의 토착화를 위해 구질서를 청산하고 통일을 향한 민족주체세력을 형성하며 능률을 극대화, 자주적인 총력체제의 구축을 방향으로 일대개혁을 단행"하기 위해, 권력집중의 폐해를 방지하는 모든 제도적 장치를 해체시키고 오히려 대통령 1인에게 모든 권력을 집중시키는 것을 핵심골자로 했다. 대중으로부터 완전히 자립화된 유신체제는 원리론에 해당하는 국민총화론, 이를 정치적으로 실현하기 위한 한국적 민주주의론, 주체의 성격을 제시하는 민족주체론 등 세 가지 구성요소를 갖고 있었다. 이와 관련하여 갈봉근葛奉根은 "유신헌법은 한국적 상황의 논리에 따라 자유민주주의를 구체적으로 적응·보완시킨 데 그 특징이 있기는 하지만, 유신헌법에 있어서의 기본적인 정치체제는 여전히 자유민주주의적인 정치체제에 입각"하고 있다고 말하면서 한국적 민주주의를 옹호했다.

그러나 말과 달리 그것은 개인주의적 다원주의적 가치관을 적대시하고 정치 자체를 오직 소모적 파쟁과 정략으로만 이해한다는 점에서 파시즘적 담론과 별반 다르지 않았다. 그것은 "정부의 시책은 국가안보를 최우선으로 하고 (…) 사회불안을 용납하지 않으며 (…) 모든 국민은 안보 위주의 새 가치관을 확립하여야 할 것이며 (…) 최악의 경우 자유의 일부를 유보할 결의를 가져야 한다"는 이념공세에서도 엿볼 수 있다. 한국적 민주주의의 핵심은 대화와 타협을 핵심으로 하는 의회민주주의와 시민적 제권리의 표출을 '정치과잉'이라는 상징을 앞세워 봉쇄 내지 배제하는 것이었다. 즉 한국적 민주주의로 포장된 10월유신은 박정희가 국민에게 보내는 일종의 협박문서로서, 박정희와 그 추종세력에 의한 제2, 아니 제3의 쿠데타이자 헌정질서의 총체적 파괴를 의미했다. 그리고 한국적 민주주의는 총력안보체제 확립의 전면적 추진을 명분으로 한 정치권력에 의한 폭력의 전일화와 동전의 양면이자 공포정치의 악령을 합리화시켜주는 이데올로기에 불과했다.

한때 박정희의 최측근이었던 김형욱은 회고록을 통해 "옛날 왕조시대 임금도 늙은 신하가 호랑이같이 준엄하게 간하면 함부로 하지 못했다. 그러나 박정희는 거칠 게 없는 독재자이자 총통으로 군림했다. 국회나 법원은 장식품이었고 헌법은 왕이 백성에게 내리는 서릿발 같은 칙서에 불과했다. 유신으로 박정희는 사실상 박씨 왕조를 세웠다"고 유신에 대한 소감을 밝혔다. 역시 정보부장 출신의 김재규가 10·26사건의 최후진술에서 "박정희 대통령 각하께서는 자유민주주의의 회복과 자신의 희생을 숙명적 관계로 만들어놓았기 때문에 자유민주주의의 회복을 위해서는 각하께서 희생되지 않을 수 없게 되어 있었습니다"라고 한 발언은, 박정희의 한국적 민주주의가 지닌 내재적 모순을 정확히 간파한 것이라고 할 수 있다. 나아가 역대 독재정권의 영원한 우방이자 벗이었던 미국조차 한국적 민주주의로 포장된 유신에 대해 "이승만 시대 이래 한국이 채택한 최악의 독재체제"라고 비판하면서, "박정희가 퇴진하는 길은 그 자신이 여기에 동의하거나 아니면 죽음 또는 혁명밖에 없다"는 예언성 발언을 했다.

한편 당시 신민당의 김영삼金泳三은 박정희의 한국적 민주주의를 '위장된 민주주의', '빈사상태를 헤매는 민주주의'라 비판했고, 재야대통령 장준하는 「박 대통령에게 보내는 공개서한」을 통해 "국헌을 준수한다고 서약한 귀하 스스로가 그 선서를 헌신짝같이 버리고, 헌법기관의 권능을 정지시키고, 헌법제정권력의 주체인 국민을 강압적인 계엄하에 묶어놓고, '국민투표'라는 요식행위를 통해 제정한 소위 '유신헌법'으로서 명실상부한 귀하의 일인독재체제만을 확립시켰습니다. 이렇게 하여 통일에의 부푼 국민의 기대는 민주헌정의 파괴와 일인독재라는 참담한 결과로 둔갑해버렸습니다"라고 비판했다. 장준하는 앞서 『사상계』1968년 8월호를 통해 "자유와 민주를 머리에 이고 손과 발은 혈세에 허덕일 때 그것은 필요 없는 하나의 사회악이요, 그 가치는 국민에 의해 스스로 부정된다"는 말로 박정희식 자유와 민주의 허구를 비판한 바 있었다.

유신이라는 흉측한 괴물에 대한 실천적 저항은 1년 뒤인 1973년 12월 24일 '개헌청원 백만인 서명운동'의 선언으로 모아졌다. 운동주체들은 "오늘의 모든 사태는 궁극적으로 민주주의를 완전히 회복하는 문제로 귀착된다. 경제의 파탄, 민심의 혼란, 남북긴장의 재현이란 상황에서 학원과 교회, 언론계와 가두에서 울부짖는 자유화의 요구 등 이 모든 것을 종합하면 오늘의 헌법하에서는 살 수가 없다는 것으로 요약된다. (…) 이에 우리 국민은 우리들의 천부의 권리를 제시하는 방법으로 대통령에게 현행 헌법의 개정을 요구하는 백만인 청원운동을 전개하는 바이다"라고 선언하고 나섰다. 이에 대한 박정희의 대답은 '탄압'이었다. 박정희는 자신에 대한 비판을 "과대망상중에 사로잡힌 불순분자들의 황당무계한 행동"으로 규정하고 1974년 1월 8일 긴급조치 1, 2호를 선포했다. 마침내 암흑과 공포의 긴급조치시대가 개막되었고, 그로부터 몇 년 지나지 않아 아래로부터 민중의 저항이 들불처럼 일어나는 가운데 "야수의 심정으로 유신의 심장을 쏜" 김재규에 의해 박정희의 한국적 민주주의는 그 대단원의 막을 일단 내렸다.

박정희 통치 18년 동안 민주주의를 둘러싼 이데올로기 논쟁, 이념 논쟁에서 흥미로운 것은, 그것이 자유민주주의라는 담론 틀 내부의 축소된 논쟁으로 진행되었다는 것이다. 즉 박정희가 자유민주주의의 구체적 변형가능성을 주장했다면, 저항세력은 그 원칙적 적용을 주장했다는 점이 특징적이다. 먼저 박정희는 원론적 수준의 자유민주주의가 자신의 정치적 행동과 불일치한다는 것을 인식하고, 자유민주주의의 민족화(한승조, 1977), 민족적 민주주의, 한국적 민주주의 등의 개념을 만들어냈다. 박정희와 그 추종세력에게 이것은 반공주의와 동일시되었다.

이에 비해 그 저항논리는 민중적 민족적 민주주의의 지향을 보인 일부를 제외하고는 허울뿐인 자유민주주의의 보편적 원칙을 무기로 이루어졌다. 즉 박정희 통치에 대한 반대논리는 반공국가의 정당성에는 도전하지 않고 정권의 비민주성을 비판하기 위한 방법으로서 더 본질적이고 더 원칙적인 자유민주주의질서의 회복을 강조하는 것이었다.

이처럼 국가의 지배질서에 대한 근본적인 비판이 아니라 자유민주주의라는 동일한 담론구조 내의 해석차이로 저항논리가 구축된 것은, 어쩌면 한국전쟁이라는 역사적 실체험, 분단현실의 고착화와 반공의 내면화·제도화, 그에 따른 이데올로기 지형의 축소와 불구화로 인해 불가피했는지도 모른다. 나아가 빈곤으로부터의 탈피가 생활대중의 일상적 삶에 응고된 생활논리가 된 상황에서, 박정희에 반대하는 논리로서 구체성이 결여된 자유와 민주는 여전히 일부 식자층의 관념적인 고매한 이상에 국한된 것으로 비치게 되고, 따라서 대중적 관철과 확산에 구조적 한계를 가질 수밖에 없었다는 사실도 아울러 지적할 수 있겠다. 그랬을 때 박정희 통치 18년을 존속케 한 것은 기본적으로 적나라한 폭력적 억압이라고 할 수 있지만, 이와 함께 그 역사적·사회적 기반을 이루고 있는 것이 대중의 침묵과 정권에 대한 수동적 협력이라는 사실 또한 무시할 수 없다. 결국 다수대중의 이런 탈동원적·정권협력적·체제순응적 태도가 변하지 않는 상황에서는 비상한 국면이 도래해 정치변동의 일정한 계기가 주어지더라도 실질적 정치변혁을 이루어내기 쉽지 않다는 사실을 오늘에 이르는 우리 역사에서 잘 볼 수 있다.

조현연

성공회대학교 연구교수로 재직 중이다. 한국 정치를 전공했다. 대표논저로 『복합적 갈등 속의 한국 민주주의』(공저), 『현대 한국정치의 악몽: 국가폭력』, 『20세기 한국의 야만: 평화와 인권의 21세기를 위하여』(공저) 등이 있다.

1970년대 청년문화론

1970년이 되자 대학가에서는 학생운동이 침체한 가운데 통기타·블루진(청바지)·생맥주(이하 '통·블·생')로 대표되는 생활양식이 나타나기 시작했다. 한편 1968년 세계 곳곳에서 분출한 학생운동의 열기와 함께 1969년 우드스톡 페스티벌에서의 대규모집회, 워싱턴·뉴욕에서의 반전시위에서 보인 미국 청년들의 힘은 국내 식자층의 관심을 끌었다. 학생운동의 파고가 국내와 국외에서 상반된 경향을 보이는 가운데, 우리 젊은이들의 이른바 '퇴폐적'인 생활양식을 어떻게 바라볼 것인가를 두고 고민하는 사람들이 생겨났다.

청년문화·청춘문화

1970년 『세대』 2월호에 실린 남재희의 「청춘문화론」은 이 문제를 최초로 공식거론한 대표적인 글이다. 이 글에는 이후 전개된 청년문화론의 중요논점이 소박한 형태로 망라되어 있다. 이 글에서 그는 한국의 대학생운동이 부진한 이유를 학생운동이 민주주의나 민족주의와 같은 '통념적 진리'에 기반해 있기 때문이라고 보았다. 이 기반은 한국 학생운동이 폭넓은 사회적 지지를 받거나 운동이 범汎학생적 차원으로 전개되는 데 긍정적으로 기여했다. 그러나 이 기반으로 인해 운동이 지나치게 획일화되고, 통념적 진리를 벗어나는 것을 비판하기만 하는 소극적 운동에 머무르게 된 것은 부정적인 면이라고 보았다. 선진 외국의 경우 통념적 진리가 사회적으로 거의 실현되었기 때문에 학생운동은 오히려 통념적 진리를 부정하고 새로운 이념을 내세우게 되는데, 그 과정에서 그들이 형성하는 문화가 바로 '청춘문화' 혹은 '청년문화'라는 것이었다.

그가 말하는 통념적 진리는 '근대적 가치'라고 부를 수 있었다. 그는 한국이 민족 문제나 민주주의 문제가 아직 실현되지 못한 사회이며, 따라서 학생운동은 이 가치를 실현시키기 위해 노력하고 있음을 잘 알고 있었다. 그러나 역설적으로 그 가치에 기반한 학생운동은 앞서 언급한 획일성과 소극성으로 인해 침체할 수밖에 없다는 것이었다.

현상태에서 학생운동을 활성화하기 위해 필요한 것이 청년문화인데, 불행하게도 우리는 이를 선도하는 대학문화조차 취약하기 때문에 청년문화는 형성되어 있지 않았다. 다만 씨앗의 형태로 존재하고 있을 뿐이었다. 이런 맥락에서 그는 고등학생이나 대학생의 기타 붐이나 조영남趙英男 등의 인기, 재즈음악, 전혜린田惠麟 문학 등을 외국 청년문화의 특징과 유사한 것으로서 주목했다.

대중문화는 청년문화인가

그러나 당시 청년문화 논의는 몇 편의 글이 산발적으로 발표되는 데 그쳤다. 1973년 말 청년문화 전반을 다룬 한완상韓完相의 『현대사회와 청년문화』(법문사, 1973)가 나왔을 때도 별다른 관심을 받지 못했다. 청년문화 논쟁에 불을 지핀 것은 『동아일보』 문화면(1974. 3. 29)의 '오늘날의 젊은 우상들'이라는 제목의 기획기사였다. 이 기사는 최인호崔仁浩·양희은楊姬恩·김민기金民基를 포함하여 인기 있는 젊은 작가, 팝송가수, 코미디언 등 6명을 '우상'으로 선정했다. 논전의 불씨를 던진 장본인인 김병익金炳翼 기자는 논쟁 사후에 이를 정리하는 글「청년문화와 매스컴」(1974. 11)에서 당시의 기획의도를 다음과 같이 밝혔다.

유신선포 이후 무력감과 패배주의에 젖어 있던 1974년 초, 대학가에서는 통·블·생과 고고춤이 젊은이들의 생태로 자리잡았는데, 사회 일각에서는 이를 '퇴폐적'이라고 비난했다. 우드스톡 페스티벌이나 반전시위에서 나타난 미국 젊은이들의 자기표현 양태를 관찰한 김병익은 우리 젊은이들의 이런 생태를 적극적으로 이해해야겠다고 생각했다. 그는 젊은이들의 생태를 바라보는 기존의 시각을 넘어서기 위해 다음 두 가지 점에 유의했다. 첫째, 열심히 공부하고 모범적으로 활동하는 것은 기성세대가 젊은이에게 요구하는 덕목으로서 새로운 것이 아니라는 점. 둘째, 그런 덕목은 결국 일부 일류 대학생에게만 국한되고 2, 3류 대학이나 재수생, 대학에 가지 않은 젊은이들에게는 해당되지 않기 때문에 결국 엘리트문화로 귀속된다는 점이었다.

통·블·생과 우상을 중심테마로 삼으면서 그가 중요시한 것은 두 가지였다. 첫째, 세대의식이나 정서는 무의식적으로 수행되는 풍속에서 가장 잘 드러난다는 다분히 문화인류학적 접근법을 채택했다. 둘째, 가장 비난받고 있는 젊은이들의 생태를 이해하고 나아가 그 미덕을 밝혀낼 때만이 그들이 가진 정치·사회적 액티비즘(역동성)도 승인할 수 있다는 것이었다.

그는 대학을 중심으로 한 젊은층의 새로운 양식을 적극적으로 평가하려 했다는 점에서 남재희와 동일한 문제의식을 가졌지만, 그보다 한 단계 진전된 면모를 보였다. 즉 청년문화를 대학생이 아닌 경우도 포함하는 대중적 차원에서 설정하고 있음이 더욱 명확해졌고, 젊은 세대의 생각과 정서를 풍속과 같은 무의식적 차원에서 접근하려 했다는 점에서 문화 연구의 새로운 방법론을 제시했다고도 할 수 있다. 또 이것을 대학생의 정치·사회적 행위와 결부시키려 했다는 점도 주목할 만하다. 말하자면 그동안 정치·사회적 역동성을 보여온 대학생들의 저항적 에너지가 바야흐로 통··블·생으로 상징되는 생활문화 방면으로 분출하고 있음을 적극 포착하고, 여기에서 한국의 학생운동, 나아가 청년문화의 장래를 희망적으로 보려 했던 것이다.

이 기획은 김병익도 인정했듯이 절반의 성공에 그쳤다. 논쟁이 사회적으로 확산되면서 젊은이들의 행동양식을 '퇴폐적'으로 바라보던 기성세대의 선입관에 주의를 환기시킨 점은 기획이 애초에 바라던 바였다. 그러나 그는 대학생들과 대학신문이 자신의 기사에 격심하게 반발하는 것이 당혹스러웠다. 그의 기획에서는 대학생들과 그들의 일상이 애정 어린 관심을 갖고 이해해야 할 대상이자 새로운 시대의 희망적 주체로 전제되어 있었다. 그런 그들이 등을 돌린 셈이다. 대학신문들은 일제히 "딴따라문화가 우리 우상이란 말이냐"라는 논조로 공격했고, 이후 논쟁의 주요한 대립구도는 『동아일보』를 포함한 일간지와 대학신문 사이에 형성되었다.

그는 자신의 기사가 제한된 지면 때문에 설명이 불충분했고, 대학에는 정치적·문화적 획일주의가 만연해 있었기 때문에 자신의 의도가 대학생을 비롯한 청년 독자층에게 제대로 전달되지 못했다고 평가했다. 확실히 "지금 대학생들이 저항해야 할 가장 큰 적은 문화적 획일주의"라는 그의 통찰은 예리한 것이었다. 그러나 남재희의 용어를 빌면, '통념적 진리'조차 달성되지 않은 사회에서 통··블·생의 강조는 대학생들에게 어떤 이미지로 다가갔을까. 기사는 문화라는 매개물을 통해서나마 과연 그들로 하여금 현실적 책무를 깨닫게 하고 추동시킬 수 있었을까. 자신들이 가진 강한 정치·사회적 의식 때문에 학생운동을 중심으로 대학문화를 주도하던 엘리트들은 청년문화론의 합리적 핵심마저 받아들일 준비가 되어 있지 않았다. 그것은 선량한 의도를 오독한 것과는 달랐다. 김병익은 이 점을 주목하고 역사·사회적으로 이해했어야 했다.

대학가의 반발은 서울대학교 『대학신문』의 청년문화 특집 서문인 「지금은 진정한 목소리가 들려야 할 때다」(1974. 6. 3)에서 잘 드러난다. 글은 청년문화론에 대한 강한 비판과 민족주의적 논조로 일관되어 있었다. 청년문화라는 용어는 우리 사회에 존재하기는 하되 실체가 없는 도깨비에 비유되었다. 또한 제각기 정통을 자처하고 나선 '도깨비문화의 기수'들과, 이를 규명하기 위해 나선 '사회과학 탤런트'들로 인해 '청년문화의 전국시대戰國時代'가 형성되었다고 비난했다. 이 글에 따르면, 결국 청년문화라는 용어는 사회풍토가 완전히 이질적인 외국의 도식을 이 땅에 억지로 적용한 것이며 '빠다에 버무린 깍두기' 같은 것이었다. 그들에게 통··블··생은 대학문화의 정통에서 벗어난 비주류에 불과했다.

비슷한 시기에 나온 한완상의 「현대 청년문화의 제문제」(『신동아』 1974. 6)는 청년문화 논의를 종합한 본격적인 논문이었다. 여기서 그는 청년문화론의 기초 개념뿐만 아니라 이에 대해 대학생들이 보였던 반응도 자신의 시각에서 분석했다. 그는 청년문화를 젊은 인텔리겐치아에 의해 주도되는 문화로 규정함으로써 그 주체를 분명히 했고, 그 성격을 대항문화로 정의했다. 그에 따르면, 한국에서는 대학생의 도전대상이 정치사회구조에 집중될 수밖에 없다. 그 이유는 한국처럼 역사 단축 과정을 겪은 곳에서는 대항할 만큼 제대로 형성되어 있는 문화구조가 없기 때문이다.

이것은 대학생들이 왜 문화론 자체에 대해 무지하거나 청년문화론에 그토록 거부감을 가졌는지에 대해 많은 시사점을 주었다. 그렇다면 한국에서는 정치사회구조에 대한 대항운동은 있되, 대항문화 혹은 청년문화는 없는 것일까. 한완상은 없다고 했다. 중등교육의 타율적 성격과 아직도 사회에 팽배한 유학적 가치관 때문에 대학생을 비롯한 한국 청년들은 자신들의 정체성 형성에 많은 어려움을 겪고 있으며, 이것이 아동문화 및 성인문화와 구별되는 청년문화의 형성을 불가능하게 만들었다는 것이다. 그가 보기에 대학가의 통·블·생은 서양 저항문화의 표피만 들어온 것이었다. 그 아래로 창조적 저항정신이 흐르지 않는다는 것이다.

그러나 문화를 그와 같이 자각적 차원에 국한해서 보는 것이 과연 타당할까라는 의문이 제기된다. 한완상이 문화를 저항과 도전으로 개념설정할 때부터 이런 문제는 내재되어 있었다. 한완상의 문화 개념은 지나치게 관찰자적 시각에 놓여 있었던 것은 아닐까. 한국뿐만 아니라 미국의 청년대중도 자신들의 문화행위가 갖는 저항적 혹은 순응적 의미를 명확하게 인식하지 못한 채 생활하고 있었다는 점에서는 서로 매우 닮은 것은 아닐까. 청년문화론의 선두에 섰던 최인호가 「청년문화선언」(『한국일보』, 1974. 4. 24)에서 "문화는 생활 그 자체이지 선택된 개념이 아니다. (…) 그들을 욕하기 전에 한번 가서 밤을 새워보라"고 한 것은, 자신들에 대한 피상적 이해를 질타한 말은 아니었을까. 김병익이 "연구자의 대부분이 정치학·사회학 계통이어서 문화라는 개념의 직관적 파악이 훨씬 가능한 인문학·문학 관계자와 거의 상반된 입장과 관점을 취하고 있었"음을 지적한 것도 한완상의 문화론에 대한 불만을 우회적으로 표현한 것에 다름 아니었다.

이상의 논의를 살펴보았을 때, 1970년대 전반의 청년문화론 논쟁은 다음과 같이 이해될 수 있을 것이다. 청년문화론은 두 가지 새로운 사건, 즉 국내에서 통·블·생현상이 나타나고 외국에서 청년 학생들의 에너지가 분출하는 상황이 서로 교차하면서 생성된 담론이었다. 청년문화론이 일단 제기되자 1974년부터 본격화된 논쟁은 통·블·생현상과 청년문화론의 관계를 어떻게 볼 것인가를 중심으로 전개되었다. 전자의 의미성 여부와 후자의 실체성 유무를 둘러싸고 논점이 각각 형성된 것이다. 남재희와 김병익이 양자를 각각 긍정하고 양자의 관계를 밀접한 것으로 바라보았다면, 대학신문의 논조는 통·블·생을 의미 있는 현상이 아니라고 보았고 문화의 범주에 넣지 않았을 뿐 아니라 청년문화론 자체도 실체가 없는 것으로 보았다. 한완상은 청년문화론의 담론적 유용성에 착목하고 한국에서 그것의 형성방향을 모색했지만 통·블·생을 청년문화로 보는 데는 부정적이었다.

다시 보는 청년문화론

청년문화론에 대한 열띤 논의는 1974년 여름을 지나면서 아무 결론도 방향제시도 없이 이내 잦아들었다. 문학이나 사회과학 방면 전문가들의 학문적 논의로 그쳤을지도 모르는 청년문화론이 세간의 이목을 받고 사회적 논쟁으로 확산된 데는 매스컴의 영향이 컸다고 할 수 있다. 그러나 반드시 저널리즘의 상업적 관심이 논쟁의 출발은 아니었다. 문화에 초점을 맞추어보면, 오히려 청년문화론 담론에는 두 가지 합리적 핵심이 내재되어 있었다. 하나는 인식론 차원의 문제제기였다. 즉 문화현상을 어떻게 이해할 것인가, 그것은 의식적인 것인가 무의식적인 것인가 등을 둘러싼 질문이었다. 또 하나는 문화적 저항의 정치사회적 의미를 묻는 것이었다. 정치사회적 저항과 문화적 저항은 어떻게 다른가, 그 관계는 어떠해야 하는가 등의 질문이었다. 이와 관련해서 보면, 애초 청년문화론은 학생운동의 침체에 대한 문제제기와 더불어 시작되었지만, 침체의 현실정치적 여건이 충분히 논의될 수 없는 상황에서 청년문화론에 대한 기사가 점차 젊은이들의 '퇴폐적' 생태 위주로 흐르게 되어 혼란이 가중된 면도 컸다.

청년문화 논의가 생산적으로 마무리되지 못하고 사라진 지 30년을 훌쩍 넘겼다. 21세기는 문화의 세기로 주목받고 있다. 우리는 청년문화론 논쟁의 최대쟁점이 결국 문화에 대한 상이한 이해를 둘러싸고 형성되었음을 볼 수 있었다. 또 하나 논의 당사자들이 줄곧 의식한 것은 비동시적 동시성, 즉 세계의 시간과 한국 시간 사이의 불일치였다. 그것은 달리 표현하자면 1968년 서구 학생운동에서 드러난 새로운 가치와 한국 학생운동의 민족주의 이념 사이의 차이였다. 21세기를 사는 우리에게 '문화'와 '비동시적 동시성'이 여전히 화두로 주목된다면, 그 시원으로서 1970년대 초의 청년문화론 논쟁은 다시금 음미되어야 할 것이다.

허수

한림대학교 연구교수로 재직 중이다. 한국 근대사를 전공했다. 대표논저로 『근대를 다시 읽는다』(공저), 『우리는 지난 100년 동안 어떻게 살았을까』(공저) 등이 있다.

입시제도와 평준화 논쟁

1950년대 말 초등교육이 의무화됨에 따라 1960년대에 들어 초등학생 숫자가 엄청나게 늘어났다. 자연히 중학교에 진학하려는 학생들도 크게 늘어났으나 학교 수는 이를 충족시키지 못했으므로 입학을 위한 경쟁이 갈수록 치열해졌다. 특히 이른바 일류 중학교에 대한 선호가 입시경쟁을 더욱 부채질했다. 이로 인해 초등학교 상급학년의 교육은 정상을 벗어나 오직 입시에만 매달리는 실정이었으며, 과외도 유행했다.

진학률의 성장과 입시경쟁

이런 문제점을 해결하기 위해 중학교 무시험 추첨배정제가 도입되었다. 1969년 서울에서 시작된 이 제도는 1970년에는 다른 대도시로, 1971년에는 전국으로 확대되었다. 중학교 무시험 진학제도의 기본전제는 중학교를 평준화하고 수용능력을 확대하는 것이었다.

중학교 무시험 진학제도에 의한 중학생 증가는 고등학교 진학을 위한 입시경쟁을 치열하게 만들었다. 세칭 일류 고등학교에 진학하기 위한 경쟁은 심각한 실정이었다. 이로 인해 중학교 교육과정은 입시위주로 파행운영되었다. 중학생들 사이에 과열 과외현상이 나타났으며, 재수생이 누적되고 일류 고등학교에 진학하기 위한 학생인구의 도시집중현상이 나타났다. 전인교육은 생각하기도 힘든 상황이었다. 또한 시험에 의한 학생선발은 고등학교 사이의 교육격차를 더욱 심화시켰다.

그에 따라 1974년부터 고등학교 평준화정책이 추진되었다. 평준화정책의 핵심은 입시제도를 개혁하고 고등학교 교육여건을 평준화하는 것이었다. 바뀐 입시제도에서 실업계 고등학교는 학교별로 경쟁입학을 허용하되, 일반(인문)고등학교는 총인원을 선발하여 추첨배정했다. 이런 평준화정책은 1974년 서울과 부산, 1975년에는 대구·인천·광주에서 시행되었다.

그러나 중학교와 달리 고등학교 평준화는 많은 반발을 받고 확대가 중단되었다. 사학재단이나 교장단, 종전의 이른바 일류 고등학교 관련인사, 대한교육연합회, 전국사범대학연합회 등에서 입시제도 부활과 평준화정책의 전면 재검토를 주장했으며, 국회에서도 끊임없이 논란을 벌였다. 문교부는 고등학교 평준화정책을 긍정적으로 평가하고 이를 전국으로 확대하려 했으나, 1980년 8개 중간규모 도시와 1981년 창원시에 시행하는 데 그치고 말았다. 더구나 고등학교 교육여건의 미비로 평준화정책의 시행은 더욱 어려웠다.

그러나 학부모와 교사들 사이에서는 평준화정책에 대한 지지여론이 점차 높아졌다. 1990년대 중반 이후 시민운동이 활성화되면서 비평준화 지역 학부모와 교육관련 시민단체들을 중심으로 평준화를 요구하는 주장이 커졌다. 그에 따라 평준화가 해제되었던 일부 도시들이 다시 고교 평준화를 환원하기로 결정했고, 수도권 신도시에서도 고등학교 평준화 주장이 확대되었다.

무시험 입학과 평준화

평준화 논란은 1969년 중학교 평준화가 시작된 이래 지금까지 다양한 경로를 통해 계속되어왔다. 논란대상은 주로 고등학교 평준화 문제였다. 따라서 이 글에서는 '고교 평준화'를 중심으로 논의하겠다. 평준화 해제를 주장하는 사람들은 주로 정책시행 과정에서 나타나는 문제점을 근거로 들었던 반면, 평준화 유지를 주장하는 사람들은 그 본래 목적인 여러 가지 교육적 문제점을 치유하는 데 효과를 거두었다는 점을 강조했다.

평준화 시행 및 해제를 둘러싼 논란은 다양하지만, 크게 세 가지 관점에서 정리될 수 있다. 첫째 평준화와 학생들 학업의 관계, 둘째 평준화가 사립학교에 끼치는 영향, 셋째 평준화정책 자체의 정당성 문제이다.

해제를 주장하는 사람들은 평준화가 학생들의 하향평준화를 가져왔다는 것을 중요한 근거로 삼았다. "평준화 이후 학생들의 학업능력이 낮아졌다", "학업능력차이가 큰 학생들을 한 반에 섞어놓음으로써 학습지도를 어렵게 만들었다", "엘리트 내지 영재교육을 인정하지 않아 이들 인재를 기르지 못한다"는 비판이 그 예이다.

이런 지적은 1974년 고교 평준화정책이 시행되면서부터 있었으나, 본격적인 논란은 이듬해 가을 이화여고에서 학업능력이 뒤떨어지는 학생 22명을 자퇴 형식으로 퇴교시킨 것을 계기로 일어났다. 『동아일보』(1975. 10. 21)에 게재된 찬반의견을 예로 들어보자.

고교 평준화를 반대하는 사람들은 경쟁 없는 진학의 문제점을 지적하면서 고입 연합고사와 지원제의 병행을 주장했다. 황정규(고려대 교수)는 추첨배정에 의한 진학제도는 학생들의 요행심과 사행심을 불러일으켜 부작용이 크다고 전제하면서, 연합선발고사를 치른 뒤 원하는 학교에 지원하게 하자고 주장했다. 허선간(대경상고 교장)은 추첨입학제는 학습자극을 줄여 결국 국민 전체의 지식수준을 저하시켰다고 지적하면서, 엘리트교육을 통한 좋은 학교의 전통을 만들기 위해 지원제로 돌아가야 한다고 주장했다. 임문규(도봉여중 교감)도 민주사회는 자유경쟁 원칙에 의해 발전되는 것이므로 추첨배정제를 찬성할 수 없다고 전제하고, 수재교육은 필요하며 학교 간 격차는 불가피하다고 주장했다.

그에 반해 평준화에 찬성하는 사람들은 학력저하 문제는 지원제로 돌아가지 않아도 제도보완을 통해 해결될 수 있다고 지적하면서 전인교육의 필요성을 주장했다. 김난수(연세대 교수)는 학생들 간의 학력차 문제는 이미 평준화 시행 당시부터 예상된 것으로, 이는 수업을 현행 학습단위에서 과목 또는 강좌단위의 이동학습식으로 대담하게 혁신함으로써 보완될 수 있다고 보았다. 김종서(한국방송통신대학장)는 과거 경쟁입시의 문제점과 서민층의 찬성여론을 들어 고교 무시험 제도를 찬성하고, 1류, 2류의 개념이 점차 사라지고 있음을 긍정적으로 평가했다. 또한 김인회(연세대 교수)는 단순한 학력이 아니라 전인교육을 의미하는 교육력의 중요성을 지적하고 고등학교 때부터도 공부는 할 수 있다고 주장했다.

사실 평준화에 따른 학력저하는 평준화에 찬성하는 사람들이건 반대하는 사람들이건 모두 우려했던 문제였다. 그러나 김윤태(한국교육개발원 수석연구원) 등이 문교부 위탁을 받아 수행한 「고교 평준화정책의 평가 연구」에 따르면, 비교조건을 통제하여 평준화 전후의 학력을 비교한 결과 이전과 이후 학력에 별 차이가 없었다. 외형적으로 학생의 질이 저하된 것으로 보이는 것은 고교 입학생의 확대로 인해 평준화 이전에는 도저히 고등학생이 될 수 없었던 학습부진아가 20% 입학한 데 따른 것이며, 종래 우수학생이 비평준화 지역으로부터 평준화 지역으로 전입한 데 반해, 평준화 지역의 상당수 우수학생이 비평준화 지역으로 역유출되었음을 감안해야 할 것이라고 보았다. 또한 1976년과 1977년 서울대 본고사 성적을 들어서 엘리트교육에서도 평준화 이후 학력이 저하되지 않았다고 주장했다. 그러나 이후에도 고교 평준화가 학력저하와 하향평준화를 가져왔느냐에 대한 논란은 계속되었으며 평준화 해제 주장의 논거가 되었다. 이는 영재육성이라는 명목으로 과학고등학교와 외국어고등학교를 만드는 것으로 이어졌다.

평준화에 가장 적극적으로 반발한 것은 사학관련 단체와 일부 사립고등학교 측이었다. 1975년 10월, 한국사학재단연합회와 대한사립중고등학교장회는 새 입시제도를 전면폐지하고 과거의 제도로 환원하거나 사립학교만이라도 과거의 입시제도로 환원해야 한다고 주장했다. 한국사학재단연합회는 1977년 5월에도 재차 고교별 지원입학제를 건의했다. 이들은 공립학교뿐만 아니라 사립학교까지도 일률적인 개편대상으로 삼았다는 점을 고교 평준화에 대한 주된 비판 중의 하나로 삼았다.

김신복(서울대 교수)은 대한교육연합회가 고교 평준화 10년을 맞이하여 마련한 '고등학교 평준화정책'이라는 특집의 총론에 해당하는 글에서 평준화정책이 원래의 목적을 상당 정도 달성했음을 인정하면서도 평준화가 갖는 여러 문제점 중 몇 가지는 제도의 근본적 전환을 요한다고 지적하면서, 여기에 해당하는 중요한 문제로 사립고등학교의 독자성 상실과 운영상 어려움을 들었다. 사립학교의 건학정신과 전통·교풍 유지, 학생들의 애교심이나 동창의식을 기대하기 어려우며, 교육법에 규정되어 있는 학교장의 입퇴학권을 박탈하고 종교 문제 등으로 독자성을 상실하고 있다는 것이었다. 또한 학생들로부터 받는 공납금은 똑같은데 국고지원은 훨씬 적으며, 사립학교는 중견교원을 많이 보유하고 있어 인건비부담이 훨씬 높기 때문에 운영이 어렵다고 했다. 이런 점에서 평준화를 해제하고 학교선택권은 각 개인에게, 학생선발권은 각 학교에 돌려주되, 희망하는 사립학교부터 시행해야 한다고 주장했다. 김종철(서울대 교수) 또한 비슷한 주장을 하면서, 사학 전체를 획일적 통제정책의 테두리 속에 묶어두는 것은 바람직하지 못할 뿐 아니라 재정적으로도 비효율적이며 사회적으로 부적절하다고 지적했다.

사실 사학이 자율성을 가져야 한다는 원론적 주장 자체에 대한 반대는 찾아보기 어렵다. 그러나 사학 쪽에서 반대논리를 펴는 데는 현실적인 배경이 깔려 있었다. 이른바 우수한 학생들을 뽑아 전통명문의 위치를 되살리고자 하는 것이었다. 이는 전통명문으로 일컬어지지 않던 다수의 사학 쪽에서 평준화정책을 찬성하고 있다는 점에서도 알 수 있다. 황명주(환일고등학교장)는 평준화가 해제되면 오히려 개인, 가정, 사회적으로 더 큰 청소년 문제가 일어날 것이라고 우려하면서 이질집단으로 인한 수업상의 난점은 이동수업이나 우열반 편성으로 해결될 수 있으며, 학생의 하향평준화는 근거 없는 주장이라고 했다.

세 번째는 평준화 자체가 민주주의나 자유주의 원리에 부합되느냐는 것이었다. 이에 대해 허병기(한국교육개발원 수석연구원)는 평준화는 개인의 교육선택권을 무력화시키고 있으며, 전국적으로 충분한 학교 평준화가 이루어지지 않은 상황에서 지리적 여건에 따라 학교를 선택하게 함으로써 사실상 경제력이나 운이라는 부적합한 기준으로 교육을 차등적으로 분배하고 있으며, 평등지향성을 가지는 교육차등 원칙에 위배되므로 정당하지 못하다고 주장했다. 이에 반해 이규환(연세대 교수)은 교육의 수월성을 내세워 입시를 부활하려는 것은 소수 엘리트주의교육으로 교육의 본말이 전도된 것이며, 민주화라는 사회흐름에 역행하는 것이라고 비판했다. 심성보(부산교육대학교수)도 평준화정책을 존속시키면서도 사회민주화와 함께 교육정상화를 위한 노력이 필요하다고 주장하면서 내용적인 실질적 평등화를 통해 중등교육의 핵심을 변화시킬 것을 주장했다.

이해관계에 따른 추정 논쟁

고교 평준화 논란은 새롭게 평준화를 시행할 것인가 말 것인가가 아니라, 이미 시행중인 평준화를 폐지하는 것이 좋으냐 아니냐를 중심으로 진행되었다. 그러다보니 평준화정책이 원래의 시행목적을 상당부분 긍정적으로 달성했다는 것을 모든 사람들이 인정하는 상태에서 끊임없이 폐지 여부가 논란되는 기현상을 낳았다. 따라서 논쟁이라고 하지만 평준화정책을 지지하는 사람이건 반대하는 사람이건 상반된 주장을 논박하는 게 아니라 자기주장만 강조할 뿐이었다. 평준화를 찬성하는 사람들은 평준화가 이전의 비인간적이고 비교육적인 교육 상황을 상당히 효과적으로 해결했음을 강조한 반면, 반대하는 사람들은 시행 과정에서 나타난 문제점을 계속 제기했다.

고교 평준화 논쟁의 또 하나 문제점은 막연한 추정에 의한 주장이 종종 있어, 이로 인해 20년 이상 같은 주장들이 결말을 맺지 못한 채 반복되었다는 것이다. 예컨대 가장 논란이 되었던 문제인 평준화가 학력저하를 가져왔느냐의 여부는 아직까지 본격적으로 연구조사되지 않고 있다. 이는 객관적이고 광범위한 조사와 자료의 세밀한 분석으로 규명될 수 있겠지만, 이 일을 추진해야 할 교육행정당국이 논쟁에 휘말릴 것을 염려한 나머지 문제규명에 적극적으로 나서지 않고 있는 것도 중요한 원인이다.

셋째로, 고교 평준화를 둘러싼 논쟁 중에는 자신의 위치나 이해관계에 따른 주장들이 많았다. 공립학교 출신인가 사립학교 출신인가, 이른바 '명문학교' 출신 혹은 이익 관련자인가 아닌가, 평준화 지역에 거주하는가 아니면 비평준화 지역에 거주하는가 등에 따라 서로 다른 견해를 나타내곤 했다. 심지어 국회 안에서도 사학재단을 소유한 국회의원인가 아닌가에 따라 입장이 갈리기도 했다. 같은 사학이라 해도 전통이 오래된 사학에서는 평준화 해제를 주장하는 반면, 신흥 사학은 평준화를 찬성하는 쪽이 많았다.

교육방향과 이념논의를 위하여

고교 평준화 논쟁은 우리나라 교육의 전체방향이나 이념을 논의할 수 있는 좋은 기회였다. 교육의 평등성과 수월성, 대중교육과 엘리트교육은 모두 중요하지만, 그중 어느 편을 교육의 중심축으로 잡느냐에 따라 그 나라의 교육정책은 크게 달라지게 마련이다. 사실 평준화를 주장하는 이들 저변에는 교육의 평등성을 우선시하는 생각이 깔려 있는 반면, 평준화 해제를 주장하는 사람들은 엘리트교육을 중시하는 경우가 많다. 그러나 이에 대한 본격적 논쟁은 이루어지지 않은 채, 평준화를 찬성하는 사람들이건 반대하는 사람들이건 "교육의 평등도 필요하고 수월성도 필요하다"는 식으로 넘어가고 말았다.

또 하나 아쉬운 것은, 고교 평준화 문제를 사회적 흐름 속에서 짚어보지 못했다는 점이다. 사실 평준화정책은 초·중학교의 파행교육을 해소하기 위해 시행되었지만, 커다란 맥락에서 볼 때 한국사회의 발전에 따라 그 힘을 키워온 국민대중의 압력의 산물이라고 할 수 있다. 이전 소수엘리트의 소유물이었던 중등교육에 대한 대중의 욕구가 강해졌고, 정부로서는 이를 어떤 방식으로든지 수용할 수밖에 없었다. 고교 평준화는 그 수용방식이었다고 할 수 있다. 그런 의미에서 본다면 과연 우리 사회의 변화에 대한 적절한 대응방식이었느냐 하는 관점에서 평준화정책을 평가해볼 필요가 있을 것이다.

세 번째는 고교 평준화논의가 교육의 질을 높일 수 있는 기회로 이어지지 못했다는 점이다. 원래 평준화정책은 학생의 평준화, 교원·시설의 평준화, 교육과정·교수학습자료의 평준화라는 세 차원에서 논의되었다. 평준화의 문제점으로 지적되었던 많은 부분은 학생의 평준화 이외에 다른 측면의 평준화가 이루어지지 않았다는 데서 기인한다. 그렇다면 평준화정책에서 발생한 여러 문제점을 놓고 평준화를 해제해야 하는 사유가 되는지 벌였던 논란보다는, 미처 이루지 못한 교원·시설의 평준화와 교육과정·교수학습자료의 평준화를 이룸으로써 해결하려는 방향으로 논의를 모을 수도 있었을 것이다.

김한종

한국교원대 교수로 재직 중이다. 역사교육을 전공했다. 대표논저로 『역사 수업의 원리』, 『역사교육의 내용과 방법』(공저), 『역사교육과정과 교과서 연구』 등이 있다.

유신 정권의 국정 국사교과서 비판

　8·15 이후 우리나라 학교교육에서 국사가 정식 과목으로 채택된 뒤 국사교육에 가장 큰 변화를 가져온 것은 1972년부터 제3공화국 정부가 "국적 있는 교육", "민족주체성 확립을 위한 교육"을 내세워 추진한 국사교육 강화정책이었다. 이 정책추진을 위한 방안으로 국사교육강화위원회가 구성되었고, 이 위원회를 중심으로 중등학교에서 국사교과의 독립, 모든 대학에서의 국사교양 필수화, 모든 국가채용고시에 국사과목 부과 의무화 등 획기적인 정책이 진행되었다.

　국사교육 강화는 10월유신 단행과 더불어 진행에 가속이 붙으면서 국사교과서 국정(1종)화로 이어졌다. 이 정책은 국사학계의 반대에도 불구하고 이를 무시한 채 강행되어 1974학년도부터 전국의 모든 중등학교에 새 국정 국사교과서가 배포되었다.

　이 글은 국사교육 강화정책 시행의 전후 과정에서 국사교과서 국정화를 두고 양분되었던 교육계와 학계의 의견을 정리해 국사교과서 국정화의 시말을 밝히고, 이를 통해 국정화가 어떤 목적을 가지고 어떻게 진행되었는지를 규명하고자 한다.

유신체제와 국사교육 강화

제3공화국을 이끈 박정희 대통령을 비롯한 5·16 주도세력인 청년장교 출신들은 민족주의 성향이 강했다. 그래서 5·16 이후 학교교육에서 민족주의교육과 관련이 깊은 국사교육은 그 영향을 많이 받게 되었다. 특히 1960년대 후반부터 학교교육의 방향에서 투철한 민족의식·국가의식을 가진 인간양성이라는 측면이 부각되면서 학교교육에도 많은 변화가 있었다. 그 가장 큰 변화는 학교교육 내용의 근간이 되는 교육과정을 이런 정신에 맞추어 전면개정한 것이었다. 그리고 교육과정의 전면적 개정작업을 준비·진행하면서 이에 앞서 교육방향과 중요한 관계가 있는 국사 등 국책과목에 대해서는 수정·보완이 이루어졌다(1969년 부분수정고시). 아울러 1970년 초 교육과정 개편작업을 급속히 진행하면서부터는 교육방향을 더욱 강력하게 구현하기 위해 국사교육 강화정책을 입안했다. 이 국사교육 강화정책에서는 학교에서 다루는 국사교육과정뿐 아니라, 국사교육을 뒷받침할 수 있는 광범위한 정책이 제시·추진되었다.

국사교육 강화정책은 대통령의 개인의지가 발현된 것이었다. 이 정책은 국사학계나 문교부의 건의에 의한 것이 아니라, 대통령의 지시에 의해 시발되었기 때문이다. 1972년 초 국사교육 강화에 관한 대통령의 구체적인 지시가 문교부에 하달되었고, 문교부는 이를 추진하기 위해 국사교육강화위원회라는 기구를 5월 초에 구성·발족시켰다.

이 위원회는 박종홍朴鍾鴻(대통령 특별보좌관), 장동환(대통령 비서관), 한기욱(대통령 비서관), 박승복(국무총리 비서관), 이선근(영남대 총장), 김성근(서울대 교육대학원장), 고병익高炳翼(서울대 문리대학장), 이기백(서강대 교수), 한우근(서울대 교수), 이우성(성균관대 교수), 김철준(서울대 교수), 강우철(이화여대 교육대학원장), 김용섭(서울대 교수), 이원순李元淳(서울대 사범대 교수), 이광린李光麟(서강대 교수), 최창규崔昌圭(서울대 교수), 이현종(국사편찬위원회, 이상 괄호 안은 당시의 직함) 등 17명으로 구성되었다. 박종홍 등 대통령의 뜻을 직접 전달할 수 있는 비서진이 3명이나 참여하고 있는 데서 대통령의 관심도를 짐작할 수 있다. 또 위원으로 참여한 학자들 역시 당시 국사학계의 대표적인 중견학자들이어서, 문교부에서 위원 선정에 상당히 신경을 썼음을 알 수 있다.

위원회는 이선근을 위원장, 강우철을 부위원장으로 선임하고 실질적인 연구를 담당할 팀으로 이선근, 강우철, 이광린, 최창규, 이원순, 김철준, 한우근을 선정하여 소위원회를 구성했고, 여기서 국사교육 강화를 위해 다루어야 할 주제를 다음과 같이 확정했다. ① 교육과정 조직과 배열의 문제, ② 국사교육 내용구성에 관한 문제, ③ 국사의 학습지도 문제, ④ 국사의 대중화 문제가 그것이다. 이 연구주제를 보면 국사교육 강화를 위한 기본적인 정책이 대통령의 지시로 거의 확정되어 있는 기본정책의 틀 안에서 각급학교의 국사교육 문제를 선정한 것으로 보인다.

국사교육의 목표와 교과서 단일화 추진

이 위원회는 1972년 5월 10일, 문교부장·차관, 편수국장 및 관계 편수관과 전위원이 참석하여 첫 회의를 연 뒤 300만 원의 학술연구비를 지원받았으며, 소위원회의 집중적인 연구에 의해 만들어진 건의문을 전체회의를 거쳐 7월 6일 문교부에 제출했다.

건의문의 내용을 보면, "오늘날 국사교육의 강화라는 주장을 새삼 내세우지 않을 수 없게 된 것은 아직도 민족사에 남겨진 왜곡된 해석과 타율적인 역사관이 청산되지 못하였고, 아울러 역사학 자체가 민족국가의 근대화방향을 충분히 제시하지 못하였다는 이유 때문이다"라고 하여 국사교육의 필요성을 강조하면서 국사교육 강화정책 추진배경을 설명했다. 또 "투철한 민족적 주체역량을 더욱 함양하여 국가의 발전과 인류공영에 적극 참여하도록 한다"라고 하여 국사교육 강화의 목표와 이를 통해 길러질 것으로 기대하는 인간상을 제시했다. 그리고는 국사교육의 목표를 일반 목표와 각급학교별 목표로 나누어 제시하고, 교육과정의 구조를 다음과 같이 제시했다.

- 대학 및 교육대학: 국사를 교양 필수과목으로 설정한다(이수단위는 3~4단위).
- 중·고등학교: 국사교과를 설정하여 고등학교는 필수로 하고(이수단위는 6단위), 중학교는 2~3년에 걸쳐 부과한다(주당시수 2시간).
- 국민학교(초등학교): 6학년에는 체계있는 국사를, 5학년에는 산업사·생활사 내용을 부과하고 4학년은 사회과의 1/3을 국사 내용으로 한다. 1·2·3학년은 사회과의 1/4을 국사 내용으로 한다.

이상의 건의는 그대로 받아들여져 1973, 74학년도를 거쳐 각급학교에서 대부분 그대로 실시되었다. 이것은 학교 국사교육에 엄청난 변화를 가져왔다. 해방 이후 사회과에 귀속되었던 국사과목이 독립교과가 되고 각급학교에서 필수화됨으로써 각급학교를 연계하는 체계적인 국사교육이 가능해지는 등 국사교육 강화에 크게 이바지했을 뿐 아니라, 국사 전공자들의 수요증대로 국사학계에 커다란 활력소를 제공했다. 그러나 여기에는 긍정적인 면만 있었던 것은 아니었다. 역사교육에서 국사와 양 축을 이루었던 세계사과목이 상대적으로 위축되는 부정적 측면도 있었다.

이런 국사교육강화위원회의 건의와는 별도로, 문교부는 1973학년도 대학입학예비고사부터 국사과목을 독립된 과목으로 신설하고 그 배점을 30점으로

하는 등, 각급학교의 모든 입학시험에서 국사과목의 비중을 높이도록 했다. 아울러 총무처의 협조를 얻어 공무원 채용고시뿐 아니라 모든 채용시험에 국사를 필수적으로 부과하도록 했다. 이로써 국사는 모든 국민의 관심대상이 되었고 새로운 각광을 받게 되었다.

국사교육 강화정책이 입안·추진되고 있던 1972년 10월 17일 이른바 10월유신이 선포되었다. 유신체제에서는 주체성 있는 국민정신교육을 강조하면서 국사교육이 더욱 중시되었다. 그 일환으로 1973년 2월에는 중학교 국사교과서 단일화 문제가 제기되었다. 이 단일화안은 애초 중학교 검인정 국사교과서 발행사인 11개사 대표와 저자들이 정부가 개편하려는 내용을 수록하기 위한 작업이 너무 방대하여 개별적 개편이 불가능하다는 내용의 연서를 제출한 것을 명분으로 시작되었다. 단일화된 국사교과서 발행을 건의하는 형식으로 제기되었던 것인데, 여기에는 정부의 강한 입김이 작용했다고 추측된다.

아무튼 문교부는 이 건의를 즉각 받아들여 발행자 전원에게 "11종의 개별발행 중지, 원고에 대한 문교부심사, 정가의 문교부사정査定, 발행에 관한 문교부통제"를 내용으로 하는 다짐장을 제출·서약하게 했다. 이에 11개 출판사는 현행 검인정교과서의 기득권을 포기하고 4월부터 공동으로 집필에 착수하여 1974학년도부터 단일종의 새 국사교과서를 공급하게 되었다. 당시 집필지침에는 "유신정신 반영, 급변하는 국제사회에 적응할 수 있는 내용보강, 국사교육이 강화될 수 있는 내용보강" 등이 들어 있어, 정부의 단일화 교과서 추진의도를 일부 엿볼 수 있다. 11개 출판사는 단일 국사교과서의 저자로 김철준·이원순·강우철을 선임하고 편찬에 착수했다.

이 단일화안은 국정화나 거의 다름없었으나, 다만 문교부가 교과서 발행주체가 아니었고 검인정 국사교과서를 갖고 있던 11개 출판사가 공동으로 교과서를 편찬한다는 데 차이가 있었다. 또 이 안은 당시 검정교과서의 유효기간이 1974년까지였으므로 이를 무효화하기에는 여러 어려움이 있어, 이를 피하면서도 정부가 의도하는 교과서개정의 효과를 얻기 위해 나온 것이었다.

국사교과서 국정화 추진과 논란

중학교의 단일화 국사교과서 편찬작업이 진행되는 동안, 정부는 다시 국사교과서 국정(1종)화를 전격결정하고 6월 말에 이를 발표했다. 사실 국사교과서의 국정(1종)화는 국사교육강화위원회가 국사교육 강화정책의 일환으로 건의한 것이라고 오해하는 경우도 있었지만, 국사교육강화위원회 건의문은 이 문제를 취급하지 않았고, 여기 참여한 학자들도 대개 이에 반대하는 입장이었다. 이전에도 일부 역사교육 학자들 간에 검인정(2종)교과서는 개인저술이라는 한계가 있으므로 교과서제도를 개혁하자고 주장하는 경우가 있기는 했지만, 그런 연유로 국정화 결정이 이루어졌다고는 보기 어렵다. 그런 의견도 일부 참고가 되었겠지만, 가장 중요한 요인은 10월유신이라는 시대상황과 당시 추진 중이던 국사교육 강화에 필요하다는 판단 때문이었다. 국민정신교육을 강조하던 유신체제의 교육방향에 따라 국민의 가치관교육의 중핵을 이루는 국어·도덕과목은 이미 국정화되어 있었는데, 국사교과서만이 검인정(2종)으로 되어 있어 이를 국정(1종)화함으로써 일관성 있는 국민정신교육을 이룰 수 있다고 생각한 것이 이 결정의 가장 중요한 배경이었다.

발표가 있자 국사학계에서는 국가기관인 국사편찬위원회 소속 몇몇을 제외한 대부분의 학자들이 반대입장을 나타냈다. 더욱이 당시 국사학계를 대표하는 중견·원로학자 이병도, 한우근, 김상기金庠基, 변태섭, 김철준, 신석호申奭鎬 등

22명에 달하는 학자들이 중·고교 국사교과서의 저자들이었기에 반대 분위기가 높았지만, 유신이라는 시대상황 때문에 내외적인 격렬한 반대행동은 자제되었다. 그래서 문교부와 국사학계 사이의 논전은 학자 개인의 소신을 지면에 자유롭게 발표하면서 전개된 것이 아니라, 표면화되지 않은 상태에서 전개되었다. 반대가 표면화되지 않은 것은 또한 당시 문교부가 국정(1종)화에 반대하는 국사교과서 저자를 비롯한 국사학계를 대상으로 상당한 설득의 노력을 기울였기 때문이기도 했다. 어떻든 당시 양측의 주장을 정리해보면 다음과 같다.

문교부와 국사편찬위원회 등 국정(1종)화를 찬성한 측의 주장은, "국정교과서는 많은 연구인력이 참여할 수 있고 개인이 아닌 다수의 학자가 공동집필함으로써 개인저서라 할 수 있는 검인정교과서와 달리 개개 학자의 편견을 극복하고 풍부한 내용을 수록할 수 있을 뿐 아니라, 국사학계의 연구결과를 널리 종합하여 객관성 높은 교과서가 될 수 있다. 이렇게 통일된 국사의 내용을 통하여 국사에 대한 이해체계가 하나로 이루어져 국민의 국사인식에 혼란이 오지 않게 될 것이며, 한국의 당면한 대내외적 상황에서 국론통일에도 유리할 수 있다. 또 국사학자는 물론 인접학문인 지리, 정치, 문화, 사회, 교육학자들의 넓은 참여가 가능한데, 예를 들어 교육학자의 참여로 교육이론에 부합된 교과서를 편찬할 수 있게 되는 등 교과서 내용의 타당성을 높일 수 있다. 아울러 초·중·고교의 국사교육을 일관성 있고 단계성 있게 진행할 수 있어 각급학교의 계열성을 확립하여 효과적인 교육을 할 수 있다. 그리고 새 발굴자료나 국사편찬위원회 및 각 연구기관의 연구결과 등 최신정보와 학계 연구업적의 활용 보완이 즉시 가능하여 질 높은 교과서를 만들 수 있으며, 생산비를 절감할 수 있어 학생들의 부담을 경감시킬 수 있다"는 것이었다. 검인정(2종)교과서가 한두 명의 저자가 출판사와 몇몇 편찬직원들의 도움을 받아 만들어지는 개인저서인

데 비해, 국정(1종)교과서는 집필자, 연구진, 심의진, 현장실험교사 등 100여 명의 공동참여와 작업으로 편찬됨으로써 얻어지는 긍정적인 효과가 크다는 점을 강조했다.

국정(1종)화를 반대했던 한우근, 김상기 교수를 비롯한 국사학계의 주장은, "검인정(2종) 국사교과서는 통제와 간섭이 축소되고 자율과 다양성이 존중되는 민주주의의 기본정신에 부합되는 교과서라 할 수 있다. 더욱이 단일종이 아닌 여러 종류의 다양한 국사교과서가 출판되고 이들 교과서를 교육현장에서 선택하는 것은 현장교사와 학생들이기에 좀 더 배우기 좋고 재미있게 만들어진 국사교과서가 선정될 것이며, 이런 좋은 국사교과서 선정으로 다양하고 재미있는 국사수업을 가능하게 할 것이다. 또 국사교과서로 선택받기 위한 치열한 경쟁으로 지속적인 교과서의 질 향상이 이루어지고 국사학계의 활발한 연구열을 촉진시키게 될 것이다"라고 했다. 여러 종류의 다양한 국사교과서를 편찬함으로써 국사학습의 자유로운 전개와 국사교육의 활성화를 가져올 수 있고, 자유로운 경쟁으로 국사교과서의 질이 향상될 것임을 강조했다. 그리고 국사교과서의 국정(1종)화는 "역사에 대한 인식이 고정화됨으로 자유롭고 다양한 학습활동이 어렵고 경직화된 역사사고에 머물게 되어 역사교육의 본래목표인 역사적 사고력이나 문제해결력을 기르지 못하게 될 것이다. 또 국사교과서의 일부 내용이 정책적으로 강조되고 이용될 소지가 있어, 이는 국민정신을 고정화시켜 발전하는 시대에 효과적으로 적응하지 못하여 오히려 국민정신교육을 저해할 염려가 있다"고 하여, 국정(1종)화가 이를 추진한 가장 큰 목적인 국사교육 강화나 국민정신교육에 부정적인 요소로 작용할 것이라고 강조·비판했다.

이런 논란 속에도 문교부는 1973년 8월 국정 국사교과서의 저자로 고등학교용은 김철준·민병하閔丙河(성균관대)·한영우韓英雨(서울대)·윤병석尹炳奭(국사편찬위원회),

중학교용은 임병태(숭전대)·강진철(고려대)·차문섭車文燮(단국대)·이현종(국사편찬위원회)을 선정하여 편찬을 추진했다. 그리고 1974학년에는 예정대로 전국 중고등학교에 새 국정 국사교과서가 배부되었다.

이상에서 국사교과서가 국정화된 배경과 과정, 그리고 국정화에 대한 찬반주장을 살펴보았다. 국사교과서의 국정화(1종)는 국사교육 강화정책과 10월유신이라는 시대상황이 맞물려 이루어진 것이었다.

1974년 국사교과서가 국정(1종)이 되어 단일교과서로 출판된 이후 학계와 교육계는 이 문제를 두고 많은 논란을 벌였다. 국정(1종) 국사교과서에는 긍정적 측면과 부정적 측면이 다 있을 수 있다. 그러나 교육계나 국사학계의 주된 견해는 국정 국사교과서의 긍정적 측면에 비해 부정적 측면이 크다는 것이었고, 이는 올바른 판단이었다. 국사교과서 국정화가 당시에는 시대적 필요가 있었다고 하지만, 당시에 비해 정치·경제·사회는 물론 국사학계도 많은 변화와 발전을 이룩한 새로운 시대에는 국사교과서 역시 변화해야 했다. 교과서 발행제도의 국제적 추세가 북한 등을 제외한 모든 나라에서 검정 또는 자유발행제도로 변화했을 뿐 아니라, 개인의 창조성, 개성, 다양성이 존중·강조되는 사회에 맞추기 위해서도, 국사교과서의 검정화 등 변화는 반드시 필요한 것이었다.

윤종영

전 교육부 역사담당 편수관.

역사 연구에서의 '현재성'

1972년 남북한 정권은 분단 후 통일에 관한 최초의 합의인 '7·4남북공동성명'을 발표했다. '7·4남북공동성명'은 비록 남북 집권자들 사이의 합의였지만, 자주적·민족적·평화적 통일원칙에 최초로 합의했다는 점에서 큰 의미가 있었다. 그러나 남북공동성명 이후 남한 정권은 계엄령을 선포하고 유신체제를 구축했고, 북한 정권은 '사회주의헌법'을 제정하여 1인통치체제를 확고히 함에 따라 분단체제가 더욱 강화되었다. 결국 '7·4남북공동성명'은 남북한 정권의 통치체제 강화를 위한 수단으로 전락했고, 남북한 정권은 상대방을 일방적으로 통합하려는 기존의 통일정책을 계속 고수했다.

분단현실에 대한 자각과 통일노력

이런 시대적 조건은 한국사학계에서 '민족사관'의 논의를 식민사관 비판이라는 차원을 넘어 분단현실 비판과 극복으로 확대하려는 움직임이 일어나게 하는 바탕이 되었다. 해방 이후의 시대를 '분단시대'라고 이름하는 이 새로운 움직임은, 한국사학이 일제강점기 민족사학과 사회경제사학을 계승하여 식민사관을 극복하는 데는 일정한 성과를 거두었지만 분단현실을 반영하지 못했다는 비판에서 출발한 것이었다.

분단현실을 극복하기 위한 한국사학계 내의 새로운 움직임은 이후 다른 인문과학과 사회과학에서 "분단시대의 학문적 과제는 무엇인가"라는 문제가 제기되는 계기를 제공했다. 그와 함께 역사학계 내에서는 역사 연구에서의 현재성 반영 문제, 역사가의 가치판단 문제 등을 둘러싼 '현재성' 논쟁을 불러왔다.

역사에서 현재는 무엇인가

논쟁은 새로운 움직임을 주도한 강만길의 글에 대해 이기백이 현재성 문제를 중심으로 문제제기를 하고, 양병우가 역사가의 가치판단 문제를 중심으로 반론을 제기하는 형태로 진행되었다.

「국사학의 현재성 부재 문제」(이하 「현재성 부재」로 줄임)에서 강만길은 역사 연구에서의 현실반영과 현대사 연구의 필요성을 강조하면서, 한 시대, 한 민족의 역사학이 그 민족이 처해 있는 현재적 요구와 그다지 연관성 없는 지난날의 사실만을 연구대상으로 삼고 현재와 가까운 시기에 대한 연구·평가·비판을 기피한다면 학문의 책임을 다하지 못하는 것이라고 주장했다. 이런 문제의식은 해방 후의 민족사회가 가진 현재적 요구로서 분단시대의 극복과 진정한 의미의 민족국가 수립 문제, 인간해방을 위한 새로운 단계로서의 올바른 근대화 문제 등을 외면한 한국사학의 현재성 부재에 대한 반성에서 나온 것이었다.

그러나 이기백은 「한국사 이해에서의 현재성 문제」(이하 「현재성」으로 줄임)에서 역사학은 사회과학과 달리 시대적 변화에 대한 고찰을 임무로 하는 학문이기 때문에 역사학에서 현재성을 강조하는 것은 역사학의 기본적인 성격을 포기하는 것이라고 했다. 역사학을 철학이나 정치학, 경제학, 사회학 등으로 변질시키는 것이므로 곤란하다고 하는 입장이다.

위 두 글의 차이점은 "역사 연구에서 현재는 무엇인가"라는 문제에서 출발한다. 「현재성 부재」는 "모든 역사가 현재의 역사라는 말은 역사가가 연구하거나 서술하는 모든 시대의 역사 속에 현재의 요구와 상황이 반드시 반영되어야 한다는 뜻이기도 하지만, 그렇기 때문에 현재도 또한 역사학의 가치평가의 대상이 되어야 한다는 뜻"으로, 역사 연구에서 현실 '반영'을 강조했다. 그에 비해 「현재성」은 사회과학과 달리 역사학은 시대적 변화의 법칙을 발견하는 학문이기 때문에 역사에서 현재는 역사가 발전해나가는 일정한 단계로서의 현재이며, 현재를 이해하는 최선의 길은 역사의 발전을 체계적으로 이해하는 것이라고 하여 역사 연구에서의 현실 '이해'를 강조했다.

이런 강조점의 차이는 다시 역사 연구의 구체적 방법의 차이로 연결된다. 「현재성 부재」는 역사 연구의 목적은 각 역사시대마다의 현실을 '반영'한 시대정신을 구하는 데 있다고 전제하고, 한국사에서 20세기 전반기의 시대정신은 민족해방의 달성이었고, 후반기는 민족통일의 달성이라고 했다. 따라서 사실에 대한 역사적 평가는 일제강점기에 민족해방운동과 노선을 같이한 경우와 분단시대에 민족의 통일노선에 구심 작용을 한 경우만 긍정적인 평가를 받을 수 있고 그것에 역행한 경우는 반역사적 반민족적 사실로 평가될 것이라고 했다. 그리고 한국사학의 현재성 부재를 극복할 수 있는 방법으로 고대사, 중세사, 근대사 연구와 서술에 현재의 요구와 상황을 반드시 반영시키기 위한 노력을 계속하고 한국사학의 연구영역을 현재에 가까운 시기까지 적극적으로 확대할 것을 주장했다.

그에 대해 「현재성」은 일제강점기나 분단시대가 부정적으로 평가되는 이유는 이 시대가 한국사의 정상적인 발전을 저해했기 때문이므로, 한국사의 정상적인 발전체계 속에서 일제강점기나 분단시대를 이해해야 한다고 했다. 따라서 현재에 가까운 시대에 대한 연구의 공백이 한국사 전체의 체계적 인식을 불가능하게 하기 때문에 그 공백이 메워져야 한다는 의미에서 현대사 연구의 촉진이 요구된다고 했다.

마지막으로 현실에 대한 역사학의 임무와 관련하여 「현재성 부재」는 한국사학이 민족사회의 가장 절실한 현재의 요구를 학문 외적인 문제라는 평계로 외면한다면 중요한 임무를 기피하는 학문이 될 것이라고 지적했다. 이에 비해 「현재성」은 정확한 역사적 사실에 뒷받침된 한국사의 발전에 대한 체계적 인식을 제시하는 것이 한국사학의 임무이며, 현재에 대한 역사학의 발언은 이런 역사학의 독자적인 방법을 통해 학문적 권위로 행해져야 한다고 했다.

결국 「현재성 부재」가 민족분단이라는 현실을 역사 연구에 철저히 반영하여 분단현실을 극복하기 위해 한국사학이 노력해야 한다고 강조했다면, 「현재성」은 역사학의 독자적인 방법을 통해 한국사의 정상적인 발전체계를 인식하는 속에서 현실을 '이해'해야 한다고 강조했다.

현실해석에서 역사가의 역할 문제

다시 강만길은 「분단시대 사학의 반성」(「반성」으로 줄임)에서 20세기 민족사의 현재적 요구는 전반기에는 식민통치를 벗어나 민족해방을 이루는 것이었고, 후반기 즉 해방 후에는 민족분단의 역사를 청산하고 통일민족국가를 수립하는 것이었기 때문에 20세기 후반기를 '분단시대'라고 규정했다.

그러면서 그는 분단시대 한국사학의 현실유리와 현실매몰을 비판하면서 그 극복방법을 제시했다. 첫 번째 비판은 한국사학이 식민사학론의 극복을 최대과제로 삼았던 사실은 일제강점기의 실증사학이 문헌고증학적, 역사지리학적 연구에 주로 탐닉했던 것과 비교하면 일단의 진전이었다고 말할 수 있으나, 민족분단이라는 현실 문제를 외면함으로써 한국사학은 민족사회의 현실과 유리된 역사학이 되었다는 점이었다.

두 번째 비판은 분단시대는 일제강점기와 같이 역사적으로 반드시 극복되어야 할 시기이며 그 자체로서 어떤 역사적 당위성도 가지기 어려운 시대임을 한국사학이 철저히 인식하지 못했다는 점이다. 즉 식민지체제가 민족사에서 그 당위성을 인정받을 수 없었던 것과 같이 분단체제 역시 역사적 당위성을 벗어난 체제임을 한국사학이 철저히 인식하지 못했다는 것이었다. 또한 분단시대 한국사학의 민족 문제 이해가 분단체제적 차원을 넘어서지 못한 점을 지적하고, 민족통일의 지도원리로 정립되어야 할 민족주의이론은 분단체제 안에서의 민족론을 넘어서는 통일지향의 민족론이 되어야 하며 한국사학도 여기에 봉사해야 한다고 했다.

그는 한국사학이 분단시대를 극복하는 데 이바지할 수 있으려면 우선 민족사회의 현실적 요구가 투영되는 방법론을 적극적으로 개발하고, 분단시대 한국사학이 현실에 매몰됨으로써 가지게 된 전前시대적 복고주의·영웅주의 사론을 철저히 비판하는 작업을 통해 그 제약성을 극복해야 한다고 주장했다. 그리고 분단시대 한국사학이 가진 제약성을 극복하는 단계를 넘어서서 통일민족국가 수립에 공헌할 수 있는 사실을 연구·개발하고, 보다 높은 차원에서 통일지향적 민족주의론을 정립하는 것이 필요하다고 강조했다.

그에 대해 양병우는 「통일지향 민족주의 사학의 허실―강만길 교수의 '분단시대 사학' 극복론에 대하여」(이하 「허실」로 줄임)에서 학문외적인 주관적 전제로서 연구관점이나 해석을 선택하는 것은 현재를 과거에 일방적으로 투영하여 역사의 현대화 오류를 범할 위험이 있다고 지적하고, 역사학이 실천적 목적에 이바지하려면 우선 그것이 학문적으로 빗나가지 않도록 조심해야 한다고 강조했다. 즉 역사 연구는 추구된 목적에 의한 가치판단을 통해서가 아니라, 도달된 결과에 대한 인과적 설명을 통해서 이루어져야 한다는 것이었다.

그리고 「반성」에서 제기된 역사적 당위성에 대해 역사의 세계란 말할 나위 없이 현실의 세계이지 당위의 세계가 아니므로, 그 속에서는 당연한 일, 당연히 되어야 할 일이라고 해서 반드시 이루어진다는 보장이 없다. 그렇기 때문에 어떤 당연한 요구를 외치고 몸부림쳤어도 그것을 관철하지 못했을 경우 역사 연구는 현실이 왜 그렇게 되었으며 왜 그렇게 될 수밖에 없었는지 구명해야 한다고 강조했다. 마땅히 그랬어야 한다는 입장에서 그렇지 못했던 일들이나 그렇지 않았던 사람들을 규탄하려 든다면 잘못된 방법론이라는 것이다.

「반성」이 역사적 당위성을 통해 역사가가 현실 문제에 적극적으로 개입하여 현실을 극복할 수 있는 역사 연구를 진행할 것을 강조했다면, 「허실」은 역사 연구는 추구된 목적에 의한 가치판단을 통해서가 아니라 도달된 결과에 대한 인과적 설명을 통해서 이루어져야 한다고 강조했다.

'현재성' 논쟁은 역사 연구에서의 현재성 투영 문제, 역사가의 가치판단 문제, 역사학의 임무 등 역사학에 대한 근본적인 논쟁이었다. 강만길이 역사 연구에 현실의 문제를 적극 '반영'하고 이를 통해 현실을 극복할 수 있는 사론을 수립하는 것이 역사학의 임무라고 강조했다면, 이기백·양병우는 역사 연구는 과거로부터 현재에 이르는 시간적 변화의 체계적 이해와 인과적 설명을 통해 이루어져야 한다고 강조했다. 그러나 위 논쟁 참여자들의 주장은 역사 연구에서 상호보완적 성격을 가진 것이라고 생각된다. 역사 연구에서 현실 '이해'를 바탕으로 한 현실 '반영'과 현실 '반영'을 위한 현실 '이해'는 결코 분리될 수 없는 것이기 때문이다.

문영주

한국교육과정평가원 연구원으로 재직 중이다. 한국 근대사를 전공했다. 대표논저로 『일본의 식민지지배와 식민지적 근대』(공저), 『북한의 한국사 연구 동향 2』(공저), 『식민지 조선 경제의 종말』(공저) 등이 있다.

민중과 민중사학

1960년대만 해도 '민중'은 다수의 피지배층을 지칭하는 말이었다. '민중'에 대한 새로운 인식이 촉발된 것은 1970년대 이후였다. 이 무렵 반독재 민주화운동의 발전과 함께 민중을 새로운 역사 개념으로 해석하려는 논의가 시작되었다. 이후 '민중'이라는 용어는 실천운동과 학술 연구에서 폭발적인 수요를 보였다. 실천운동과 학술 연구에서 민중은 항상 최대의 논쟁점이었다.

역사 개념으로서의 민중의식

민중에 대한 재인식은 역사의 주체인 민중이 역사와 현실로부터 소외당하고 억압받고 있다는 현실에 대한 자각에서 비롯되었다. 그리고 이런 새로운 인식은 정치·경제·사회·문화 등 모든 영역으로 확대되었다. 현실운동에서의 변화는 학술 연구에도 구체적으로 반영되어 민중경제·민중사회학·민중사학·민중문학·민중신학·민중문화 등 다양한 경향의 학술운동이 전개되었다.

이 무렵부터 민중을 피지배층 일반을 규정하는 다른 용어들과 차별화하려는 노력들이 민중을 강조하는 논자들에 의해 지속적으로 추구되었다. 이제 민중은 사회변혁의 주체로서 자의식을 가지고 역사변화에 능동적으로 참여하려는 집단적 존재로 인식되기 시작했다. 유재천은 『민중』(문학과지성사, 1984) 「서문」에서, 1970년대 이후 발전된 민중론은 민중 자체에 의해 스스로 형성된 개념이라기보다 진보적 지식인, 학생층의 실천운동을 위한 전략적 필요에 의해 '발명'된 분석적 개념이라고 규정했다. 이러한 성격으로 인해, 운동주체의 인식변화에 따라 민중의 내부구성 범위는 다양하게 설정될 수 있었다. 때문에 1970년대 이래 폭발적이고 다양한 논의의 발전이 있었음에도 민중에 대한 과학적 개념정의는 더욱 어렵게 되었다.

이런 민중론의 발전과 분화에는 한국 역사의 독특한 성격인 민족모순과 계급모순의 중층성에 대한 고민이 담겨 있었다. 민족모순과 계급모순 중 어디에 우위를 두고 접근하느냐에 따라 민중론은 다양한 갈래로 분화되었다. 분화된 민중론의 갈래는 적어도 세 차례 이상 계기적 과정을 거치면서 구체화되었다. 첫 번째는 1970년대 반독재 민주화운동의 실천적 고민 속에서 구체화된 소시민적 민중 논쟁이다. 두 번째는 1980년 광주항쟁 이후 노동자계급의 급격한 성장과 함께 본격적으로 논의되기 시작한 새로운 단계의 민중 논쟁이다. 여기서 민중론은 한국사회의 성격을 규명하기 위한 사회구성체론과 결합되었고, 변혁운동주체의 관점에서 다양한 논의가 진행되었다. 세 번째는, 1987년 6월항쟁 과정에서 급격하게 성장한 '신중간층'을 변혁운동의 동력으로 어떻게 규정할 것인가 하는 문제가 쟁점이 된 시기였다.

민중 개념의 차별화와 변혁주체론

이 시기 논쟁을 주도했던 대표적 논객으로 '민족경제론'을 주창한 박현채,

'소외론적 민중론'을 제기한 한완상, 민중민족주의 입장에서 민중론을 제기한 정창렬鄭昌烈을 들 수 있다. 이들은 ① 한국적 특성을 중심으로 민중론에 접근했다는 점, ② 계급 문제를 염두에 두되 민중과 민족을 동일한 범주로 인식했다는 점, ③ 민중과 계급 개념의 차별성을 강조했다는 점, ④ 사회적 제관계의 복합적 모순관계로 민중을 인식했다는 점, ⑤ 민중의 내부구성에서 노동자 헤게모니를 필연적으로 전제하지 않았다는 점에서 공통적인 문제의식을 공유했다. 그러나 민족적 민중론은 각각의 강조점에 따라 약간 상이한 형태로 전개되었다.

한완상은 총체적 소외론적 관점에서 접근하되, 제3세계적 특징을 고려하여 '통치수단으로부터의 소외'라는 정치적 범주를 핵심으로 민중론에 접근했다. 그는 민중을 정치·경제·문화의 세 가지 수단으로부터 소외된 집단으로 파악하고, 정치적 통치수단에서 소외된 것에 대한 자의식을 기준으로 즉자적 민중과 대자적 민중을 구분했다. 또한 프롤레타리아는 생산수단으로부터 소외된 계급이지만 대자적 민중은 통치수단으로부터 소외된 정치적 피지배자라는 점에서 대자적 민중 개념을 맑스가 말한 프롤레타리아 개념과 구분했다. 그러나 사적유물론을 경제적 범주로만 협소하게 인식했으며, 사회경제적 실체인 민중의 물적 토대의 중요성을 간과했다. 소시민적 지향성을 내포했다는 점에서도 중요한 한계점을 지닌다. 이 점에서 한완상의 민중론은 민중사 서술에 직접적인 영향을 미치지는 못했다.

박현채와 정창렬은 1980년대 이후 민중론의 이론적 발전과 민중사 서술에 중요한 영향을 미쳤다. 비록 이들은 과학적 민중론자들이 비판하듯이 사적유물론의 보편적 체계에는 충실하지 않았으나, 한국사의 구체적인 역동성 속에서 새로운 역사상을 체계화하고자 했다. 이들은 한국사의 내적 역동성에 착안하여 이를 설명하는 유용한 이론 틀로 사회구성체의 방법과 논리를 원용했다. 그들의 문제의식은 시대적 한계를 인정하더라도 사적유물론의 도식성을 벗어날 수 있는 탈서구적·탈근대적 문제의식의 단초를 보여주었다는 점에서 선구적 업적이었다. 그러므로 이들의 논지는 좀 더 구체적으로 분석될 필요가 있다.

박현채는 '민족경제론'의 입장에서 민중의 이론적 체계화를 시도했다. 우선 그는 민중이 생산노동에 종사하는 사회적 실체로서 역사적 변화 속에서 파악되어야 할 개념이며, 민중의 구성범주도 주요모순의 변화에 따라 그 내부구성이 변화하는 불확정적인 개념이라고 규정했다. 정창렬은 민중이 계급·계층역량의 연합체라는 점에서 객관적·사회적 실체이며 기본모순과 부차적인 모순관계의 변화에 따라 내부구성이 항상 변동하는 정치적·운동사적 개념이라고 규정했다. 또한 의식면에서 민중은 하부구조에 의해 수동적으로 규정당하는 계급·계층에 그치지 않고, 스스로를 새로운 저항의 주체로 정립해나가는 주체적 자기창출의 존재라고 했다.

변혁주체론적 관점과 민중론의 분화

1980년대 이후 한국 사회운동의 새로운 발전과 도약을 토대로 계급 개념의 관점에서 민중론을 재해석하는 새로운 흐름이 강력하게 대두되었다. 이런 흐름은 1970년대 이후 급속한 산업화의 진전과 이에 따른 노동자계급과 운동의 성장을 반영한 역사적 개념이었다. 특히 1980년 광주항쟁의 기억으로부터 출발하는 1980년대의 운동흐름은 기존의 민중론을 한 단계 진전시키는 데 결정적인 역할을 했다. 이들은 기본적으로 계급적 관점에서 민중론에 접근했다. 공제욱은 계급분석의 목적이 계급의 세력배치, 역학관계, 계급동맹의 가능성 등을 밝혀 변혁의 주체세력을 명확하게 하는 데 있다고 했다. 그런 의미에서 조희연은 민중론을 '변혁주체론'으로 규정했다. 박형준은 민중을 변혁의 과정을 주도해가는 전략적 주체로서 실천적·이론적 의의를 지닌 개념이라 파악하고, 생산수단의 소유 여부와 생산 과정 내의 위치라는 두 가지 기준을 중심으로 민중의 내부구성을 파악했다. 이들은 계급과 민중을 동일범주로 파악하고 계급의 한국적 특징을 반영하여 계급연합으로서의 민중 개념을 사용했다. 계급연합으로서의 민중은 단순히 각 계급의 병렬적 집합이 아니었으며, 노동자를 중핵으로 하고 노동자 헤게모니가 필연적·절대적 개념이 된다고 전제되었다. 이와 같이 계급동맹을 중심으로 민중을 이해하는 경향은 고전적 맑스주의에서 유래하는 것이었다.

계급론적 민중론은 기존 민중론을 소시민적 민주화운동기의 이론으로 비판하면서 사회구성체론과 변혁론, 혹은 계급론과의 연결 속에서 민중론을 재구성하고자 했다. 백욱인은 계급연합에서 노동자 헤게모니의 차별성이 부각되지 않았다는 것과 사회구성체론을 결여함으로써 민중재생산의 물적 기초가 해명되지 않았다는 두 가지 점에 초점을 맞추어 기존의 민중론을 비판했다. 조희연은 민중을 민족해방의 주체로서 민족 문제를 중심으로 파악하는 것을 수렴할 경우 개념설정에서 주관적으로 흐르고, 실천에서 개량주의적으로 흐를 위험성이 있음을 지적했다.

계급적 민중론은 한국사회의 성격과 변혁운동의 발전 과정에서 다양한 입장으로 분화되었다. 조희연은 1980년대의 민중론을 변혁주체론적 관점에서 민족주의적 민중론, 주변부 자본주의론적 민중론, 국가독점자본주의(이하 '국독자')적 민중론, 국독자적 노동자계층주체론으로 분류했다. 계급적 민중론은 한국사회의 특성보다 세계사적 보편성과 사적유물론의 일반적 규정을 인식의 전제로 하여 민중론에 접근했다. 이를 위해서 계급적 민중론은 역사주의적 접근보다는 현실의 변혁운동주체와 전략을 수립하기 위한 연역적 접근을 통해 민중론을 구체화시켰다.

신중간층 문제

변혁주체론에서 논쟁의 쟁점은 새롭게 성장한 '중간층'을 어떻게 파악할 것인가로 번져갔다. 크게 세 가지로 견해가 나뉘었다. 먼저 박형준은 민중구성에서 중간계급을 배제했다. 신중간층은 광범한 노동자범위에는 들어갈 수 있으나 '민중'에는 포함될 수 없다는 것이었다. 이들은 생산수단을 가지지는 않았지만 생산 과정 내의 위치를 통해 자본의 노동통제를 수행하는 집단이므로, 이들 자신이 스스로의 이중성을 극복할 역량이 없음을 고려해서 제외한다고 했다. 그와 달리 한상진韓相震은 중간층을 민중의 핵심으로 설정했다. 중간계급, 특히 신중간층은 참여욕구는 높은 반면 권위주의에 의한 좌절과 불만이 크기 때문에, 이들을 민중에서 배제하면 독일의 파시즘 같이 될 우려가 있다고 했다. 반면 최장집崔章集과 서관모徐寬模는 민중의 범주를 좀 더 포괄적으로 설정하여 중간층을 민중구성의 외연으로 보았다. 최장집은 민중은 노동자·농민·도시빈민의 기층민중과 중산층·지식인·학생·중소자본가로 이루어져 있고, 변혁주체는 기층민중이라고 했다. 서관모는 민중구성을 크게 프롤레타리아, 반프롤레타리아, 프티부르주아로 파악하고 프롤레타리아, 반프롤레타리아를 기층민중으로, 프티부르주아를 중간층으로 분류했다. 그는 프티부르주아를 동맹세력으로 획득하지 않으면 변혁운동이 성공할 수 없다는 점을 강조했다.

이렇듯 서로 다른 입장이 나올 수 있었던 것은, 그들이 설정하는 한국사회의 성격이 서로 달랐기 때문이다. 한상진은 한국을 관료적 권위주의로 규정했다.

관료적 권위주의 아래서는 중산층의 권위주의 비판과 민주화 갈망이 높고, 빈부격차에 대한 문제의식은 노동자에게 강하기 때문에, 노동자·농민·중산층을 모두 변혁주체로 파악한 것이다. 서관모는 한국을 '신식민지 국가독점자본주의' 단계로 규정했다. 일정한 자본주의 발전단계에 따른 신중간층의 발생을 인정하고, 신중간층과 구중간층 모두 독점자본과 자본주의에 의해 억압·수탈당하는 존재이기 때문에 농민, 도시 반프롤레타리아와 함께 프롤레타리아의 동맹세력으로서 지위를 갖게 된다고 파악했다.

중간층 문제와 관련하여 또 하나 논쟁의 쟁점이 된 것은 중간층과 노동자의 구분 문제이다. 중산층을 변혁주체의 핵심으로 파악하는 홍두승은 노동자와 중산층의 분화점을 정신노동과 육체노동으로 보고, 정신노동자는 모두 중산층으로 분류했다.

이에 대해 계급적 민중론의 관점에 선 논자들은 식민지 반봉건사회론과 신식민지 독점자본주의론의 관점에 따라 중간층을 각기 달리 해석했다. 식민지 반봉건사회론자들은 사무직 정신노동자를 신중간계급으로 포함시키는 것은 노동계급을 분열시켜 지배를 용이하게 하려는 제국주의의 허위의식이라고 비판했다. 이들은 오히려 정신노동자도 생산수단을 소유하지 못한 임노동자라는 측면에서 노동자에 포함시켜서 파악했다. 이들은 '신중간층'은 허위에 불과하며 오직 노동자만이 있을 뿐이라고 했다.

반면 신식국독자론의 관점에 선 서관모는, 그와 달리 중간 제계층을 전통적 부르주아인 구중간계층과 신新프티부르주아인 신중간계층으로 구분했다. 그는 앞의 중산층 지지론자들과 달리 정신노동자를 세분화하여 단순사무직노동자는 노동자로 분류하고, 정신노동자의 중상층만이 중간층을 형성한다고 주장했다.

1990년대 이후 논쟁의 퇴조

1980년 광주항쟁을 기점으로 폭발하여 1987년 6월항쟁의 성과 및 사회운동의 고양과 함께 모든 운동의 핵심적 화두가 되었던 변혁운동론적 민중론은, 1990년대 초를 고비로 급격하게 퇴조했다. 논쟁의 열기가 퇴조한 외형적 조건은 1980년대 말 1990년대 초 동서냉전의 종식과 현실사회주의권의 몰락이라는 세계사적 변화였다. 그러나 더 직접적이고 본질적인 원인은 대중운동의 퇴조와 절차적 민주주의의 진전으로 한국사회의 역동성이 사라진 데 있었다. 이로 인해 1980년대의 열띤 '민중론' 논쟁은 쟁점을 잃고 '시민운동' 개념 속에 희석되거나 흡수되고 말았다. 이후 대중운동의 새로운 실천적·학술적 쟁점은 점차 시민운동으로 전환되기 시작했다.

그렇지만 이런 변화 과정 중에 민중과 시민의 명확한 개념설정이 재정립되지 않았다. 그로 인해 민중론 논쟁에서 축적되었던 실천적 고민과 학술적 성과는 시민론 속에 발전적으로 계승되지 못한 채 단절되고 말았다. 1980년대 백가쟁명 식의 실천적 민중 논쟁에도 불구하고, 이를 학술적으로 수용한 흐름은 학문적으로 튼튼한 토대를 마련하지 못한 채 1980년대의 열정과 함께 사라지고 말았다.

배경식

역사문제연구소 연구원. 한국 현대사를 전공했다. 대표논저로 『우리는 지난 100년 동안 어떻게 살았을까 2, 3』(공저) 등이 있다.

김일성 가짜설

우리 민족이 둘로 갈라지고 나서 최근까지 전개된 일제강점기 관련 논쟁 가운데 대표적인 것으로, 임시정부의 정통성(법통성) 문제와 북한의 지도자였던 김일성의 항일투쟁 경력에 관한 진짜·가짜 논쟁을 들 수 있을 것이다. 분단체제 아래서 남북한이 누가 더 나은 체제를 가졌는지 경쟁하고 있는 우리 현실과 무관하지 않다는 것이 두 논쟁의 공통점이다. 때문에 오랜 세월 동안 사실확인작업이 경쟁적으로 진행되는 한편에서 정치적 복선이 진하게 깔린 논쟁이 전개되었다. 특히 항일무장투쟁과 관련하여 김일성의 활동에 관한 진짜·가짜 논쟁은 1945년 10월 14일 '김일성 장군 환영 평양군중대회'에서부터 제기되었다는 점에서 그 논쟁의 역사가 대단히 길다.

가짜 김일성론의 대두

해방 때까지 소문으로만 나돌던 '김일성 장군'의 모습을 대중이 처음 확인한 것은 이 군중대회에서였다. 하지만 33세의 젊은 김일성은 '장군'에 대한 우리의 전통적인 이미지, 곧 '하얀 수염을 기른 백마 탄 노장군'이나 특출난 지략과 강하고 높은 연륜을 풍기는 장군상과 거리가 멀었다. '가짜 김일성론'은 이때부터 유포되기 시작해 1946년 신탁통치에 관한 찬·반탁 논쟁 와중에 더욱 확산되었다. 반탁세력이 자신을 공개적으로 드러내면서 반공·반북이데올로기를 유포시키는 데 '북한의 김일성이 가짜'라는 소문은 아주 중요한 선전소재였다.

가짜 김일성론을 실증적으로 논증하려 한 가장 방대한 연구서는 이명영의 『김일성 열전』(신문화사, 1974)이다. 또 재일조선인 출신으로 조총련을 탈퇴한 이후 이명영과 같은 입장에서 실증적 논증을 시도한 사람으로 허동찬이 있다. 그는 1934년 동만 지방의 유격대에는 북한의 지도자 김일성金—로과 진짜 김일성金日成이 있었다는 '김일성 2인론'을 주장한 『김일성평전—허상과 실상』(상·하)을 1985년과 1988년에 각각 일본과 한국에서 출판했다.

하지만 이명영의 주장으로 대표되는 가짜 김일성론은 집중적으로 비판당했고, 북한의 지도자 김일성은 다른 사람의 항일투쟁 경력을 사칭하지 않은 진짜이지만, 북한이 주장하는 만큼 대단한 활동을 하지는 않았다는 입장, 즉 '김일성 과소평가설'이 꾸준히 제기되었다. 대표적인 논저로 김준엽金俊燁·김창순金昌順의 『한국공산주의운동사』(IV·V, 고려대 아세아문제연구소, 1976), 서대숙徐大肅의 『한국공산주의운동사』(화다, 1985)와 『북한의 지도자 김일성』(청계연구소, 1989. 영문판은 1988년 콜롬비아대학 출판), 이정식李庭植·스칼라피노Robert A. Scalapino의 『한국공산주의운동사』(1, 돌베개, 1986. 영문판은 1973년 캘리포니아대학 출판)가 있다.

굳이 과소평가설에 포함시킬 필요는 없지만, 국내외 연구자들에게 신선한 자극을 주었던 글로 임은林隱의 『북조선왕조성립비사』(한국량서, 1982. 『김일성정전』, 옥촌문화사, 1989 재출판)와 유성철兪成哲의 『증언 김일성을 말한다』(한국일보사, 1990)가 있다. 전자는 구소련에 망명한 북한 출신들의 증언을 바탕으로 서술된 것이며, 후자는 소련군의 지시로 동북항일연군교도려東北抗日聯軍敎導旅에 배속되어 김일성을 곁에서 지켜본 장본인의 회고록이라는 점에서 많은 관심을 끌었다.

가짜 김일성론에 대한 비판이 국내외 연구자와 항일운동 참가자들로부터 적극적으로 제기되던 1980년대 후반에는 과소평가론자들과 다른 주장을 앞세운 젊은 연구자들이 국내에 등장했다. 이들은 확산되는 민주화 열기 속에서 '북한 바로알기 운동'에 동의했던 사람들이었다. 대표 논자는 이재화와 이종석李鍾奭이었다. 이재화의 「김일성 연구에 대하여」(『애국의 길』 1, 녹두, 1989. 4)와 이종석의 「김일성 연구의 쟁점 (상)」(『사회와 사상』 16, 1989. 12)은 단행본이 아닌 한 편의 논문이었지만, 이제까지 제기된 논의와는 차원이 다른 주장을 실증적으로 제기했다. 두 사람은 반공적·대결적인 입장에서 김일성을 평가한 과소평가론자들과 달리, 그의 항일무장투쟁을 적극 인정하는 자세로 접근했다. 이런 점에서는 일본의 와다 하루키和田春樹도 마찬가지였다. 그는 「김일성과 만주 항일무장투쟁金日成と滿洲抗日武裝鬪爭」(『思想』 1985. 7)과 『김일성과 만주 항일전쟁』(창작과비평사, 1992)이라는 저작에서 일제 관헌자료와 당시까지 중국에서 발행된 연구성과를 최대한 집대성했다. 그는 이를 통해 북한에 관한 자신의 입론인 '유격대국가론'을 설명하기 위한 탄탄한 기초로 김일성의 항일무장투쟁을 규명했다.

이후 세 연구자의 접근자세에 동참한 사람이 신주백辛珠伯이다. 그는 「김일성의 만주 항일유격운동에 대한 연구」(『역사와 현실』 제12호, 1994. 6)와 『만주 지역 한인의 민족운동사(1920~45)』(아세아문화사, 1999)를 통해, 1960년대 후반까지의 북한 자료와 그동안 중국공산당이 공개하지 않았던 당시 문헌 및 증언을 바탕으로 김일성의 행적을 새롭게 정리했다. 예를 들면 '타도제국주의동맹'은 북한의 주장과 달리 1929년 말이나 1930년 초에 결성되었고, 김일성은 민생단원 혐의를 받았던 중국공산당의 반민생단투쟁 과정에서(1932~36) 조직적인 반대투쟁은 하지 않았지만 투쟁의 좌경적 성격이 해소되는 데 기여했으며, 재만조선인조국광복회는 1936년 5월 5일에 창립된 것이 아니라 그 날짜를 확정할 수 없다고 주장했다. 또한 이 단체에서 김일성의 역할도 다시 규명했다. 기광서는 「1940년대 전반 소련군 88독립보병여단 내 김일성 그룹의 동향」(『역사와 현실』 제28호, 1998. 6)에서, 최근 러시아에서 공개되기 시작한 1940년대 전반기 자료를 바탕으로 소련에 있던 동북항일연군교도려 시기 김일성의 활동을 새롭게 조명했다.

이제 한국에서 가짜 김일성론이 설 땅은 없다. 다만 김일성 과소평가론자와 적극적 평가자들 사이의 견해차이가 기본적인 인식구도를 형성하고 있다. 과소평가론자들은 대체로 남북한 대결구도를 전제하고 승리자와 패배자의 관점에서 한국 공산주의운동사의 일부로 김일성의 행적을 연구·평가한다. 반면 김일성 연구의 새로운 흐름을 형성한 적극적 평가자들은 빨치산투쟁만이 아니라 일제하 모든 저항운동의 한 유형으로 항일무장투쟁을 언급하는 가운데 김일성의 활동과 사상을 연구한다. 그들은 남북한 사이의 적개심을 해소하고 긴장완화에 도움이 되는 방향에서 접근하려고 한다. 다만 이 글에서 구체적으로 다룰 수는 없지만, 적극적 평가자들 사이에서도 김일성의 구체적 행적에 관한 역사적 평가가 반드시 일치하는 것은 아니다. 여기에서는 지면관계상 이명영의 가짜 김일성론의 논지를 소개하고, 그에 대한 몇몇 연구자들의 비판을 간략히 소개하는 형식으로 정리하겠다.

가짜 김일성론의 내용과 폐해

이명영은 먼저 주변에 회자되고 있던 '김일성 장군'에 관한 전설과 그 정체를 밝히는 데 주력했다. 그에 따르면 1907~08년 함경남도 단천군에서 의병투쟁에 참가한 김창희金昌希라는 의병장이 김일성金一成이라 불렸으며, 또 일본 육군사관학교 제11기 출신으로 1920년대 중반까지 만주와 노령 지방에서 이름을 떨쳤던 김경천金擎天이라는 독립군 대장이 있는데, 그도 김일성金日成 장군이라 불렸다. 그 외에 1930년대 중국공산당이 지도하는 유격대에 김일성이라는 한인 지도자가 두 사람 있었는데, 1대 김일성은 본명이 김성주金成柱이다. 함경남도 출생의 그는 모스크바동방노력자공산대학 출신의 엘리트로서 1937년 6월의 보천보 전투를 지휘했고 동북항일연군 제2군 제6사 사장에까지 올랐지만, 같은 해 11월 13일 무송현撫松縣 양목정자楊木頂子에서 전사했다. 이에 소련은 1930년 '간도 5·30폭동'에 참가했다가 소련으로 탈주하여 적군사관학교를 졸업한 김일성金一星, 곧 2대 김일성을 만주에 즉각 파견했다. 2대 김일성은 제6사에서 개편된 제2방면군을 이끌고 1938년 4월부터 활동하다가 관동군의 토벌을 피해 1940년 12월 소련으로 들어갔으며, 1944년 가을부터 1945년 8월 사이에 그곳에서 죽었다.

여기서 이명영이 주장했던 핵심논지는 1대, 2대 김일성과 북한의 지도자 김일성은 전혀 다른 인물이라는 것이었다. 즉 북한의 지도자 김일성은 본명이 김성주金聖柱로, 평안남도 대동군에서 1912년에 태어났다. 그는 한때 민족주의 운동단체인 국민부에 가입하여 활동하기도 했지만, 1930년 8월 반反국민부세력이 형성되자 여기 합류했다. 1930년 겨울부터 김일성金一星이라는 별명을 사용하던 김성주는 1932년 여름부터 행적이 전혀 드러나지 않다가 1945년 10월에 평양에 나타났다. 소련은 이 김성주로 하여금 국내 대중들에게 '단연코' 지명도가 높은 김일성金日成이란 이름을 사칭하게 했는데, 그 이유는 최현崔賢이나 최용건崔庸健, 김책金策과 달리 김성주에 대해서는 아는 사람들이 없었고, 김성주도 자기 고향에서 한때 김일성金日成으로 소문이 퍼져 있었기 때문이라고 했다.

이명영은 이런 주장을 증명하기 위해 144명의 증언과 그때까지 연구자들이 잘 볼 수 없었던 일제 관헌자료 및 사진 등을 광범위하게 이용했다. 하지만 엄청난 노력을 들였음에도, 이명영이 가짜라고 주장한 1대, 2대 김일성의 행적 가운데 상당부분이 북한의 지도자 김일성의 활동과 일치했다. 예를 들어 동북항일연군 제2군 제6사 사장으로 있으면서 보천보 전투를 지휘했고, 이후 제2방면군의 군장이었던 사람은 바로 북한의 지도자 김일성이다. 김일성 과소평가론자 가운데 1980년대 후반부터 가장 활발하게 자기 의견을 제기한 서대숙은, 이명영의 주장을 "부질없는 추측"이라고 일축하고, 김일성이 부대를 이끌고 보천보를 습격한 것은 상당한 군사적 업적이라고까지 평가했다.

이재화·이종석·신주백 등 국내의 신진 연구자들은 1대, 2대 김일성과 북한의 지도자 김일성이 다른 사람이라는 이명영의 주장에 대해 조선총독부 고등법원 검사국 사상부에서 계간지로 출판했던 『사상휘보思想彙報』(제20호, 1939)에 언급된 내용을 인용하여 반박했다. "김일성의 신원에 대해서는 여러 가지 설이 있으나, 본명은 김성주金成柱, 당년 29세 평안남도 대동군 고평면 남리 출신으로 어릴 때 부모를 따라 간도 방면으로 이주하여 동同지방에서 자라 비단匪團에 투신한 조선인이라는 것이 가장 확실하고 현재 그 실모實母는 생존해 있는 모양이다"라는 것이었다.

그러나 이명영의 주장이 지닌 더 근본적인 문제는 항일유격대를 "살인, 약탈, 방화를 일삼는 공비"로 매도했다는 점이었다. 그는 일제의 정보자료에 언급된 것을 그대로 받아들임으로써 자신도 모르게 식민사관에 빠져 있었다. 와다 하루키는 이명영의 『김일성 열전』을 두고 "토벌에 참가했던 일본 측 부대가 김일성 부대에 흘린 거짓 정보에 얼마나 현혹되어 있었는가를 전해주는 자료로서 읽고 싶다"고 자신의 책 서문에 쓰기도 했다. 그러나 이런 이명영의 주장은 그동안 남북한의 정통성경쟁 속에서 북쪽의 도덕성에 먹칠하는 반공선전의 소재거리로 무비판적으로 이용됨으로써 북한에 대한 적개심을 불러일으키는 데 공헌했다.

역사적 사실규명의 어려움

김일성 진짜·가짜 논쟁은 상식이 통하는 학문세계에서는 있을 수 없는 비상식적이고 소모적인 논쟁이었다. 만주 지방은 겨울에 영하 40도를 오르내리고 눈이 1미터 이상 쌓이는 곳이다. 그리고 그곳에서는 월등한 화력을 소지한 훈련된 군인들로 구성된 대규모 토벌대가 일상적으로 활동하고 있었다. 이에 항일무장투쟁세력은 악조건을 극복하는 방편의 하나로 험준한 지형조건을 이용하여 기동전으로 맞서는 유격전을 펼쳤다. 더구나 무장투쟁이란 내가 살기 위해 상대방을 죽여야만 하는 가장 원초적이고 공격적인 본능이 전제된 투쟁방식이다. 이때 유격대원들에게 요구되는 것은 강인한 체력과 뚜렷한 목표의식(항일의식)이었다. 연령적으로 보면 20, 30대만이 이런 요구조건에 가장 합당하다. 따라서 1930년대 만주 지역 항일무장투쟁에서는 '하얀 수염을 기른 백마 탄 노장군'이란 존재할 수 없었다.

이제 남은 것은 진짜 김일성의 활동을 정리하는 것이다. 예를 들어 1994년 7월 남북정상회담이 예정되어 있을 때, 국내의 모든 일간지는 김일성의 성장과정을 다투어 연재했다. 이때는 어떤 신문도 김일성이 가짜라는 주장을 제기하지 않았다. 그러나 그의 구체적인 활동에 대해서는 상당히 다른 주장이 제기되기도 했다. 보수우익을 옹호하는 『조선일보』(1994. 7. 9)조차 김일성이 "1929년 동만지구 공산주의청년동맹위 서기"를 역임했다고 연표를 만들 정도였다.

이것은 북한이 주장하는 내용이었다. 현재까지 이 주장을 뒷받침할 만한 자료적 근거는 발견되지 않았다. 필자는 이 시기 김일성이 국민부의 영향 아래 길림吉林에 있었으며, 따라서 동만 지방(대체로 오늘날 연변조선족자치주)에는 있지도 않았고, 이런 경력을 소지할 수도 없었다고 생각한다.

여기서는 하나의 예만 들었지만, 1945년까지 김일성의 행적과 주장에 대해서는 역사적 사실 자체를 규명해야 할 것이 대단히 많을 뿐만 아니라, 그에 대한 평가 또한 상당한 편차를 드러내고 있다. 이제는 이를 정리하는 작업이 필요하다.

신주백

연세대학교 국학연구원 HK연구교수로 재직 중이다. 한국 현대사를 전공했다. 대표논저로『분단의 두 얼굴: 테마로 읽는 독일과 한반도 비교사』(공저),『역사 속의 한일관계』(공저),『1920~30년대 중국 지역 민족운동사』,『1930년대 국내 민족운동사』등이 있다.

6월항쟁 시기 NL-CA 논쟁

1980년대는 가히 '논쟁의 시대'였다. 그 가운데서도 특히 이른바 사회구성체 논쟁과 변혁론 논쟁은 단지 '운동권'만의 논쟁이 아니라 한국 지성계에 뚜렷한 각인을 남긴 역사적 논쟁이었다. 한국전쟁 이후 뿌리 뽑히거나 금압되었던 혁명, 계급, 민중, 반제 등의 담론이 새롭게 등장했으며, 특히 민족민주운동 세력의 실천적 문제의식과 결합되어 사회의 근본적·총체적 변혁을 지향하는 변혁운동의 이론적 밑받침이 되었기 때문이다.

학생운동의 변혁지향성 강화

대체로 1980년대의 사회구성체 논쟁과 변혁론 논쟁은 1980~83년의 준비기, 1984~85년의 1단계 논쟁(CNP 논쟁), 1986~87년의 2단계 논쟁(NL-CA 논쟁), 1988~90년의 3단계 논쟁(NL-PD 논쟁)으로 변화·발전했다고 평가된다. 여기서는 논쟁의 2단계에 해당하는 NL-CA 논쟁을, 주로 이 논쟁을 실천적으로 이끌었던 학생운동 진영에 한정해서 정리해보겠다.

1980년 이후 '무림-학림 논쟁'과 '야비-전망 논쟁'을 통해 학생운동의 진로에 대한 논쟁을 벌여오던 학생운동 진영은 이른바 MT-MC 논쟁을 계기로 변혁지향성을 강화해나갔다. MT-MC 논쟁은 1984년 2학기에 들어 학생운동의 위상과 역할, 그리고 다가오는 12대 총선에 대한 대응방향을 놓고 '민주화추진위원회' 그룹과 학생운동 주류가 벌인 논쟁이다. '학림-전망'의 맥을 이은 민추위 그룹(이들이 반합법 투쟁기구로 조직한 민주화투쟁위원회의 약자를 따서 'MT'라 칭함)은 '무림-야비'의 맥을 이은 학생운동 주류(Main Current의 약자를 따서 'MC'라 칭함)의 준비론적 경향과 방만한 조직체계를 비판하면서 선도적 정치투쟁과 목적의식적 조직운동의 필요성을 제기하고 나섰다. MC 계열이 일상투쟁과 대중노선을 강조한 데 반해, MT 계열은 선도적 정치투쟁을 주장했으며, 총선투쟁에 대해서도 MC 계열이 '선주체 형성'을 주장하며 총선에 소극적이었던 데 반해, MT 계열은 야당과의 '제휴투쟁'을 주장하면서 적극적인 정치투쟁을 전개했다.

학생운동의 역할과 총선투쟁의 전술 문제에서 촉발된 MT-MC 논쟁은 민청련을 중심으로 전개되던 이른바 'CNP 논쟁'[CNP 논쟁은 민주변혁 논쟁이라고도 지칭된다. CNP란 각각 시민민주혁명(CDR, Civil Democratic Revolution), 민족민주혁명(NDR, National Democratic Revolution), 민중민주혁명(PDR, People's Democratic Revolution)을 일컫는다]과 결합되면서 한국사회 변혁노선 논쟁으로 확대되었다. 이 과정에서 소시민적 운동노선인 CDR론과 '일상투쟁에서 정치투쟁으로'라는 단계적 투쟁론이 비판되고, MT 계열이 주창한 NDR론과 목적의식적 변혁운동·조직운동의 필요성이 광범하게 수용되었다. 1985년에 들어서 이런 힘을 배경으로 학생운동 진영이 NDR(민족 민주혁명)론을 보다 실천적으로 구체화한 '민족·민주·민중'이라는 삼민이념으로 통일되고, 이른바 '삼민투'를 결성하여 미문화원 점거농성으로 대표되는 선도적인 정치투쟁을 벌여나갈 수 있었다.

MT-MC 논쟁과 CNP 논쟁은 학생운동이 변혁지향성을 확보하고, 나아가

변혁운동의 총노선에 대한 전면적 논의와 대체적 합의를 이끌어냈다는 점에서 중요한 의미를 갖는다. 그럼에도 당시 학생운동이 대체로 공유하고 있던 NDR론이나 삼민 이념은 '민족-계급' 혹은 '민족·민주·민중'의 상호관계를 병렬적으로 절충하는 수준이었기에 민족모순과 계급모순을 어떻게 결합시켜 이해할 것인가 하는 점을 논쟁의 불씨로 남겨놓았다.

민족모순과 계급모순의 변증법

1985년 하반기에 대체로 MT 계열의 NDR론과 그 전술적 지침인 '파쇼헌법 철폐투쟁'으로 일정한 통일성을 유지하고 있었던 학생운동 진영은 1986년에 들어서면서 새롭게 등장한 '반제 그룹'이 민족해방(NL)론을 제기하면서 다시금 재편 과정에 들어섰다. NL 이념의 확산은 1986년 벽두에 배포된 『반제민중민주화운동의 횃불을 들고 민족해방의 기수로 부활하자』(일명 '해방서시')라는 팸플릿에서 시작되었다. 팸플릿은 "19세기 말부터 지금까지의 한반도 근대사 백년은 제국주의침략의 역사요 제국주의에 대한 민중의 투쟁의 역사"이며, "한국사회는 미 제국주의와 그 앞잡이가 파쇼적으로 지배하는 신식민지사회"라고 주장하면서, 미 제국주의에 대한 민족해방운동을 전개할 것을 촉구하고 나섰다. 이런 문제제기가 급속히 확산되면서 형성된 NL 계열은 1986년 1학기 개강과 더불어 '자민투'를 결성하고 팀스피리트 반대투쟁, 전방입소 거부투쟁, 반전반핵운동 등에 주력하는 '반제 직접투쟁'을 전개하는 한편, 자기 이념과 노선을 NLPDR(민족해방 민중민주주의혁명)로 정식화했다. 이에 맞서 기존의 학생운동 주류 세력은 NDR론을 보다 체계화시키는 한편, 당면 전술지침으로 '헌법제정민중의회'[후에 '제헌의회(Constituent Assembly, 약칭 CA)'로 전환] 소집투쟁을 주장하면서

'민민투'를 결성했다. 이로써 1986~87년 학원가를 뜨겁게 달구었던 자민투-민민투, 혹은 NL-CA구도가 형성되었다. 양 진영은 사상·이론에서부터 정세인식과 전략전술, 조직노선에 이르기까지 전반적인 차이를 드러냈는데, 핵심쟁점은 다음과 같았다.

① 사회성격론과 변혁론: NL 진영은 남한사회가 일제에 의한 식민지배와 본질적으로 다를 바 없는 미국의 신新식민지라는 인식에서 출발한다. 이들은 한국사회가 미 제국주의로부터 자율성을 갖지 못하고 제국주의지배에 의해 그 발전이 저지·왜곡되는 식민지 반半봉건사회(후에 '식민지반자본주의'로 수정)이며, 남한 정권 역시 독자적 물적 기반을 결여한 미제의 '괴뢰정권' 혹은 '대리통치세력'이라고 보았다. 따라서 당면 변혁운동은 본질적으로 미제의 식민통치를 타파하는 민족해방혁명(NLR)이며, 이 혁명의 계급적 지향과 주체가 부르주아혁명이 아닌 민중민주주의혁명(PDR)이라는 점에서 NLPDR이라고 정식화했다. 이들은 계급모순에 비해 민족모순을 중시하여 혁명의 동력과 대상을 민족적 입장에 따라 구분했다. 그리하여 노동자·농민을 혁명의 주력군으로 설정하면서도 미제, 매판자본가, 친미지주, 반동관료 등을 제외한 '민족통일전선'의 형성을 주체역량 강화의 전략적 과제로 삼았다.

반면 CA 진영은 제국주의의 강한 규정력을 인정하면서도 NL의 식민지적 규정을 비판하면서 '신'식민지적 성격을 강조했다. 한국사회는 제국주의의 직접지배가 아닌 간접지배 아래 놓여 있으며, 이미 상당히 자본주의화된 사회로서 남한의 국가권력 역시 제국주의로부터 상대적 자율성과 독자적 물적 토대를 갖는다고 보았다. 이들은 남한사회를 '신식민지 국가독점자본주의' 단계로 파악했다. 사회주의혁명을 위한 물질적 토대가 광범하게 성장해 있으면서도 신식민지 파시즘적 질서로 인해 전면적 계급투쟁을 제약하는 물질적·정치적 조건이 엄존해 있으므로, 당면 변혁운동은 본질적으로 부르주아혁명의 성격을 갖는 민족민주혁명이어야 한다고 주장했다. CA 진영은 바로 이 부르주아혁명(BDR로서의 NDR)을 사회주의혁명으로 연속성장·발전시키기 위해 혁명의 헤게모니를 자유주의 부르주아에게 맡기는 것이 아니라 노동계급이 장악하는 것이 가장 핵심적인 과제라고 한다. 따라서 CA 진영은 반파쇼투쟁을 최우선시하면서도 자유주의 부르주아세력에 대한 타격을 강조하는 이른바 '세 정치세력 정립'론과 '주요타격방향'론을 주장했다.

② 정세인식과 당면전술: CA 진영의 NDR론은 이들의 정세인식과 밀접히 관련되어 있다. CA 진영은 1986년부터 달아오르기 시작한 범국민적 개헌투쟁의 기본동력을 민중의 체제변혁의지로 해석하여 당시 상황을 혁명을 예고하는 시기로 규정했다. 이들은 혁명 진영의 당면과업은 권력투쟁의 매개물인 헌법 문제를 둘러싼 계급투쟁에 개입해 민중을 진정한 권력쟁취의식으로 무장시키는 것이라고 주장하며, 파쇼 진영과 자유주의 부르주아진영에 의해 개헌논의로 제한된 개헌 논쟁을 거부하고 '제헌'을 요구해야 한다고 주장했다. 즉 민중을 개헌 논쟁의 구경꾼으로 전락시키지 않고 권력의식으로 무장시키려면 헌법제정의 주체와 방식 문제를 직접 제기해야 한다며, 이를 위한 전술방침으로 제헌의회 소집투쟁을 제시했다. 이들의 주장은 "파쇼하의 개헌반대, 혁명으로 제헌의회!"라는 슬로건에서 압축적으로 드러난다.

반면 NL 진영은 1986년의 정세를 개헌국면으로 파악하는 데 반대하고, 당시 정세를 '미제의 식민지체제 재편기'로 규정했다. 따라서 당면투쟁의 핵심은 미 제국주의의 권력재편 음모를 폭로·저지하는 데 있으며, 개헌투쟁은 민주적 제권리 쟁취투쟁의 일환으로 반미자주화투쟁의 관점에서 배치해야 한다고 주장했다. 이들은 CA와 달리 헌법 문제에 큰 비중을 두지 않고 오히려 반미투쟁에 주력했으며, 개헌 문제에 대해서는 민주헌법 쟁취와 민주헌법의 일 내용으로 직선제를 주장하는 정도였다.

NL-CA 양 진영은 위와 같은 차이에도 불구하고 1986년 내내 선도적 정치투쟁을 전개했고, 5·3 인천투쟁에서와 같이 민중세력의 독자적 힘을 세상에 드러냈다. 그러나 점차 대중과 유리된 좌경적 편향으로 인해 한계를 노정하게 되었다. 1986년 말에 이르러 NL 진영은 자신의 역량을 총동원한 애학투 결성식(소위 '건대항쟁')에서 반공이데올로기 분쇄투쟁과 조국통일 촉진투쟁을 중심적 이슈로 제기했지만, 일반대중의 호응을 얻지 못하고 오히려 조직역량에 궤멸적 타격을 입었다. CA 진영도 이 무렵 시가전을 방불케 하는 신길동 가두시위를 통해 제헌의회 소집을 높이 외쳤지만, 마찬가지로 일반대중의 호응을 얻지 못하고 오히려 지도부가 와해되는 시련을 겪게 되었다.

대중노선과 선도투쟁

1986년의 NL-CA 논쟁이 이론적·조직적 자기정립의 차원으로 귀결되었다면, 1987년의 논쟁은 그것이 광범한 대중투쟁 속에서 실천적으로 검증되는 과정이었다. 1987년의 논쟁은 대체로 1986년 논쟁의 연장선상에 있었지만, NL 진영의 변신이 특징적이다. CA 진영은 1987년 대중투쟁의 고양을 여전히 혁명운동의 고양기로 이해하면서 제헌의회 소집투쟁을 그대로 밀고 나갔지만, NL 진영은 대중노선을 표방하며 직선제 개헌투쟁에 주력하는 변화를 보였다.

NL 진영은 대중과 유리된 채 선도적 반미투쟁을 전개하던 1986년의 좌편향을 반성하면서 대중노선의 중요성을 절감하여, 1987년 들어서는 대중조직인 학생회를 중심으로 대중적 의식수준에 걸맞는 직선제 개헌투쟁을 전개하는 데 주력했다. 대중노선의 제기는 그동안 학생운동이 선도적 정치투쟁에 치중하여 선명한 문제제기를 이루어냈음에도 그것을 대중투쟁으로 확산시키는 데 한계를 가졌던 점을 극복하고자 했다는 점에서 중요한 의미를 갖는다. 그러나 NL 진영의 대중노선은 "한 사람의 열 걸음보다 열 사람의 한 걸음"이라는 모토에서 드러나듯이, 실천 과정에서는 기존의 좌편향을 변증법적으로 지양하기보다 그에 대한 역편향으로 점차 우경화되는 모습을 보였다. 이는 이들의 직선제 개헌투쟁에서 그대로 드러났다. NL 진영이 개량주의라는 비판에도 불구하고 직선제 슬로건을 채택한 것은, 그것이 대중적 수준에 조응한다는 점과 더불어 한국사회가 직선제를 받아들일 개량의 물적 토대를 갖고 있지 않기 때문에 직선제 슬로건은 미국의 식민지 재편음모의 한계를 드러내는 투쟁일 수 있다는 점 때문이었다. 그렇지만 6월항쟁 시기에 NL 진영은 운동의 상승·발전을 위한 목적의식적 활동을 벌이기보다 "대중과 함께"라는 원칙에만 집착하여 "직선제로 독재타도"를 외치면서 점차 선거혁명의 환상에 빠져들었다. 이 점은 NL 진영이 대중노선을 제기하며 6월항쟁의 강력한 주도세력으로 역할했음에도 6·29 선언을 극복하지 못하는 중요한 이유가 되었다.

CA 진영은 직선제 슬로건을 개량주의로 비판하면서 제헌의회 소집 슬로건을 통해 정세를 혁명으로 발전시키고자 했지만, 6월항쟁의 도도한 파도는 이 방침의 관념적 급진성이 얼마나 무력한지 증명해주었다. 고양된 분위기에서 일부 시민들은 제헌의회를 따라 외쳤지만, 이들 역시 제헌의회 슬로건의 의미와 혁명성을 인식하지 못했다. CA 진영의 관념성은 6월항쟁 이후 전개되는 대선투쟁에서 더욱 분명하게 드러나며, 결국 CA 진영은 1987년 대투쟁을 마감하고 자기 노선을 반성하는 과정에서 일부를 제외하고는 사실상 소멸·전환되었다.

현실에 대한 치열한 고민

NL-CA 논쟁은 위에서 본 것처럼 적지 않은 한계를 갖고 있었으며, 어쩌면 이후 전개되는 본격적인 논쟁구도인 NL-PD 논쟁으로 가는 과도기적 위치에 있었다고도 볼 수 있다. 하지만 NL-CA 논쟁은 1980년대 초반 민족민주운동이 획득한 변혁지향성을 이론적·실천적으로 한 단계 비약시켰다는 의의를 갖는다. 이 논쟁은 초보적·산발적으로 전개되었던 변혁론 논쟁을 본격적·조직적으로 전개해나가는 출발점이 되었고, 특히 '식민지 종속형 자본주의'의 변혁운동에서 나타나는 민족모순과 계급모순의 변증법적 결합에 대한 고민을 심화시키는 계기가 되었다. 한마디로 사회의 근본변혁을 추구하는 민족민주운동이 본격적으로 역사의 무대에 등장하는 이론적·실천적 동력이 되었으며, 제국주의적 규정력과 한국 자본주의의 특수성을 통일적으로 파악하는 인식론적 기반을 마련했다는 점에서 성과를 찾을 수 있다.

NL-CA 논쟁은 이론(사)적 측면에서만이 아니라—어쩌면 이보다 더욱 중요하게—논쟁주체들의 치열함과 실천성에서 큰 의미를 갖는다. 물론 논쟁 당사자들이 주로 인텔리·학생들이었기에 관념적 급진성과 분파주의적 행태를 보이기도 했지만, 이 논쟁은 현실변혁에 대한 뜨거운 열망과 헌신적 실천에 기반하고 있었기에 권력의 물리적·사상적 탄압에도 끊임없이 전개되고 발전할 수 있었다. 이런 논쟁의 실천적 힘이 있었기에 1987년 대투쟁을 만들어내고, 또 그것을 통해 논쟁을 검증받을 수 있었던 것이다.

어쩌면 NL-CA 논쟁은 이론적 내용보다 그 치열함에서 현재적 의미를 발견할 수 있을지도 모르겠다. 지금은 이 논쟁의 시대적 배경과는 다른 상황에 있다. 또한 논쟁 자체가 거대담론 중심의 편향과 정치주의·혁명주의적 편향을 갖고 있었기에, NL-CA 논쟁은 지금 우리의 고민과 거리가 있다. 하지만 현실의 모순을 깨뜨리기 위해 치열하게 고민하고 논쟁하고, 또 그것을 실천에 옮겼던 NL-CA 논쟁의 경험은 '논쟁이 없다'고들 말하는 지금 시점에서 다시금 그 의미를 곱씹어볼 만하지 않을까?

이용기

성균관대학교 동아시아학술원 연구교수로 재직 중이다. 한국 현대사를 전공했다. 대표논저로 『한국 현대사 강의』(공저), 편저로 『근대를 다시 읽는다: 한국 근대인식의 새로운 패러다임을 위하여』 등이 있다.

1987년 대통령선거 논쟁

1987년 중반 한국의 대학과 거리는 "군부독재 반대"(혹은 타도, 퇴진)라는 기치 아래 대대적인 저항의 물결이 휩쓸고 있었다. 그것은 한국사회가 거대한 변화의 문턱을 향해 질주하고 있다는 희망을 주는 데 전혀 부족함이 없었다. 그러나 6개월 뒤 한국의 정치상황은 크게 다른 결과를 나타냈다. 저항의 물결은 순식간에 가라앉았고, 많은 사람들이 그 정당성을 인정하지 않고 도전했던 구체제는 전혀 손상 받지 않고 단지 이름만 바뀐 얼굴들로 대체되었다. 그 결과는 선거를 통한 국민의 선택이었다는 점에서 더더욱 이해하기 쉽지 않았다.

6월항쟁으로 얻은 대통령 직선제

새로운 가능성과 희망의 문턱을 느낀 순간이 급격한 국면전환의 출발점이자 안티 클라이맥스의 시점이 되는 이 역설적 전환은, 외적 동기보다 민주화운동 진영, 특히 민족민주운동 진영 내부 문제에 크게 기인했다. 그 점에서 우리는 1987년 대통령선거(이하 대선)를 둘러싸고 민족민주운동 진영 내부에서 치열하게 전개된 대선 논쟁, 후보전술 논쟁에 주목할 필요가 있다. 당시 대선을 앞두고 이루어진 일련의 논쟁은 민족민주운동권 전면적 분열의 표현이었다. 대선은 단지 필연적 분열이 전면적으로 현실화된 특수하고 우연한 계기였을 뿐이라는 지적은 일면 타당하다. 그러나 그토록 비상한 정치적 시기에 군부독재 청산을 둘러싸고 다툼을 벌인 민족민주운동 각 정파의 그럴듯한 논리와 명분과 실천적 선택은, 필연적 분열의 냉혹한 결과를 통해 엄청난 후유증을 남겼다는 점에서 냉철하게 되짚어져야 한다. 13대 대통령선거 결과는 한마디로 당혹감과 경악감의 절정이었다.

1987년 6·29선언 이후 대선국면에 이르기까지 민족민주운동의 과제는 ① 한국사회 민주변혁을 끝까지 책임질 진보적 계급계층인 민중을 독자적 이념과 조직으로 정치세력화하는 전략적 과제(기본과제), ② 이 과제수행을 강화하기 위해 당면정세에서 집중할 주요 정치적 과제로서, 분열된 대적전선을 재구축하고 군부독재의 합법적 재집권을 저지하는 것, ③ 민중적 변혁의 대중적 토대를 확대하기 위해 밑으로부터 광범하게 분출된 대중투쟁을 조직화하는 일상과제 등 세 가지로 요약되었다. 당시 민족민주운동세력 내에서 논쟁의 초점은 이처럼 각기 수준을 달리하는 세 가지 과제를 집약시켜낼 투쟁의 중심고리를 어떻게 설정할 것인가 하는 문제였다.

대선을 앞둔 당시의 여론은, 적지 않은 진통이 있겠지만 결국 후보단일화가 성사될 것이며, 선거를 통해 '민주정부'가 수립될 거라는 낙관적 견해가 지배적이었다. "양 김씨가 '후보단일화는 분명 된다. 국민을 실망시키는 일은 결코 없을 것이다'라고 누누이 얘기했기 때문에 그들의 말을 믿지 않을 수 없었다"(인명진 국민운동본부 대변인)는 말에서 그 배경을 엿볼 수 있다. 여타 민족민주운동세력도 소수를 제외하고는 여기서 크게 벗어나지 못했는데, 이렇듯 다수의 사람들이 선거혁명론의 환상에 사로잡혀 있었다.

그러나 양 김씨의 분열이 가시화되고 후보단일화 문제가 결렬에서 불가능으로 치닫는 조짐이 농후해지면서, 민족민주운동세력은 기존의 낙관론을 벗어나 동요하기 시작했다. 자칫 두 보수정치인의 분열로 인해 민주화의 호기를 무산시킬지 모른다는 위기감이 팽배해졌다. 그리하여 민족민주운동의 후보전술은 세 가지 입장으로 나뉘었다. 비판적 지지론, 후보단일화론, 독자후보론이 그것이었다. 세 입장이 맹아적 형태로 나타난 것은 김대중의 9·8 광주방문 이후였으며, 그 차이가 표면화된 것은 10월 13일 재야의 대표격인 민주통일민중운동연합(민통련)의 「범국민적 후보로 김대중 고문을 추천한다」는 성명 발표에서였다.

비판적 지지, 후보단일화, 독자후보

민족민주운동의 후보전술을 살피기에 앞서 한 가지 분명히 해둘 것이 있다. 그것은 비판적 지지, 후보단일화, 독자후보 등 세 범주가 극히 구체적인 전술차이로 구분된다는 점이다. 세 그룹은 먼저 형성배경에서, 대선공간을 통해 얻어야 할 우선적 목표를 무엇으로 설정하는지에 따라 두 진영으로 구분되었다. 하나는 비판적 지지와 후보단일화의 흐름이고, 다른 하나는 독자후보 주장이다. 비판적 지지나 후보단일화는 내부의 다양한 차이는 있지만 공통적으로 대선의 우선적 목표를 '민선 민간정부'로 설정했다. 다만 군사독재에 대한 현실적 대안으로 후보단일화를 어떻게—암묵적으로는 누구로—확보해내느냐는 것이 문제였다. 반면 독자후보의 경우, 민족민주운동의 독자성을 강조하고 대선 과정을 민족민주운동의 독자성과 민중이데올로기를 효과적으로 선전하고 그에 기초하여 민중의 독자적·정치적 조직=정당을 획득해내는 공간으로 설정했다.

이제 이런 사실을 전제로 각각의 구체적 입장을 살펴보자. 먼저 비판적 지지론은 학생운동 지도부인 서울지역대학생대표자협의회(서대협)가 공식 선언한 노선으로, 10월 5일 후보단일화 문제에 대한 재야인사 46인 성명과 민가협 성명, 그리고 서울지역민주노동자연맹준비위(서준위) 성명 등에서 엿볼 수 있다. 이런 흐름이 정교하고 체계화된 논리로 정립되어 표면화되었던 것은 민통련의 10·13성명이었고, 곧이어 김대중범국민단일후보추대위(김추위)가 구성되면서 실질적인 김대중 선거운동을 벌이게 되었다.

비판적 지지론에 따르면, 지난 수십 년간 테러적 독재하에서 모든 형태의 정치적 진출을 탄압당한 식민지 민중에게 선거는 자신의 민주화 열망을 총체적으로 표출할 수 있는 유일한 공간이었다. 때문에 식민지에서 직선제 선거는 서구처럼 민중의 정치적 진출을 개량화시키는 점잖고 질서있는 부르주아의 축제가 될 수 없으며, 오히려 선거의 장은 테러적 폭압의 상대적 이완 속에서 대중의식화와 조직화의 장이 될 것이고, 나아가 독재정권의 후보에 대한 민중투쟁의 장이 될 수 있다고 보았다.

이들은 후보단일화에 대해서는 비판적 지지를 통해 김대중으로 후보단일화를 이룰 수 있다는 논리로 대응하거나 후보단일화 자체의 의미를 완전 부정하기도 했다. 독자후보론에 대해서는 현재 운동의 주체역량이 충분히 성숙하지 못한 상황에서 나온 좌편향이라고 비판했다. 또 당시 운동권 다수파였던 NL 그룹의 논리에 따르면, 김대중의 계급적 성격은 민중의 계급성을 담보하지는 못하지만 적어도 미국에 대한 자주성 확보, 부르주아 민주주의적 민주성 확보에는 도달할 수 있을 만큼 진보적이므로, 그의 집권은 곧 자주적 민주정부 수립이며, 이는 한국사회 변혁운동의 일차적 과제인 민족해방 달성으로 가는 핵심적 중간단계의 완수라고 했다. 그러나 이 입장은 실천적인 면에서 정치적 선전선동의 자유를 포기하고 표 획득이라는 차원에 매몰된 행동을 보임으로써, 결국 '비판적' 지지가 아닌 전폭적이고 무원칙한 '맹목적' 지지의 형태로 나타나는 통일전선전술의 우편향을 보였다.

후보단일화론은 논리 면에서 다소 비체계적이고 내부의 편차가 컸다. 먼저, 군정종식-단일화쟁취국민협의회(국협)로 대표되는 재야의 단일화 주장은 '4파전 필패'라는 정세인식에서 출발했다. 군부독재 종식과 민간 민선정부 수립을 위해서는 후보단일화를 통한 민주세력의 대동단결이 절대절명의 요청이라는 것이었는데, 이는 노태우 집권에 대한 현실적 위기감에서 출발했다. 이들은 특히 미국의 기본의도가 노태우의 합법적 재집권이지 김영삼 집권을 통한 보수대연합이 아니라고 보면서, 양 김씨의 차별성이 현국면에서 강조될 필요가 없다고 주장했다.

한편 노동운동권의 인천지역노동자연합준비위(인준위, 「단결과 전진」)나 학생운동권 일부의 후보단일화 논리는, 한국 야당을 민족자본가를 중심으로 한 중소상공인, 지식인, 종교인 등에 계급적 기반을 둔 중간 여러 계층의 정치세력으로 간주하여 전략적 동맹세력으로 규정한 데서 출발한다. 그리하여 식민지 민족해방운동에서는 모든 민주세력의 대동단결만이 승리의 관건이라는 관점 아래 대동단결을 실현하는 후보단일화운동을 힘있게 추진하는 것만이 통일전선운동의 올바른 내용이라고 파악했다. 또 11월 23일 수도권 노동운동단체들 중심으로 결성된 노동자선거대책위원회(노동자선대위)는 공동강령을 제정하고 군부독재 종식과 민주연합정부 수립을 목표로 세웠고, 당면과제로 노동자 선대위를 민중 선대위로 발전시키고 광주학살 원흉 처단투쟁, 노태우 분쇄투쟁, 부정선거 규탄투쟁을 통해 반군부독재 연합전선을 묶어세우며 그 기초 위에서 후보단일화를 성취한다는 계획을 제출했다.

이런 내부적 편차는 있었지만, 이들의 핵심논리는 정치군부의 합법적 재집권을 저지하는 가장 분명한 길은 후보단일화이며, 후보단일화투쟁은 양 김씨의 지저분한 후보경쟁과 선거놀음에서 무력한 구경꾼으로 전락한 국민대중을 다시금 반군부독재전선으로 결집시키는 가장 유력한 방도라는 것이었다. 그래야만 민주세력의 집권과 집권 이후 정치적 전개의 올바른 인도가 가능해진다고 생각했다. 그러나 이들은 근본적으로 선거혁명론의 환상에서 벗어나지 못한 채 지극히 피상적·비과학적으로 연합전선 구축을 사고했다는 문제점을 지니고 있었으며, 실천적인 전술운용 면에서 시기를 상실했을 뿐 아니라 대중의 사회심리적 동향을 제대로 파악하지 못함으로써 오히려 지배세력에게 이용당하는 결과를 낳았다.

끝으로 독자후보운동은 당시 운동권 내 소수파였던 CA 그룹(일명 '선봉' 그룹)과 인천지역민주노동자연맹(인노련)을 중심으로 한 노동운동과 농민운동의 일부, 그리고 문화운동 그룹들에 의해 주도되었다. 이 흐름은 선거 막바지에 가장 뒤늦게 시작되었지만, 짧은 기간 동안 가장 큰 관심을 끌었다. 군부독재 청산이 절망적인 상황에서 등장한 독자후보론 역시 내부구성은 대단히 복잡했지만, 대체적으로 이들은 민족민주운동역량이 상당히 성장했으므로 독자적 정치세력을 꾸릴 때가 되었다는 인식에서 출발했다. 이들은 보수야당과의 차별성 제시, 선거라는 합법공간에서의 운동역량 확대, 민중에 대한 민족민주운동 진영의 정치적 계몽사업 수행, 보수야당과의 올바른 제휴 등의 목적을 위해 민중후보를 추대하자고 공식제의했다.

이 가운데 '선봉' 그룹은 처음에는 기만적 합의개헌안의 내용폭로와 임시혁명정부-제헌의회의 필요성을 강조했으나, 나중에는 선거참여로 전술을 변화시켰다. 독자후보를 세워 선거국면에서 개량주의자의 영향력을 약화시키고, 선거를 민중의 목소리를 대변하는 선전선동의 공간으로 활용하며, 민중정당-민중후보를 중심으로 합법공간에서 이룩한 정치적 성과를 비공개적으로 조직한 혁명적 민주주의연합으로 흡수, 민중혁명의 대로를 향해 진군한다는 것이었다. 이와 달리 인노련은, 민족민주운동의 독자성을 강조하면서 민족민주운동의 정치적·조직적 진출과 군부독재를 종식하고 민주정부를 세우는 것을 선거투쟁의 두 가지 임무로 정식화했다. 이들은 민주연합정부의 수립을 현시기에 달성할 수 있는 최선의 정치적 과제로 보았다. 따라서 독자후보를 매개로 한 민주연합정부 구축을 전제로 후보단일화를 달성하는 것이 가장 중요한 전술이라고 보았다.

이런 내부 논쟁에도 불구하고, 이들의 현실적 실천은 '의도와 현실의 부조화'를 피하지 못한 채 소수자운동의 범위를 넘지 못했으며, 독자유세 실시→민주연립정부 제안→중립사퇴의 길을 걷게 되었다. 그러나 독자후보의 흐름이 독자적 정치세력화를 위한 민족민주운동노선의 선전선동을 수행하고, 만족할 만한 수준은 아니라 해도 그 존재를 대중적으로 객관화시키는 데 공헌한 점은 정당하게 평가되어야 할 것이다.

1987년 대선 과정에서 나타난 민족민주운동 논쟁의 주요 특징 가운데 하나는 극단적 주관주의의 팽배라고 할 수 있다. 객관적 상황이나 조건을 존중하고 그에 근거하기보다, 스스로 당위적 명제를 설정하고 모든 주장과 전술은 그것을 합리화·강화하는 방향으로 동원되는 경향이 강했다. 따라서 각 정파의 주장과 실천의 결과가 정반대로 나타나기 일쑤였다.

이와 관련해 1987년 대선국면에서 전략적 기본과제와 당면 정치적 과제의 결합을 볼 때, 대선을 둘러싼 논쟁에는 두 가지 편향이 있었다. 먼저 좌편향은 변혁임박론 또는 파국론적 정세인식과 부르주아 정치체제의 정치기제에 대한 교조적 비판을 바탕으로 선거공간의 의미를 축소시키고, 단지 선거공간을 통해 변혁적 대의를 대중에게 선전선동할 뿐이라는 전술로 나타났다. 반면 우편향의 대표격으로는 선거공간의 의미를 과대평가하여 선거에서의 승리를 곧 변혁적 권력의 수립과 연결시켰던 선거혁명론이 있다.

앞의 세 가지 후보전술 가운데 과연 무엇이 옳은 것이었는가에 대한 판단은 정세인식의 정확성 여부, 통일전선의 원칙 견지 여부, 주체역량 타산의 현실성 문제, 대중의 사회심리적 동향에 대한 객관적 파악, 운동의 발전전망과 방향성 등을 고려한 가운데 중층적·복합적으로 이루어져야 할 것이다. 그러나 의도와 현실에는 객관적 차이가 엄연히 존재한다는 점에서, 각 입장에 대한 논리적 검토와 함께 실제로 대선국면에서 각 입장의 실천적 활동양태가 어떻게 나타났는지 구체적으로 평가해보는 것이 의미 있는 작업이라고 생각한다.

마지막으로 강조하고 싶은 것은, 운동 진영 내부에 존재하는 전술상의 차이는 분열의 증폭에 따른 운동의 쇠퇴로 나아갈 수도 있지만, 진지한 상호비판과 '차이 속의 연대'전략을 통해 오히려 운동의 발전과 심화를 가져올 수도 있다는 점이다. 문제는 이 차이를 올바르게 조정할 정치력과 그것을 뒷받침하는 주체역량을 얼마나 축적해내느냐에 달려 있다.

조현연

성공회대학교 연구교수로 재직 중이다. 한국 정치를 전공했다. 대표논저로 『복합적 갈등 속의 한국 민주주의』(공저), 『현대 한국정치의 악몽: 국가폭력』, 『20세기 한국의 야만: 평화와 인권의 21세기를 위하여』(공저) 등이 있다.

교원노조 결성을 둘러싼 공방

1989년 5월 28일 공안정국의 파고가 한창 기승을 부릴 때 역사적인 전국교직원노동조합(이하 전교조)이 결성되자 엄청난 사회적 파장이 일어났다. '선생님'이라는 말과 '노동조합'이라는 말의 결합은 '스승이 조직적으로 단결했다'는 것을 의미했다. 이는 한국 교육정책을 일사불란하게 움직이던 세력에게 엄청난 충격이었지만, 그동안 숨죽여 지내며 정부가 하라는 대로 꼭두각시 말단 공무원 역할을 했던 이들에게는 참교사로의 새로운 탄생에 대한 기쁨으로 다가왔다.

합법과 불법의 기로에서

교사의 노동조합 결성운동의 기원은 1960년으로 거슬러 올라가지만, 박정희 정권에 의해 불법화되어 지하로 잠적한 이후 1980년 초 교육민주화운동이 기지개를 켜면서 본격적으로 노동조합 결성운동이 시작되었다. 전교조의 전신인 전교협(민주화를 위한 전국교사협의회)은 1988년부터 1989년 초까지 교육법 개정운동을 전개했고, 그 결과 1989년 3월 9일 국회 본회의에서 "6급 이하 공무원을 포함한 근로자는 노동조합을 조직하거나 이에 가입할 수 있고, 단체교섭을 할 수 있다"는 노동조합법 개정안이 통과되었다.

교원노조 결성권은 합법성을 획득했으나 이 법은 당시 노태우 대통령의 거부권 행사로 공포되지 못했다. 이에 전교조는 국민의 대표기관인 국회의 의사를 따르느냐, 아니면 대통령의 명령에 따르느냐 하는 선택의 갈림길에 서게 되었다. 전교조는 당시 정부의 정통성 부재와 반민주성을 이유로 대통령의 명령을 따르지 않고, 헌법정신에 따라 '법외노조'인 전교조 결성을 강행했다. 전교조 결성 강행은 학교현장의 민주화와 참교육 실천이 시급한 과제이기에 역사적 대의명분인 '정당성'을 위해 '합법성'을 건너뛴 것이었다. 그 결과 전교조는 엄청난 반발에 부딪쳤으며, 결국 1,500여 명의 해직자를 낳고 말았다.

교사는 '노동자'인가

전교조가 합법화된 지금, 당시 전교조 결성을 둘러싼 논쟁을 살펴보는 것은 우리 교육의 미래설계에 중요한 좌표가 될 것이다. 우선 전교조 결성을 전후하여 우리 사회에서는 '교사는 노동자인가'라는 논쟁이 불붙었다. 전교조는 교직이 생산직 노동자와 분명 다르지만 넓게 보면 노동자임을 표방했다. 이에 전통적 입장을 취해왔던 문교부와 대한교육연합회는 강하게 반발했다.

전교조는 '전문직 노동자'로서 교사가 하는 교육활동이 신성한 노동행위임을 천명했다. "교사가 하는 일은 생산직 노동자와는 다르지만, 교사는 정부나 사립학교 재단에 고용되어 임금을 받는 임노동자이고, 교육은 인간의 전면적 발달을 목적으로 사회에 자주적·창조적으로 기여할 수 있는 목적의식적인 인간을 형성하는 고도의 노동행위"라는 주장이었다. 우리나라에서 노동자에 해당하는 법률용어는 '근로자'이다. 헌법과 근로기준법, 노동조합법에 의하면

"근로란 정신적·육체적 노동을 말하며, 근로자란 임금(봉급 기타, 근로의 대가로 지급받는 금품)을 받는 자" 모두를 말한다. 따라서 교사는 분명 고용주체가 있고 고용-피고용의 임용관계에 있으므로 노동자라는 것이었다.

이에 대해 문교부는 교직은 '전문직'으로서 결코 노동직이 될 수 없다는 반대입장을 표명했다. "학자들은 노동이란 인간이 가지고 있는 육체적 또는 정신적 창조력을 제공하는 것이라고 말합니다. 그러나 정신적 창조력을 제공하는 사람은 노동조합을 결성할 수 있는 노동자로 규정하고 있지 않습니다. 정신적 창조력을 제공하는 사람까지 노동자로 규정한다면 대통령을 비롯하여 학자, 예술가, 국회의원 등 노동자 아닌 사람이 없을 것입니다. 따라서 선생님을 노동자로 보는 견해는 잘못된 것이며, 노동자니까 노동조합을 만들어야 한다는 주장도 옳지 못한 것입니다. 선생님은 전문직입니다. 고도의 전문적 지식과 높은 윤리의식을 갖추고 2세 국민을 길러내는 전문직인 것입니다." 교사는 특별한 신분관계에 있는 교육자이기에 교육자에게 걸맞는 조직을 만들어야 한다는 반론을 강하게 표방했다.

교사를 전문직 노동자로 보았던 전교조의 시각은 한국 현실에서 교사의 현실적 상황을 반영한 노동조합의 일반론에 기초한 것이었다. 교사가 밑바닥에서 일하는 일용노동자와 다름없다는 전문성 박탈의 자조적 현실의식과, 교육을 변화시키기 위해서는 단체적 힘을 갖는 개혁적 성격의 노동조합을 결성해야 한다는 상황판단이 작용했던 것이다. 1987년 노동자대투쟁 이후 급속도로 확대된 사무직·전문직·기술직 노동운동을 통해 연구자, 기자, 박사 등이 노동조합을 결성했던 것이 당시의 민주화운동 풍토였다. 교사들은 이런 사회 분위기에서도 큰 힘을 얻었다. 이들만도 못한 대우를 받고 있는 교사들이 '우리도 뭉치면 노동조합을 만들 수 있다'는 자각을 싹틔운 것이었다. 당시 사무직·전문직·기술직 노동자의 범주에 포괄되는 일반사무직을 포함하여 일반기업체 사무원, 병원 간호원, 간호사 등과 연구기관의 연구·기술·기능원, 백화점 점원과 언론사 기자 등 거의 모든 업종과 직업에 걸쳐 노동조합운동의 대중화가 이루어졌음을 감안하면, 전교조 탄생의 사회적 배경을 짐작할 수 있을 것이다.

오늘날 대부분의 교사는 임금 외에 생계수단을 갖지 못한 노동자로 존재하고 있다. 좀 더 자세히 말하면, 교사는 우리 사회에서 요구되는 노동력을 생산하는 과정에 참여하여 특수한 서비스노동(교육)을 제공하는 전문직 노동자임과 동시에, 자신의 노동의 대가로 생계를 유지하는 임노동자이다. 정당한 노동의 몫을 받기 위해 교사가 단결하여 노동조합을 만드는 것은 역사적 발전법칙에 부합하는 행위이다. 교육이 아동의 인격을 대상으로 전문적 노동행위를 하는 교육활동임을 부인할 수는 없을 것이다.

의식화 논쟁과 참교육

전교조 결성은 교사들의 열악한 근무조건에서 비롯된 것이기도 했지만, 근무조건의 중심에는 학생들을 바르게 가르쳐야 한다는 '참교육'의 의지가 강하게 반영되어 있었다는 데 주목해야 한다. 참교육은 흔히 민족교육, 민주교육, 인간화교육으로 상징된다. 그런데 이런 참교육의 내용에 반대하는 세력은 전교조에 이데올로기적 공세를 퍼붓기 시작했다. 전교조가 결성된 지 한 달여가 지나도 전교조 교사의 탈퇴율이 증가하지 않자, 다급해진 문교부는 검찰을 통해 비상조치를 강구하기 시작했다. 지금까지 불법노조 결성이라는 준법적 차원에서 전교조에 대처해오던 것에서 벗어나 전교조의 근간을 이루는 교육이념, 즉 민족·민주·인간화교육을 건드리기 시작했던 것이다. '참교육'을 북한의 민족해방 인민민주주의의 '삼민 이념'(민주·민중·민족)과 동일한 것으로 보고 '공안' 차원에서 접근하여 전교조를 체제도전세력 내지 이적단체로 수사하겠다고 엄포를 놓았다.

1989년 7월 10일 노태우 대통령은 주례 라디오방송에서 "노조 결성을 주도하는 일부 교사들이 이른바 참교육을 내세워 교실에서 6·25는 북침이니 현정부는 반통일세력이니 하며, 노동자·농민·도시빈민·학생과 굳게 연대하여 줄기찬 투쟁을 벌여나가야 한다고 그릇되게 가르치는 것은 방치할 수 없다"며 마녀사냥을 시작했다. 이에 발맞추어 문교부는 전교조의 '참교육'을 위장된 구호라고 지적하며 민족교육=반식민지교육, 민주교육=반파쇼 반독재교육, 인간화교육=민중교육으로 규정하고 사회주의 교육 이념과 동일한 것으로 파악함으로써 검찰의 의도를 그대로 반영했다.

이에 전교조는 '더불어 사는 삶을 가르치는 참교육'을 발표하여 정부의 이데올로기 공세에 대응했다. 전교조는 참교육의 개념을 "개개인의 정신과 육체에 깃들어 있는 생명력을 창조적으로 키우고 발휘할 수 있게 하는 교육이며, 이는 바로 삶을 위한 교육인 것이다. 시험에 뛰어난 소수의 학생뿐 아니라 모든 학생들의 인간다운 삶을 위한 교육이다. 또한 나 혼자만의 삶이 아니라 우리 모두의 삶의 질을 높이기 위한 공동체적 삶의 가치와 태도를 소중히 여기는 교육"이라고 발표했다. 전교조는 독재를 민주로, 분단과 증오를 통일과 화합으로, 이기와 경쟁을 우애와 협동으로 바꾸는 것이 어떻게 자유민주체제를 부정하는 것이냐고 항변했다. 정권이 바뀔 때마다 교과서가 바뀌고 정권유지를 위해 안보논리를 앞세우는 문제, 빈부격차와 공해 문제 등을 똑바로 알게 하는 것이 어떻게 계급투쟁교육이냐고 강조하면서, 이는 자유민주주의를 더욱 공고히 하는 것이라고 항변했다.

교육이란 곧 '의식화'로서, 알게 하고 깨닫게 하는 것이다. 전교조는 민주주의에 대하여, 민족과 나라에 대하여, 자유와 정의와 평등에 대하여, 이웃과 사회에 대하여 '바로 알게' 하는 것이 곧 교육이요 의식화라고 주장하면서, 의식화를 좌경으로 몰아가는 세력은 스스로의 반민주성을 폭로하는 꼴이라고 반박했다. 전교조의 노조설립을 반대하는 논리의 배후에는 전교조가 '참교육을 지향하는 집단'이라는 성격, 즉 사회정치적 개혁을 요구하는 참교육의 내용을 지향하기 때문이라는 의식이 깔려 있었다. 교육을 정치적으로 악용하는 이데올로기적 목적을 가지고 있는 권력집단에게는 참교육이 곱게 보이지 않았을 것이다.

또 전교조가 지니는 '참교육을 지향하는 집단'이라는 성격, 즉 민주적·친노동적·평등지향적·통일지향적 교육내용을 지향한다는 점 때문에, 이데올로기적 편향성을 갖는 권력집단에게 이것이 곱게 보이지 않았음은 불을 보듯 명확한 일이었다. 전교조를 탄압하는 기제로서 보수적인 교육관이 팽배한 한국사회에서 법을 지켜야 할 공무원인 교사가 '실정법을 위반하는 불법집단'이 되었음을 부각시키며, 분단국가임을 이용하여 국가의 근본을 흔드는 친북용공집단으로 매도하는 이데올로기 덧칠을 통한 '매카시 선풍'을 일으키는 것은 전교조를 이적시하여 분쇄하고 발본색원하는 데 효과적이었을 것이다.

이런 이데올로기 공방의 긴 터널을 지나는 동안 참교육을 구현하고자 했던 많은 해직교사들은 복직될 때까지 거리의 교사로 살면서 암울한 고통의 세월을 보내야 했다. 지금 교원노동조합을 결성한 교사들은 모두 복직되어 교사생활을 하고 있으나, 이렇게 되기에는 10여 년이라는 긴 세월이 필요했다.

엄청난 희생을 치르고 탄생한 전교조의 결성은, 첫째, 비민주적 교육현실을 개혁하는 민주화였다는 데 그 의미가 있다. 둘째, 일반국민의 교육적 자각뿐 아니라 교사 자신들의 교육자적 양심을 일깨워주었다는 교육적 의미가 있다.

셋째, 교육의 중요한 기능인 이데올로기 영역을 정권의 마음대로 움직이는 관료주의 교육을 차단하는 의미가 있다. 넷째, 전교조 합법화는 교원의 교육정책 결정참여권을 인정하는 것으로, 교육정책을 사회적 합의를 통해 결정하는 시민사회의 민주적 단초를 여는 시작의 의미를 갖고 있다. 다섯째, 전교조운동은 한국사회의 민주화를 위해 교사집단의 사회적 권리의 구현뿐 아니라, 사회의 민주화라는 전반적인 변혁의 의미가 있다. 여섯째, 교육의 노동자성을 강조함으로써 봉건적·친자본적 교육체제를 자유와 평등, 그리고 복지의 교육체제로 전환하는 의미가 있다. 일곱째, 교육이라는 행위가 오랫동안 축적된 기존의 지식을 전달하는 보수적 기능과 함께 새로운 지식과 가치를 개발하고 형성하는 사회변혁의 기능을 한다는 역사적 의미가 있다.

심성보

부산교육대학교 윤리교육과 교수로 재직 중이다. 교육철학/사상을 전공했다. 대표논저로 『도덕 교육의 새로운 지평』, 『민주화 이후의 공동체 교육』, 『도덕 교육의 이론과 실제』(공저) 등이 있다.

노동운동과 제3자개입금지 조항

제3자개입 논쟁은 1980년 5·17사태(전두환 쿠데타) 이후 제5공화국 국가보위입법회의에서 신설된 노동법상의 '제3자개입금지' 조항의 적용과 해석을 둘러싸고 일어났다. 1980년 12월 31일 개정 노동법은 유신 정권의 규제보다 더 가혹하여 '노동법 개악'의 절정을 이루었다. 여기에 포함된 신설 규정의 하나가 제3자개입금지 조항(노동조합법 제12조의 2, 노동쟁의조정법 제13조의 2, 노사협의회법 제27조)이다. 조항 내용은 "직접 근로관계를 맺고 있는 근로자나 당해 노동조합 또는 법령에 의하여 정당한 권한을 가진 자를 제외하고는 누구든지" 노동조합활동을 "조정·선동·방해하거나 기타 이에 영향을 미칠 목적으로 개입하는 행위"를 금지하고, 위반자는 징역형(3년 이하 또는 5년 이하) 또는 벌금형의 중죄로 처벌하도록 규정한 것이었다.

노동법 개악과 민주노조의 대응

이 조항은 유신 말기에 민주노조 탄압의 일환으로 정부와 어용 상층노조가 모색하던 것을 이어받아 1980년 노동법 개악을 통해 마침내 명문화된 것이었다.

노동3권이 전면 금지되다시피 한 유신 노동정책 아래서 노동조합 상층부는 체제에 안주하여 각종 정부조치에 대해 지지성명을 내고 유신체제가 표방한 노사협조주의를 그대로 수용하면서 경제투쟁조차 포기하고 있었다. 하지만 기업별 단위노조 수준에서 기층 노동자의 절실한 요구에 대한 관철운동이 서서히 시작되었다. 그리고 마침내 1979년대 말에 가서는 노동조합 내부에서 타협주의적·비자주적 노조와 민주노조의 갈등 및 긴장관계가 팽팽해졌다. 그리하여 정부의 지원을 받은 노조 상층부에 의해 '조직활동대'가 편성되어 민주노조운동의 파괴·감시에 활용되는 등 민주노조 탄압에 한국노총 및 그 산하 산별조합이 적극적으로 나섰다.

이런 어려움을 겪던 민주노조들은 자연히 민주노조의 상호연대를 모색하기 시작했다. 극심한 탄압을 이겨내기 위해 외부의 지식인·종교단체·기타 유관단체 등과 연대를 꾀하여, 이를 통해 사회에 여론화하고 지원을 요청하며 민주노조 사수를 위해 안간힘을 다했다. 이에 노조 상층부는 정부에 노조활동에 대한 제3자개입을 막는 입법을 요청하기도 했다. 특히 YH사건을 계기로 정부와 노조 상층부는 산별노조의 하부조직에 대한 통제력 강화 및 외부세력 개입배제 등을 내용으로 하는 노동법 개정을 구상했다. 이것이 1980년 개정에서 '제3자개입금지' 조항으로 모습을 드러냈다.

제3자개입금지 조항은 1980~90년대 노동통제의 주요무기 가운데 하나가 되었다. 특히 전국노동조합협의회(전노협)를 비롯한 민주노조와 노동운동가들을 탄압하고 노동조합의 연대를 철저히 금지하는 데 가장 유력한 무기로 사용되었다. 이 법이 등장한 뒤부터 수많은 노조간부 및 열성 조합원, 기타 노동운동가들이 이 조항에 의해 처벌받았다. 특히 1987년 6월항쟁과 노동자대투쟁을 거쳐 노동운동이 활기를 띠자, 이 조항에 의한 처벌도 급격히 증가했다.

전두환 정권 때 시작되어 노태우 정권 시기에 본격 가동된 '노동대책회의' 및 '산업평화와 노사안정을 위한 관계장관대책회의'(일명 청와대대책회의)에서 논의된 회의자료들에는 빠짐없이 대책의 하나로 "제3자개입 사례를 엄밀히 조사하여 강력한 처벌"을 해야 한다는 항목이 있었다. 1990년대에는 대표적인 노동조합 연대조직 2개를 와해하는 데 이 조항이 가동되었다. 1990년 1월 20일 전노협 결성 이후 정부는 대통령이 직접 주재하는 청와대 대책회의를 개최하여 전노협 와해 종합방침을 발표하고, 전노협의 조합활동 자체를 '제3자개입'으로 보고 대대적인 구속·수배조치를 내리는 한편, 전노협 탈퇴강요 등 지속적인 탄압을 가했다. 그해 12월 9일 전국의 16개 대기업 노동조합 중심으로 '연대를 위한 대기업노동조합회의'(이하 연대회의)가 결성되었다. 1991년 2월 8일 연대회의 소속 대우조선 노조가 단체협약 갱신을 둘러싸고 파업에 돌입하고, 연대회의 소속 노조간부들이 공동수련회에서 대우조선 지원방안을 논의하자, 정부는 바로 참석 간부들을 대량연행, 노쟁법상 제3자개입금지 조항위반으로 구속했다. 이 사건으로 구속 중이던 한진중공업노조위원장(박창수)은 기관원의 전노협 탈퇴종용을 거부한 뒤 옥중 의문사했다. 통계에 의하면 1988년에서 1995년까지 이 조항에 의한 구속노동자 수만 163명에 이르렀다(『전노협백서』, 1997).

노·사·정의 공방

　이 조항을 둘러싼 논쟁에서는 학자들 간의 의견대립은 별로 없었고, 주로 노동법 개정운동 및 구속자 법정투쟁 과정에서 노·사·정의 본격적인 공방이 벌어졌다. 제5공화국 노동법 개정 직후의 논의는 1981년판 각 노동법 교과서에서 가볍게 조문해석을 하는 정도였는데, 당시 교과서들은 이 조항의 신설을 당연한 것으로 전제하는 듯 주석 없이 조문만 소개하거나 "노동조합의 자주단체로서의 본질성을 침해하는 제3자의 개입을 명문으로 금지하고 있다"는 등의 견해를 피력하는 데 그쳤다(김형배, 박상필, 심태식 등). 다만 유일한 비판적 견해로 "우리나라의 현실로 보아 이 조항의 입법취지는 충분히 이해가 가지만"이라고 전제하면서 "제3자의 개입행위가 불법인 경우에는 형법 등의 타법률에 의해 해결할 수도 있을 것이고 반대로 합법적·합리적인 개입은 마땅히 인정되어야 할 것이며, 노동 문제의 전문가·대학교수 등에 의한 합법적인 지원 등은 오히려 권장할 만한 것으로 이를 저지함은 부당하다"는 의견이 있었다(김치선).

그러나 1983년부터는 이 조항에 의한 피해상황이 서서히 드러나면서 일부 연구자와 노동현장에서 문제를 제기하기 시작했다. 우선 신인령은 논문 「노동기본권 옹호를 위한 현행 노동관계법 소고」(1983)에서, 이 조항은 헌법이 보장한 노동기본권의 내용인 노동조합 결성 및 조합활동 자유를 본질적으로 침해하는 제한으로서 무효이므로 개정·삭제할 것을 주장하여 적극적인 비판의 포문을 열었다. 노동운동에서는 노동법 개정투쟁이 1980~90년대 주요과제 중 하나였다. 이 시기의 운동은 집요한 노동악법 개정투쟁으로 일관했다. 먼저 1984년 해고노동자조직인 '한국노동자복지협의회'의 노동법 개정안이 위 논문과 같은 취지의 주장을 담고 있었고, 1988년 민주노조 연대조직인 '노동법개정전국노동조합특별위원회' 및 '전국노동법개정투쟁본부', 1991년 'ILO기본조약비준및노동법개정을위한전국노동자공동대책위원회', 1996년 '전국민주노동조합총연맹'의 노동법 개정안도 한결같이 "위헌이므로 동조항의 삭제"가 필요하다고 주장했다. 특히 6월항쟁 이후 노동법 개정투쟁이 본격 전개되어, 각종 노동법 개정 토론회 및 연구회·공청회 등이 열리면서 폐지론과 존치론이 본격적으로 팽팽하게 맞섰다.

폐지론

① 신인령은 1988년 6월 노동법개정전국노동조합특별위원회 주최 노동법 개정을 위한 공청회, 1988년 12월 국회 노동위원회 주최 노동관계법 개정 공청회, 1991년 10월 전국노동조합협의회와 전국업종노동조합회가 공동주최(ILO공대위 주관)한 ILO 가입과 노동법 개정을 위한 공청회, 1992년 12월 노동법학회 주최 노동관계법 공동학술세미나 등에서 토론자 또는 주제발표자로 참여하여 다음과 같은 요지로 발표했다.

"제3자개입금지 조항은 근로자와 노조의 연대활동권 침해조항이므로 당연히 삭제되어야 한다. 노동조합의 본질은 자주성과 연대성이다. 특히 근로자의 연대는 오늘날 그 자체가 '근로자의 모럴'로 인식되고 있다. 현행법상의 이른바 제3자개입금지 조항은 근로자의 연대를 근원적으로 침해하는 것은 물론, 노조 결성 및 조합활동에 대한 부당한 간섭·제한의 기능을 한다. 한편 제3자 입장에서 보면 헌법상 보장된 표현의 자유 등 다른 시민적 기본권에 대한 침해이다. 또한 그 규정내용이 막연하여 죄형 법정주의 원칙에도 위배된다. 만일 제3자가 불법한 것을 선동·지원한다면 형법으로 처벌될 것이며, 적법한 것을 지원한다면 적극권장되어야 할 사회적 이익이 있기 때문에 이 같은 조항은 노동관계법이 규정할 성질도 아니며, ILO 조약 87호의 취지에도 저촉된다."

② 박훤구(한국노동연구원 부원장)는 국회 노동법 개정 공청회에서 "동법조항은 오히려 일반인의 노동관계법에 대한 불신을 조장하는 결과를 빚을 우려도 있음. 또한 이제부터는 노조에 대하여 관의 지나친 보호시각에서 노조의 자생력, 자주적 대응노력의 배양으로 정책 시각이 바뀌어야 할 것임. 이와 같은 견지에서 (…) 폐지주장이 보다 설득력이 있다고 생각됨"이라고 했다.

③ 임종률(성균관대 교수)은 1996년 5월 17일 민주노총 주최 정책세미나 '노동법 개정과 노사관계 개혁방향'에서 "제3자가 개입한다 하여 반드시 노동조합의 자주적 의사결정이 왜곡·방해되는 것은 아니라는 점, 제3자가 적법한 단체교섭이나 쟁의행위를 하도록 조력한 경우 또는 제3자가 위법한 행위를 하라고 했으나 노동조합이 이를 실행하지 않은 경우에도 처벌될 수 있다는 점, 헌법재판소는 노동조합의 자주적 의사결정이 침해되지 않는 단순한 조력은 이 규정 아래서도 허용된다고 판단했지만 그런 성격의 조력행위와 그 밖의 개입행위를 구별하기 어려워 자의적 처벌의 우려가 있다는 점, 제3자가 노동조합에 위법행위를 행하도록 개입한 경우 형법상 공범의 원리에 의하여 처벌할 수 있다는 점 등을 볼 때 이 규정은 폐지되어 마땅하다"고 논했다.

존치론

① 황정현(경총 전무이사)은 위 국회 노동법 개정 공청회에서 다음과 같은 이유로 동규정이 견지되어야 할 것이라고 주장했다. "기업 내 노사 문제는 노사 당사자가 자율적으로 해결함이 바람직함. 외부세력이 개입할 경우 기업실정을 무시한 무책임한 행동으로 오히려 건전한 협상에 지장을 줌. 현행 노조법에서도 변호사나 학자 등 선의의 제3자가 정당한 노조활동 및 단체교섭을 위한 정보·지식을 제공할 수 있음. 노조법이 금지하는 것은 노사관계에 제3자가 불법적으로 개입하여 건전한 관행정착을 방해하는 경우뿐임. 또한 동조항의 조정·선동·방해라는 개념이 불명확하다고 주장하기도 하나, 만약 그러하다면 시행령에서 그 내용을 예시적으로 구체화하여 부당하게 확대되지 않도록 하면 족할 것임."

② 김병석(한국노총 정치국장)은 위 같은 공청회에서 "최근 노동 문제에 대한

정치적·사회적 관심이 더욱 높아지면서 노동조합에 대한 이해나 경험이 전혀 부족한 학생·목사·재야인, 심지어는 정치인까지 노동조합의 조직과 운영에 깊숙이 개입하여 당해 근로자의 의사와는 관계없이 조직분규나 노사분규를 악화시킴으로써 오히려 근로자의 이익에 반하는 부정적인 사례가 많으므로, 동조항을 전면삭제할 것이 아니라 외부인의 부당한 개입을 방지하고 노동조합의 자주적 운영을 기할 수 있도록 이를 보완하여 당해 노동조합이 요청하는 정당한 권한을 가진 자는 제3자가 아니라고 개정하여야 한다"면서 '삭제'가 아닌 '보완'의견을 냈다.

한편, 법원에서 이 조항이 적용된 유죄판결이 다수 나온 가운데, 헌법재판소가 이 조항의 위헌 여부를 판단하게 되었다(청주 도시산업선교회 사건, 제청신청인: 정진동, 대리인: 변호사 한승헌 외 3인, 헌법재판소 90.1.15. 전원재판부결정, 89헌가103). 이 사건에 대하여 헌법재판소는 재판관 5(합헌) : 3(한정합헌) : 1(위헌)의 다수결로 동 법조항이 합헌이라고 결정했다. 이 사건에서 각 당사자 및 유관기관의 의견과 헌법재판소의 의견은 다음과 같았다.

① 제청법원(청주지법)의 제청이유요지: '존치론'의 주장과 대체로 같음.

② 정부(법무부장관, 노동부장관, 검찰 측)의견 요점: 법 제13조의 2는 노동관계 당사자를 조정·선동·방해하는 등 무분별하게 쟁의행위에 관여해 노동운동의 순수성·자주성을 교란하고, 특정한 정치적 목적에 쟁의행위를 악용하려는 행위를 금지할 뿐, 제3자의 조언이나 조력을 포괄적으로 금지하는 것이 아니다. 개입행위는 목적범으로 규정되어 있어 확장해석될 여지가 없다.

③ 헌법재판관의 의견: 다수의견(조규광·이성렬·한병채·최광률·김문희 재판관)은 정부 의견과 유사했고, 한정합헌의견(김진우·이시윤 재판관)은 이 조항의 적용범위를 좁혀 적법한 쟁의행위 과정에 제3자가 개입한 경우에는 적용되지 않는다고

한정해석하는 것을 조건으로 그 한도 내에서 합헌이라 했으며, 보충의견 및 한정합헌의견(김양균 재판관)은 "누구든지 '정당한 이유 없이' 쟁의행위에 개입하여 '쟁의행위를 발생'케 한 경우"에 적용하는 것을 조건으로 헌법에 위반되지 않는다는 결정을 내려야 한다고 주장했으며, 반대의견(변정수 재판관)은 위 신인령·임종률의 의견과 대동소이했다.

요컨대, 정부와 사용자 및 한국노총, 그리고 헌법재판소의 다수의견은 존치론을, 학자들과 청주지방법원 및 헌법재판소 소수의견은 폐지론을 각각 주장했다. 학자들 가운데는 적어도 존치론을 적극적으로 주장하는 이는 발견되지 않았다.

노동입법의 적정선을 판단하는 기본원칙에 입각하면, 적정한 노동법은 헌법상 노동기본권을 비롯하여 기본적 인권보장 규범에 적합해야 하고, 오랜 역사적 경험을 통해 획득한 보편적 입법관념인 노동자연대를 본질로 하는 단결자치를 보호 촉진하는 입법이어야 하며, 노동자의 힘의 불균형과 전근대적 노사관이 지배하고 있는 우리 사회의 현실극복이 담보된 입법이어야 한다. 이런 기준에 비추어 제3자개입금지 조항은 위헌적·반노동법적·비현실적 악법임이 분명하다. 유감스럽게도 1997년 개정노동법에서는 앞에서 본 한국노총 인사의 주장과 같이 이를 삭제하지 않고 보완 형식으로 개정하는 데 그쳤다.

신인령

이화여자대학교 법과대학교수와 총장을 지내고 2006년 7월 퇴임했다. 2005~06년 사법제도개혁추진위원회 민간위원, 2007년 10월부터 교육인적자원부 법학교육위원회 위원장을 지내기도 했다. 노동법을 전공했다. 대표논저로 『노동인권과 노동법』, 『지구화와 여성 시민권』(공저), 『법여성학』(공저), 『세계화와 여성 노동권』 등이 있다.

노동자의 정치참여 논쟁

우리 사회에서 노동자 정치참여를 둘러싼 격렬한 논쟁이 벌어진 것은 1980년대 이후였다. 이전에는 이 문제로 인해 논란이 일어날 소지가 별로 없었다. 해방정국에서 1950년대까지는 노동자의 정치참여가 너무나 당연하게 받아들여졌고, 5·16 군부쿠데타세력이 국가권력을 장악한 이후에는 노동자가 정치에 참여하지 않는 것이 당연하게 받아들여졌기 때문이다. 실제로 군부통치가 민정으로 넘어갈 무렵, 한국노동조합총연맹(이하 한국노총)은 자유당 시절의 정치참여가 초래한 폐해를 강조하면서 정치적 중립을 선언했다.

그러나 1980년대에 접어들면서 이전과는 상황이 달라졌다. 한편에서는 정·관·재계와 시민사회에 포진해 있는 보수세력과, 산업화의 진전으로 수적으로 급팽창했으나 소외와 억압의 굴레에서 벗어나지 못한 노동자를 대변하려는 재야 민주개혁세력 간에 노동자의 정치참여를 둘러싸고 격렬한 논란이 발생했다. 다른 한편에서는 비합법 전위정당을 통한 정치참여를 주장하는 급진 민주세력과 합법 대중정당을 통한 정치참여를 주장하는 온건 민주개혁세력 간에 노동자의 정치참여 방식을 둘러싸고 논쟁이 일어났다.

노동자 정치참여를 둘러싼 보수지배집단과의 갈등

이렇듯 1980년대 들어 노동자의 정치참여를 둘러싸고 격렬한 논쟁이 일어나게 된 데는 여러 가지 요인이 있었다.

첫째, 자본주의적 산업화가 급속하게 진전됨에 따라 노동자 수는 급증했는데, 이들 대부분이 생계비수준에도 못 미치는 임금과 열악한 노동조건에서 노동하게 됨으로써 엄청난 불만이 누적되었다. 그러나 이들은 자신의 불만과 일상적 요구를 관철시키기 위한 어떤 집단적인 노력, 즉 정상적인 노조활동은 물론 노조설립마저도 국가나 그것의 강력한 지지와 후원을 받는 자본가들의 탄압에 직면해야 했다.

둘째, 1980년 5월의 봄을 포함한 1970년대 말까지의 민주화투쟁에 대한 반성이 있었다. 기층대중(운동)과 결합하지 않은 민주화운동은 실패할 수밖에 없으며, 주어진 법과 제도의 틀 내의 합법투쟁으로는 민주화를 이룩할 수 없다는 반성으로 거듭난 정치·사회활동가와 이론가(주로 학생운동 출신)들이 대거 등장, 기층대중을 조직화하고 정치운동에 동원하려고 시도하게 되었다.

셋째, 국가와 자본가에 대한 불만이 대단히 높고 이를 해소하기 위한 모든 노력이 좌절될 수밖에 없었던 노동자대중과 그들의 불만과 요구를 대변하고 이들을 동원하여 민주화를 실현시키고자 했던 활동가들이 1980년대 중반부터 본격적으로 결합하기 시작했다. 양자의 결합은 1987년 6·29선언 이후 국가권력이 일시적으로 무력화되면서 신생노조의 결성과 어용노조의 민주화로 폭발적으로 표출되었다.

넷째, 1980년대 중반 이후 꾸준히 전개된 재야세력과 학생 중심의 민주화투쟁은 6·29선언이라는 군부집권세력의 항복을 끌어냈고, 그에 따라 대통령 직선제를 위한 개헌과 선거가 진행되었다. 이런 상황에서 두 번째에서 논의한 활동가와 재야인사들은 노동자 등 기층대중의 정치세력화를 적극적으로 추진했다. 일부는 기존 보수정당과 별개로 독자적인 진보정당을 시도했고, 다른 일부는 기존 정당 가운데 상대적으로 진보적이라 여겨지는 정당을 지지함으로써 정치적 영향력을 확장하려 했다.

이런 상황에 직면하여 정치적으로나 사회경제적으로 노동자를 배제함으로써 기득권을 유지해왔던 군부세력과 자본가집단 및 보수언론인을 비롯한 보수지배집단은, 물리적 강제력을 비롯해 반공이데올로기나 경제성장 제일주의 이데올로기를 총동원하여 노동자의 정치참여는 물론 노조결성과 자율적 활동에 대해서도 격렬한 비판을 제기했다. 어용으로 지탄받던 한국노총은 이전과 같은 노동조합주의(실제로는 노사협조주의)노선과 활동으로는 회원 조합원조차 다 잃어버릴 것이라는 위기의식에서 1988년 말 국가권력과 자본으로부터의 자주성과 미국노총(AFL-CIO)식의 정치활동을 선언하게 된다. 다른 한편, 노동운동가나 재야인사들은 노동자의 요구를 관철시키기 위해 개별사업장에서 민주노조와 새로운 전국적 구심체(제2의 노총)를 건설하는 것과 함께, 일반국민의 지지를 획득하기 위해 정권과 재벌을 비롯한 지배집단의 반민중성과 종속성, 그리고 파시즘적 폭력성을 폭로하면서 대중집회나 시위 또는 정당 건설과 선거운동 등의 정치활동을 적극 전개했다.

노동자의 정치참여를 둘러싼 논쟁과 갈등은 재야 민주화운동세력과 보수지배집단이 정치·경제·사회·이데올로기 등 거의 모든 영역에서 벌인 투쟁과 갈등에서 중요한 부분을 이루었고, 그만큼 격렬할 수밖에 없었다.

"좌익세력·정치세력에 이용될 수 있어"

노동자들의 정치참여활동, 즉 자본가를 대상으로 교섭이나 단체행동을 통해 임금인상이나 노동조건 개선을 도모하는 일상적 활동을 넘어서, 국가나 일반국민을 대상으로 파업·집회·시위 등 단체행동을 하거나 선거에서 특정 정당 혹은 후보를 지지하는 활동을 반대하는 입장은 크게 세 가지로 구분된다.

하나는 공안기구나 극우반공단체 등 극우집단과 계몽되지 않은 자본가들의 주장으로, 노동자의 정치참여를 허용할 경우 반체제세력이 국가와 자본주의·자유민주주의체제를 전복하고 사회주의혁명을 이룩하기 위해 노동자들의 파업 등 집단행동을 악용할 것이기 때문에 노동자의 정치참여를 허용해서는 안 된다는 것이다. 이들은 6·29선언 이후 급속히 확산된 임금인상투쟁이나 신규노조 건설 또는 어용노조의 민주화투쟁을 자연발생적인 것으로 보지 않고, 국내 좌익이나 재야 운동권, 심지어 북한의 사주를 받은 정권 타도투쟁에 이용당하는 것으로 인식했다[부천상공회의소, 1987: 당시 민정당 국회의원이 급격히 증가하는 노사분규의 원인을 파악하기 위해 노사 양 당사자와 면담을 추진했는데, 여기서 대부분의 재벌총수들이 이런 시각을 가지고 있음이 확인되었다(우병규, 1987). 당시 민정당 지도부는 물론 노동부 관료들도 똑같은 시각을 가지고 있었다(윤성천, 1989; 함종한, 1988). 자유총연맹 등 관변단체들도 마찬가지였으며, 지금까지 이런 생각을 버리지 않고 있다(유관환, 1997). 극우반공세력을 대변하는 한 정치평론가는 "현실사회주의의 붕괴 이후 비록 노동운동에서 이데올로기가 탈색되긴 했지만, 그 잔영은 남았다. '노동자의 정치세력화' 추구가 그 대표적인 예이다"라고 단정짓기도 했다(조남현, 1998)].

다른 하나는 정치적·이데올로기적 이유로 노동자 정치참여를 반대하는 극우 반공의 냉전적 입장과 달리, 노동자의 정치참여가 기업경영의 장애물이 된다는 경제적 이유에서 노동자의 정치참여를 반대한다. 이 입장에 의하면, 노동조합의 본래적 목적이 사업장(경제 영역)에서의 임금과 근로조건 등 노동조건의 개선이고, 이에 관해서는 법에 잘 규정되어 있기 때문에 선거참여는 물론 여타 정치활동도 해서는 안 된다는 것이다. 그럼에도 노조가 선거에 참여하는 등 정치에 직접참여할 경우 사업장이 정치화되고, 정치적 이유로 파업을 할 경우 개별기업주들이 통제할 수 없어 기업의 정상적 운영을 어렵게 하며 결국 국민경제를 위기에 몰아넣기 때문에 노동자의 정치참여는 허용되어서는 안 된다고 주장한다(조남현, 1998; 이국돈, 1991).

지금까지 살펴본 두 입장이 지배집단의 관점에서 노동자의 정치참여에 반대했다면, 마지막으로 살펴볼 입장은 자유주의적·실용주의적 관점에서, 따라서 상대적으로 더 노동자적인 관점에서 노동자의 정치참여에 반대했다. 이들은 대체로 미국노총(AFL-CIO)의 실리적 조합주의를 모델로 했으며, 우리 사회는 민주주의를 지향한다는 점에서 원칙적으로는 노동자의 정치참여에 찬성한다. 그러나 이들은 노조활동의 효율성이라는 실용주의적 관점에서 노동자의 정치참여는 노조의 본래적 목적을 달성하는 데 오히려 장애가 된다고 주장했다. 따라서 이들은 노동자의 정치참여에 원칙적으로 찬성하면서도 실제로는 반대하고 있다. 이들이 제시하는 이유는 다음과 같다. 노동자의 정치참여를 허용할 경우 일부 노조간부나 정당이 정치적 목적(예를 들어 권력획득이나 선거 당선)을 위해 노동자를 동원함으로써 (다양한 정치적 견해를 가지고 있는) 노동자들을 분열시킬 수 있고, 노조가 특정 정당과 밀접한 관계를 맺을 경우 정당의 시녀가 될 수 있으며, 그 결과 노조는 기업주와 협상에서 불리한 위치에 놓이게 되어 본래적 목적을 효율적으로 달성하기 어렵다는 것이다(박세일, 1991; 김수곤, 1991, 1995; 박기영, 1990).

이상 노동자의 정치참여에 반대하는 이유를 간략하게 정리하면, 노동자의 정치참여를 허용할 경우 불순한 (때로는 북한의 사주를 받는) 좌익세력이나 일부 노조간부들이 순진무구한 노동자를 이용하여 체제를 전복하려 하거나 개인의 정치적 야망을 실현하고자 할 것이며, 그렇지 않은 경우에는 정치적으로 다양한 견해를 가진 노동자들이 대립·갈등하거나 노조가 특정 정당에 예속되어 노동조합의 본래 목적을 달성하는 데 커다란 장애를 초래한다고 주장하고 있다.

"정치참여는 인간의 기본권이자 권익향상에 필요"

노동자의 정치참여에 찬성하는 이들이 제시하는 이유는 크게 두 가지이며, 논자에 따라 두 가지 중 하나 또는 모두를 제시하고 있다. 하나는 노동자의 정치참여는 민주주의사회에서 반드시 인정되는 노동자의 기본권에 속하기 때문에 허용되어야 한다는 것이다. 다른 하나는 정치·경제와 밀접하게 결합되어 있는 현대 자본주의, 즉 국가독점자본주의사회에서는 사업장(또는 경제영역)에서의 활동만으로는 노동자의 임금인상 및 노동조건 개선은 물론, 물가·세금·교육·환경 등 생활여건 개선을 실현하는 데 명백한 한계가 있다는 것이다. 게다가 기존 정치권에는 노동자의 요구나 이익을 진정으로 대변하거나 그럴 의지(또는 능력)를 가진 정당(또는 정치인)이 없다. 따라서 노동자들이 스스로의 권익을 향상시킬 수 있도록 하기 위해 그들의 정치참여가 허용되어야 한다고 주장한다.

이런 이유에서 노동자의 정치참여에 찬성하는 이들이 제시하는 구체적 정치참여 방식에는 상당한 차이가 나타난다.(각기 다른 방식의 정치참여를 주장하는 이들은 자신이 주장하는 방식 외에 대해서는 비판적이다. 따라서 정치참여의 의미를 어떻게 규정하느냐에 따라 특정한 방식을 주장하는 논자는 다른 의미의 정치참여에는 반대하는 것이라고 할 수 있다. 예를 들면 전위정당을 통한 정치참여를 주장하는 이의 입장에서는 다른 방식의 정치참여를 주장하는 이들은 노동자의 정치참여에 반대하는 것으로 인식될 수 있다.) 하나는 주로 미국의 AFL-CIO와 1988년 이후 한국노총이 추구해온 정치참여 방식으로, 특정 정당과 중장기적으로 연대하거나 그것을 지지하지 않고 그때그때 사안에 따라 노동자나 노조의 요구와 이익을 대변하는 후보를 소속 정당에 관계없이 지지하는 것이다(한국노총, 1988).

다른 하나는 기존 (친)노동자정당과 중장기적인 연대와 지지의 관계를 맺고 선거에서 그 정당(의 후보)을 지지하며 이를 통해 자신의 요구나 이익을 관철시키거나, 그런 정당이 없을 경우 노조가 단독으로 또는 다른 세력과 함께 그런 정당을 만들어 선거에 참여하고 국가기구에 진출하는 방식이다(이춘선, 1988; 나문섭, 1988; 김윤환, 1989; 김세균, 1989, 1997; 손호철, 1996; 황태연, 1996).

이는 다시 기존 정당(주로 제1야당인 동시에 호남 출신 주민에 주요 기반을 둔 평민당, 민주당, 국민회의 등에 대한)에 대한 비판적 지지와 노동자와 민중을 위한 독자정당 건설 및 이를 통한 선거참여, 그리고 선거참여보다는 대중투쟁에 의한 탈자본주의사회 건설을 지향하는 전위정당을 통한 정치활동 등 세 가지 입장으로 나뉜다.

기존 정당·정치인에 대한 비판적 지지를 주장하는 이들은 사회주의혁명에 앞서 반#봉건적 지역감정을 극복해야 하고, 또한 극우반공세력이 검·경찰과 안기부 등 물리적 강제력을 장악하고 있는 데다 반공이데올로기가 시민사회에 널리 확산되어 있기 때문에, 완전한 부르주아 민주주의를 실현하기 위해서는 저항적 지역주의를 지향하며 친노동자적·민주개혁적 야당을 지지해야 한다고 보았다(황태연, 1996).

반면, 노동자와 민중을 위한 독자정당 건설을 통한 정치참여를 주장하는 이들은 한국사회의 야당, 특히 저항적 지역주의로서 지역감정을 이용하려는 평민당(민주당, 국민회의)이 결코 친노동자적이지도 않으며 민주개혁을 적극적으로 지지하지 않을 뿐 아니라(오히려 자신의 '작은' 기득권을 지키거나 국가권력을 장악하기 위해 극우반공세력과 적당히 타협하려고 할 뿐만 아니라), 저항적 지역주의로는 지역감정을 해소하는 것이 불가능하기 때문에 노동자와 민중의 독자정당을 건설해야 한다고 주장한다(손호철, 1996).

끝으로, 노동자가 사업장의 범위를 넘어 국가를 대상으로 활동해야 한다는 의미에서 정치참여에는 찬성하지만, 선거참여나 정당·후보에 대한 정치자금 제공이라는 의미에서 노동자 정치참여를 반대하는 입장이 있다. 이들은 혁명적 노동조합주의 또는 혁명적 사회주의(또는 전위정당론)의 입장에서 노동자가 부르주아 정치제도인 선거에 참여할 경우 개량화되어 노동운동의 궁극적인 목표인 사회주의 건설이 좌절되기 때문에 합법 대중정당을 통한 노동자의 정치참여는 거부해야 한다고 보았다. 물론 이런 이유에서 노동자의 정치참여에 반대하는 이들은 다른 의미에서의 정치참여, 즉 혁명적 정당가입과 활동에는 찬성했다(김세균, 1989, 1997).

끝나지 않은 혼란과 논쟁

노동자의 정치참여를 둘러싸고 1980년대 후반 이후 지금까지 전개된 논쟁을 통해 다음 세 가지 특징 내지 문제점을 발견할 수 있다. 하나는 자본주의와 부르주아 민주주의의 성격이나 전망에 대한 관점(또는 이데올로기적 요소)에는 냉전적 요소가 강하게 개입되어 있었기 때문에 감정적 측면에서 진행되었다는 점이다. 다른 하나는 노동자의 정치참여에 대한 찬반입장은 노동자의 정치참여 방식에 대한 입장과 밀접하게 연관되어 있다는 점이다. 마지막으로 '노동자의 정치참여'에 대해 명확하게 개념정의를 하지 않아 불필요한 논쟁과 혼란이 야기되었다는 점이다(주로 노조의 정치활동, 노동자의 정치세력화, 정치투쟁 등의 개념이 혼재된 채 사용되어 더욱 혼란스러웠다).

정영태

인하대학교 사회과학부 교수로 재직 중이다. 한국 정치사회를 전공했다. 대표논저로 『선거와 시민사회』, 『노동조합과 사회개혁』, 「민주노동당 지지층의 투표행태와 정치의식」 등이 있다.

보안감호처분

보안감호처분은 출소한 반국가사범을 다시 감옥에 구금하기 위한 것으로, 1975년 7월 16일 사회안전법이 제정되면서 시행되어 1989년 이 법이 폐지될 때까지 존속되었다. 사회안전법은 보안감호처분 외에 그보다 가볍다고 할 수 있는 주거제한처분, 보호관찰처분도 규정하고 있었다. 사회안전법의 적용을 받은 사람들이 얼마나 되는지는 당국이 공개하고 있지 않아 그 숫자를 정확히 알 수 없으나, 1980년 당시 대략 1만 명으로 집계되었다. 그중 보안감호처분을 받은 사람은 100여 명이었던 것으로 알려졌다.

유신 정권과 사회안전법

사회안전법이 제정된 것은 유신 정권이 노골적 인권탄압을 자행하고, 국민의 저항도 드세었던 시기였다. 유신 정권은 사회안전법 제정 직전 1974년 대통령 긴급조치 1호와 4호를 발하여 민주인사를 체포·처벌했고, 1975년 2월에는 찬반 국민투표를 실시하여 유신철폐 여론을 잠재우고자 했다. 그럼에도 같은 해 3월 1일에는 민주회복국민회의의 명동선언 사건 등 유신에 저항하는 국민운동이 계속되고, 마침 월남전이 종결되었다. 이에 유신 정권은 긴급조치 9호를 발하고 사회안전법을 국회에 상정하여 이를 통과시켰다. 이때는 민방위기본법, 방위세법 등도 함께 통과됨으로써 전시비상입법체제가 수립되었다.

사회안전법이 제정되는 또 다른 동기로 작용한 것은 한국전쟁 등을 계기로 대량 투옥되었던 사람들이 1970년대 전반이면 본격적으로 만기출소하게 된다는 사실이었다. 유신 정권은 이들이 유신반대운동에 활용될 것을 우려하여 기출소자 및 복역 중인 자들을 포함하여 이들을 재구금할 방안을 강구, 이를 보안감호처분이라 명하고 사회안전법으로 입법했다. 사회안전법은 일본 제국주의가 조선 사상범을 통제하기 위해 제정·시행한 1936년의 조선사상범보호관찰령, 1941년의 조선사상범예방구금령을 본떠서 만든 것으로, 보호관찰처분, 주거제한처분을 그대로 가져오고 예방구금은 보안감호처분이라고 이름만 바꾸었다.

보안감호처분은 이른바 사상전향제도와도 불가분의 관련이 있었다. 사상전향제도는 이승만 정권에 의해 1956년 이래 도입되었던 것인데, 특히 미전향자들은 거의 예외 없이 보안감호처분을 받았다. 여기에는 한국전쟁의 전범 외에 이후의 국가보안법사범도 물론 포함되었고, 전향자로 분류되었다고 반드시 보안감호를 면제받은 것도 아니었다. 1989년 여소야대정부에서 사회안전법이 폐지되고 보안관찰법으로 대체되면서 보안감호제도는 사라졌으나, 보안관찰법상 보안관찰, 즉 좌익출소자의 사회내 감시제도는 지금까지도 악명을 떨치고 있다. 보안관찰법은 그 시행령과 시행규칙에 명시된 바와 같이 여전히 전향 여부로 일차적인 반사회성을 판가름하고자 하는 것이다. 보안감호를 받은 사람들 중에는 원래의 형기를 초과하여 길게는 40년까지 복역한 이들이 있었고, 이들은 감호소 출소 이후 현재까지도 보안관찰을 받으며 생활하고 있다.

날치기 통과된 사회안전법

유신 정권은 보안감호제도를 정당화하기 위해 다음과 같은 논리를 구사했다.

> 8·15해방과 더불어 불행하게도 분단된 우리나라는 6·25사변을 비롯하여 30년을 하루같이 북괴의 악랄하고도 수단방법을 가리지 않는 남침도발에 직면하고 있으며 여기에 더하여 최근의 인지(印支)(인도차이나)사태에 고무된 김일성은 이른바 남조선 적화통일의 결정적인 '해'라고 정하고 중공을 위시하여 비동맹 제국, 동구 공산국을 순방하면서 위장된 평화공세를 선전하고 있는 이런 국내외의 정세를 감안하여 만일의 사태에 대비, 국론의 통일과 국력의 총화를 저해하고 사회적 혼란을 극도로 조장할 위험성이 있는 반국가분자에 대한 사회적 대책이 긴요하다고 보아 제정하려는 것임. (사회안전법안 제안이유, 1975. 7. 8. 제93회 국회 제3차 회의 의결 전문)

사회안전법이 여당의 날치기로 통과되자, 야당은 같은 해 10월 31일 사회안전법 개정법률안을 제시하고 사회안전법을 완화하는 방향으로 개정하고자 했다. 그 결과는 회기만료로 인한 폐기였지만, 당시 법안제안 이유에 드러난 야당의 입장은 "공산주의자에 관하여 만약의 사태에 대비키 위한 사회방위 및 교육개선을 목적으로 하는 사회안전법의 입법취지에 기본적으로 동의"하며, 다만 "그 적용범위 중 반공법 중 제4조(찬양·고무 등)를 제외하는 법 개정이 필요하다"는 데 그쳤다.

민중의 입장은 당연히 유신악법 철폐였지만, 유신의 암울한 시절에 사회안전법에 관한 본격적 반대논의를 펼치는 것은 지난한 일이었다. 사회안전법 희생자들이 먼저 공식적으로 반대입장을 제기했는데, 그 첫 번째 주자가 서준식徐俊植

씨였다. 그는 유신시대를 넘긴 1982년 3월 보안감호 결정에 불복하는 행정소송을 제기했다.

반인권·비민주의 실체

보안감호처분은 전두환 정권 시기에도 변함없이 활용되었다. 전두환 정권은 사회안전법에서 시사를 받아 오히려 더 나아가 당시 삼청교육대 수용자들을 계속 구금하기 위한 방편으로 사회보호법을 제정하여, 상습범·정신병범에 대해서도 원래의 형기를 초과하여 구금을 연장하는 제도를 마련했다. 전 정권 시절 사법부의 판결은 일관되게 사회안전법은 "필요하며, 정당하며, 이중처벌 금지 등 헌법질서에 위배됨이 없다"는 것이었다(대법 85누343 1985. 11. 26.). 이런 논리는 1989년 사회안전법이 폐지될 때까지 확고한 정권의 논리였으며, 사회안전법을 대체한 현보안관찰법상 보안관찰처분에 대해서도 동일하게 계승되고 있다.

서준식 씨를 비롯한 민주 진영의 법적 견해는 보안감호처분이 명분상 '재범예방' 또는 '교육개선'의 목적으로 부과되지만, 이는 형벌과 다른 본질이라 할 수 없고, 이미 처벌된 범죄에 대한 재처벌이라는 점에서 이중처벌 금지 원칙에 위배된다는 것이었다. 또 그외 형벌불소급의 원칙, 법관에 의한 재판을 받을 권리, 양심의 자유 및 신체의 자유권을 침해한다는 점에서 사회안전법은 반인권적 반민주적 입법이라고 주장했다(서준식 씨 변론요지서 중에서).

강종건姜鍾健 씨와 강종건후원회는 대법원에서 보안감호처분 무효판결(1984. 12.)을 받아내기도 했으나, 법무부는 대법원 판결을 무시하면서 강종건 씨에게 재차 삼차 보안감호처분을 부과했다. 당시 대법원과 법무부의 견해차이는 물론 사회안전법 위헌 여부에 관한 것이 아니었고, 기껏해야 강종건 씨가 구체적으로 '재범의 위험성'이 있느냐 하는 것이었다. 사회안전법을 비롯한 모든 보안처분의 종류는 재범의 위험성을 요건으로 내걸었지만 이를 명확히 판정하는 것은 불가능하며, 그 자료로 삼기 위해 개인의 성격과 양심 일체를 해부하면서도 결국 판단자의 주관에 따라 판별하게 된다는 사실을 여실히 보여주었다.

1987~88년을 전후한 민주화정국에서는 각계가 사회안전법 폐지를 주장하고 나섰다. 천주교 정의평화위원회는 1987년 4월 10일 서준식 등 피보안감호자들의 석방을 촉구하고 이 법의 폐지를 촉구하는 건의문을 발표했다. 사회안전법 피해자들은 1988년 11월 15일 사회안전법폐지위원회를 구성하여 활동하기 시작했고, 청주보안감호소 수감자 37명은 1988년 12월 1일부터 사회안전법 폐지를 위한 단식투쟁에 돌입했다. 대한변호사협회는 1988년 11월 16일 사회안전법 폐지를 주장하는 의견서를 냈다. 당시 야권 3당도 1988년 11월 10일 사회안전법 폐지 법률안을 국회 제출했다. 그동안 사회안전법에 관심을 보이던 국제사면위원회도 강종건 씨에 관한 대외자료를 통해 보안감호제도가 국제사회의 인권보장에 부합하지 않음을 천명하고 나섰다.

사회안전법이 폐지되기까지

사회안전법에 관한 본격적인 논의는 1987~89년 사이에 격증했다. 사회안전법 반대주장은 일사부재리 원칙, 소급효금지 원칙, 법관의 재판을 받을 권리 등에 위배된다는 점과 양심 및 신체의 자유권 등 기본권 보장 이념에 불합치한다는 점 외에, 사상의 자유 보장, 전향제도 반대 등을 포함했다. 이는 설령 공산주의자라 해도 양심 및 사상에 관해서는 그 결정의 자유 및 침묵의 자유를 보장해야 하며, 이를 추지推知하여 국가적 제재를 가하는 것은 민주헌법의 이념에 반한다는 것이었다.

또한 사회안전법 폐지 주장자들은 사회안전법 외에 사회보호법 등에서 규율하는 보호감호, 치료감호 등을 포함한 모든 보안처분류의 입법에 대해서도 직접 공격했다. 앞서 1987년에는 현행 헌법으로의 개정이 있었는데, 현행 헌법은 제12조에서 "적법절차에 의한 보안처분"을 명시하고 있다. 이것은 유신헌법이 "법률에 의한 보안처분"이라고 했던 규정을 개정한 것이다. 이 규정의 존폐를 두고 다투던 여야가 절충 끝에 고안해낸 것이었다. 이 절충적 규정으로 인해 사회안전법은 "헌법이 보안처분을 수용하였으므로" 합헌적이라거나(대법원 1987.8.18. 판결 87누64 및 대법원 1997.6.13. 선고 96다56115) "적법절차 위반이므로" 위헌이라는(법학자 배종대, 신양균 등) 등의 상반된 해석을 낳게 되었다. 특히 후자의 해석은 사회안전법 등 보안처분이 그 자체 형벌이나 다름없기 때문에 어떤 이론적 포장에도 불구하고 형벌에 병과倂科하는 것은 이중처벌이므로 사회안전법 및 사회보호법이 폐지되어야 한다고 하는 주장과 결합되곤 했다. 이 견해는 대표적으로 사회보호법 관련 헌법재판에서 소수의견으로도 발표된 바 있다(헌법재판소 1989.7.14. 88헌가5,8, 89헌가44(병합)결정 중).

이런 과정을 거쳐 1988년 여소야대정국의 국회 내 '민주발전을 위한 법률개폐특별위원회'는 제반 악법과 함께 사회안전법 개폐를 논의하게 되었다. 2년에 걸친 국회 논의 끝에 여야는 사회안전법을 폐지하고 보안관찰법을 대체입법하는 데 합의해 1989년 6월 10일 보안관찰법을 발효시켰다. 당시 여당은 사회안전법상 보안감호처분을 유지하고 부분개정하는 것을 대안으로 내세웠다. 제1야당은 초기에 전면폐지를 주장하다가 결국 제2야당의 중재안인 보안관찰법안에 합의했고, 보안관찰법은 의원입법의 형태로 국회를 통과했다. 보안관찰법은 종전의 사회안전법 입법취지를 그대로 계승, 출소한 반국가사범의 재범방지를 도모하고, 종전의 보안감호처분은 없애되 보안관찰법 위반죄 등의 강력한 수단을 가진 사회 내 감시처분인 보안관찰처분을 규정했다.

한국전쟁 이후 수감된 장기수들 중 원래 형기가 이미 만료된 이들은 1989년 일제히 감호소에서 출감했다. 그러나 보안관찰을 담당하는 공안경찰들의 공개적·합법적 사찰을 받으며 사상 및 생활상의 제약을 받으며 지내야 했다. 현재 보안관찰법 대상자는 6천여 명으로 추산되며, 그중 보안관찰처분을 받은 이들은 약 700명이라고 한다(국정감사 자료 등에 나타난 숫자임). 국가보안법에 의한 처벌이 계속되는 한 국가보안법을 대상으로 하는 보안관찰처분도 계속된다. 최근까지도 각종 반국가단체, 이적단체 관련 출소자들이 속속 보안관찰처분을 받고 있음이 확인되고 있다(여러 행정소송 건이 있었음이 신문지상에서 확인된다).

여전히 계속되는 사상전향 관련 논쟁

김대중 정부 출범 직후 공안사범 특별사면의 조건으로 준법서약서제도가 공식화되었다. 민주화실천가족협의회, 전북평화와인권연내, 인권운동사랑방, 국제사면위원회 한국지부, 천주교인권위 등 민족민주운동 진영 및 재야에서는 일제히 성명을 발표하여 준법서약제도는 사상전향제도와 다를 바 없는 것으로서 사상전향 여부로 불이익을 가하는 반인권적 제도라고 주장했다.

한편, 정부와 법무부는 사상전향은 폐지되었고 준법서약서는 어떤 주의주장을 포기하게 하거나 바꾸도록 하는 것이 아니라, 단지 법을 지키고 범죄를 저지르지 않는 선량한 시민으로 생활하겠다는 약속에 불과하기 때문에 헌법상 양심의 자유를 침해하지 않는다고 주장했다(법무부 인권과). 준법서약을 하지 않은 사면출소자도 간혹 있지만, 이 준법서약제도는 여러 차례 사면에서 확고한 기준으로 정립되었으며, 나아가 전교조 교사의 복직조건으로 제시되는 등 악용되었다.

김대중 정부는 사상전향제도가 공식적으로 폐지되었다고 말했지만, 보안관찰법 시행령과 시행규칙은 여전히 명시적으로 사상전향 여부를 보안관찰처분의 집행조건으로 삼고 있었다. 박상천朴相千 당시 법무부장관은 준법서약제도를 도입하면서 『월간조선』과의 인터뷰에서 "보안관찰법을 확대적용할 테니 준법서약으로 인한 대량사면에 대해 걱정 말라"고까지 말한 바 있었다. 또한 수형자분류처우규칙에도 사상전향제도는 잔존해 있다. 동규칙 제39조는 "자유민주적 기본질서를 부정하는" 수형자를 진급에서 제외시켜 처우하게 해 실질적으로 미전향자의 가석방을 저지하고 있다.

사회안전법상 보안감호제도는 폐지되었지만 사상을 그 자체로 억압하고 처벌할 수 있다는 반인권적 사고가 잔존하고 있기 때문에 사상전향, 준법서약 문제를 포함하여 보안감호와 유사한 법제도가 새롭게 창설되거나 지속될 수 있는 기반은 아직도 충분히 남아 있다.

박지현

인제대학교 법학과 전임강사로 재직 중이다. 형법을 전공했다. 대표논저로 『법학 입문』(공저) 등이 있다.

사형제도 존폐 논쟁

인류의 역사만큼이나 오래된 형벌인 사형은 동서양을 막론하고 어느 사회에나 존재해왔다. 근대 이전에는 그 방법도 잔인해서 화형이나 참수는 보통이었고, 사지를 절단하거나 생매장하는 등 상상할 수 있는 갖은 수단이 동원되었다. 절대왕권을 구가하던 14~16세기 중세시대에 사형은 최고조에 달했다. 예컨대 영국의 헨리 8세 시대에는 35년간 모두 7만 2천여 명이 사형을 당했고, 엘리자베스 1세 때는 46년간 약 8만 9천 명이 처형되었다고 한다(오영근, 「사형 존폐 논쟁의 역사적 고찰」, 『사형제도의 이론과 실제』, 까치, 1989).

계몽주의와 사형폐지론의 등장

그러나 이와 같은 사형제도는 근대에 들어서서 인간 중심의 이성이 주창되고 계몽주의가 득세함에 따라 비판의 대상이 되었다. 말하자면 사형폐지론이 등장한 것이다. 비판론자 가운데서 역사적으로 최초라고 생각되는, 그리고 사형을 포함한 형벌제도의 근대화에 지대한 영향을 미친 베카리아Cesare Beccaria는 다음과 같이 말했다.

법률은 개개인이 가진 특수의사의 총체인 일반의사를 표시한다. 그런데 자신의 생명을 빼앗을 권리를 타인에게 위임하고 싶은 자가 하나라도 있겠는가? 각자가 가진 자유의 최소한의 희생 가운데 무엇보다 큰 재산인 생명의 희생이 포함된다고 해석할 수 있을까? 만일 이 점이 긍정된다고 한다면, 그 원칙이 자살을 금지하는 다른 원칙과 어떻게 조화될 수 있을 것인가? 인간이 자신을 죽일 권리가 없는 이상, 그 권리를 타인이나 일반사회에 양도하는 것 역시 불가능한 것이다.(채자레 베카리아, 『범죄와 형벌』, 길안사, 1995, 86쪽)

이후 사형제도는 그 존폐에 대한 끊임없는 논쟁을 양산해왔다. 그러나 19세기나 20세기 초반까지도 실제로 사형이 폐지된 나라는 거의 찾아보기 힘들었다. 사형폐지론이 실질적인 영향력을 갖고 본격적인 논쟁이 진행된 것은 20세기 중반 이후, 특히 제2차 세계대전 이후였다. 인간에 의한 인간의 집단적 살해, 나치의 잔혹한 현실을 경험한 여러 국가들은 공권력에 의한 인간 생명의 단절이 정당한 것인지 되묻게 되었던 것이다. 그리하여 지금은 사형을 폐지한 나라가 전세계적으로 106개국에 이른다.

존치론: 응보론과 일반예방론

한국에서 사형에 관한 논쟁은 실질적으로 이루어진 바가 별로 없다. 간혹 몇몇 학자들의 폐지주장이 제기되기도 했지만, 일본과 미군정의 영향 아래서 제정된 형법과 기타 형사특별법에는 많은 수의 사형이 규정되어 있었고, 이는 별다른 의문 없이 받아들여지고 집행되었다. 그러다 1980년대 후반부터 기독교나 천주교의 종교단체를 중심으로 사형폐지의 목소리가 나오기 시작했다.

1989년에는 사형폐지운동협의회가 설립되었으며, 천주교가 사형폐지를 위한 준비절차의 하나로 2000년을 사형집행 유예기간으로 선포함으로써 여론의 관심을 끌기도 했다. 아래에서는 일반적인 사형존폐론의 입장에 기초해 그동안 우리나라에서 주장된 논거들을 정리하겠다.

한국에서 사형존치론은 특별한 것이 없다. 그럴 수밖에 없는 것이, 특별히 존치론을 주장할 이유가 없었기 때문이다. 달리 말하면 폐지론이 없으므로 존치론도 없었던 것이다. 일반적인 사형의 정당화 이유 외에 굳이 찾아보자면 대법원이나 헌법재판소의 판례(예를 들면 헌법재판소결정 1996.11.28. 95헌바1과 대법원 판결 1991.2.26 90도2906 등)에서 그 근거가 나타난다. 사형에 관한 몇 차례의 위헌소송에서 우리나라의 최고법원들은 사형존치론의 입장을 확인해왔다. 그 입장은 네 가지 주장으로 정리해볼 수 있다.

첫째, 사형은 잔인한 범죄, 예를 들어 다른 사람의 생명을 빼앗는 범죄에 극히 예외적으로 가해지는 극형으로서, 생명권이나 (범죄와 형벌 사이의) 비례 원칙에 어긋난다고 할 수 없다. 사실 형벌의 본질 내지 정당화 사유 중에는 인간의 원초적인 복수심이 크게 자리잡고 있고, 따라서 다른 사람의 생명을 빼앗은 자에게 마찬가지로 생명을 박탈하는 것은 정당한 형벌이라는 것이다. 베카리아와 마찬가지로 사회계약론에 근거하여 자신의 정치·사회이론을 수립했던 루소 Jean-Jacques Rousseau는, 우리는 살인으로부터 보호받기 위해 살인자를 사형에 처하는 것에 동의했으며 사람을 살인한 자는 정당한 사회구성원이 아니므로 그 생명권을 박탈하더라도 이것이 동의에 의한 사회계약에 위반되는 것은 아니라고 말한다. 그러나 이런 응보론의 원류는 누구보다도 칸트이다. 칸트에게서 범죄에 대한 형벌은 절대적 정의를 기준으로 한 당연하고 필연적인 대가였다. 범죄인은 도덕적으로 유책한 자이므로 그에 대한 책임을 져야 하고, 형벌은 그 자체 외에 다른 목적을 갖지 않는 정의로운 것이다. 따라서 형벌은 범죄의 경중에 정확하게 비례하는 것, 또한 그 성질에 비례하는 것(qulitative propotional)이어야 한다. 다시 말하면 살인에는 사형을, 강간에는 거세형을 부과해야 한다고 했다.

둘째, 사형은 범죄인의 생명을 박탈하는 최고도의 형벌로서 일반인의 범죄를 예방하는 효과를 무시할 수 없다. 오래 전부터 형벌의 목적으로 주장되어온 것 중 가장 중요한 내용이 응보와 일반예방이었다. 사회질서를 유지하기 위해 범죄에는 필연적으로 그에 합당한 형벌이 뒤따른다는 것을 사회구성원에게 널리 알리고 이를 공공연히 보여줄 필요가 있다는 것이다. 중세의 절대권력이 자신의 위엄을 과시하고 안정적인 통치기반을 확보하기 위해 잔인한 신체형과 사형을 많이 활용했음은 푸코(『감시와 처벌』)에 의해 이미 잘 밝혀진 바 있다.

셋째, 사회 공공의 안녕과 질서를 위하여 개선 불가능한 극악무도의 범죄인을 영구히 제거함으로써 사회방위의 목적을 달성할 수 있다. 형벌이론의 발전사에서 고전파의 응보론에 대항해 등장한 것이 이른바 신파 또는 주관주의 학파의 특별예방론이다. 이 이론은 형벌의 본질적 목적은 범죄인에게 그 행위에 대한 대가나 책임을 묻는 것이 아니며, 반대로 범죄인은 그 성향상 어쩔 수 없이 범죄에 이른 자이므로 그를 개선·치료하는 것이어야 한다고 주장한다. 그에 따라 재사회화나 사회복귀가 형벌의 1차적 목적의 하나로 인정되기에 이르렀다. 그런데 문제는 그 소질상 본래 개선이 불가능한 사람이 있다는 것이다. 이런 사람은 범죄인으로 운명지어져 있고, 어떤 노력도 그를 정상적인 사회인으로 생활하도록 할 수 없다. 그렇다면 해결책은 그를 영구히 사회에서 격리시키는 것, 다시 말하자면 목숨을 제거하거나 무인도처럼 사회와 동떨어진 곳에 평생 감금하는 것뿐이다. 이와 같이 사형은 특별예방이나 사회방위론에 근거해서도 정당화된다.

마지막으로 국민의 법감정에 의할 때도 사형은 정당한 형벌이며, 이를 폐지하는 것은 최소한 시기상조라는 주장이 있다. 많은 사람들이 여전히 우리 사회에는 사형이 필요하다고 생각하고 있으며, 실제 여론조사의 결과에서도 사형존치론이 우세한 것으로 나타난다. 한국에서는 아직도 간혹 일반인이 용납하기 어려울 정도의 비인간적인 범죄가 발생하고 있고, 이를 예방하거나 인간의 생명을 경시하는 행태에 경종을 울리기 위해서라도 사형은 존속되어야 한다는 것이다.

폐지론: 개선가능성론과 오판가능성론

이상의 사형존치론에 대해 폐지론은 대체로 다음과 같은 입장을 취한다.

첫째, 사형이 극악한 범죄에 대한 정당한 형벌이라는 점에 대해서, 근대국가의 형벌제도는 더 이상 개개인의 복수심에 근거하지 않는다고 반박한다. 오히려 이렇게 한계가 없는 사인의 복수심을 국가이성으로 통제하여 완화된 형벌만을 행사할 뿐이라는 것이다. 사형존치론도 모든 살인자를 사형으로 벌하자고 주장할 수 없듯이, 범죄와 형벌의 비례는 더 이상 동해보복同害報復이나 같은 성질의 형벌을 의미하는 것이 아니며, 범죄 정도에 따라 형벌의 정도가 비례적으로 달라져야 한다는 것만을 의미하게 된다. 기본적으로 고전학파의 형벌이론과 대립되는 지점에서 주장되는 이와 같은 시각은, 나아가 범죄인의 개선불가능성을 인정하지 않는 것이었다. 아무리 극악한 범죄를 저지른 자라고 해도, 모든 인간은 그 자연적 목숨이 다할 때까지 회복될 가능성이 있다고 믿는 것이다. 혹은 인간의 생명에 대한 용서와 형벌은 신의 영역임을 인정하는 것이다. 종교적 관점의 사형폐지론을 이런 맥락에서 이해할 수 있다.

둘째, 사형의 일반예방효과는 쉽게 생각하는 것처럼 크지 않을 뿐만 아니라, 오히려 반대의 효과를 가질 수도 있다는 점이다. 사형의 범죄억제효과에 대해서는 여러 차례 경험적 조사가 진행되었는데, 사형이 확실한 억지능력을 갖는다는 가설은 증명되지 않았다. 오히려 사형을 폐지했는데도 범죄가 줄거나 사형이 집행되고 있음에도 범죄는 비슷하거나 증가하는 경향을 나타낸다는 보고가 더 많다. 또 역사적으로 분명한 사실은 절대왕권 시대와 같이 국가권력이 강압적으로 사회질서를 유지·통제하려 한 시기에 사형이 증가했다는 것이다. 반대로 사회가 안정된 평화기, 예컨대 당 현종의 치세기간에는 45년간 한 건의 사형도 집행되지 않았지만 범죄는 조금밖에 없었다고 한다. 오늘날에도 군사독재와 같이 전체주의적인 권력 아래 있는 나라에서 사형이 다수 집행되고 있음은 이런 점을 반증한다고 할 수 있을 것이다. 나아가 설령 사형이 범죄를 억제한다 해도 그 효과가 얼마나 클지 의문을 가질 수 있다. 1년에 고작 몇 건일 수밖에 없는 사형이 얼마나 많은 수의 범죄를 억제할 것인가. 반대로 우리 사회에 중범죄가 발생하는 배경에는 실업과 같은 기회박탈이나 빈부격차 등의 구조적 문제들이 더 큰 역할을 하는 것은 아닌가.

셋째, 사회방위의 관점에서 개선불가능한 범죄인을 영구히 무해화無害化해버리는 제도로서의 사형에도 반대한다. 개선불가능한 인간을 인정할 수 없다는 것은 위에서 말한 바와 같지만, 설령 이를 인정한다 하더라도 다음과 같은 두 가지 이유에서 사형은 폐지되어야 한다. 하나는 개선불가능한 사람이 있다 해도 이를 판단할 과학적 기준이 없다는 점이다. 인간의 인식능력으로는 아직 인간의 미래행동을 예측할 수 없다. 따라서 이를 이유로 형벌을 과할 수 없으며, 형벌은 오직 과거 행위에 대한 책임을 의미할 뿐이다. 이와 같은 주장은 놀랍게도 형벌에 대한 과학적·실증적 기준을 주창한 근대학파의 태두 리스트Franz von

Liszt의 것이었으며, 그는 영구적 격리조치로서 사형 대신 무기징역을 집행할 것을 주장했다. 다른 하나는 무해화의 필요성을 인정한다 해도 개인에 비해 월등한 국가의 자원을 고려할 때 사형은 불필요하다는 점이다. 현대국가는 이미 개개인을 충분히 무력화시킬 수 있는 감시와 통제장치를 가지고 있다. 따라서 사회방위를 위해 영구격리가 필요한 이가 있다 해도 그를 평생 감금하면 이 목적은 달성된다는 것이다.

넷째, 국민의 법감정이 지금 사형제도를 옹호한다 해도 이는 소박하고 평범한 일상감각일 수 있으며, 국가정책이 언제나 국민 다수의 견해를 좇아가는 것은 아니다. 일반국민은 범죄의 구체적 동기나 범죄인의 상황, 그 개선정도, 피해자의 의식이나 상태 등을 잘 모르는 경우가 많을 것이며, 사형제도 자체에 대해서도 진지하게 생각했다고 가정하기 어렵다. 더구나 최근의 여론조사 결과는 사형폐지에 찬성하는 국민의 비율이 크게 높아졌음을 보여준다(1994년의 여론조사 결과는 사형에 대한 찬성이 70%, 반대가 20%였음에 반해, 1999년에는 각각 50%와 43%를 나타냈다고 한다.『조선일보』1999. 12. 6). 또 사형이 폐지된 나라들의 역사적 경험을 보더라도, 국민여론에 의해 이것이 이루어진 경우는 없었다 해도 틀리지 않다. 따라서 지금의 일반 법감정은 올바른 정책적 판단에 따른 계몽과 교육의 필요성을 보여주는 것으로 해석해야 할 것이다.

나아가 사형폐지론은 존치론의 견해를 반박하는 데 그치지 않고 적극적인 근거를 주장하기도 한다. 그 대표적인 예가 사형의 오판가능성이다. 이것은 역사적으로도 드물지 않게 실례를 찾아볼 수 있고, 우리나라에서도 마찬가지이다. 다른 경우와 달리 사형을 선고한 재판은 회복이 불가능하다는 점에서 이것은 사형폐지의 강력한 근거가 된다. 또 다른 하나는 범죄에 대한 법적 평가의 변화가능성 또는 사형의 정치적 남용 가능성이다. 지금은 사형이 규정되어 있는 범죄행위에 대해 장래에 그 평가가 달라진다 해도, 이미 집행된 사형은 돌이킬 수 없다. 따라서 사형선고는 가능한 한 최고의 엄격한 조건에서 신중을 거듭하여 이루어져야 한다는 것은 사형존치론자도 인정하는 바이지만, 이러한 시비를 되풀이하지 않기 위해서는 결국 사형을 폐지하는 편이 나을 것이다. 또 법적 문제와 상관없이 사형은 정치적 반대자를 제거하기 위해 또는 강력한 사회통제를 위해 집행되기도 한다. 6·25 직후 최창식崔昌植 공병감으로부터 진보당이나 인혁당, 가까이는 1980년 내란음모사건까지, 우리는 수많은 전례를 경험해왔다. 끝으로 사형은 그 집행자들에게 지울 수 없는 인간적인 상처를 남긴다. 사형은 집행 과정에서 인간의 존엄과 양심의 자유를 침해하는 형벌제도이다. 이 점 또한 사형폐지론의 근거 중 하나가 된다. 21세기의 어느 지점에서는 우리 사회의 인권의식이 사형을 폐지해야 한다는 결단에 이를 수 있을까?

최정학

서울대학교 BK21 법학연구단 박사후과정 연구원으로 근무 중이다. 형법을 전공했다.

박정희 신드롬

1997년 3월, 몇몇 일간지 귀퉁이에 『고대신문』이 실시한 설문조사 결과가 실렸다. '가장 복제하고 싶은 인물'로 김구, 테레사 수녀에 이어 박정희가 6표를 얻어 3위를 차지했다는 내용이었다. 물론 이 내용만으로는 세인의 관심을 끌 만한 것은 아니었다. 그러나 '가장 복제하고 싶지 않은 인물'로 당시 현직 대통령이었던 김영삼 대통령이 39표를 얻어 1위를 차지했다는 같은 기사의 또 다른 내용과 대조를 이루면서, 그 내용은 세인들의 관심을 끌었다. 뒤이어 4월 1일자 『동아일보』에 실린 '직무를 가장 잘 수행한 대통령' 여론조사에서 박정희는 75.9%라는 압도적 지지를 얻었다. 반면 김영삼 대통령의 직무수행능력은 전두환의 6.6%보다 더 낮은 3.7%의 지지를 기록했다. '박정희 신드롬'은 이렇듯 '무능한' 현직 대통령과 대비되는 강력한 리더십을 발휘했던 '유능한' 전직 대통령에 대한 갑작스러운 기억의 형태로 등장했다.

박정희 신드롬의 등장과 확산

일단 여론조사 결과를 통해 박정희 전 대통령에 대한 지지가 밝혀지자,

일부 언론 및 출판매체들이 이에 즉각 호응했다. 우선 『중앙일보』가 20회에 걸쳐 「아, 박정희」를 연재했다. 그 글의 필자는 박 전 대통령 재임 당시 비서실장을 역임했던 김정렴金正濂으로서, 그는 모든 국정에서 "강력한 리더십을 발휘했던" 대통령 박정희의 모습을 재현해냈다. 물론 이 글에서 박정희 독재의 부정적 측면은 완전히 배제되었다. 다음으로 이 무렵 박정희를 영웅화시킨 이인화二人化(본명 류철균)의 소설 『인간의 길』(1·2)이 발간되었다는 기사가 거의 모든 신문을 장식했다. 박정희는 이제 강력한 리더십을 발휘한 '위인' 또는 '영웅'으로 스스럼없이 내세워졌다. 물론 박정희를 위인화·영웅화했던 언론·출판매체들의 태도는 박정희 신드롬이 갑작스럽게 등장했다는 점에서 오랫동안 기획되고 고안된 것이라고 보기는 어렵다. 그러나 언론·출판매체들의 이 같은 태도에는 상업적 순발력과 결부된 보수주의가 강력하게 작용하고 있었다. 아무튼 언론·출판매체들의 시도는 박정희 신드롬 확산에 결정적인 계기를 제공해주었다.

여론조사와 언론·출판매체를 통해 박정희 신드롬이 확산되는 와중에 그동안 은밀하게 추진되던 박정희 추모사업들 역시 공개적으로 추진되기 시작했다. 이를테면 박정희의 고향인 구미시는 80억 원을 들여 부지 1만 평, 건평 1천여 평 규모의 박정희기념관을 건립하기로 했다고 발표했고, 박정희 대통령 재임 당시 박 대통령 내외와 직간접으로 인연을 맺었던 인사들은 4월 25일 '박정희 대통령과 육영수 여사를 좋아하는 사람들의 모임'(약칭 정영회)을 결성했다. 박정희 신드롬의 등장과 확산 속에서 이제 박정희 예찬은 공개적인 것이 되었다.

그러나 박정희 신드롬 확산의 가장 극적인 모습은 정치권에서 이루어졌다. 대통령선거를 앞둔 그들이 급속한 확장세를 보였던 박정희 신드롬에 적극 편승했던 것이다. 우선 자민련의 김종필이 박정희의 적자嫡者임을 내세웠다. 박 정권이 경제성장을 통해 나라의 기틀을 닦았고, 5·6공이 이를 발전시킨 바탕 위에서 문민정부의 민주화가 이루어졌으며, 최종적으로 자신이 내각제를 통해 이를 마무리할 것이라는 '기승전결론起承轉結論'을 펼쳤던 김종필이었던 만큼, 그 주장은 이해 못할 만한 것은 아니었다. 그러나 7월 4일 신한국당 대선 경선주자의 대구 지역유세에서 상식적으로 이해하기 힘든 사태가 벌어졌다. 박정희와 별 관계 없었던 후보들이 갑작스럽게 박정희 신드롬에 편승하고자 하는 상황이 연출됐기 때문이다. 이인제李仁濟 후보는 "나는 박 전 대통령과 닮았으며 키가 1밀리미터도 틀리지 않는다"고 말했고, 이수성李壽成 후보는 "21세기형 박정희 리더십을 보여주겠다"고 주장했으며, 이한동李漢東 후보는 "정통 보수인 나만이 박정희의 업적을 계승할 수 있다"고 단언했고, 이회창李會昌 후보는 "대구·경북은 조국근대화를 이룩한 대통령이 나온 지역"이라고 했다.

이렇듯 박정희 신드롬은 1997년 짧은 기간 내에 김영삼 대통령에 대한 실망에서 비롯되어 이를 이용하려 했던 언론 및 출판매체들에 의해 확산되었고, 더 나아가 정치권의 편승현상 속에서 그 모습을 완비해나갔다. 따라서 박정희 신드롬은 일단 1997년의 현상이라 할 수 있다.

그러나 유감스럽게도 이것은 1997년만의 현상으로 끝나지 않았다. 한국 보수주의의 대변자를 자임하는 『조선일보』의 연재(조갑제, 「근대화 혁명가 박정희의 생애: 내 무덤에 침을 뱉어라」)에서, 그리고 박정희기념관에 국고 100억 원을 지원하겠다는 김대중 대통령의 발표에서도 그 영향력을 확인할 수 있었기 때문이다.

개발독재에 대한 평가: 적극적 지지에서 적극적 비판까지

박정희 신드롬과 관련하여 박정희 전 대통령의 공과를 둘러싼 학문적 평가는 어떤가? 우선 가장 손쉽게 발견되는 평가로 경제발전을 이끈 박정희의 리더십

또는 국가제도의 우월성을 내세우는 평가가 있다. 전자가 조국근대화, 민족중흥 등을 내세워 국민의 의지를 경제성장의 길로 결집시킨 박정희의 리더십을 평가하는 것이라면, 후자는 한정된 국가의 자원을 전략산업에 집중적으로 투자, 경제발전을 위한 정책적 효과를 극대화시킬 수 있었던 경제기획원 등 국가제도의 우월성을 높이 사는 평가이다.

그러나 위의 평가는 주로 박 정권의 경제성과 및 효율성에만 기준을 맞춘 비교적 단순한 평가이다. 경제성장과 민주주의라는 보다 포괄적인 차원에서, 나아가 냉전-분단체제 및 세계경제체제와의 관계 등 국제적 차원까지 고려하여 박 정권의 공과를 따진다면, 그 평가는 그리 간단치 않다.

이와 관련하여 비교역사적 견지에서 볼 때 산업화 초기 경제발전을 위한 발전지향 국가의 권위주의적 개입은 불가피한 것이었다고 보는 연구는, 바로 그런 점에서 박 정권의 개발독재가 불가피했다고 주장한다(김일영). 그러나 또 다른 연구의 평가는 선별적이다. 즉 박 정권의 개발독재는 "세계 자본주의에 통합되면서도 주변화 압력을 나름대로 적절히 통제하는 흔치 않은 '위로부터의 민족주의적 개방모델'의 사례를 보여주"면서도, "남한 내부, 남북 간, 그리고 동아시아 차원의 민주주의, 민족주의, 평화에 역행하는 형태로 이루어졌던" 사례라는 것이다(이병천). 또 박정희체제는 경제성장을 위해 고도의 국가능력을 발휘했지만, 그 경제성장의 불가피한 결과로서 더욱 다양화되고 다원화된 사회에 조응하여 더 민주화된 새로운 국가구조를 만들어낼 수 없었던 체제이기도 하다(최장집). 다른 한편, 박 정권의 개발독재에 극히 비판적인 평가도 있다. 즉 박 정권 시기의 고도성장은 개발독재 때문에 이루어진 것이지만, 민중의 희생을 바탕으로 이루어졌던 그것은 생산력 발전을 위해서는 모든 것을 희생할 수 있는 '생산력 만능주의'를 낳았다는 평가이다(손호철).

위의 평가들이 보여주는 것처럼, 박 정권의 개발독재에 대한 평가는 적극적 지지부터 적극적 비판에 이르기까지 천차만별이다. 더구나 박 정권의 개발독재에 대한 학문적 연구는 아직 충분하게 이루어지지 않았고, 따라서 그 깊이 역시 그리 깊지 않다.

박정희 신드롬의 원인과 성격

이처럼 박 정권의 개발독재에 대한 평가가 분분하고 충분한 연구조차 이루어지지 않은 상태임에도 어느날 갑작스럽게 박정희 신드롬이 등장한 것은, 그것이 학문적 평가 이전에 사회적·정치적 문제와 밀접히 관련되어 있다는 점을 시사해준다. 다시 말해 그것은 지나간 과거에 대한 학문적 평가의 문제이기 이전에, 박정희 평가를 둘러싸고 이루어지고 있는 현재 우리 사회의 사회적·정치적 균열과 그 대립을 드러내주고 있다는 것이다. 그렇다면 박정희 신드롬이 박정희 사후 18년이 지난 시점에서 갑작스럽게 등장·확산되어 우리 사회의 뜨거운 논쟁으로 자리잡게 되었던 원인은 무엇인가?

박정희 신드롬에 대한 진단은 다양하다. 제대로 평가받지 못했던 박정희 전 대통령의 업적이 이제야 비로소 정당하게 평가받게 되었다는 진단, 기득권 방어에 민감한 수구세력의 음모에서 비롯되었다는 진단, 김영삼 문민정부의 실정으로 인해 박 전 대통령의 리더십과 공적을 되돌아보게 되었다는 진단, 그리고 민주화가 진전되었음에도 여전히 시민들의 의식구조는 카리스마적 권위에 의존하고자 하는 데 그 원인이 있다는 진단 등이 그것이다.

물론 이런 진단들은 부분적 타당성을 가질 수 있다. 이를테면 탈독재 민주화 과정에서 급속한 경제성장 등 박정희의 공조차 무시되었던 측면이 없지 않았을 것이며, 박정희 신드롬의 등장과 확산 과정에서 자신의 기득권 보호를 위한 수구세력의 이해가 작용하지 않았던 것도 아닐 터이다. 또한 김영삼 정부의 실정을 보면서 많은 사람들은 과거의 강력한 리더십을 되돌아보았을 것이며, 아직 자율화되지 못한 시민의식은 카리스마적 권위를 여전히 요구하고 있을 수 있다. 그러나 이 같은 진단은 말 그대로 부분적 타당성만을 지닐 뿐, 박정희 신드롬 전체에 대한 타당한 진단은 아니다.

그렇다면 박정희 신드롬 전체를 관통하는 핵심원인은 무엇인가? 이와 관련하여 우리는 탈독재 이후 민주주의로의 이행이라는 과도기적 상황에서 민주주의의 발전 여부와 박정희 신드롬이 깊은 관계를 가지고 있다는 점을 지적할 필요가 있다. 즉 민주주의가 제대로 정착·발전되는 한 박정희 신드롬 등장의 여지는 줄어들 것이며, 반대로 민주주의 진척이 지지부진하거나 위기에 처하는 한 박정희 신드롬은 기승을 부릴 것이다. 그것은 문민정부의 이름으로 크나큰 실정을 초래했던 김영삼 정권 말기에 박정희 신드롬이 급속히 등장했다는 사실에서, 그리고 이를 이용하여 박정희 개발독재의 수혜를 독점했던 기득권층의 발언권이 되살아나면서 박정희 신드롬이 강화되었다는 점에서 증명된다.

이처럼 박정희 신드롬의 등장은 직접적으로는 김영삼 정부의 실정에서 비롯된 민주주의의 약화 또는 위기 속에서 이루어졌고, 그 등장 이후 기득권층에 의해 의도적으로 지지되면서 우리 사회에 영향력을 확대했다. 뿐만 아니라 박정희 신드롬은 현재 한국 정치균열의 가장 일차적 바탕을 이루는 지역감정과 결합함으로써 우리 사회에 더 지속적인 뿌리를 내리게 되었다.

바로 이상이 박정희 사후 18년이 지난 1997년에 갑작스럽게 등장했던 박정희 신드롬이 이후 우리 사회에 강력하게 자리잡을 수 있었던 원인이자 그 배경이다. 그런 점에서 박정희 신드롬은 민주정부의 이름으로 민주주의를 약화시키고

위기에 빠뜨렸던 김영삼 리더십에 대한 냉소적 반응이었던 한편, 그 속에서 자신들의 이해를 유지시키고자 했던 보수기득권세력의 영향력 유지 및 확장의 도에서 강화되고 확대되었던 현상이라 할 수 있다.

정해구

성공회대학교 사회과학부 교수로 재직 중이다. 한국 정치사를 전공했다. 대표논저로 『한국 정치와 비제도적 운동 정치』(공저), 『다시 대한민국을 묻는다』(공저), 『6월항쟁과 한국의 민주주의』(공저), 『국가폭력, 민주주의투쟁, 그리고 희생』(공저) 등이 있다.

참고문헌

단발과 근대성

Sukman Jang, The Politics of Haircutting in Korea: A Symbol of Modernity and the 'Rightious Army Movement'(1895~1896), *Review of Korean Studies 1*, September 1998.

대한제국의 역사적 평가

김도형, 『대한제국기의 정치사상연구』, 지식산업사, 1994.
김용섭, 「서평: 독립협회 연구」, 『창작과비평』 1978년 여름호.
김용섭, 『한국근대농업사연구』 1·2 일조각, 1984.
나애자, 「대한제국의 권력구조와 광무개혁」, 『한국사』 11, 1994.
서영희, 『광무 정권의 국정 운영과 일제의 국권 침탈에 대한 대응』, 서울대 박사학위논문, 1998.
송병기, 「광무개혁 연구―그 성격을 중심으로」, 『사학지』 10, 1976.
신용하, 「광무개혁론의 문제점―대한제국의 성격과 관련하여」, 『창작과비평』 1978년 가을호.
신용하, 『독립협회연구―독립신문·독립협회·만민공동회의 사상과 운동』, 일조각, 1976.
양상현, 『대한제국기 내장원 재정관리 연구』 서울대 박사학위논문, 1997.
이태진 편, 『일제의 대한제국 강점』, 까치, 1995.
전우용, 『19세기 말 20세기 초 한인회사연구』, 서울대 박사학위논문, 1997.
주진오, 『19세기 후반 개화개혁론의 구조와 전개―독립협회를 중심으로』 연세대 박사논문, 1996.
진덕규, 「대한제국의 권력구조에 관한 정치사적 인식」, 『대한제국연구』 1·2, 1983·1984.
한국역사연구회 토지대장연구반, 『대한제국의 토지조사사업』, 민음사, 1995.

을사조약은 성립되었는가

백충현, 「국제법으로 본 1900년대 한일조약들의 문제점」, 『한국사 시민강좌』 19, 일조각, 1996.
이상찬, 「1900년대 초 일본과 맺은 조약들은 유효한가」, 『일본의 본질을 다시 묻는다』, 한길사, 1996.
이태진 편, 『일본의 대한제국 강점』, 까치, 1995.

개신교와 전통사상의 충돌

노치준, 『일제하 한국 기독교 민족운동 연구』, 한국기독교역사연구소, 1993.
박효생, 「한국의 개화와 기독교」, 『한국 기독교와 민족운동』, 종로서적, 1986.
신광철, 『천주교와 개신교: 만남과 갈등의 역사』, 한국기독교역사연구소, 1998.
심일섭, 「한국 신학 형성사 서설: 한국 기독교 토착화 문제와 복음 선교의 전망」, 『한국의 신학사상』,

　　　　대한기독교서회, 1983.
유동식, 「종교·문화적 토착화사상의 전통」, 『한국감리교회사상사』, 전망사, 1993.
이덕주, 「초기 한국 기독교인들의 신앙 양태 연구: 토착화 신학에 대한 역사신학적 접근」, 『초기
　　　　한국기독교사 연구』, 한국기독교역사연구소, 1995.
이덕주·조이제 엮음, 『한국 그리스도인들의 신앙고백』, 한들, 1997.
이만열, 『한말 기독교와 민족운동』, 평민서당, 1986.
장동민, 『박형룡의 신학 연구』, 한국기독교역사연구소, 1998.
차옥숭 편, 『기독교사 자료집 권1』, 한국종교사회연구소, 1993.
최정민, 『한국교회논쟁사: 이야기로 푸는 역사』, 이레서원, 1994.

김윤식 사회장 파동

박종린, 「'김윤식 사회장' 찬반 논의와 사회주의세력의 재편」, 『1920년대 전반기 민족주의와
　　　　사회주의』, 한국역사연구회 제68회 연구발표회 발표요지, 1999.
박종린, 「꺼지지 않은 불꽃, 송산 김명식」, 『진보평론』 2, 현장에서 미래를, 1999.
박철하, 「북풍파 공산주의 그룹의 형성」, 『역사와 현실』 28, 한국역사연구회, 1998.
이애숙, 「1922~24년 국내의 민족통일전선운동」, 『역사와 현실』 28, 1998.
이현주, 「국내 임시정부 수립운동과 사회주의세력의 형성(1919~1923)―서울파·상해파를 중심으
　　　　로』, 인하대 박사학위논문, 1999.
임경석, 「서울파 공산주의 그룹의 형성」, 『역사와 현실』 28, 1998.

물산장려운동과 민족주의·사회주의

강영심, 「1920년대 조선물산장려운동의 전개와 성격」, 『국사관논총』 47, 1993.
박찬승, 『한국근대정치사상사연구』, 역사비평사, 1992.
방기중, 「1920·30년대 조선물산장려회 연구」, 『국사관논총』 67, 1996.
오미일, 「1910~20년대 평양 지역 민족운동과 조선인 자본가층」, 『역사비평』 1995년 봄호.
류시현, 「나경석의 '생산증식'론과 물산장려운동」, 『역사문제연구』 2, 역사문제연구소, 1997.
윤해동, 「일제하 물산장려운동의 배경과 그 이념」, 『한국사론』 27, 서울대 국사학과, 1992.
이애숙, 「1922~1924년 국내의 민족통일전선운동」, 『역사와 현실』 28, 1998.
이윤희, 「일제하 물산장려운동의 조직과 기능」, 『경희사학』 16·17합집, 1991.
장상수, 「일제하 1920년대의 민족 문제 논쟁」, 『한국의 근대국가 형성과 민족 문제―한국사회사연구
　　　　회 논문집 1』, 문학과지성사, 1986.
조기준, 「조선 물산장려운동의 전개 과정과 그 역사적 성격」, 『역사학보』 41, 1969.

진덕규, 「1920년대 국내 민족운동에 관한 고찰—물산장려운동의 이데올로기적 성격을 중심으로」, 『한국민족주의론』, 창작과 비평사, 1982.

임시정부 개조론과 창조론

김희곤, 「국민대표회의와 참가단체의 성격」, 『중국 관내 한국 독립운동단체 연구』, 지식산업사, 1995.
박윤재, 「1920년대 초 민족통일전선운동과 국민대표회의」, 『학림』 17, 1997.
박은식 등, 「아동포에게 고함」, 『한국민족운동사료』(중국편), 국회도서관, 1976.
새섭, 「분열의 원인과 통일의 방략」, 『독립신문』 1922. 7. 8.
조철행, 「국민대표회의(1921~1923)연구」, 『사총』 44, 1995.
KB생, 「국민대표회의 목표」, 『독립신문』 1922. 12. 23.
KB생, 「국민대표회의에 대하야(상·중·하)」, 『독립신문』 1922. 8. 1·12·22.
「국민대표회의에서 토론되는 시국문제에 대하야」, 『독립신문』 1923. 3. 7.
「대표회의파열진상」, 『독립신문』 1923. 6. 13.
「안창호의 연설」, 『독립신문』 1921. 5. 21.

이승만의 독립운동

고정휴, 「구미주차한국위원회의 초기조직과 활동, 1919~1922」, 『역사학보』 134·135, 1992.
고정휴, 「제2차 세계대전기 재미한인사회의 동향과 주미외교위원부의 활동」, 『국사관논총』 49, 1993.
고정휴, 「태평양문제연구회 조선지회와 조선사정조사연구회」, 『역사와현실』 6, 1991.
민찬호·안현경·리종관, 「위임통치에 대한 사실」(1921, 5), 『우남이승만문서 동문편』 8, 중앙일보사·연세대학교 현대한국학연구소, 1998.
방선주, 「3·1운동과 재미한인」, 『한민족독립운동사 3: 3·1운동』, 국사편찬위원회, 1988.
방선주, 「이승만과 위임통치안」, 『재미한인의 독립운동』, 한림대학교 아시아문화연구소, 1989.
방선주, 「1921~22년의 워싱턴회의와 재미한인의 독립청원운동」, 『한민족독립운동사 6: 열강과 한국독립운동』, 국사편찬위원회, 1989.
방선주, 「1930년대 재미한인독립운동」, 『한민족독립운동사 8: 3·1운동 이후의 민족운동 1』, 국사편찬위원회, 1990.
방선주, 「1930~40년대 구미에서의 독립운동과 열강의 반응」, 매헌윤봉길의사의거 제50주년기념국제학술회의, 1992년 4월 24일~25일 세종문화회관.
방선주, 「미주 지역에서 한국 독립운동의 특성(OSS NAPKO)」, 독립기념관 한국독립운동사연구소

제7회 독립운동사 학술심포지움 『한국독립운동사연구』 제7집, 1993.
손세일, 『이승만과 김구』, 일조각, 1970.
정한경, 「야릇하게 떠드러오는 '맨디토리' 문제의 內容」(1921. 6. 15), 같은 책.

이광수의 「민족개조론」에 나타난 민족성

김용달, 「이광수의 '민족개조론' 연구」, 『택와허선도선생 정년기념 한국사학논총』, 1992.
김윤식, 『이광수와 그의 시대』(1·2·3), 한길사, 1986.
박성진, 「1920년대 전반기 사회진화론의 변형과 민족개조론」, 『한국민족운동사연구』 17, 1997.
박찬승, 『한국근대정치사상사연구』, 역사비평사, 1992.
서중석, 『한국근현대의 민족문제 연구』, 지식산업사, 1989.
안태정, 「1920년대 일제의 조선지배 논리와 이광수의 민족 개량주의 논리」, 『사총』 35, 1989.

사회주의세력의 통일전선운동과 정우회 선언

김승, 「신간회 위상을 둘러싼 '양당론'·'청산론' 논쟁 연구」, 『부산사학』 17, 1993.
배성찬 편역, 『식민지시대 사회운동론 연구』, 돌베개, 1987.
윤종일, 「1920년대 민족협동전선을 둘러싼 사회주의자들의 제논쟁 검토」, 『경희사학』 16·17, 1990.
이균영, 『신간회연구』, 역사비평사, 1993.
전명혁, 「1920년대 국내 사회주의운동 연구—서울파를 중심으로」 성균관대 박사학위논문, 1997.
한상구, 「1926~28년 신간회의 민족협동전선론」 서울대 석사학위논문, 1993.

만주 지역 민족유일당 결성론

김희곤, 『중국관내 한국 독립운동단체 연구』, 지식산업사, 1995.
노경채, 『한국독립당연구』, 신서원, 1997.
박영석, 『재만한인민족운동사연구』, 일조각, 1985.
신주백, 『만주 지역 한인의 민족운동사(1920~45)』, 아세아문화사, 1999.
정원옥, 「재만 항일독립운동단체의 전민족유일당운동」, 『백산학보』 19, 1975.
황민호, 『1920년대 재만한인사회의 민족운동연구』, 국학자료원, 1998.

국제공산당의 일국일당 원칙이 미친 파장

강덕상 편, 『현대사자료』 29, 국학자료원, 1977. 8.

김준엽·김창순,『한국공산주의운동사』3·4, 청계연구소, 1986.
박창욱,「간도 대봉기와 조선족 공산주의자들」,『간도사신론』하, 우리들의 편지사, 1993.
費爾南大·克勞丁願 著/寥東王 編譯,『共産國際, 斯大林與中國革命』, 求實出版社, 1981.
신주백,『만주 지역 한인의 민족운동사(1920〜45)』, 아세아문화사, 1999.
양환준,「20년대 후기 재만조선공산당인들의 활동」,『연변문사자료』4, 1985.
황민호,『재만한인사회와 민족운동』, 국학자료원, 1998.
費爾南大·克勞丁願 著, 寥東王 編譯,『共産國際, 斯大林與中國革命』, 求實出版社, 1981.
『共産國際有關中國革命文件資料』第1輯, 中國社會科學出版社, 1982.
『東北地域革命歷史文件匯集』, 中央黨案館, 1988. 11.

재일조선인의 민족해방운동

김인덕,『식민지시대 재일조선인운동 연구』, 국학자료원, 1996.
渡部徹,『日本勞動組合運動史』, 靑木書店, 1970.
朴慶植,『在日朝鮮人運動史―8·15解放前』, 三一書房, 1979.
岩村登志夫,『在日朝鮮人と日本勞動者階級』, 校倉書房, 1972.
任展慧,『日本における朝鮮人の文學の歷史―1945年まで』, 法政大學出版局, 1994.

만주 동포의 국적과 정체성

中央硏究院 近代史硏究所 編,『淸季中日韓關係史料』, 3-4冊, 台北 泰東文化社, 1972.
李澍田 主編,『琿春副都統衙門檔案選編』, 吉林文史出版社, 1991.
권석봉,『청말 대조선정책 연구』, 일조각, 1986.
東亞勸業株式會社,『南滿洲に於ける土地商租權問題』, 1926.
Lytton調査團,「Lytton報告書」,『中央公論』1932年 11月號 別冊, 東京.
淺田喬二,『日本帝國主義下の民族革命運動』, 高麗書林, 1987.
조선총독부 편,『在滿鮮人ト支那官憲』, 서울, 1932.
박영석,『만보산사건연구』, 아세아문화사, 1985.
綠川勝子,「萬寶山事件及び朝鮮內排華事件について一考察」, 朝鮮史硏究會 編,『朝鮮史硏究會論文集』特集『明治百年と朝鮮』6號, 1969.

1930년대 조선학 논쟁

고려대 민족문화연구소,『민족문화연구 12: 1930년대 국학진흥운동』, 1977.

김용섭, 「우리나라 근대 역사학의 발달」, 『한국의 역사인식』 하, 창작과비평사, 1976.
방기중, 『한국근현대사상사연구』 역사비평사, 1992.
이지원, 「일제하 안재홍의 현실인식과 민족해방운동론」, 『역사와현실』 6, 한국역사연구회, 1991.
이지원, 「1930년대 전반 민족주의 문화운동론의 성격」, 『국사관논총』 51, 국사편찬위원회, 1994.
이지원, 「일제하 문화운동 연구의 현황과 과제」, 『한국사론』 26, 국사편찬위원회, 1996.
이지원, 「식민교육과 학술」, 『한국역사입문』 3, 풀빛, 1996.
조동걸, 「연보를 통해 본 정인보와 백남운」, 『한국독립운동사연구』 5, 한국독립운동사연구소, 1991.
한영우, 『한국민족주의역사학』, 일조각, 1994.
鶴園裕, 「近代朝鮮における國學の形成—'朝鮮學'お中心に」, 『朝鮮史研究會論文集』 35, 1997.

일제강점기 단군 논쟁

고북선, 「동명왕과 단군」, 『현대평론』 1-9, 1927(『민족문화논총』 1).
권덕규, 『조선유기』 상·중, 1924·1926.
김교헌, 『신단민사』, 1928(『한빛』 1~5).
김태준, 「단군신화연구」, 『조선중앙일보』 1935. 12. 6~24(『김태준전집』 3, 1990).
김태준, 「단군론—조선 원시사회에의 일 시론」, 『신천지』 2-1, 1947(『김태준전집』 3).
백남운, 「단군신화에 대한 비판적 견해」, 『조선사회경제사』, 1933.
사문환, 「단군존호의 변」, 『현대평론』 1-5, 1927(『민족문화논총』 1).
손진태, 「단군 단군」, 『문장』 3, 1939(『민족문화논총』 1).
안자산, 「고조선 민족의 이대별」, 『동광』 1-7, 1926(『민족문화논총』 1).
이능화, 「고조선 단군」, 『동광』 2-4, 1927(『민족문화논총』 1).
장도빈, 「단군사료—소발견과 여의 희열」, 『동광』 1-7, 1926(『민족문화논총』 1).
정인보, 「오천 년간 조선의 얼」, 『동아일보』 1935. 1. 1~1936. 8. 28.
정인보, 「시조 단군」, 『동아일보』 1935. 1. 16~22(『민족문화논총』 1).
최남선, 「불함문화론」(1925. 12. 27. 1차 완고), 『육당최남선전집』 2, 1973.
최남선, 「단군 부인의 망」, 『동아일보』 1926. 2. 11~12(『육당최남선전집』 2).
최남선, 「단군론」, 『동아일보』 1926. 3. 3~7. 25(『육당최남선전집』 2).
최남선, 「단군 급 기 연구」, 『별건곤』 3-2·3, 1928(『민족문화논총』 1, 1981).
안재홍, 「단군론과 기자말살론」, 『신조선』 속간 11호, 1935.
안재홍, 「조선인의 자기 폄하」·「문화옹호와 如是我觀」, 『조선일보』 1935. 12~1936. 1.
이기백 편, 『단군신화논집(증보판)』, 새문사, 1990.

황의돈, 「단군고증에 대한 신기록의 발견」, 『동광』 1-7, 1926(『민족문화논총』 1).
홍기문, 『조선신화연구』, 1964.

서양의학의 도입과 한의학의 근대성

신동원, 「일제의 보건의료정책 및 한국인의 건강 상태에 관한 연구」, 서울대 보건대학원 석사논문, 1986.
신동원, 『한국근대보건의료사』, 한울, 1997.
임병묵, 「1930년대 한의학 부흥 논쟁」, 서울대 보건대학원 석사논문, 1996.
전북한의약조합 편, 『한의학의 비판과 해설』, 1942.
정근식, 「일제하 서양 의료체계의 헤게모니 형성과 동서의학 논쟁」, 『한국의 사회제도와 사회변동』 50, 문학과지성사, 1996.
愼蒼健, 「覇道に抗する王道としての醫學―1930年代朝鮮における東西醫學論爭から」, 『思想』 1998. 11.

신사참배와 우상숭배

김승태, 『한국 기독교와 신사참배 문제』, 한국기독교역사연구소, 1991.
김승태 엮음, 『신사참배 거부 항쟁자들의 증언』, 다산글방, 1993.
김승태, 『한국 기독교의 역사적 반성』, 다산글방, 1994.
김양선, 『한국기독교사연구』, 기독교문사, 1971.
한국기독교역사연구소, 『한국기독교의 역사 II』, 기독교문사, 1990.
韓晳曦, 김승태 역, 『일제의 종교침략사』, 기독교문사, 1990.

우익의 반탁 주장과 좌익의 '모스크바 삼상회의 결정' 지지

서중석, 『한국현대민족운동연구』, 역사비평사, 1991.
송남헌, 『해방3년사』 1~2, 까치, 1985.
최상룡, 『미군정과 한국민족주의』, 나남, 1988.
커밍스, 『한국전쟁의 기원』, 프린스턴대학 출판부, 1981.

국대안 파동

강순원, 「민립대학 설립운동과 국대안 반대운동」, 『자본주의사회의 교육』, 창작과비평사, 1984.
김남식, 『남로당 연구』, 돌베개, 1984.

서울대학교 삼십년사 편찬위원회, 『서울대학교 삼십년사』, 서울대학교 출판부, 1976.
선우기성, 『한국청년운동사』, 금문사, 1973.
오천석, 『한국신교육사』(하), 광명출판사, 1975.
이광호, 「미군정의 교육정책」, 『해방전후사의 인식』 2, 한길사, 1985.
이재오, 『해방 후 한국 학생운동사』, 형성사, 1984.
이철승, 『전국학련』, 중앙일보·동양방송, 1976.
최혜월, 「미군정기 국대안 반대운동의 성격」, 『역사비평』 계간 창간호, 1988.

토지개혁과 농지개혁

강정구, 『좌절된 사회혁명』, 열음사, 1989.
강진국, 「헐뜻긴 농지개혁법 초안」, 『신동아』 1965년 10월호.
김병태, 「농지개혁의 평가와 반성」, 『한국경제의 전개 과정』, 돌베개, 1981.
김성호 외, 『농지개혁사연구』, 한국농촌경제연구원, 1989.
김준보, 「농지개혁의 지대사적 논리」, 『학술원논문집』 13, 대한민국학술원, 1974.
김준보, 『토지개혁론요강』, 삼일출판사, 1948.
남로당, 「토지개혁의 옳은 노선」 1947(김남식 편, 『남로당연구자료집 1』, 1974 수록).
박석두, 「농지개혁과 식민지 지주제의 해체」, 『경제사학』 11, 1987.
박현채, 「한국사회에서 반봉건의 내용과 민주주의」, 『창비 1987』, 창작과비평사, 1987.
장상환, 「농지개혁 과정에 관한 실증적 연구」, 『경제사학』 8·9, 1985.
홍성찬, 『한국 근대 농촌사회의 변동과 지주층』, 지식산업사, 1992.
황한식, 「한국농지개혁사연구 (1)」, 『부산상대논집』 44, 1982.
櫻井浩, 『韓國農地改革の再檢討』, アジア經濟研究所, 1976.

해방 직후 좌우익의 민족문학 논쟁

권영민, 『해방직후의 민족문학운동 연구』, 서울대출판부, 1986.
김승환, 『해방 공간의 현실주의문학 연구』, 일지사, 1991.
김윤식, 『해방 공간의 문학사론』, 서울대출판부, 1989.
김윤식, 『해방 공간의 민족문학 연구』, 열음사, 1989.
김윤식, 『해방 공간 문단의 내면 풍경』, 민음사, 1996.
송기한·김외곤 편, 『해방 공간의 비평문학』(1·2·3), 태학사, 1991.
송희복, 『해방기 문학비평 연구』, 문학과지성사, 1993.
신형기, 『해방 직후의 문학운동론』, 화다, 1988.

이우용 편저, 『해방 공간의 문학연구』 (I·II), 태학사, 1990.
조선문학가동맹 편, 최원식 해제, 『건설기의 조선문학』, 온누리, 1988.

한국전쟁기 도강파와 잔류파

김삼웅, 『해방 후 양민학살사』, 가람기획, 1996.
김성칠, 『역사 앞에서—한 사학자의 6·25일기』, 창작과비평사, 1993.
대검찰청 수사국, 『좌익사건 실록』 제9권, 1972.
박명림, 「한국전쟁과 한국정치의 변화」, 『한국전쟁과 사회구조의 변화』, 백산서당, 1999.
박원순, 「전쟁부역자 어떻게 처리되었나」, 『역사비평』 1990년 여름호.
역사문제연구소 편, 『바로 잡아야 할 우리 역사 37장면』, 역사비평사, 1993.
조연현, 『내가 살아온 한국 문단』, 어문각, 1977.
한수영, 「분단과 전쟁이 낳은 비극적 역사의 아들들」, 『역사비평』 1999년 봄호.

북한에서의 노동조합 독자성

김일성, 「북조선로동당 중앙위원회 제6차회의에서 한 결론」(1947), 『김일성 저작집 3』, 조선로동당 출판사 1979.
배손근, 「소련의 노동조합에 관한 연구」, 『노동문제논집』 8, 고려대 노동문제연구소, 1986.
서동만, 「北朝鮮における 社會主義體制の 成立」(1945~1961), 도쿄대학 박사학위논문, 1995.
오기섭, 「북조선임시인민위원회 노동행정부의 사명」, 『인민』 1947년 신년호(『북한관계사료집 13』, 1947).
이주철, 「북한의 국영기업관리와 노동정책—1945~1948년을 중심으로」, 『사총』 46, 1997.
차문석, 「사회주의국가의 노동정책—소련·중국·북한의 생산성의 정치」, 성균관대 박사학위논문, 1999.
한림대학교 아시아문화연구소, 『1946·1947·1948년도 북한 경제 통계자료집』, 1994.

북한의 농업협동화와 중공업 우선노선

김성보, 『북한의 토지개혁과 농업협동화』, 연세대 박사학위논문, 1996.
김성보, 「1950년대 북한의사회주의 이행 논의와 귀결」, 『1950년대 남북한의 선택과 굴절』, 역사비평사, 1998.
김연철, 『북한의 산업화 과정과 공장관리의 정치(1953~70): '수령제' 정치체제의 사회경제적 기원』, 성균관대 박사학위논문, 1996.

서동만, 『北朝鮮における社會主義體制の成立 1945~1961』, 도쿄대학 박사학위논문, 1995.
서동만, 「1950년대 북한의 정치 갈등과 이데올로기 상황」, 『1950년대 남북한의 선택과 굴절』, 역사비평사, 1998.
이종석, 『조선로동당연구』, 역사비평사, 1995.
『상급학습반 참고자료 3』, 평양: 조선로동당출판사, 1958.

북한 문학계의 도식주의 논쟁

권영민 편, 『북한의 문학』, 을유문화사, 1989.
김성수 편, 『우리 문학과 사회주의 리얼리즘 논쟁』, 사계절, 1992.
김성수 편, 『북한 문학신문 기사 목록』, 한림대출판부, 1994.
김재용, 『북한 문학의 역사적 이해』, 문학과지성사, 1994.
김하명 외, 『해방후 우리 문학』, 조선작가동맹출판사, 1958.
서경석 외, 『한국 전후문학의 형성과 전개』, 태학사, 1993.
이선영 외 편, 『현대문학비평 자료집』이북편 2·3·4권, 태학사, 1993.
조건상 편, 『한국 전후문학 연구』, 성균관대출판부, 1993.
한설야 외, 『제2차 조선작가대회 문헌집』, 조선작가동맹출판사, 1956.

북한의 조선 근세사 시기구분

근세및최근세사연구실, 「조선 근세사 시기구분 문제에 관한 학술토론총화」, 『력사과학』 1962. 6.
김성보, 「1950년대 북한의 사회주의 이행논의와 귀결—경제학계를 중심으로」, 『1950년대 남북한의 선택과 굴절』, 역사비평사, 1998.
도진순, 「북한 역사학계에서 근현대사 시기구분 논쟁과 그 변화」, 『역사와 현실』 1, 1989.
이병천 편, 『북한학계의 한국 근대사 논쟁—사회 성격과 시대구분 문제』, 창작과비평사, 1989.

1950년대 비구와 대처승의 갈등

강석주·박경훈 공저, 『불교근세백년』, 중앙일보사, 1980.
도광, 『한국불교승단정화사』, 대보사, 1996.
박태균, 「1954년 제3대 총선과 정치지형의 변화」, 『역사와 현실』, 1995.
선우도량, 『신문으로 본 한국 불교 근현대사』, 선우도량출판부, 1995.
임혜봉, 『친일불교론』 (상·하), 민족사, 1993.
임혜봉, 『그 누가 큰 꿈을 꾸었나』, 가람기획, 1999.

경제개발계획을 둘러싼 공방

경제기획원, 『개발연대의 경제정책: 경제기획원 20년사』, 1982.
김대환, 『경제발전론』, 한국방송통신대학, 1991.
김동욱, 「1940~1950년대 한국의 인플레이션과 안정화정책」 연세대 박사학위논문, 1994.
박태균, 『1956~1964년 한국 경제개발계획의 성립 과정』 서울대 박사학위논문, 2000.
박희범, 『한국경제성장론』, 고려대출판부, 1968.
서중석, 「민주당 정부의 정치이념」, 『한국정치의 지배이데올로기와 대항이데올로기』, 역사비평사, 1994.
이기홍, 『경제 근대화의 숨은 이야기』, 보이스사, 1999.
최호진, 『한국경제의 제문제』, 삼중당, 1962.
David Hunter Satterwhite, "The Politics of Economic Development: Coup, State, and the Republic of Koreas First Five-Year Economic Development Plan(1962~1966)", Ph.d dissertation, University of Washington, 1994.

4월혁명과 통일논의

김삼규, 「통일 독립 공화국에의 길」, 『사상계』 1960년 9월호.
김용중, 「장면 총리에게 보내는 공개장」, 『민족일보』 1961. 2. 19.
노중선, 『4·19와 통일논의』, 사계절, 1989.
주요한, 「나의 통일방안」 『민국일보』 1960. 7. 18.
홍석률, 『1953~61년 통일논의의 전개와 성격』 서울대 박사학위논문, 1996.

한일회담 반대파동

대한민국공보부, 『한일회담의 어제와 오늘』, 1965.
민족문제연구소, 『한일협정을 다시 본다』, 아세아문화사, 1995.
유병용, 「박정희 정부와 한일협정」, 『1960년대의 대외관계와 남북문제』, 백산서당, 1999.
이도성, 『실록 박정희와 한일회담』, 도서출판 한송, 1995.
이상우, 「내막, 서울과 동경 14년」, 『월간조선』 1982년 7월호.
「왜 한일회담을 반대했나: 데모 주동학생들의 주장」, 『동아일보』 1964. 4. 16.

문학에서의 순수와 참여

고명철, 「1960년대 순수·참여문학 논쟁 연구」. 성균관대 석사학위논문, 1998.

김유중, 「순수와 참여논쟁」, 『한국현대시사의 쟁점』, 시와시학사, 1991.
오양호, 「순수·참여론의 대립기: 1960년대 평론」, 『한국현대문학사』, 현대문학사, 1989.
유문선, 「남한 리얼리즘론의 전개 과정」, 『실천문학』 1990년 가을호.
전승주, 「1960년대 순수·참여 논쟁의 전개 과정과 그 문학사적 의의」, 『한국현대 비평가연구』, 강, 1996.
조남현, 「순수·참여 논쟁」, 『한국 근현대문학 연구입문』, 한길사, 1990.
한강희, 『1960년대 한국 문학비평 연구』, 성균관대 박사학위논문, 1998.
허윤회, 『순수와 참여의 의미』, 태학사, 1996.
홍신선 편, 『우리 문학의 논쟁사: 순수·참여론 중심으로』, 어문각, 1985.

베트남 파병

김기태, 『한국의 베트남 참전과 한미관계』 외국어대 박사학위논문, 1983.
리영희, 『'베트남전쟁』, 두레, 1989.
이삼성, 『미국 외교 이념과 베트남전쟁』, 법문사, 1996.
이삼성, 『20세기의 문명과 야만』, 한길사, 1998.
장재혁, 『제3공화국의 베트남 파병 결정 과정에 관한 고찰』, 동국대 박사학위논문, 1997.
『경향신문』 1965~1967년 발간분.
『사상계』 1964년~1970년 출간분.
『신동아』 1966년 발간분.
『조선일보』 1964~1967년 발간분.
『창작과 비평』 1972~1974년 발간분.

중산층과 중소기업

임종철, 「중산층의 소멸은 필연적이다」, 『조선일보』 1966. 1. 29.
이창열, 「중산층 소멸론은 거짓이다」, 『조선일보』 1966년 2월 15일자.
임종철, 「중산층과 중간계급은 다르다」, 『조선일보』 1966. 2. 15.
박희범, 「중소기업 소멸론은 탁상공론」, 『청맥』 1966년 4월호.
임종철, 「중산층의 몰락, 그 필연성」, 『정경연구』 1966년 4월호.
신용하, 「한국 근대화와 중산층의 개편」, 『정경연구』 1966년 4월호.
박희범, 「근대화와 중산층」, 『서울경제신문』 1966년 4. 15~26 연재.
임종철, 「중산층 육성론자에 묻는다」, 『정경연구』 1966년 5월호.
박희범, 「중산층 육성론에 관한 재론」, 『청맥』 1966년 6월호.

신용하, 「독점 형성과 중소공업의 위치」, 『정경연구』 1966년 6월호.
이규동, 「중산층 논쟁에 붙인다」, 『정경연구』 1966년 7월호.
신용하, 「중산층 논쟁의 총결산」, 『청맥』 1966년 8월호.

고속도로와 지역불균등발전

국토개발연구원, 『고속도로 사업효과 조사』, 1995.
국회사무처, 『건설위원회 회의록』, 각년도.
기우식, 「경부고속도로의 경제학」, 『신동아』 1970년 9월호.
김정렴, 『한국 경제정책 30년사』, 중앙일보사, 1992.
손정목, 「경부고속도로 건설의 과정과 결과」, 『한국 현대도시의 발자취』, 일지사, 1988.
심연섭, 「경부고속도로—안경모와의 인터뷰」, 『세대』 1968년 2월호.
취재부, 「경부고속도로—100인의 의견」, 『세대』 1968년 1월호.
한국도로공사, 『땀과 눈물의 대서사시—고속도로 건설비화』, 1980.
한국정신문화연구원 편, 『1960년대의 정치사회변동』, 백산서당, 1999.
한국정신문화연구원 편, 『1960년대 사회변화 연구: 1963~1970』, 백산서당, 1999.

'한국적 민주주의'와 유신체제

갈봉근, 『유신헌법 해설』, 광명출판사, 1975.
김동춘, 「왜 1960, 70년대 민주화운동은 10월유신을 저지하지 못했는가」, 『분단과 한국사회』, 역사비평사, 1997.
김재홍, 『박정희 살해 사건 비공개 진술 全녹음』, 동아일보사, 1994.
동아일보사 편, 『현대사를 어떻게 볼 것인가: 박정희와 5·16』, 동아일보사, 1990.
박정희, 『우리 민족의 나아갈 길』, 1962.
박정희, 『국가와 혁명과 나』, 1963.
역사문제연구소 편, 『한국 정치의 지배이데올로기와 대항이데올로기』, 역사비평사, 1994.
한국산업사회연구회 편, 『한국사회와 지배이데올로기』, 녹두, 1991.
한국정치연구회 정치사분과, 『한국 현대사 이야기 주머니 2, 3』, 녹두, 1993.
한국정치연구회 편, 『박정희를 넘어서』, 푸른숲, 1998.
한승조, 『한국 정치의 지도 이념: 유신 개벽사상의 과거·현재·미래』, 서향각, 1977.

1970년대 청년문화론

김병익, 「청년문화와 매스컴」, 『신문평론』 1974년 11월호.
남재희, 「청춘문화론—젊은 세대의 문화형성고」, 『세대』 1970년 2월호.
대학신문 편집부, 「지금은 진정한 목소리가 들려야 할 때다」, 『대학신문』(서울대), 1974. 6. 3.
최인호, 「청년문화선언」, 『한국일보』 1974. 4. 24.
한완상, 「현대청년문화의 제문제」, 『신동아』 1974년 6월호.

입시제도와 평준화 논쟁

김신복, 「고교 평준화정책의 공과와 개선 방향」, 『새교육』 1984년 10월호.
김윤태, 「고교 평준화정책의 평가 연구」, 한국교육개발원, 1978·1979.
김종철, 「고교 평준화정책을 진단한다」, 『사학』 1984년 가을호.
심성보, 「현대 한국 중등교육정책의 역사적 평가」, 『현대 한국 교육의 재평가』, 집문당, 1993.
이규환, 「입시 부활은 민주화의 역행이다」, 『신동아』 1990년 4월호.
이규환, 「고교 입시 부활, 이렇게 본다」, 『한겨레신문』 1990. 2. 18.
허병기, 「고교 평준화정책과 교육의 평등」, 『교육진흥』 1989년 여름호.
황명주, 「현장에서 본 중등 교육의 문제—평준화정책과 대학 입시방법을 중심으로」, 『교육진흥』 1988년 가을호.

역사 연구에서의 '현재성'

강만길, 「국사학의 현재성 부재 문제」, 『한국학보』 5, 1976.
강만길, 「분단시대 사학의 반성」, 『분단시대의 역사인식』, 창작과비평사, 1978.
이기백, 「한국사 이해에서의 현재성 문제」, 『문학과지성』 1978년 여름호.
양병우, 「통일지향 민족주의 사학의 허실—강만길 교수의 분단시대 사학 극복론에 대하여」, 『문학과 지성』 1980년 봄호.

민중과 민중사학

박현채, 『민족경제와 민중운동』, 창작과비평사, 1988.
유재천 편, 『민중』, 문학과 지성사, 1985.
한국신학연구소, 『한국민중론』, 1984.
한상진, 『민중의 사회과학적 인식』, 문학과지성사, 1987.
한신대학 제3세계문화연구소, 『한국 민중론의 현단계』, 돌베개, 1989.

한완상, 『민중사회학』, 종로서적, 1984.

6월항쟁 시기 NL-CA 논쟁

강신철 외, 『80년대 학생운동사』, 형성사, 1989.
권형철, 『한국변혁운동논쟁사』, 일송정, 1990.
박현채·조희연 편, 『한국사회구성체 논쟁』 I·II, 죽산, 1989.
편집부 편, 『학생운동논쟁사』, 일송정, 1988.
편집부 편, 『팜플렛: 정치노선』, 일송정, 1988.
『80년대 신문자료모음―불꽃으로 살아』

1987년 대통령선거 논쟁

김도연, 「대통령선거 투쟁전술 논쟁」, 『80년대 한국사회 대논쟁집』, 중앙일보사, 1990.
민족민주운동연구소, 『민통련: 민주통일민중운동연합 평가서 (1)』, 1989.
민족민주운동연구소, 『국민운동본부: 민주쟁취국민운동본부 평가서』, 1989.
박현채·조희연 편, 『한국사회구성체논쟁』, 죽산, 1989.
안암연구실 편, 『'87선거 평가와 전망』, 백산서당, 1988.
인노련, 『정세와 실천』 2, 1987. 10. 18.
인천지역민주노동자연맹 엮음, 『인노련선집: 87·88년 정치위기와 노동운동』, 거름, 1991.
조현연, 「한국정치변동의 동학과 민중운동: 1980년에서 1987년까지」, 외국어대 박사학위논문, 1997.
채만수, 「선거전술론: 필연적으로 예비되었던 분열이 현실화되었던 논쟁」, 『80년대 사회운동논쟁』, 한길사, 1989.
한국기독교사회문제연구원, 『군부독재 종식과 선거투쟁』, 민중사, 1987.
한국기독교사회문제연구원, 『대통령선거투쟁: 민족민주운동의 논리와 실천』, 민중사, 1988.
한국사회연구소 엮음, 『대중 정당: 민족민주대중정당의 이론과 현실』, 백산서당, 1989.

노동운동과 제3자개입금지 조항

국회 노동위원회, 『노동관계법개정공청회』(미간행 자료집), 1988. 12. 10.
김기섭, 「신구노동법에 있어서 제3자개입금지 완화라는 개정 방향에 대하여」, 『변호사』 28, 1991.
노사관계개혁위원회, 『'96노동관계법·제도개혁안』, 1996. 11.
민주노총, 『노동법 개정과 노사관계 개혁 방향』(미간행 정책토론자료), 1996.5. 17.

박주현, 「제3자개입 금지 합헌 결정에 대하여」, 『노동판례』 35, 1991.
신인령, 「노동기본권 옹호를 위한 현행 노동법 소고」, 『김치선 박사 화갑기념 논집』, 박영사, 1983.
신인령, 「1980년 노동법 개정의 배경」, 『현실과 전망 1』, 풀빛출판사, 1984.
신인령, 「노동법에 대한 위헌심사판례 연구 (1)」, 『사회과학논집』, 이화여대 법대, 1990.
장명국 원장과 구속노동자석방을 위한 준비모임, 『노동운동과 국가보안법 공청회자료집』(미간행), 1990. 7. 21.
전노협백서발간위원회, 『전노협백서』 1-13, 1997.

노동자의 정치참여 논쟁

김세균, 「계급운동과 국가」, 한국정치연구회(편), 『현대자본주의 정치이론』, 백산서당, 1989.
김세균, 『한국 민주주의와 노동자·민중정치』, 현장에서 미래를, 1997.
김수곤, 「노동조합의 역할—성숙한 실리적 노동운동을 바람」, 『현대노사』 1991년 6월호.
김수곤, 『경제 환경 변화와 노사관계제도의 개선 방안』, 한국경제연구원, 1995.
김윤환, 「전환기의 노조 정치활동의 이념과 활동」, 『현대노사』 1989년 4월호.
나문섭, 「정치활동은 당연한 노조의 책무」, 『현대노사』 1988년 4월호.
박기영, 「90년대 한국 노동운동이 가야 할 방향」, 『한국논단』 7, 1990년 3월호.
부천상공회의소, 「국기를 뒤흔드는 불순노동운동—수도권의 활동상과 실체」, 『부천상의 소식』 105, 1987년 1월호.
손호철, 「'수평적 정권 교체', 한국정치의 대안인가」, 『정치비평』 창간호, 1996.
우병규, 「노사 분규에 대한 상반된 시각—노사 간의 세력균형을 위하여」, 『국회보』 252, 1987년 10월호.
유관환, 「민주노총의 정체—민주노조로 위장한 좌익 노동운동의 기수」, 『민족정론』 44, 1997년 3월호.
이춘선, 「근로자를 위한 노조의 정치활동」, 『현대노사』 1988년 4월호.
조남현, 「노동자의 정치세력화 추구할 듯」, 『민족정론』 55, 1998년 2월호.
한국노총, 『사업보고』, 1988.
함종한, 「노사 분규 근원의 새로운 인식과 대응 방향」, 『국회보』 261, 1988년 7월호.
황태연, 「한국의 지역 패권적 사회구조와 지역혁명의 논리」, 『정치비평』 창간호, 1996.

보안감호처분

민주사회를 위한 변호사모임, 『반민주악법 개폐에 관한 의견서』, 역사비평사, 1989.

박지현,「보안관찰법에 관한 연구」, 서울대 석사학위논문, 1999.
서울지역법학과대표자협의회,『외로운 저항』, 힘, 1988.
조국 편,『사상의 자유』, 살림터, 1992.

박정희 신드롬

김일영,「박정희체제 18년: 발전 과정에 대한 분석과 평가」,『한국정치학회보』29: 2, 1995.
손호철,「박정희 정권의 재평가: 개발 독재 바람직했나」,『현대한국정치』, 사회평론, 1997.
이병천,「냉전-분단체제, 권위주의 정권, 자본주의 산업화: 한국의 경험」,『동향과 전망』1995년 겨울호.
조갑제,『내 무덤에 침을 뱉어라』1~5, 조선일보사, 1998~1999.
진중권,『네 무덤에 침을 뱉으마』1~2, 개마고원, 1998.
최장집,「박정희와 한국현대사」,『대화』1995년 여름호.
한국정치연구회,『박정희를 넘어서』, 푸른숲, 1998.